Excel
公司行政管理必须掌握的
208个文件与108个函数

张军翔 编著

北京希望电子出版社
Beijing Hope Electronic Press
www.bhp.com.cn

内容简介

本书以公司行政管理工作为主线，介绍了行政管理中常用的 208 个文件以及 108 个函数，全书共 27 章。主要内容包括公司员工资料管理、公司人事动态管理、员工招聘、员工甄选、人员录用管理、公司员工培训管理、公司办公用品管理、公司客户管理、公司员工考勤管理、员工值班与加班、员工出差管理、员工业绩管理、日常费用管理、费用报销管理、员工福利管理、员工薪资管理、员工意见调查与统计、公司领导日程管理、会议管理、文件管理、公司安全卫生管理、公司车辆管理以及函数在员工档案管理、员工考勤和奖金统计、客户资料管理、日常办公和费用管理中的应用。

本书配套光盘中提供了书中讲解的表格范例文件，供读者在学习时调用。

本书主要针对从事行政、文秘工作的办公人员，以及企事业单位的管理者编写，也可作为大中专院校相关专业师生及社会培训机构的教材。

图书在版编目（CIP）数据

Excel 公司行政管理必须掌握的 208 个文件与 108 个函数 / 张军翔编著.
-- 北京：北京希望电子出版社,2013.1
　ISBN 978-7-83002-074-3

Ⅰ．①E… Ⅱ．①张… Ⅲ．①表处理软件－应用－企业管理－行政管理
Ⅳ．①F272.9-39

中国版本图书馆 CIP 数据核字(2012)第 276921 号

出版：北京希望电子出版社	封面：深度文化
地址：北京市海淀区上地 3 街 9 号	编辑：李萌
金隅嘉华大厦 C 座 611	校对：刘伟
邮编：100085	开本：889mm×1194mm　1/32
网址：www.bhp.com.cn	印张：14.5
电话：010-62978181（总机）转发行部	印数：1-3500
010-82702675（邮购）	字数：532 千字
传真：010-82702698	印刷：北京博图彩色印刷有限公司
经销：各地新华书店	版次：2013 年 1 月 1 版 1 次印刷

定价：40.00 元（配 1 张 CD 光盘）

PREFACE 前言

在现代企业中，行政部门是企业重要的管理部门。做好行政管理工作是企业有效运转的重要前提，也是经营者提高企业管理水平的一个切入点。它的工作涉及企业与外界之间、企业内部各部门之间的协调和沟通。对公司客户的管理、员工的招聘与培训管理、公司员工考勤管理、日常费用管理以及对员工意见调查与统计。

Excel 2010具有强大的表格制作、数据收集整理、数据处理、数据统计、数据分析、数据预算等功能，是各企业行政管理人员必须掌握的数据分析工具之一。本书讲解了行政管理208个案例和108个数据计算函数，通过清晰分类和图解操作方式，让读者可以轻松、快捷地学习和切入实际工作，以提升行政管理人员数据处理、统计、分析等能力。

本书能给读者带来什么？

本书全面地介绍了行政管理中涉及的各项分析操作，可以帮助行政人员获取较为精确的分析数据，为企业决策提供依据。

全书涵盖了行政管理中使用的各类数据管理与分析表格，当工作中需要制作人员招聘与录用、培训管理、薪酬福利管理、人事信息数据统计分析、职工社保管理、员工值班与加班、公司客户管理、日常费用管理、领导日程管理等相关表格时可直接从本书中获得制作方法。书中还汇集了行政管理中最常见的函数，读者在熟练掌握这些函数后，可以灵活地对行政数据进行整理、计算、汇总、查询、分析等操作，自动得出所期望的结果，化解行政人员在工作中的难题。

由于书中的每个案例都是来自行政管理的实际工作，所以读者稍加改动即可轻松应用到工作中，有效地提高行政管理工作效率。本书全程配以图示来辅助用户学习和掌握，涉及的工作流程都以流程图的形式呈现，使行政管理中一些繁杂、难以理解的工作清晰化。

本书写给谁阅读？

本书主要针对从事行政与管理工作的办公人员，以及企事业单位的中高层管理者。同时，本书适合大中专院校相关专业师生及社会培训机构作为教材。

本书从策划到出版，倾注了出版社编辑们的心血，特在此表示衷心的感谢！

本书是由诺立文化策划，参与编写的有张军翔、陈媛、汪洋慧、彭志霞、彭丽、管文蔚、马立涛、张万红、郭本兵、童飞、陈才喜、杨进晋、姜皓、曹正松、陈超、刘健忠、高建平、龙建祥、张铁军、陶婷婷等老师，在此对他们表示深深的谢意！

尽管作者对书中的案例精益求精，但疏漏之处仍然在所难免。如果您发现书中的错误或某个案例有更好的解决方案，敬请登录售后服务网址向作者反馈。我们将尽快回复，且在本书再次印刷时予以修正。

再次感谢您的支持！

编著者

CONTENTS 目录

第1章　公司员工资料管理

文件1　员工工作证 2
文件2　员工个人资料登记表 5
文件3　员工资料统计表 8
文件4　各部门员工资料统计表 11
文件5　员工资料查询表 13
文件6　公司人数统计 17
文件7　干部一览表 17
文件8　员工通信簿 18
文件9　员工工龄统计表 18
文件10　管理人才储备表 19

第2章　公司人事动态管理

文件11　人事动态及费用资料表 22
文件12　人事规划表 24
文件13　人事通报表 26
文件14　人事变更报告 29
文件15　人事流动月报表 32

文件16 员工任免通知书 35

文件17 后备人员明细表 36

文件18 员工离职结算表 37

文件19 人员增加说明表 37

文件20 职务调动申请表 38

第3章 员工招聘

文件21 招聘申请表 40

文件22 招聘流程图 42

文件23 应聘者基本情况登记表 44

文件24 招聘职位表 46

文件25 招聘进程表 48

文件26 应聘者情况表 49

文件27 招聘费用预算表 50

文件28 内部岗位竞聘报名表 50

文件29 人员增补申请表 51

第4章 员工甄选

文件30 应聘者个人资料比较表 54

文件31 面试人员名单 56

文件32 面谈记录表 57

文件33 面试、笔试成绩统计表 61

文件34	新员工甄选比较表	62
文件35	应聘人员复试名单	65
文件36	应聘人员复试记录表	65
文件37	新员工甄选报告表	66
文件38	面试评价表	67
文件39	面试结果推荐表	67

第5章　人员录用管理

文件40	员工录用通知单	70
文件41	员工报到手续表	73
文件42	新员工试用表	74
文件43	人员试用考查表	76
文件44	新员工入职登记表	77
文件45	新员工转正申请表	77
文件46	人员试用申请及核定表	78

第6章　公司员工培训管理

文件47	员工培训计划表	80
文件48	员工培训课程安排表	82
文件49	员工培训申请表	85
文件50	员工培训成绩表	87
文件51	培训成绩名单图解	90

文件52	职员培训成果检测表	91
文件53	在职训练学员意见调查表	92
文件54	员工培训评价表	93
文件55	员工培训成绩查询表	93
文件56	在职员工培训结训报表	94

第7章　公司办公用品管理

文件57	办公用品采购流程图	96
文件58	办公用品采购申请表	98
文件59	办公用品采购表	100
文件60	办公用品采购报价单	102
文件61	办公用品采购记录统计表	103
文件62	比较采购办公用品费用	106
文件63	办公用品费用预算表	106
文件64	办公用品领用申请表	107
文件65	办公用品领取登记表	107
文件66	办公用品库存统计表	108

第8章　公司客户管理

文件67	客户通讯簿	110
文件68	新增客户详情表	113
文件69	客户等级分类表	115

文件70　客户分布图..118

文件71　客户排行榜..120

文件72　客户认定申请表....................................122

文件73　客户来电登记簿....................................123

文件74　潜在客户调查总结表............................123

文件75　新客户调查表..124

文件76　访问客户意见表....................................124

第9章　公司员工考勤管理

文件77　员工出勤记录表....................................126

文件78　月度考勤统计表....................................129

文件79　考勤结果查询表....................................131

文件80　员工出勤情况分析图............................134

文件81　员工休假流程图....................................138

文件82　员工签到簿..141

文件83　员工请假单..142

文件84　员工请假流程图....................................142

文件85　员工考勤日报表....................................143

文件86　特别休假请假单....................................143

第10章　员工值班与加班管理

文件87　值班安排表..146

文件88　假期值班人员安排表 149

文件89　值班人员提醒表格 154

文件90　值班人员联系簿 155

文件91　值班餐费申请单 158

文件92　加班记录表 160

文件93　加班时间统计表 160

文件94　员工工时记录簿 161

文件95　工作时间记录卡 161

文件96　加班费申请单 162

第11章　员工出差管理

文件97　员工出差申请表 164

文件98　出差费用结算表 166

文件99　员工出差记录统计表 168

文件100　业务人员出差报告表 170

文件101　年度出差日数报告表 172

文件102　营业出差日报表 176

文件103　长期出差报告 176

文件104　员工出差旅费报销清单 177

文件105　短程旅费申请表 178

文件106　国外出差旅费计算表 178

第12章　员工业绩管理

文件107　员工业绩测评流程图 180

文件108　员工季度业绩排名表 182

文件109　员工月度业绩比较图 184

文件110　员工季度业绩评定 187

文件111　员工工作能力和态度评定表 190

文件112　职员考核表 194

文件113　员工考绩登记表 195

文件114　管理人员月考核表 195

文件115　员工自评表 196

文件116　员工工作态度互评表 196

第13章　日常费用管理

文件117　日常费用统计表 198

文件118　日常费用支出预算表 201

文件119　企业部门借款单 204

文件120　各部门日常费用花销比较图 206

文件121　各项费用月支出比较图 209

文件122　会议费用预算表 212

文件123　水电费月结算表 213

文件124　日常费用申报表 213

文件125	日常费用季度结算表	214
文件126	日常费用年结算表	214

第14章　费用报销管理

文件127	费用报销流程图	216
文件128	员工外勤费用报销单	218
文件129	电话补助标准表	221
文件130	月度电话报销费用统计表	223
文件131	午餐补助费用报销单	225
文件132	节日补助申请表	227
文件133	节日补助表	227
文件134	生日津贴表	228
文件135	生活补助表	228
文件136	旅游津贴补助表	229

第15章　员工福利管理

文件137	公司福利体系图	232
文件138	员工社会保险登记表	234
文件139	参加社会保险人员申报表	238
文件140	参保人员信息更正申报表	241
文件141	员工年度福利统计表	242
文件142	医疗费用申报表	245

文件143 生育保险费用申报表 246

文件144 失业保险申报表 246

文件145 员工补交养老保险费用申请表 247

文件146 参加社会保险人员增减表 247

第16章　员工薪资管理

文件147 员工工资明细表 250

文件148 员工工资查询表 252

文件149 员工工资水平分布表 255

文件150 员工工资水平分布图 256

文件151 员工季度奖金表 259

文件152 岗位薪酬结构表 259

文件153 工资变更申请书 260

文件154 员工银行账户转账表 261

第17章　员工意见调查与统计

文件155 员工意见调查单 264

文件156 记录调查结果 269

文件157 参与调查者年龄构成比图 272

文件158 抽样分析员工对工作的满意度 277

文件159 年龄与关注面关系抽样回归分析 280

文件160 员工绩效考评标准意愿比图 283

文件161	关注面与学历的相关性分析	283
文件162	学历与工作紧迫性相关性分析	284
文件163	有发展前途比重	284
文件164	调查员工学历分布图	285

第18章　公司领导日程管理

文件165	领导的日程安排表	288
文件166	领导预约记录表	290
文件167	日程检查表	293
文件168	领导预约变更记录表	297
文件169	客户接洽记录表	300
文件170	个人指示·命令确认表	301
文件171	上司、部属休假掌握表	301
文件172	文件督办通知单	302

第19章　会议管理

文件173	会议室使用申请表	304
文件174	会议室使用登记表	305
文件175	会议议程安排表	308
文件176	会议出席记录表	311
文件177	会议记录表	313
文件178	会议纪要	315

文件179　月份经营会议表 315

文件180　部门经营会议表 316

文件181　员工提案评定表 316

文件182　年度行事判定会议表 317

第20章　文件管理

文件183　收发文件登记簿 320

文件184　加密重要文件 321

文件185　以邮件发送文件 323

文件186　文件的共享与保护 326

文件187　资料销毁申请表 329

文件188　销毁文件列表 330

文件189　归档的文件表 331

文件190　整理的文件表 331

第21章　公司安全卫生管理

文件191　外来人员进出登记表 334

文件192　清洁工作安排表 337

文件193　安全工作检查表 340

文件194　意外事故报告表 343

文件195　安全管理实施计划表 348

文件196　工伤事故报告表 350

文件197　安全隐患整改通知单 351

文件198　事故调查报告表 351

文件199　卫生区域划分表 352

文件200　赔偿处理调查报告书 352

第22章　公司车辆管理

文件201　车辆资料表 354

文件202　车位月保统计表 357

文件203　油料库存月报表 362

文件204　车辆费用支出月报表 365

文件205　车辆租借申请表 369

文件206　汽车驾驶日报表 369

文件207　车辆作业检点表 370

文件208　车辆使用状况报表分析 370

第23章　函数在员工档案管理中的应用

函数1　判断员工身份证号码位数

　　　（LEN、TRUE函数）..................................... 372

函数2　查找员工职务和工龄

　　　（VLOOKUP、FALSE函数）................................ 372

函数3　计算员工虚岁年龄

　　　（DATEDIF、TODAY函数）................................ 373

函数4　计算出员工年龄

（YEAR、TODAY函数）..................374

函数5　从员工身份证号码中提取出生年份

（MID、IF、LEN函数）..................374

函数6　从身份证号码中提取完整的出生日期

（MID、IF、LEN、CONCATENATE函数）..................375

函数7　从身份证号码中判别性别

（MID、IF、LEN、MOD函数）..................376

函数8　验证员工身份证号码的位数

（LEN函数）..................376

函数9　根据员工姓名自动提取其姓

（LEN函数）..................377

函数10　统计出男性或女性员工的人数

（COUNTIF函数）..................377

函数11　员工生日到期提醒

（DAY、MONTH、TODAY、YEAR、IF函数）..........378

函数12　员工合同到期提醒

（DAY、MONTH、TODAY、YEAR、IF函数）..........379

函数13　根据员工年龄判断是否退休

（OR、AND函数）..................379

函数14　根据职工性别和职务判断退休年龄

（OR、IF函数）..................380

函数15　统计员工试用期到期的人数

（COUNTIF、IF、TODAY函数）..................380

函数16 统计出指定部门、指定职务的员工人数

（SUMPRODUCT函数） 381

函数17 计算生产部门人数和运输部门人数

（SUM、NOT、ISERR、FIND函数） 381

函数18 从员工E-mail地址中提取账号

（MID、IF、LEN函数） 382

函数19 根据员工代码返回部门名称

（IF、LEN函数） 383

函数20 汇总车间女性人数

（SUMIFS函数） 383

函数21 计算车间男性与女性员工的差

（SUM、SUMIFS函数） 384

函数22 计算员工参保人数

（SUMPRODUCT函数） 384

函数23 汇总生产一车间男性参保人数

（SUMPRODUCT函数） 384

函数24 根据员工身份证统计男性人数

（SUM、MOD、LEFT、RIGHT函数） 385

函数25 计算女员工最大年龄

（MAX函数） 385

函数26 将员工身份证号码转换为出生日期序号

（DATE、MID、LEN函数） 386

函数27 计算员工转正时间

（DATE、YEAR、MONTH、DAY函数） ...386

函数28　提示员工合同续约

　　　（TEXT、EDATE、TODAY函数）.................387

函数29　计算员工可休假天数

　　　（MIN、IF、DATEDIF、TODAY函数）.................387

函数30　根据员工姓名查找身份证号码

　　　（LOOKUP）.................388

函数31　计算生产部人数和非生产部人数

　　　（SUM、NOT、ISERR、FIND函数）.................388

函数32　根据员工身份证号码汇总男、女员工人数

　　　（SUM、ISODD、ISEVEN、MID函数）.................389

函数33　计算出员工工龄（YEAR、MID函数）.................390

函数34　计算年假占全年工作日的百分比

　　　（NETWORKDAYS函数）.................390

函数35　求25岁以上男性人数

　　　（SUMPRODUCT函数）.................391

函数36　汇总销售部男性参保人数

　　　（SUMPRODUCT函数）.................391

第24章　函数在员工考评中的应用

函数37　计算员工工作品行考核总分

　　　（SUM函数）.................394

函数38　对员工的技能考核进行星级评定

　　　（IF函数）.................394

函数39 考评员工成绩是否达标

（IF函数）.. 395

函数40 对员工考核成绩进行综合评定

（OR、AND函数）.. 395

函数41 计算每位员工的总考核成绩

（SUM函数）... 396

函数42 计算每位员工的平均考核成绩

（AVERAGE函数）....................................... 396

函数43 对员工考核成绩进行名次排名

（RANK函数）... 397

函数44 同时满足多个条件求员工考核平均成绩

（AVERAGE、IF函数）................................. 397

函数45 隔列来计算各员工的平均考核成绩

（AVERAGE、IF、MOD、COLUMN函数）...... 398

函数46 使用"★"为考评结果标明等级

（REPT函数）.. 398

函数47 考评销售员的销售等级

（CHOOSE、IF函数）................................... 399

函数48 统计特定考评平均分

（DAVERAGE函数）..................................... 400

函数49 根据员工的销售量进行业绩考核

（IF函数）.. 400

目录

函数50　统计前5名员工的平均成绩

（LARGE、AVERAGE函数） 401

函数51　根据业绩计算需要发放多少奖金

（SUM、IF函数） 401

函数52　统计出指定部门获取奖金的人数

（SUMPRODUCT函数） 401

函数53　统计出指定部门奖金大于固定值的人数

（SUMPRODUCT函数） 402

函数54　计算周末奖金补贴

（SUMPRODUCT、ROW、INDIRECT函数） 403

函数55　汇总行政部员工获奖次数

（SUMPRODUCT函数） 403

函数56　计算员工年终奖

（TEXT函数） 404

函数57　根据达标率计算员工奖金

（TEXT函数） 404

函数58　计算生产部所有人员的平均获奖率

（TEXT函数） 405

函数59　计算超产奖

（TEXT函数） 405

函数60　根据工程的难度系数计算奖金

（MIN函数） 406

第25章 函数在员工考勤和工资统计中的应用

函数61　判断员工是否已签到

（IF、ISNONTEXT函数）..................408

函数62　自动返回考勤表标题

（MONTH、TODAY函数）..................408

函数63　根据当前日期数返回对应的考勤星期数

（CHOOSE、WEEKDAY函数）..................408

函数64　从卡机数据提取员工打卡时间

（MID函数）..................409

函数65　根据卡机数据判断员工部门

（CHOOSE、MATCH、RIGHT函数）..................410

函数66　计算员工的总加班时间

（SUM函数）..................410

函数67　返回值班安排表中日期对应的星期数

（WEEKDAY函数）..................411

函数68　罗列值班日期

（MIN、IF、WEEKDAY、DATE、ROW函数）..........411

函数69　累积员工每日得分（N、IF函数）..................412

函数70　自动追加工龄工资

（DATEDIF、TODAY函数）..................413

函数71　根据工作时间计算12月工资

（SUM、IF函数）..................413

函数72　计算每日工时工资

　　　　（IF、WEEKDAY函数）..................................414

函数73　计算本日工时工资

　　　　（HOUR SUM、TIMEVALUE、ROUNDUP函数）.....414

函数74　统计各部门工资总额

　　　　（SUMIF函数）..415

函数75　计算一车间女职工的平均工资

　　　　（AVERAGE、IF函数）..................................416

函数76　计算一车间和三车间女职工的平均工资

　　　　（AVERAGE、IF函数）..................................416

函数77　生成工资结算日期

　　　　（TEXT、EOMONTH函数）...............................416

函数78　计算员工年资

　　　　（MIN、DATEDIF、TODAY函数）........................417

函数79　计算所有员工的基本工资合计额

　　　　（SUM函数）..418

函数80　对销售部男性员工的工资求和

　　　　（SUM函数）..418

函数81　对2000到3000之间的工资求和

　　　　（SUM、SUMIF函数）...................................418

函数82　求前三名和后三名的工资之和

　　　　（LARGE、SMALL、SUMIF函数）........................419

函数83　对所有车间员工的工资求和

　　　　（SUMIF函数）..419

函数84 计算平均工资
（ROUND、AVERAGEA函数） 419

函数85 根据员工工龄计算年资
（CEILING、INT函数） 420

函数86 统计两倍工资的加班小时数（SUMPRODUCT、TEXT、
ROW、INDIRECT、EOMONTH函数） 420

函数87 计算个人所得税
（IF、SUM函数） 421

第26章　函数在客户资料管理中的应用

函数88 设置客户类型
（IF函数） 424

函数89 划分客户受信等级
（IF 函数） 424

函数90 自动生成客户称呼
（LEFT 函数） 425

函数91 更改客户公司名称
（SUBSTITUTE 函数） 425

函数92 区分客户联系区号与号码
（RIGHT 函数） 426

函数93 从客户编码中提取合同号
（RIGHT、LEN、SEARCH 函数） 426

函数94　返回客户订单编号

　　　　（N 函数）.................................... 427

函数95　找出消费次数最多的客户

　　　　（MAX 、COUNTIF函数）............. 428

函数96　统计客户会员卡到期的人数

　　　　（TODAY函数）............................. 428

函数97　统计来访公司或部门代表的总人数

　　　　（DCOUNTA函数）....................... 428

函数98　给金卡和银卡客户按消费额派发赠品

　　　　（IF函数）..................................... 429

函数99　对客户销售额进行排名

　　　　（RANK 函数）.............................. 430

函数100　创建客户E-Mail电子邮件链接地址

　　　　（HYPERLINK 函数）................... 430

第27章　函数在日常办公和费用管理中的应用

函数101　提取办公物品采购月份

　　　　（MONTH函数）............................ 434

函数102　返回请购设备的应到日期

　　　　（IF 函数）..................................... 434

函数103　计算公司借阅资料是否到期

　　　　（IF 、TODAY函数）..................... 435

函数104　计算公司借阅资料过期天数

（IF、TODAY函数）..................................435

函数105　统计所有办公物品的采购金额

（SUMPRODUCT函数）..........................436

函数106　判断领用物品是否到期

（IF、NOW函数）..................................436

函数107　计算员工报销费用总额

（SUM函数）..437

函数108　求每季度办公费用支出金额

（AVERAGE函数）................................437

第 1 章
公司员工资料管理

员工资料一般应该包括员工的基本资料，如姓名、性别、出生年月、民族、身份证号码、婚姻及家庭状况、血型、学历、工种或职务、个人经历、奖惩状况、兴趣爱好、联系方式（如家庭通地信址、手机号码、E-mail地址等），除此之外还应包括家庭成员主要状况，以及紧急通信联络方式、个人教育背景和受培情况。

员工资料归档是档案管理中的一部分，可以为人力资源部门甚至业务部门在出现紧急事件时提供详实的信息作为参考数据，且还可以通过对每一组数据的类比和分析，获得更加丰富的与人力发展相关的数据和结论，为企业招聘、培训、晋级、薪酬福利制度的制定等提供真实可靠的依据。

编号	文件名称	光盘中对应数据源	重要星级
文件1	员工工作证	素材文件\第1章\员工工作证.xls	★★★★
文件2	员工个人资料登记表	素材文件\第1章\员工个人资料登记表.xls	★★★★★
文件3	员工资料统计表	素材文件\第1章\员工资料统计表.xls	★★★★
文件4	各部门员工资料统计表	素材文件\第1章\各部门员工资料统计表.xls	★★★★
文件5	员工资料查询表	素材文件\第1章\员工资料查询表.xls	★★★★
文件6	公司人数统计	素材文件\第1章\公司人数统计.xls	★★★★★
文件7	干部一览表	素材文件\第1章\干部一览表.xls	★★★
文件8	员工通信簿	素材文件\第1章\员工通信簿.xls	★★
文件9	员工工龄统计表	素材文件\第1章\员工工龄统计表.xls	★★★★
文件10	管理人才储备表	素材文件\第1章\管理人才储备表.xls	★★

文件1　员工工作证

工作证是表示一个人在某单位工作的证件。它的尺寸是统一的，包括单位名称、持证人姓名、职位、工作证编号、照片和有效期限等内容。

制作要点与设计效果图

- 设置图案底纹
- 设置边框和底纹
- 合并单元格
- 调整图片
- 删除背景
- 添加下边框

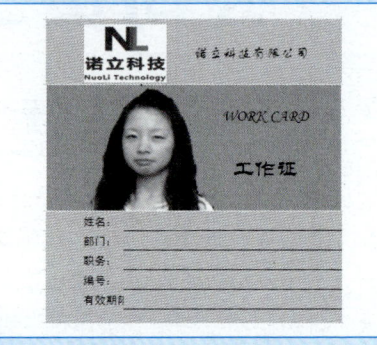

文件设计过程

步骤1：设置单元格的图案

①　选中B2:F10单元格区域。单击"字体"组中的对话框启动器按钮，如图1-1所示。

②　打开"设置单元格格式"对话框，在"填充"选项卡下单击"图案颜色"右侧下三角按钮，选择需要的颜色，单击"图案样式"右侧下三角按钮，选择需要的图案样式，如图1-2所示。

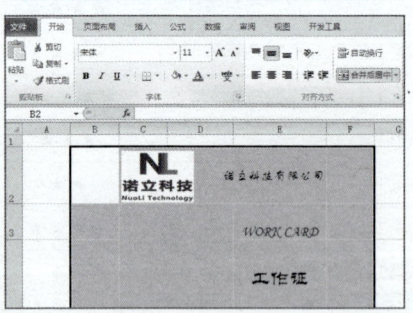

图1-1

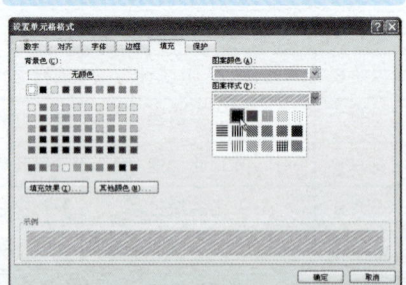

图1-2

第1章 公司员工资料管理

3 单击"确定"按钮,返回工作表中可以看到设置底纹后的效果,如图1-3所示。

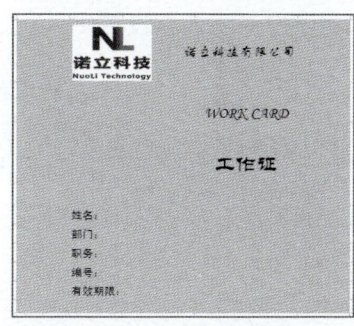

图1-3

步骤2:设置边框及底纹

1 选中B4:F5单元格区域,打开"设置单元格格式"对话框,在"边框"选项卡下,设置外边框为白色、粗线条,如图1-4所示。

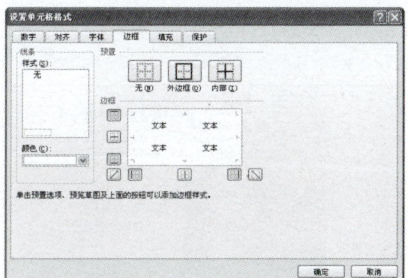

图1-4

2 切换至"填充"选项卡,单击"其他颜色"按钮,如图1-5所示。

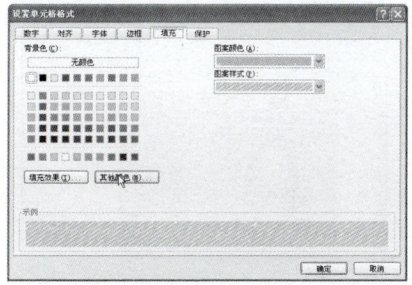

图1-5

3 弹出"颜色"对话框,切换至"自定义"选项卡下,设置颜色值,单击"确定"按钮,如图1-6所示。

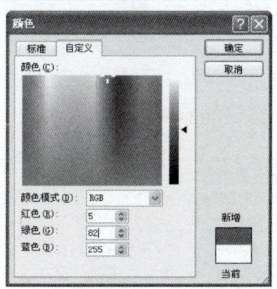

图1-6

4 此时选中单元格应用了设置的边框及底纹样式,如图1-7所示。

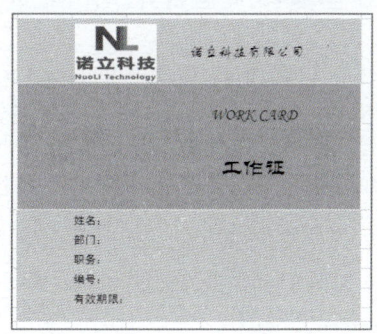

图1-7

步骤3：插入并设置图片

1 在工作表中插入之前准备的图片，选中图片，拖动鼠标到合适的位置，并向内拖动图片控制点，缩小图片，如图1-8所示。

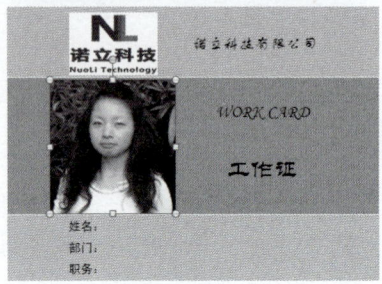

图1-8

2 切换至"图片工具-格式"选项卡下，单击"删除背景"按钮，此时以紫红色显示被删除的背景部分，如图1-9所示。

图1-9

3 在"背景消除"选项卡下"调整"选项组中，单击"标记要保留的区域"和"标记要删除的区域"按钮，如图1-10所示。

图1-10

4 绘制要保留的和删除的部分，消除紫红色，单击图片外任意位置，此时图片上的杂乱背景被删除了，如图1-11所示。

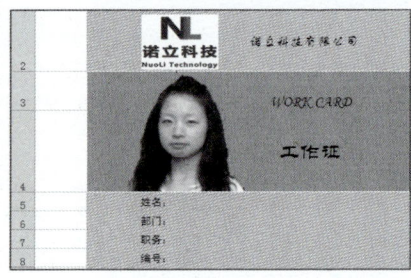

图1-11

步骤4：跨越合并单元格

1 选中需要合并的D5:F5，D6:F6,D7:F7,D8:F8,D9:F9单元格区域。在"对齐方式"组中单击"合并后居中"右侧下三角按钮，单击"跨越合并"选项，如图1-12所示。

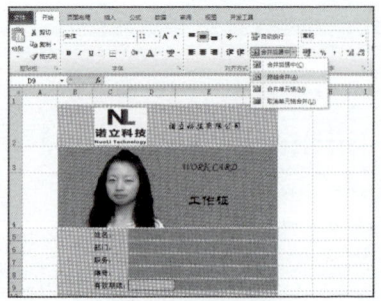

图1-12

步骤5：添加下边框制作下划线效果

1 单击"开始"选项卡下"字体"组中的边框右侧下三角按钮，单击"下框线"选项，此时为选中单元格添加了下边框，完成工作证的创建，如图1-13所示。

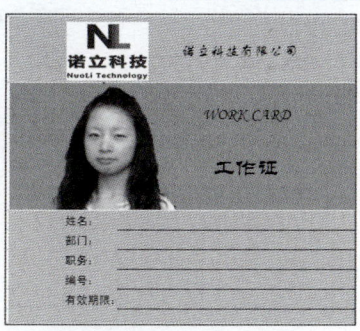

图1-13

文件2　员工个人资料登记表

可以在Excel中建立员工个人资料登记表，员工个人资料包括员工的姓名、性别、出生年月、民族、身份证号码、婚姻及家庭状况、血型、学历、工种或职务、个人经历、奖惩状况、兴趣爱好以及员工的联系方式等。

制作要点与设计效果图

- 新建工作簿
- 输入文本
- 插入行
- 合并单元格
- 设置字体格式
- 添加边框线

Excel公司行政管理必须掌握的208个文件与108个函数

文件设计过程

步骤1：启动Excel2010程序新建工作簿

1 在桌面上双击Microsoft Excel 2010快捷方式图标，如图1-14所示。

2 启动Excel2010程序并自动创建一个新的空白工作簿，如图1-15所示。

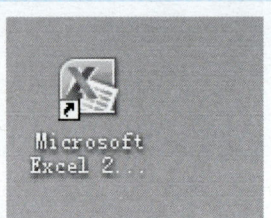

图1-14

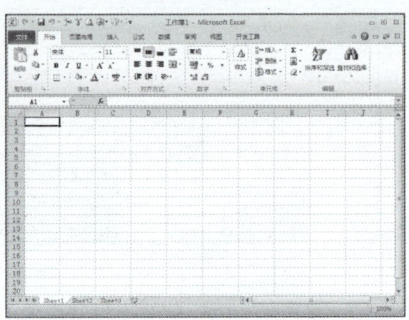

图1-15

步骤2：合并单元格

1 输入员工个人资料登记表的相关文本。选中A1:G1单元格区域，在"开始"选项卡下"对齐方式"选项组中单击"合并单元格"下拉按钮，在下拉菜单中单击"合并后居中"命令，如图1-16所示。

2 此时选中的单元格区域合并为一个单元格，然后合并B2:D2，F2:G2，G3:G6，B7:G7和B8:G8单元格区域，如图1-17所示。

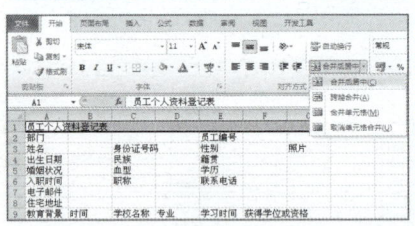

图1-16

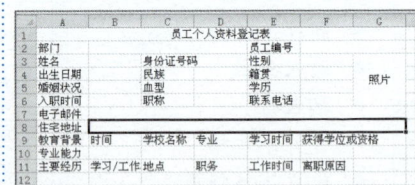

图1-17

步骤3：插入行

1 选中要插入行所在位置，单击鼠标右键，在弹出的菜单中单击"插入"命令，如图1-18所示。

第1章 公司员工资料管理

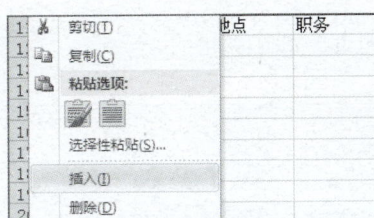

图1-18

1 即可在选中行之前插入一空行，再用相同方法插入两行，如图1-19所示。

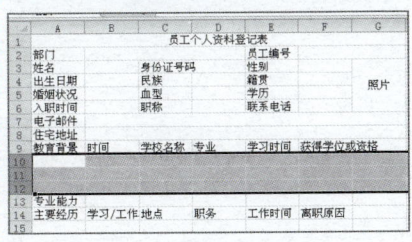

图1-19

▶ 步骤4：设置字体格式并调整行高

1 选中A1:G1单元格区域，在"开始"选项卡下"字体"选项组中单击"字体"下拉按钮，在下拉列表中选择"宋体"选项，在"字号"下拉列表中选择"20"选项。单击"字体颜色"右侧下三角按钮，选择"蓝色"，如图1-20所示。

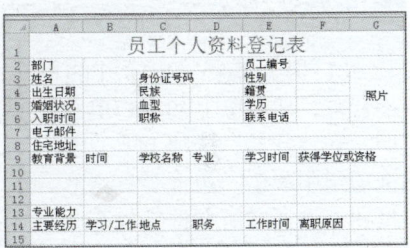

图1-21

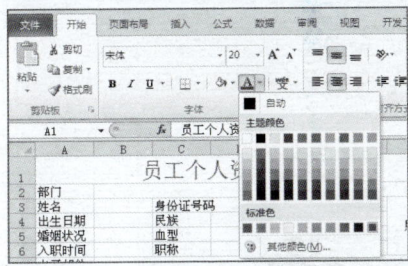

图1-20

2 此时选中文本应用了设置的格式，得到如图所示的文本效果，如图1-21所示。

3 接着将表格中除标题外的字体格式设置为"华文细黑"，并根据需要分别设置字体字号，如图1-22所示。

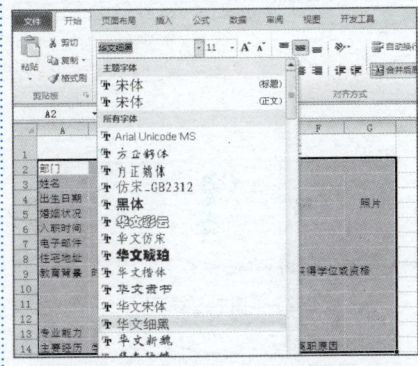

图1-22

4 此时表格中的字体应用了设置的格式，得到如图所示的文本效果，如图1-23所示。

5 将鼠标指针置于要调整行高的行标边缘，按住鼠标左键向下拖动。拖至适当高度后,释放鼠标左键即可,如图1-24所示。

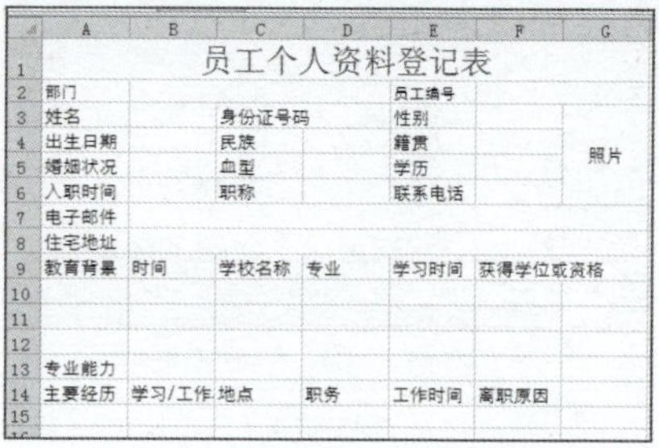

图1-23

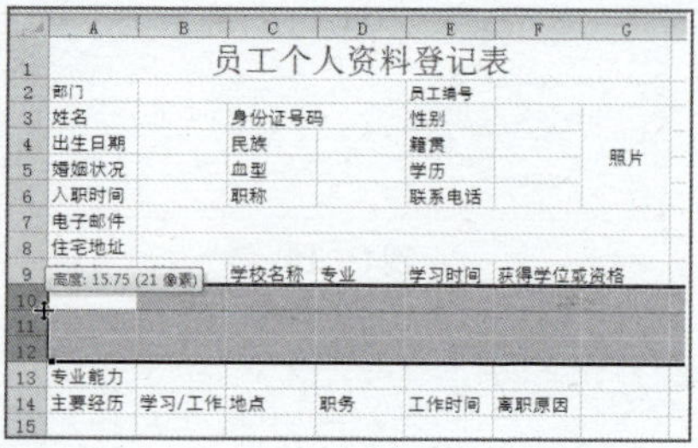

图1-24

步骤5:添加边框

1 根据需要将未合并的单元格合并,然后选中B3:G17单元格区域。在"开始"选项卡下"字体"选项组中单击"边框"右侧下三角按钮。选择"所有框线"选项,如图1-25所示。

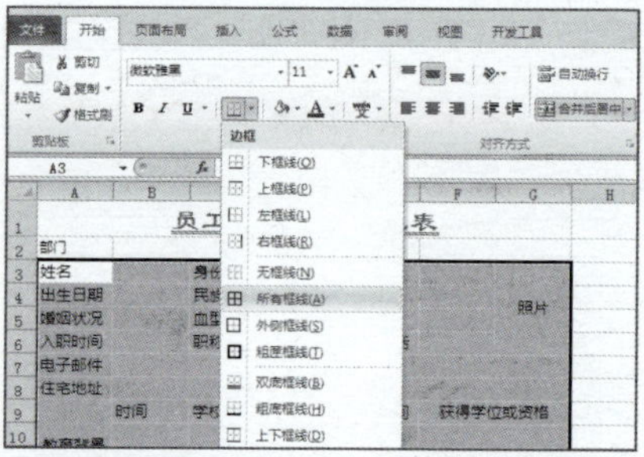

2 此时即为选中单元格添加默认样式的边框线。接着对表格进行完善,显示员工个人资料登记表的最终效果,如图1-26所示。

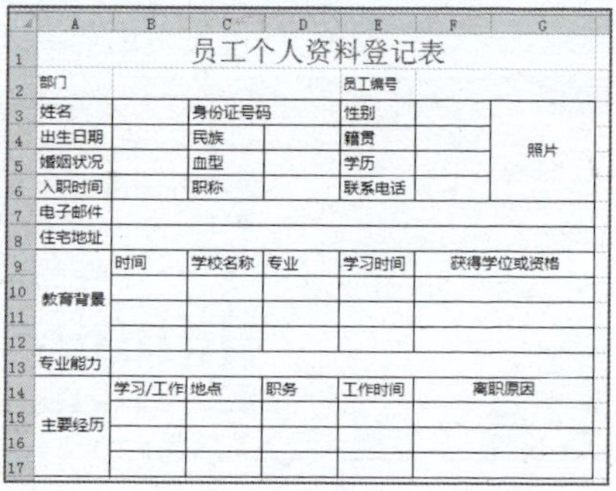

图1-25

图1-26

文件3 员工资料统计表

在收集好员工基本资料后,可以在Excel中,把所有员工的基本资料汇总到一个表格中,形成员工资料统计表,这样可以方便随时查询员工的个人资料。

制作要点与设计效果图

- MID函数
- DATEVALUE函数
- 设置日期数据格式
- 套用表格样式

员工资料统计表

员工编号	部门	姓名	职称	身份证号码	性别	出生日期
AB120001	销售部	王强	大区经理	5110271981010211	男	1981-1-2
AB120002	销售部	王波	区域经理	5201121983020111	男	1983-2-1
AB120003	销售部	周昊	业务员	1452301987031010	男	1987-3-10
AB120004	销售部	王明	业务员	1430211985021102	男	1985-2-11
AB120005	销售部	张兰	业务员	1356201981021205	女	1981-2-12
AB120006	销售部	王菲	大区经理	1638951987110238	女	1987-11-2
AB120007	销售部	周明启	业务员	5360211983120317	男	1983-12-3
AB120008	销售部	王俊	业务员	1443211987120812	男	1987-12-8
AB120009	销售部	黄恒	区域经理	1436211987121302	男	1987-12-13
AB120010	销售部	周伊	区域经理	1630211983122501	女	1983-12-25
AB120011	销售部	周宇	业务员	1863521987110523	男	1987-11-5
AB130012	行政部	王宙	秘书长	1780241983021302	男	1983-2-13
AB130013	行政部	张勇	助理	1630011992010203	男	1992-1-2
AB130014	行政部	王富	助理	1745441982010305	男	1982-1-3
AB130015	行政部	周圆	助理	1632141983011252	女	1983-1-12
AB130016	行政部	黄雅	助理	1987451983120305	女	1983-12-3
AB130017	行政部	周雯	助理	1976351974070302	女	1974-7-3
AB140018	生产部	王镁	经理	1789361983070208	女	1983-7-2
AB140019	生产部	谢欣	职员	5110271983021402	女	1983-2-14

文件设计过程

步骤1：打开工作簿

启动Excel2010，单击"文件"按钮，单击"打开"按钮。在弹出的"打开"对话框中双击需要打开的工作簿文件。此时打开了选定的工作簿，并显示工作表数据，如图1-27所示。

员工资料统计表

员工编号	部门	姓名	职称	身份证号码	性别	出生日期	民族	籍贯	婚姻状况
AB120001	销售部	王强	大区经理	5110271981010211	男		汉族	安徽·合肥	未婚
AB120002	销售部	王波	区域经理	5201121983020111	男		汉族	安徽·安庆	未婚
AB120003	销售部	周昊	业务员	1452301987031010	男		汉族	安徽·芜湖	未婚
AB120004	销售部	王明	业务员	1430211985021102	男		汉族	安徽·马鞍山	未婚
AB120005	销售部	张兰	业务员	1356201981021205	女		汉族	湖南·长沙	未婚
AB120006	销售部	王菲	大区经理	1638951987110238	女		汉族	湖南·株洲	未婚
AB120007	销售部	周明启	业务员	5360211983120317	男		汉族	湖南·株洲	未婚
AB120008	销售部	王俊	业务员	1443211987120812	男		汉族	四川·成都	未婚
AB120009	销售部	黄恒	区域经理	1436211987121302	男		汉族	四川·成都	未婚
AB120010	销售部	周伊	区域经理	1630211983122501	女		汉族	山西·太原	未婚
AB120011	销售部	周宇	业务员	1863521987110523	男		汉族	山西·榆次	已婚
AB130012	行政部	王宙	秘书长	1780241983021302	男		汉族	河北·石家庄	未婚
AB130013	行政部	张勇	助理	1630011992010203	男		汉族	辽宁省·沈阳	未婚
AB130014	行政部	王富	助理	1745441982010305	男		藏族	云南省·昆明	已婚
AB130015	行政部	周圆	助理	1632141983011252	女		白族	云南省·昆明	未婚
AB130016	行政部	黄雅	助理	1987451983120305	女		壮族	云南省·昆明	未婚
AB130017	行政部	周雯	助理	1976351974070302	女		维吾尔族	贵州·贵阳	已婚
AB140018	生产部	王镁	经理	1789361983070208	女		汉族	贵州·贵阳	已婚
AB140019	生产部	谢欣	职员	5110271983021402	女		汉族	海南·海口	未婚
AB140020	生产部	郝强	职员	5110271987122414	男		汉族	青海省·西宁	未婚
AB140021	生产部	郝俊	职员	5110271983021504	男		汉族	四川·绵阳	已婚
AB140022	生产部	郑辰	职员	5110271987021301	男		藏族	四川·成都	未婚
AB140023	生产部	王莉	职员	5110271935042102	女		汉族	四川·成都	已婚

图1-27

步骤2：从身份证号码中获取出生日期

选中G4单元格，在其中输入获取出生日期的公式"=DATEVALUE (MID(E4,7,4)&"-"&MID(E4,11,2)&"-"&MID(E4,13,2))"，按下【Enter】键，此时在目标单元格中显示计算结果，向下复制公式。释放鼠标，计算出所有员工的出生日期，如图1-28所示。

G4　=DATEVALUE(MID(E4,7,4)&"-"&MID(E4,11,2)&"-"&MID(E4,13,2))

员工编号	部门	姓名	职称	身份证号码	性别	出生日期
AB120001	销售部	王强	大区经理	5110271981010211	男	29588
AB120002	销售部	王波	区域经理	5201121983020111	男	30348
AB120003	销售部	周昊	业务员	1452301987031010	男	31846
AB120004	销售部	王明	业务员	1430211985021102	男	31089
AB120005	销售部	张兰	业务员	1356201981021205	女	29629
AB120006	销售部	王菲	大区经理	1638951987110238	女	32083
AB120007	销售部	周明启	业务员	5360211983120317	男	30653
AB120008	销售部	王俊	业务员	1443211987120812	男	32119
AB120009	销售部	黄恒	区域经理	1436211987121302	男	32124
AB120010	销售部	周伊	区域经理	1630211983122501	女	30675
AB120011	销售部	周宇	业务员	1863521987110523	男	32086
AB130012	行政部	王宙	秘书长	1780241983021302	男	30360
AB130013	行政部	张勇	助理	1630011992010203	男	33605
AB130014	行政部	王富	助理	1745441982010305	男	29954
AB130015	行政部	周圆	助理	1632141983011252	女	30328
AB130016	行政部	黄雅	助理	1987451983120305	女	30653
AB130017	行政部	周雯	助理	1976351974070302	女	27213
AB140018	生产部	王镁	经理	1789361983070208	女	30499
AB140019	生产部	谢欣	职员	5110271983021402	女	30361
AB140020	生产部	郝强	职员	5110271987122414	男	32135

图1-28

步骤3：设置数字格式

1 选中G4:30单元格区域，单击"数字格式"右侧下三角按钮，在下拉菜单中选择"短日期"选项，将数值更改为日期格式，如图1-29所示。

2 此时选中单元格的数字格式更改为日期格式，如图1-30所示。

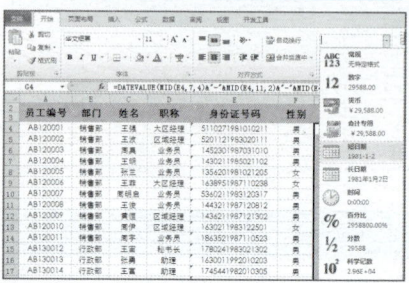

图1-29

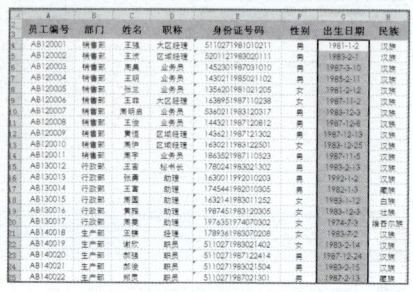

图1-30

步骤4：套用表格格式

1 选中A4:O30单元格区域，单击"套用表格格式"按钮。选择需要的表格样式，如图1-31所示。

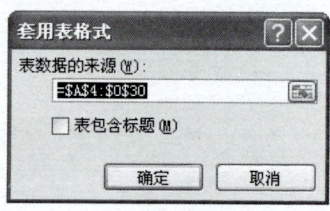

图1-32

2 弹出"套用表格式"对话框，确认表数据的来源。单击"确定"按钮，如图1-32所示。

3 此时选中单元格区域应用了指定的表格样式，并自动为表格添加了一空行作为表格的标题行，如图1-33所示。

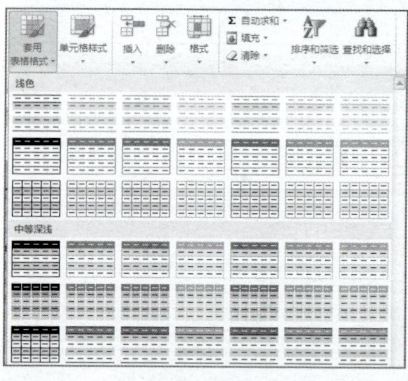

图1-31

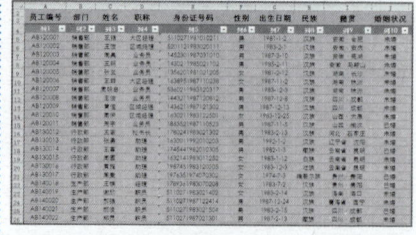

图1-33

4 选中表格,在"表格工具-设计"选项卡下,单击"转换为区域"按钮,如图1-34所示。

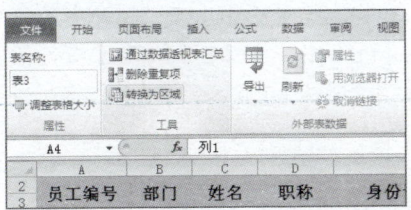

图1-34

5 弹出"Microsoft Excel"对话框进行询问,单击"是"按钮,如图1-35所示。

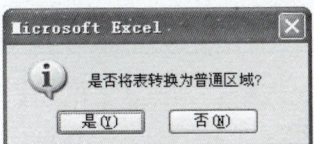

图1-35

6 右键单击标题所在行,单击"删除"按钮,如图1-36所示。

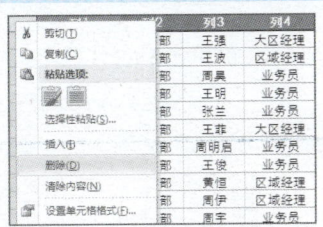

图1-36

7 进一步完善,即可完成员工资料统计表的设置,如图1-37所示。

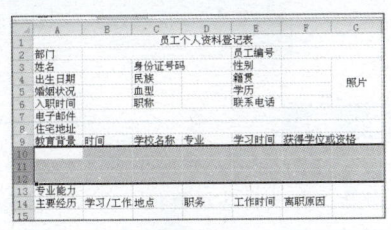

图1-37

文件4 各部门员工资料统计表

为了方便企业领导掌握各个部门的人员情况及学历情况,可以在Excel中建立部门员工资料统计表。

制作要点与设计效果图

- 重命名工作表
- COUNTIF函数的应用
- COUNTIFS函数的应用

各部门员工资料统计表					
部门名称	人数		学历		
	人数	百分比	大专	本科	研究生
销售部	10	30.56%	2	5	3
行政部	7	16.67%	1	5	1
生产部	5	22.22%	1	3	1
财务部	5	30.56%	1	2	2

文件设计过程

步骤1：重命名工作表

[1] 右键单击Sheet1工作表标签，在弹出的菜单中单击"重命名"命令，输入工作表名称文本，如"员工资料统计表"按下【Enter】键，如图1-38所示。

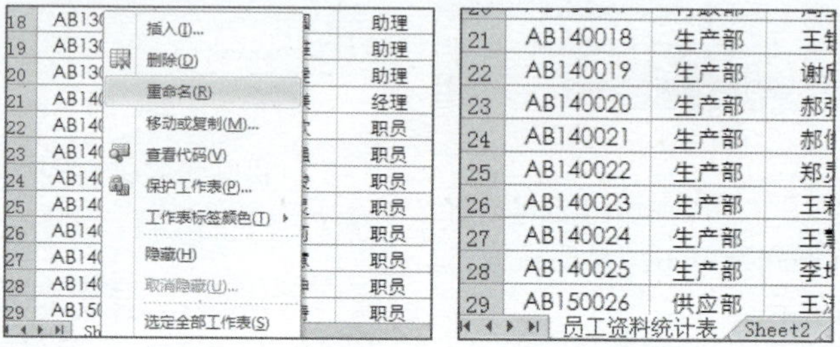

图1-38

> **提　示：**
> 在Excel中还有一种简单的重命名工作表的方法，即双击工作表标签，激活工作表标签编辑框，输入工作表名称即可。

步骤2：创建各部门员工资料统计表

将Sheet2工作表重命为"各部门员工资料统计"，输入表格固定文本。根据需要合并单元格，设置文本的字体格式并为表格添加边框，如图1-39所示。

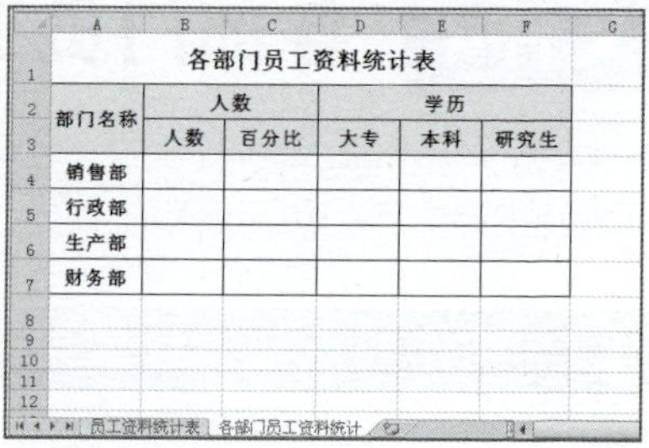

图1-39

步骤3：设置公式

[1] 选中B4单元格，在编辑栏中输入公式"=COUNTIF(员工资料统计表!$B$2:$B$30,A4)"，按回车键，利用自动填充功能向下复制公式，计算人数，如图1-40所示。

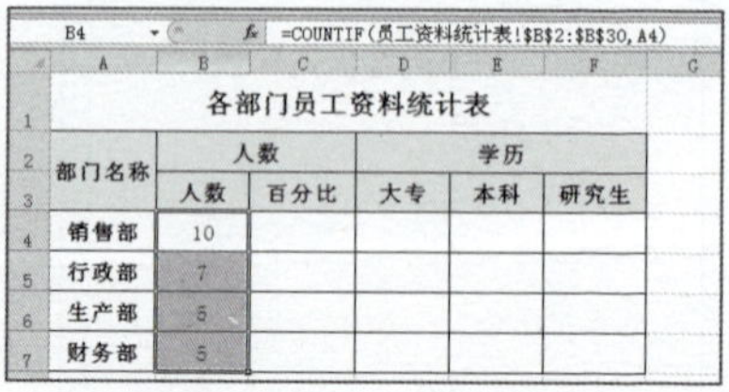

图1-40

②选中C4单元格。在编辑栏中输入公式“=B4/SUM($C$5:$C$8)”按下【Enter】键，利用自动填充功能向下复制公式，计算出各部门人数的百分比值，如图1-41所示。

C4 =B4/SUM($C$5:$C$8)

各部门员工资料统计表					
部门名称	人数		学历		
	人数	百分比	大专	本科	研究生
销售部	10	0.305556			
行政部	7	0.166667			
生产部	5	0.222222			
财务部	5	0.305556			

图1-41

③选中D4单元格，在编辑栏中输入公式“=COUNTIFS(员工资料统计表!$B$4:$B$30,$A4,员工资料统计表!$L$4:$L$30,D$3)”，按下【Enter】键，向右拖动D4单元格右下角的填充柄至F4，接着向下复制公式，如图1-42所示。

D4 =COUNTIFS(员工资料统计表!$B$4:$B$30,$A4,员工资料统计表!$L$4:$L$30,D$3)

各部门员工资料统计表					
部门名称	人数		学历		
	人数	百分比	大专	本科	研究生
销售部	10	0.305556	2	5	3
行政部	7	0.166667	1	5	1
生产部	5	0.222222	1	3	1
财务部	5	0.305556	1	2	2

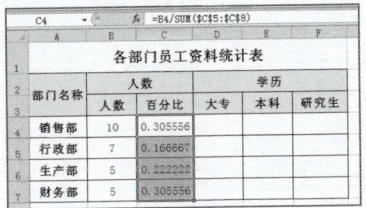

图1-42

④此时计算出各部门学历的人数，将C列数字的显示格式更改为保留两位小数的百分比，即完成各部门员工资料统计表格的制作，如图1-43所示。

各部门员工资料统计表					
部门名称	人数		学历		
	人数	百分比	大专	本科	研究生
销售部	10	30.56%	2	5	3
行政部	7	16.67%	1	5	1
生产部	5	22.22%	1	3	1
财务部	5	30.56%	1	2	2

图1-43

文件5 员工资料查询表

为了查阅员工个人资料信息，在Excel中可以创建查询表时，一般将固定不重复的员工编号作为查询条件，快速引出该员工的姓名、部门、性别等信息，提高信息查阅的效率。

制作要点与设计效果图

- 复制工作表
- 利用名称框定义名称
- 设置数据有效性
- VLOOKUP函数的应用

员工资料查询卡					
员工编号	AB120001	员工姓名	王强	部门	销售部
性别	男	出生日期	1981-1-2	身份证号码	5110271981010211
血型	O	民族	汉族	籍贯	安徽·合肥
婚姻状况	未婚	学历	本科	入职时间	2005-5-20
职称	大区经理	联系电话	1372545675	电子邮件	AB120001@126.com

Excel公司行政管理必须掌握的208个文件与108个函数

文件设计过程

步骤1：创建表格

[1] 在工作表簿中创建"员工资料查询"工作表，并创建表格，如图1-44所示。

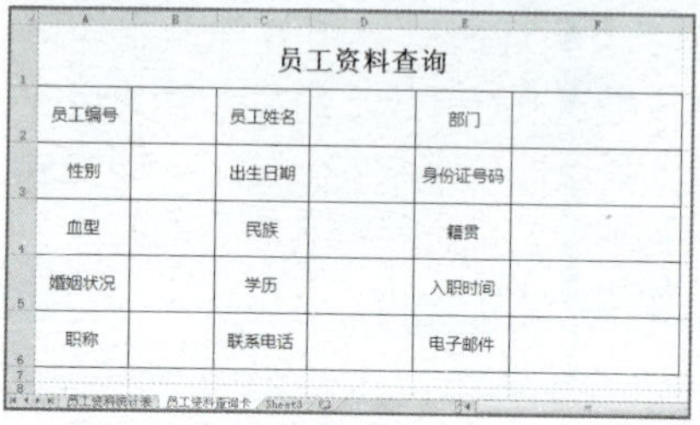

图1-44

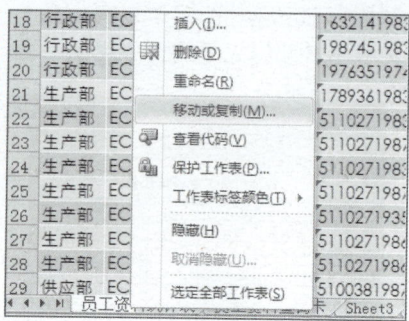

图1-45

[2] 右键单击"员工资料统计表"工作标签，单击"移动或复制"命令，如图1-45所示。

[3] 打开"移动或复制"对话框，在对话框中单击"员工资料查询"选项，选中"建立副本"复选框，单击"确定"按钮，如图1-46所示。

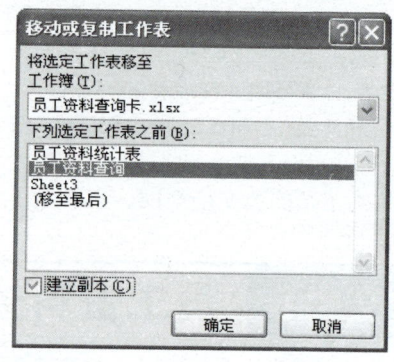

图1-46

步骤2：定义名称

[1] 选中A4：O30单元格区域，在"名称框"中输入名称"ZL"，按下【Enter】键即可，如图1-47所示。

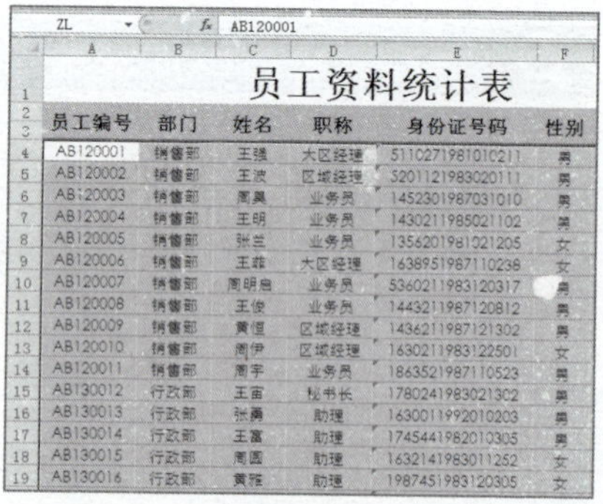

图1-47

②选中A4:A30单元格区域，在名称框中输入“AB”，按下【Enter】键，如图1-48所示。

	A	B	C	D	E
1	员工资料统计表				
2-3	员工编号	部门	姓名	职称	身份证号码
4	AB120001	销售部	王强	大区经理	5110271981010211
5	AB120002	销售部	王波	区域经理	5201121983020111
6	AB120003	销售部	周昊	业务员	1452301987031010
7	AB120004	销售部	王明	业务员	1430211985021102
8	AB120005	销售部	张兰	业务员	1356201981021205
9	AB120006	销售部	王菲	大区经理	1638951987110238
10	AB120007	销售部	周明启	业务员	5360211983120317
11	AB120008	销售部	王俊	业务员	1443211987120812
12	AB120009	销售部	黄恒	区域经理	1436211987121302
13	AB120010	销售部	周伊	区域经理	1630211983122501
14	AB120011	销售部	周宇	业务员	1863521987110523
15	AB130012	行政部	王宙	秘书长	1780241983021302

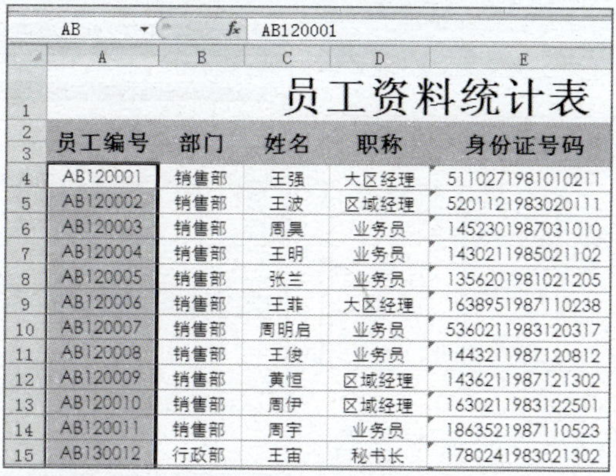

图1-48

步骤3：利用数据有效性设置下拉列表

①切换至“员工资料查询”工作表中选中B2单元格。在“数据”选项卡“数据工具”选项组中单击“数据有效性”下三角按钮，在下拉菜单中单击“数据有效性”选项，如图1-49所示。

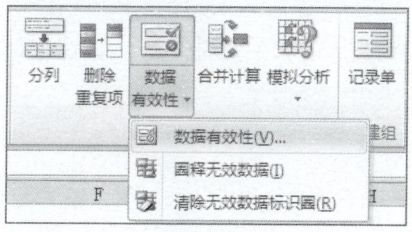

图1-49

②弹出单击“数据有效性”对话框，设置“允许”为“序列”，在“来源”文本框中输入“=AB”单击“确定”按钮，如图1-50所示。

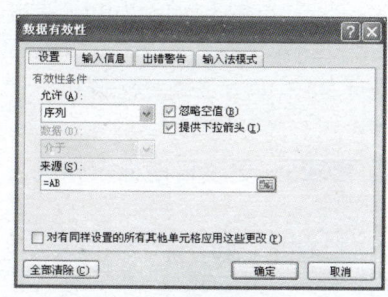

图1-50

③返回工作表中单击单元格右侧的下三角按钮，选择需要的编号选项，如图1-51所示。

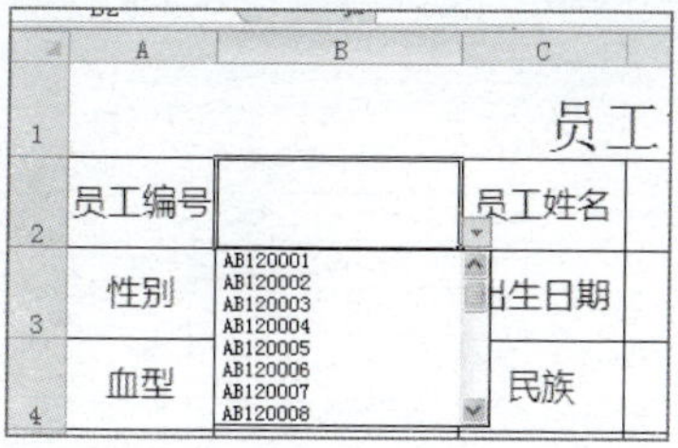

图1-51

步骤4：插入函数

1 选中D2单元格，单击编辑栏中的"插入函数"按钮，如图1-52所示。

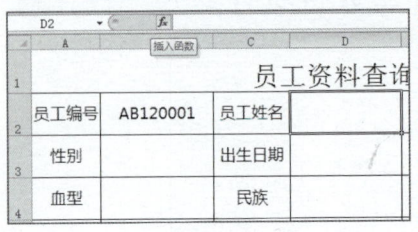

图1-52

2 弹出"插入函数"对话框，在"选择函数"列表中双击VLOOKUP选项，如图1-53所示。

3 弹出"函数参数"对话框，设置Lookup_value为B2，设置Table_array为ZL，设置Col_index_num为3，单击"确定"按钮，如图1-54所示。

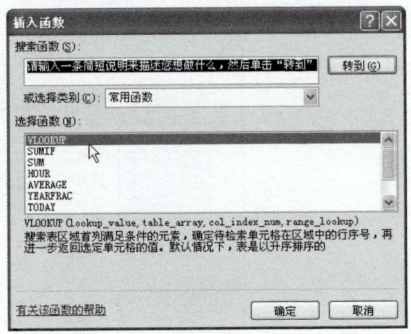

图1-53

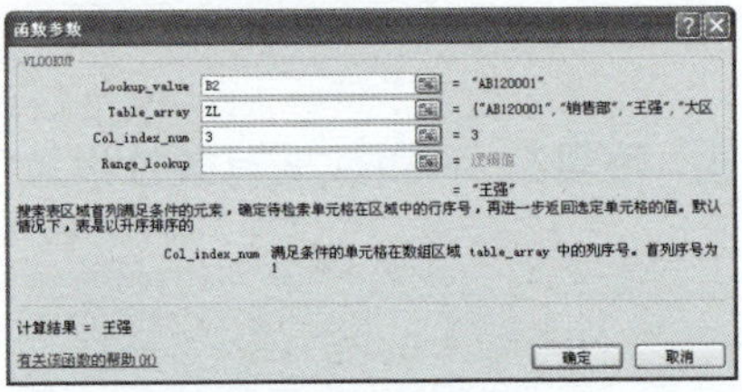

图1-54

步骤5：更改日期显示格式

1 用相同的函数引用其他数据，然后选中D3、F5单元格，单击"数字"组中的"数字格式"右侧下三角按钮，在下拉菜单中单击"短日期"选项，如图1-55所示。

2 完成设置后，用户可以通过在B2单元格中选择员工编号来查询员工的相关资料信息，如图1-56所示。

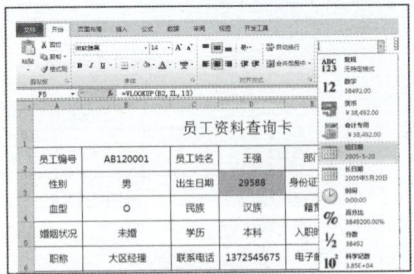

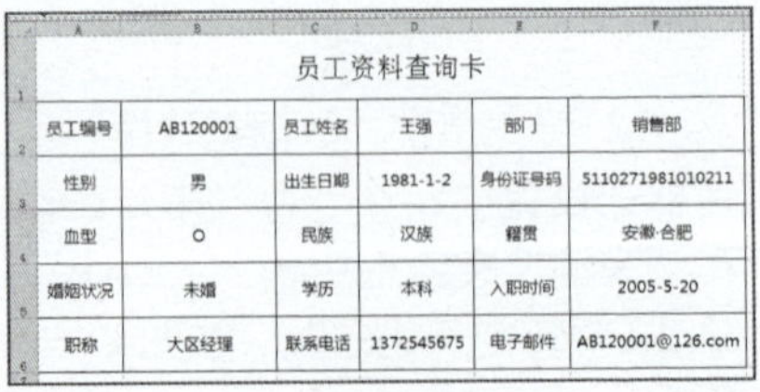

图1-55

图1-56

第1章 公司员工资料管理

文件6　公司人数统计

想要了解公司员工的人数、各部门人数比例、男女比例等情况，可以根据员工工资统计表中的信息，利用Excel将其列成表格，让人一目了然。

制作要点与设计效果图

- 设置边框和底纹
- 设置数字百分比格式
- COUNTIF函数应用
- COUNA函数应用

公司员工人数统计

部门	人数(人)	百分比	比较项目	人数(人)	百分比
销售部	8	25.81%	男	16	51.61%
行政部	4	12.90%	女	15	48.39%
生产部	8	25.81%			
供应部	11	35.48%			
总人数			31		

文件7　干部一览表

为了方便员工认识和了解干部，在某些企业里，人事部门会将企业领导班子的基本信息罗列出来，形成干部一览表。

制作要点与设计效果图

- 设置底纹
- 插入图片
- 调整图片大小与位置
- 删除图片背景
- 调整行高

干部一览表

姓名	职别	年龄	学历	照片
周泽	总经理	29	本科	
王蓉	秘书长	26	研究生	
蔦丽	宣传部经理	32	本科	
石磊	市场部经理	28	本科	

文件8　员工通信簿

为了公司和员工、员工与员工之间联系方便，需要制作员工的日常联系方式通信簿，其中包括员工姓名、固定电话、移动电话、MSN、QQ号码和电子邮箱等信息。

制作要点与设计效果图

- 设置边框和底纹
- 取消超链接
- 调整行高

员工通讯簿

员工姓名	固定电话	移动电话	QQ号码	电子邮箱
王荣	010-7857486	1380545675	68958745	WANGRONG2010@126.com
周国菊	010-8362541	1345574486	69874859	WANGYU2010@126.com
覃丽	010-8747854	1523654757	78596874	CHENMING2010@126.com
陶莉莉	010-8765201	1528897454	58868745	LIUYU2010@126.com
周泽	010-8365201	1504687454	12673352	CHENHAO2010@126.com
夏磐	010-3544787	1547834575	16352654	WANGHAO2010@126.com
刘涛	010-8979857	1535247865	12540222	LIUTAO2010@126.com
周萍	010-8635241	1553562441	69885745	SHUNYA2010@126.com
王立涛	010-8255635	1396857554	25468574	HEYI2010@126.com

文件9　员工工龄统计表

在Excel中创建工龄统计表来列出各员工的基本工龄。

制作要点与设计效果图

- 设置边框和底纹
- 手动调整列宽
- 设置文本居中对齐
- NOW函数
- YEAR函数

员工工龄统计表

员工编号	姓名	性别	所属部门	入职时间	工龄
AB020001	王荣	女	市场部	2008-5-20	4
AB020002	周国菊	女	市场部	2009-5-30	3
AB020003	陶莉莉	女	市场部	2010-7-8	2
AB020004	林逸	男	市场部	2008-7-8	4
AB020005	吴廷坤	男	市场部	2007-8-9	5
AB020006	赵民	男	市场部	2009-8-2	3
AB020007	林佳佳	男	市场部	2009-8-5	3
AB020008	罗宾	男	市场部	2009-3-2	3
AB020009	赵航	男	市场部	2007-7-8	5
AB020010	李萍	女	市场部	2010-4-5	2
AB020011	陈宇	男	市场部	2010-7-8	2
AB030012	王佳佳	男	行政部	2010-7-8	2
AB030013	韩燕	男	行政部	2010-3-5	2
AB030014	谢娟娟	女	行政部	2010-7-8	2
AB030015	陶蜜	女	行政部	2010-6-5	2
AB030016	项宏	男	行政部	2010-5-2	2
AB030017	王颢磊	女	行政部	2010-8-3	2

第1章　公司员工资料管理

文件10　管理人才储备表

管理人才储备表清晰地记录了人才的个人基本情况以及所需参与的培训等信息。

制作要点与设计效果图

- 设置边框和底纹
- 设置日期格式
- 设置输入整数范围

读书笔记

第2章

公司人事动态管理

人事管理是人力资源管理发展的第一阶段,是有关人事方面的计划、组织、指挥、协调、信息和控制等一系列管理工作的总称。通过科学的方法、正确的用人原则和合理的管理制度,调整人与人、人与事、人与组织的关系,谋求对工作人员的体力、心力和智力作最适当的利用与最好的发挥,并保护其合法利益。

而人事动态管理则是指企业中对员工入职、离职、岗位调动等人事变更的管理,常见的人事动态管理表格有人事动态及费用资料表、人事规划表格、人事变更报告单、人事通报表、人事流动月报表等。

编号	文件名称	光盘中对应数据源	重要星级
文件11	人事动态及费用资料表	素材文件\第2章\人事动态及费用资料表.xls	★★★★
文件12	人事规划表	素材文件\第2章\人事规划表.xls	★★★★
文件13	人事通报表	素材文件\第2章\人事通报表.xls	★★★★★
文件14	人事变更报告	素材文件\第2章\人事变更报告.xls	★★★★
文件15	人事流动月报表	素材文件\第2章\人事流动月报表.xls	★★★★★
文件16	员工任免通知书	素材文件\第2章\员工任免通知书.xls	★★★★
文件17	后备人员明细表	素材文件\第2章\后备人员明细表.xls	★★★★
文件18	员工离职结算表	素材文件\第2章\员工离职结算表.xls	★★★
文件19	人员增加说明表	素材文件\第2章\人员增加说明表.xls	★★
文件20	职务调动申请表	素材文件\第2章\职务调动申请表.xls	★★★

文件11 人事动态及费用资料表

记录本月企业人员数量、新进、离职情况,以及员工劳保的交纳与受益情况,以及与人事变更相关的一系列数据记录的表格就是人事动态及费用资料表。

制作要点与设计效果图

- 合并单元格
- "自动换行"功能
- 设置文字方向
- 自定义数字格式

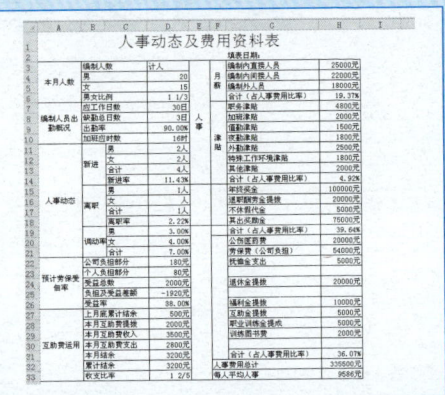

文件设计过程

步骤1:合并单元格

1 选中A3:A6单元格区域,单击"开始"选项卡下"字体"选项组中"合并后居中"右侧下三角按钮,在下拉菜单中单击"合并单元格"选项,如图2-1所示。

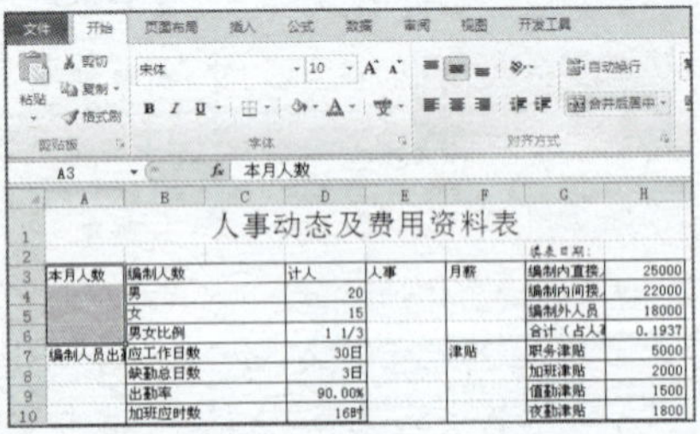

2 此时选中的单元格合并为一个单元格,且文本以水平居中对齐,如图2-2所示。

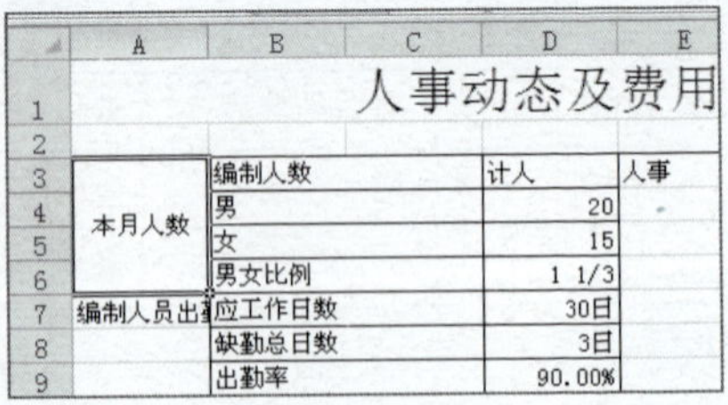

图2-1

图2-2

第2章 公司人事动态管理

3 用相同的方法合并其他需要合并的单元格,如图2-3所示。

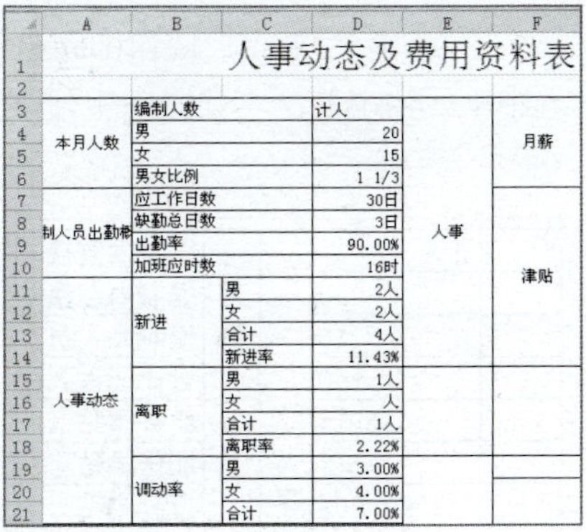

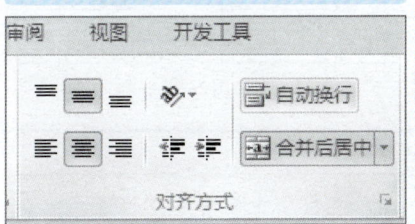

图2-3

步骤2:自动换行

1 选中A3:A33单元格区域,单击"开始"选项卡"对齐方式"组中"自动换行"按钮,如图2-4所示。

2 此时选中单元格中的数据以列宽为标准进行换行,如图2-5所示。

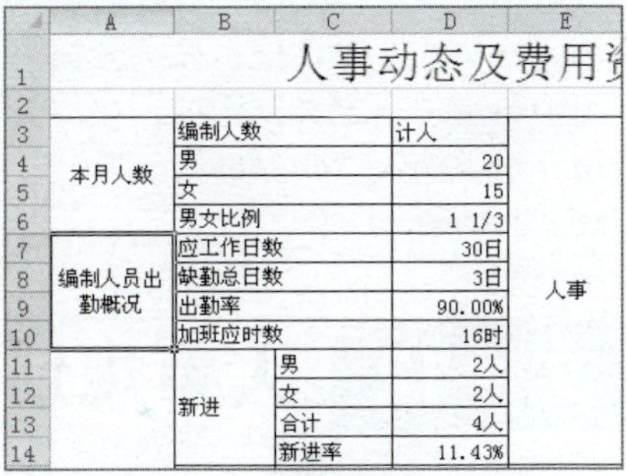

图2-4

图2-5

步骤3:设置单元格格式

1 选中E3:F14单元格区域,打开"设置单元格格式"对话框,在"对齐"选项卡下,单击"垂直"方向文本,如图2-6所示。

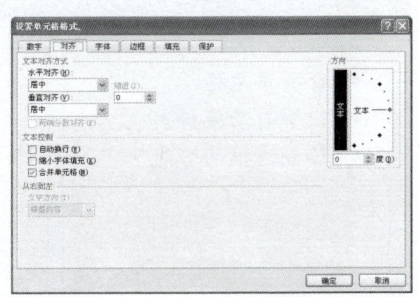

图2-6

2 单击“确定”按钮即可让选中单元格中的文本呈竖向排列，如图2-7所示。

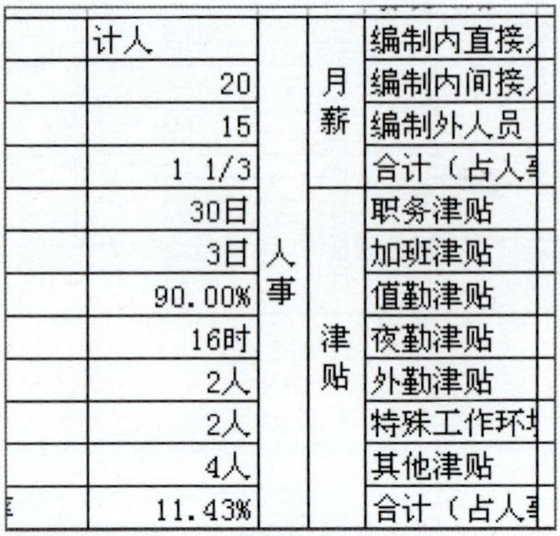

计人			编制内直接人
20		月薪	编制内间接人
15			编制外人员
1 1/3			合计（占人事
30日	人事	津贴	职务津贴
3日			加班津贴
90.00%			值勤津贴
16时			夜勤津贴
2人			外勤津贴
2人			特殊工作环境
4人			其他津贴
11.43%			合计（占人事

图2-7

3 按住【Ctrl】键选中需要设置数字格式的单元格，打开“设置单元格格式”对话框，在“分类”组中单击“自定义”选项。在“类型”组中输入“######"元"”，如图2-8所示。

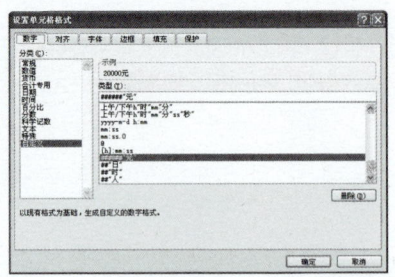

图2-8

4 设置好后，单击“确定”按钮，再用相同的方法设置其他单元格的数字显示格式，输入数值，即可得到“人事动态及费用资料表”的最终效果，如图2-9所示。

	A	B	C	D	E	F	G	H
1	人事动态及费用资料表							
2							填表日期:	
3		编制人数		计人			编制内直接人员	25000元
4	本月人数	男		20		月薪	编制内间接人员	22000元
5		女		15			编制外人员	18000元
6		男女比例		1 1/3			合计（占人事费用比率）	19.37%
7	编制人员出勤概况	应工作日数		30日	人事	津贴	职务津贴	4800元
8		缺勤总日数		3日			加班津贴	2000元
9		出勤率		90.00%			值勤津贴	1500元
10		加班应时数		16时			夜勤津贴	1800元
11		新进	男	2人			外勤津贴	2500元
12			女	2人			特殊工作环境津贴	1800元
13			合计	4人			其他津贴	2000元
14			新进率	11.43%			合计（占人事费用比率）	4.92%
15	人事动态	离职	男	1人			年终奖金	100000元
16			女	人			退职酬劳金提拨	20000元

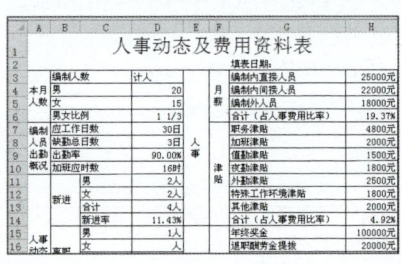

图2-9

文件12 人事规划表

为了方便人事部门开始人员招聘工作，需要制作人事规划表，人事规划表就是用于记录企业一年、两年的员工需求计划数目。

制作要点与设计效果图

- 合并单元格
- 设置自动换行
- 绘制边框网络线

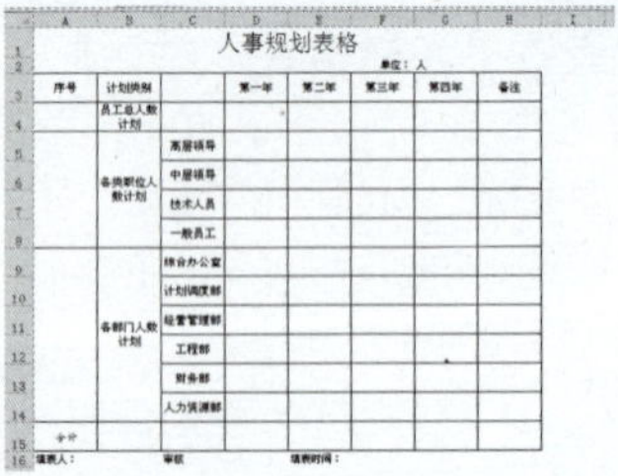

第2章 公司人事动态管理

 文件设计过程

➡ **步骤1：输入文本**

新建工作簿，在Sheet1工作表中输入人事规划表格固定文本，如图2-10所示。

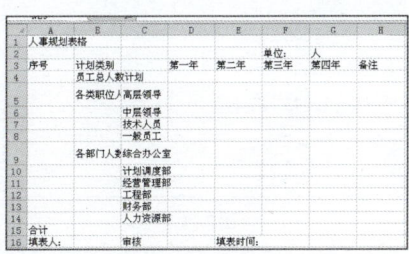

图2-10

➡ **步骤2：合并单元格并控制文本自动换行**

[1] 选中B5：B8单元格区域。打开"设置单元格格式"对话框。在对话框中的"对齐"选项卡下选中"自动换行"和"合并单元格"复选框，如图2-11所示。

[2] 单击"确定"按钮即可，即可看到设置后的效果，如图2-12所示。

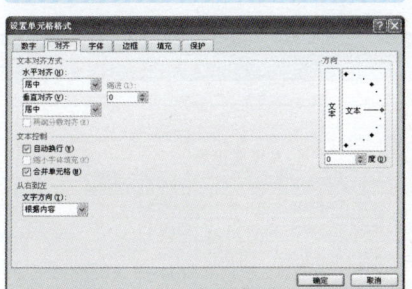

图2-11

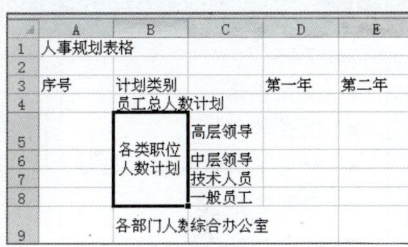

图2-12

提 示：

除了通过单击"字体"组中的对话框启动器打开"设置单元格格式"对话框外，还可单击"对齐方式"或"数字"组中的对话框启动器实现。

➡ **步骤3：绘制边框**

[1] 单击"开始"选项卡下"字体"组中"边框"右侧的下三角按钮，从展开下拉列表中单击"绘制边框网格"选项，如图2-13所示。

25

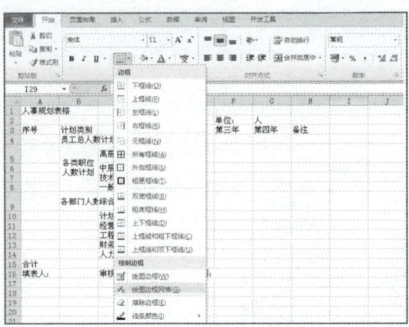

图2-13

人事规划表格的制作，如图2-14所示。

图2-14

② 待指针呈 🖊 状时，在需要添加边框的单元格上绘制即可完成

文件13　人事通报表

人事通报表用于表扬好人好事、批评错误和歪风邪气，以及传达重要情况和需要各单位知道的事项。其目的是交流经验、吸取教训、推动工作的开展。

制作要点与设计效果图

- 设置字体
- 设置数字格式
- 利用下拉列表输入数据
- 设置边框
- 设置颜色填充

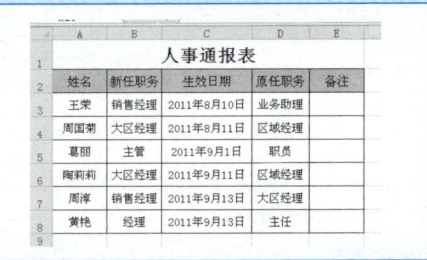

文件设计过程

步骤1：设置字体格式

① 新建空白工作簿，在其中输入人事通报表固定文本，如图2-15所示。

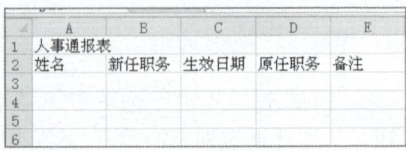

图2-15

第2章　公司人事动态管理

[2] 选取A1:E1单元格区域，打开"设置单元格格式"对话框，切换至"字体"选项卡下，设置字体、字形、字号，如图2-16所示。

[3] 选中A2:E2单元格区域，设置字体、字号，如图2-17所示。

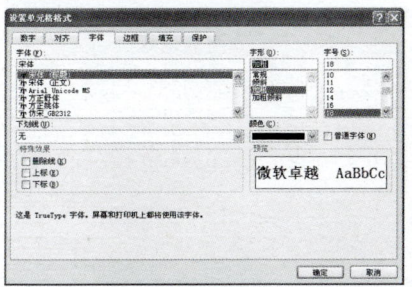

图2-16

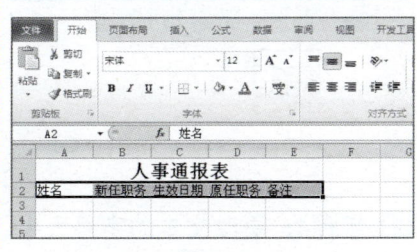

图2-17

步骤2：设置日期数字显示格式

[1] 选中C列单元格，单击"开始"选项卡下"数字"选项组中"数字格式"右侧下三角按钮，从展开的下拉列表中单击"长日期"选项，如图2-18所示。

[2] 选中单元格中的数字即可显示日期数字格式，如图2-19所示。

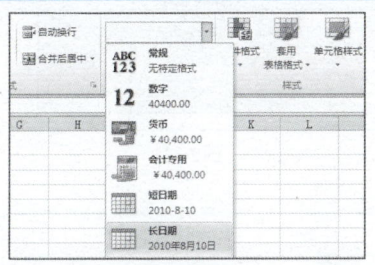

图2-18

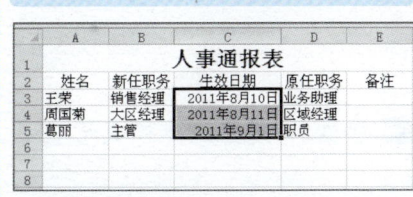

图2-19

步骤3：利用从下拉列表中选择输入文本

[1] 右键单击B6单元格，从弹出的快捷菜单中单击"从下拉列表中选择"命令，如图2-20所示。

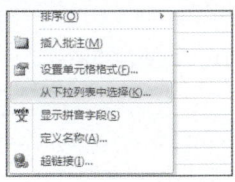

图2-20

[2] 从展开的下拉列表中，单击要输入的文本项目，如图2-21所示。

[3] 根据实际情况继续输入人事通报表信息，如图2-22所示。

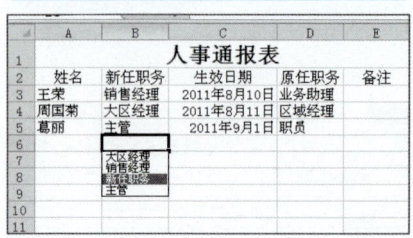

图2-21

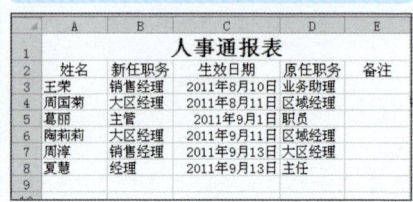

图2-22

步骤4：更改文本的字号大小

[1] 选中A2:E2单元格区域，将字号设置为12磅，如图2-23所示。

[2] 选择A2:E8单元格区域，在"对齐"方式组中单击"居中"按钮，如图2-24所示。

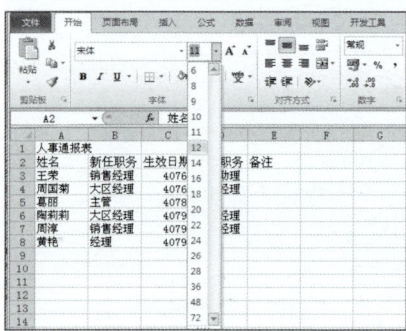

图2-23

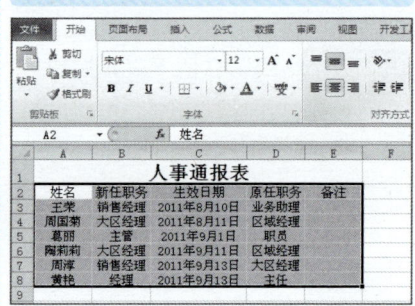

图2-24

步骤5：设置边框和填充

[1] 选择A2：E8单元格区域，单击"开始"选项卡下"字体"组中"边框"右侧的下三角按钮，从展开的下拉列表中单击"所有框线"选项，如图2-25所示。

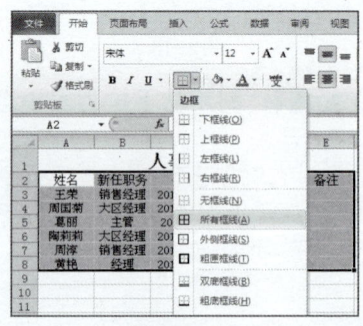

图2-25

第2章　公司人事动态管理

2 单击"开始"选项卡下"字体"组中"填充"右侧的下三角按钮，从展开的下拉列表中选择一种合适的颜色，如图2-26所示。

3 接着对表格进一步完善，即可完成人事通报表的制作，得到需要的人事通报表，如图2-27所示。

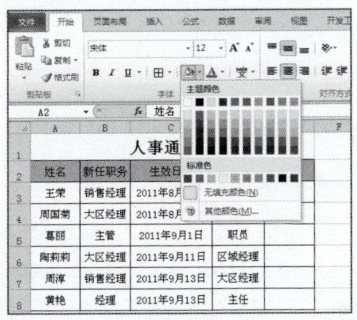

图2-26

图2-27

文件14　人事变更报告

为了方便人事部门在以后的工作中查询某个员工的调动情况和调动原因，企业的人事变更情况需要做详细的记载，它包括变动人员的基本信息、变更说明和变更时间等内容。

制作要点与设计效果图

- 合并单元格
- 设置字体格式
- 填充单元格
- 调整行高
- 设置边框

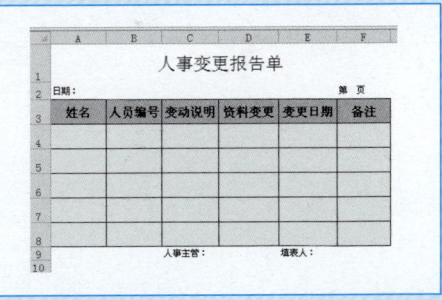

文件设计过程

步骤1：创建新工作簿

1 在打开的工作簿窗口中，单击"文件"按钮，单击"新建"命令，单击"空白工作簿"图标，单击"创建"按钮，如图2-28所示。

② 在Sheet1工作表中输入人事变更报告的固定文本，如图2-29所示。

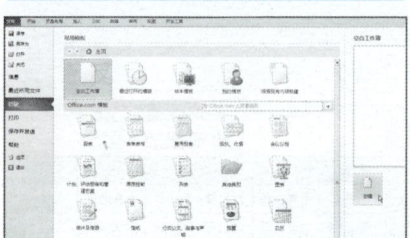

图2-28

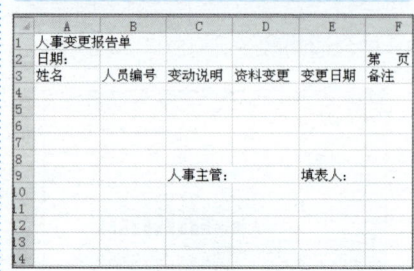

图2-29

步骤2：设置字体格式

① 选中A1:F1单元格区域，单击"开始"选项卡下"字体"选项组中的"合并后居中"下拉按钮，在下拉菜单中选择"合并后居中"选项，如图2-30所示。

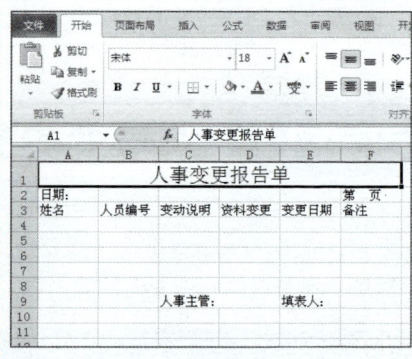

图2-31

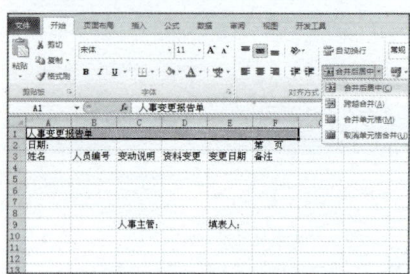

图2-30

② 将字体设置为"宋体"，并调整字号大小，如图2-31所示。

③ 选中A3:F3单元格，将字体设置为"宋体"、字号为12号，加粗，如图2-32所示。

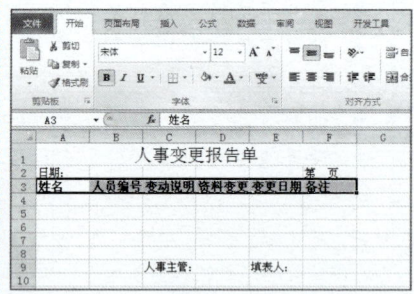

图2-32

步骤3：设置单元格填充效果

① 选中A3:F3单元格，打开"设置单元格格式"对话框，在"填充"

第2章 公司人事动态管理

选项卡下的背景色栏下选择一种颜色，如"绿色"，如图2-33所示。

2 单击"确定"按钮，此时，选中单元格的底纹以绿色填充，如图2-34所示。

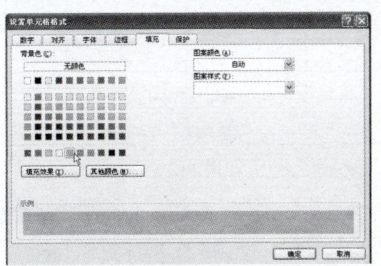

图2-33

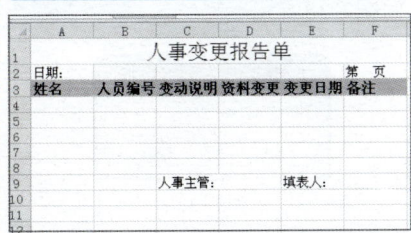

图2-34

步骤4：设置边框

1 选中A3:F8单元格，单击"开始"选项卡下"字体"选项组中"边框"右侧下三角按钮，从展开的下拉列表中单击"所有框线"选项，如图2-35所示。

2 即可看到表格的边框效果，如图2-36所示。

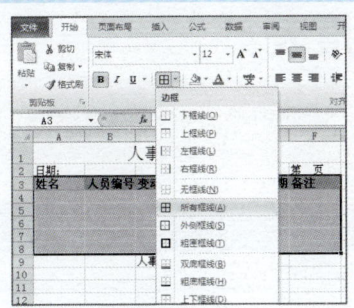

图2-35

图2-36

步骤5：设置行高

1 选中A3:F8单元格区域，单击"开始"选项卡下"单元格"选项组中"格式"下拉按钮，在下拉菜单中单击"行高"选项，如图2-37所示。

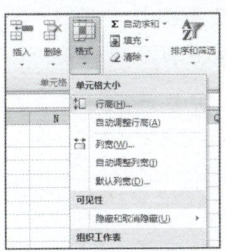

图2-37

②打开"行高"对话框,在"行高"对话框中的文本框中输入"25",单击"确定"按钮,如图2-38所示。

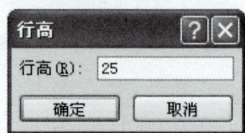

图2-38

③此时选中单元格所在行的行高精确调整到25磅,如图2-39所示。

④接着对表格进行完善,得到人事变更报告单的最终效果,如图2-40所示。

图2-39

图2-40

文件15　人事流动月报表

人事流动月报表主要目的在于统计人事流动情况,它更有针对性,是人事部门为了特别需求制作的表格。

制作要点与设计效果图

- 设置手动换行
- 设置自动调整行高
- 设置边框
- 设置公式
- 设置百分比格式

文件设计过程

➡ **步骤1:** 手动强制换行

1 双击A3单元格,将光标插入点置到"单位"文本后,按下【Alt+Enter】组合键,如图2-41所示。

2 即可从光标处将文本强制换为两行,如图2-42所示。

图2-41

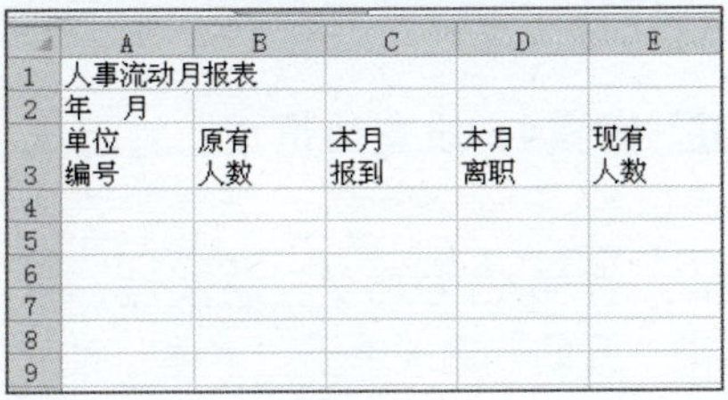

图2-42

➡ **步骤2:** 自动调整列宽

1 选中A3:O15单元格区域,单击"开始"选项卡下"单元格"选项组中"格式"下拉按钮,在展开的下拉列表中单击"自动调整列宽"选项,如图2-43所示。

2 此时所选单元格的列宽根据内容的长度进行调整,如图2-44所示。

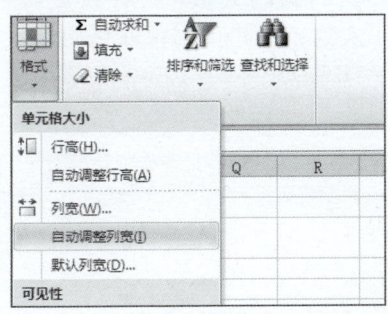

图2-43

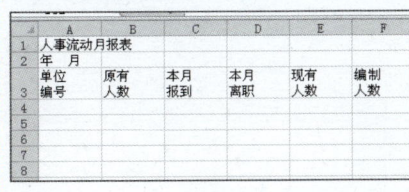

图2-44

➡ **步骤3:** 利用"格式刷"复制格式

1 选中合并后的A3:A4单元格,双击"剪贴板"组中的"格式刷"按钮,如图2-45所示。

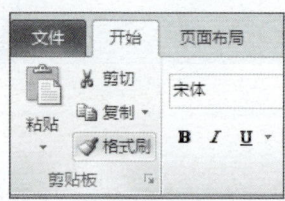

图2-45

将B3:B4、C3:C4单元格区域分别合并为一个单元格，如图2-46所示。

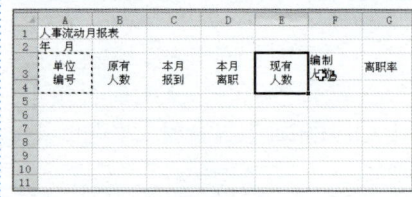

图2-46

[2] 然后单击要应用该格式的单元格，如B3、C3单元格等，即可

步骤4：设置边框

选择A3:O15单元格区域，单击"开始"选项卡下"字体"组中"边框"右侧的下三角按钮，从展开的下拉列表中单击"所有框线"选项，如图2-47所示。

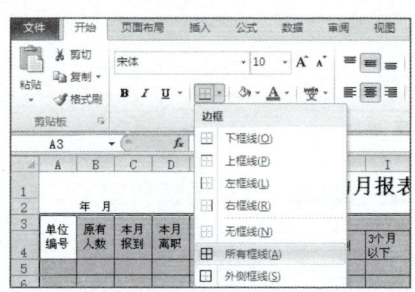

图2-47

步骤5：设置公式

[1] 输入本月人事流动数据，因为现有人数=原有人数+本月报到人数-离职人数，因此在E5单元格中输入"B5+C5-D5"，按下【Enter】键得出结果，如图2-48所示。

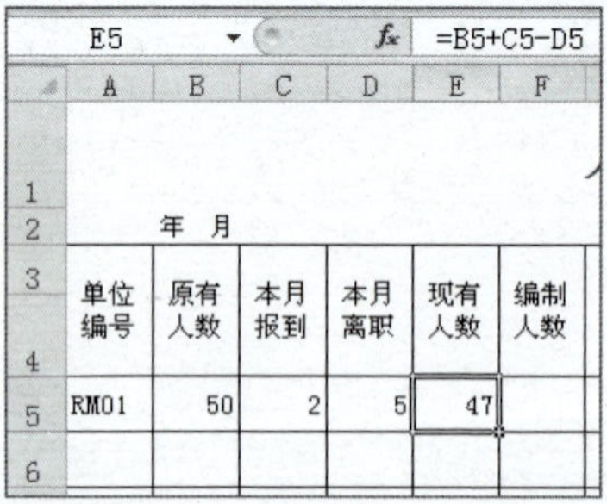

图2-48

[2] 编制人数=原有人数-离职人数，因此在F5单元格中办入="B5-D5"按下【Enter】键得出结果，如图2-49所示。

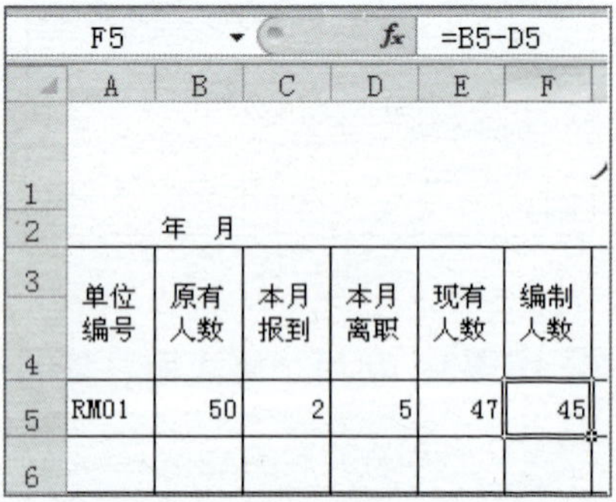

图2-49

第2章　公司人事动态管理

③ 离职率=离职人数/原有人数，因此在G5单元格中输入公式"D5/B5"，按下【Enter】键得出离职率，如图2-50所示。

④ 输入现有人员不同工龄的年资，平均年资=各工龄年资队以工资划分等级，在O5单元格中输入"=（H5+I5+J5+K5+L5+M5+N5）/7"，按下【Enter】键即可，如图2-51所示。

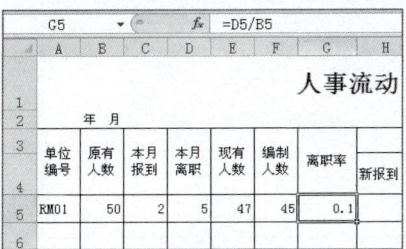

图2-50

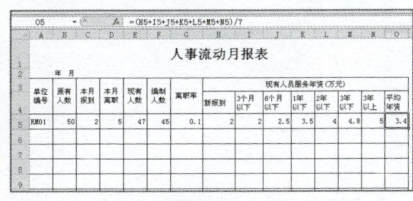

图2-51

步骤6：设置数字显示格式为百分比格式

① 选中G5单元格，单击"数字"组中的"百分比"按钮，此时显示单元格的小数点数字转换为百分比形式，如图2-52所示。

② 接着对表格进一步完善，完成人事流动月报表的制作，如图2-53所示。

图2-52

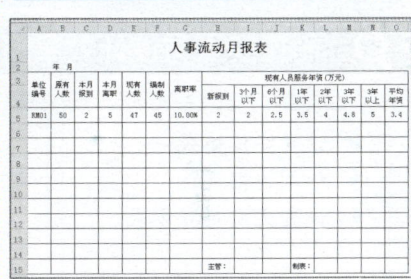

图2-53

文件16　员工任免通知书

为了让员工了解任免情况以及当企业需要任命某人担任某项职务或免去某人所任某项职务时，需要发布一份任免通知。

Excel公司行政管理必须掌握的208个文件与108个函数

制作要点与设计效果图

- 合并单元格
- 调整行高
- 手动换行
- 隐藏网络线

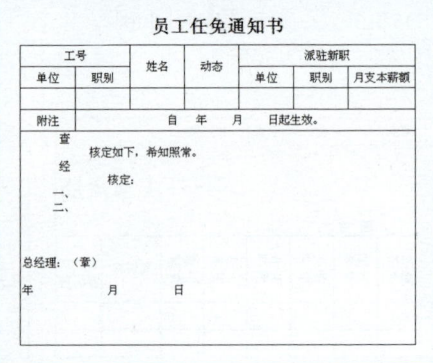

文件17 后备人员明细表

后备人员明细表主要用来记录后备人员的详细情况。后备人员公司培养或预热的预备补充人员，主要针对某个人员的突然离职或是人员调动等临时状况，保证工作进度顺畅。

制作要点与设计效果图

- 设置字体格式
- 绘制边框
- 设置文本对齐方式

第2章 公司人事动态管理

文件18　员工离职结算表

当员工因为某种原因离开公司时，要在离职前进行相关事项的结算。

制作要点与设计效果图

- 插入符号
- 设置下划线
- 设置自动换行

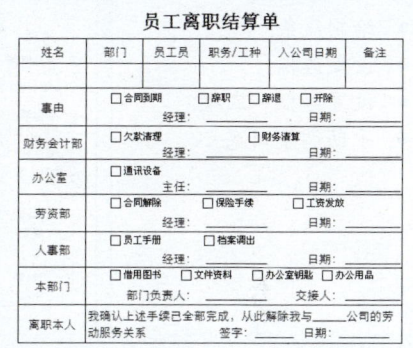

文件19　人员增加说明表

人员增加说明表主要就人员增加情况做出详细的说明。

制作要点与设计效果图

- 合并单元格
- 设置文字方向
- 调整行高
- 设置对齐方式

Excel公司行政管理必须掌握的208个文件与108个函数

文件20　职务调动申请表

职务调动申请表是职工向单位请求调动工作的局面要求文书。

制作要点与设计效果图

- 设置对齐方式
- 绘制线条
- 设置边框
- 设置边框和底纹
- 手动调整列宽

职务调动申请表

日期：　　　　　编号：

调动人		调动前部门		调动前岗位	
调动原因					
调动后部门			调动后岗位		
调出部门负责人意见		批准调出日期		审批签名	
调入部门负责人意见		调入日期		审批签名	
行政部意见	调动前薪资：＿＿＿＿＿＿＿＿＿＿ 调动后薪资：＿＿＿＿＿＿＿＿＿＿ 生效日期：＿＿＿＿＿＿＿				
行政部审批			总经理审批		

第3章 员工招聘

员工招聘，是指组织根据人力资源管理规划和工作分析的要求，从组织内部和外部吸收人力资源的过程。员工招聘包括员工招聘、甄选和录用等内容。

招聘是企业整个人力资源管理活动的基础，有效的招聘工作能为以后的培训、考评、工资福利、劳动关系等管理活动打好基础。因此，员工招聘是人力资源管理的基础性工作。这里主要针对招聘来介绍相关表格，如招聘申请表、招聘流程图、应聘者基本情况登记表、招聘职位表等。

编号	文件名称	光盘中对应数据源	重要星级
文件21	招聘申请表	素材文件\第3章\招聘申请表.xls	★★★
文件22	招聘流程图	素材文件\第3章\招聘流程图.xls	★★★★★
文件23	应聘者基本情况登记表	素材文件\第3章\应聘者基本情况登记表.xls	★★★★★
文件24	招聘职位表	素材文件\第3章\招聘职位表.xls	★★★★
文件25	招聘进程表	素材文件\第3章\招聘进程表.xls	★★★
文件26	应聘者情况表	素材文件\第3章\应聘者情况表.xls	★★★★★
文件27	招聘费用预算表	素材文件\第3章\招聘费用预算表.xls	★★★★
文件28	内部岗位竞聘报名表	素材文件\第3章\内部岗位竞聘报名表.xls	★★★★
文件29	人员增补申请表	素材文件\第3章\人员增补申请表.xls	★★★

文件21 招聘申请表

招聘申请表首先应向人事部门提出相应的申请,由人事部门审批后,才能进行人员招聘。

制作要点与设计效果图

- 设置单元格样式
- 添加边框
- 插入符号
- 隐藏网络线

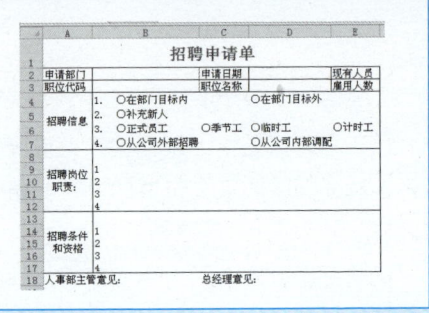

文件设计过程

步骤1:设置单元格样式

选中A1:E1单元格区域。单击"开始"选项卡下"样式"组中"单元格样式"下拉按钮,在下拉菜单中选择一种合适的单元格样式,如图3-1所示。

图3-1

步骤2:添加边框

[1] 选中A2:E3单元格区域。单击"开始"选项卡下"字体"组中"边框"下拉按钮,在下拉菜单中选择"所有框线"选项,如图3-2所示。

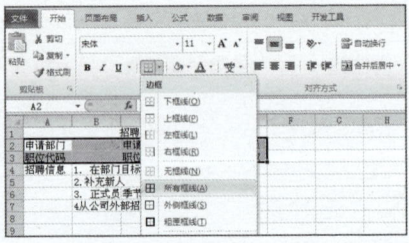

图3-2

(2) 选中A4:E7单元格区域。单击“开始”选项卡下“字体”组中“边框”下拉按钮，在下拉菜单中选择“下框线”选项，如图3-3所示。

图3-3

(3) 此时选中单元格区域添加了下边框，用相同的方法在需要添加边框的位置绘制边框并进行完善，如图3-4所示。

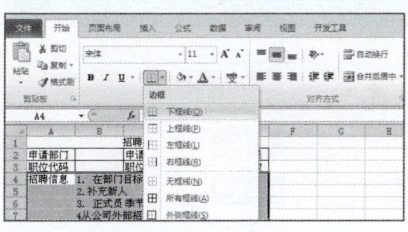

招聘申请单				
申请部门		申请日期		现有人员
职位代码		职位名称		雇用人数
招聘信息	1.在部门目标内		在部门目标外	
	2.补充新人			
	3.正式员工季节工		临时工	计时工
	4.从公司外部招聘		从公司内部调配	
招聘岗位职责:	1			
	2			
	3			
	4			
招聘条件和资格	1			
	2			
	3			
	4			
人事部主管意见:		总经理意见:		

图3-4

步骤3：插入符号

(1) 双击B4单元格，将光标插入点置到数字1后面，单击“插入”选项卡下“符号”选项组中的“符号”按钮，如图3-5所示。

图3-5

(2) 打开“符号”对话框，在对话框中单击需要的符号图标，单击“插入”按钮，即可在光标插入点处插入指定的符号，如图3-6所示。

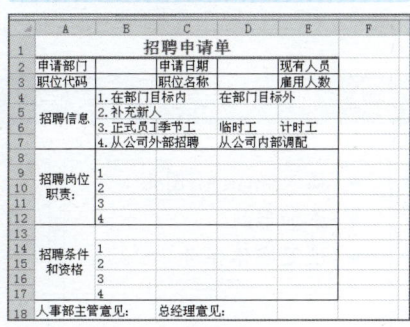

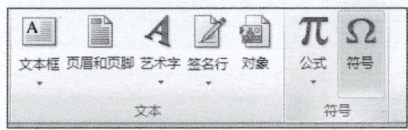

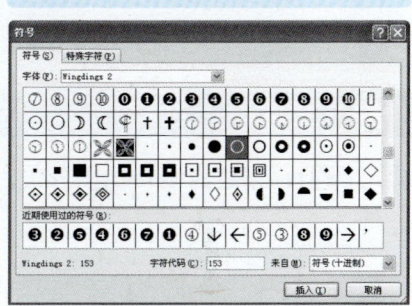

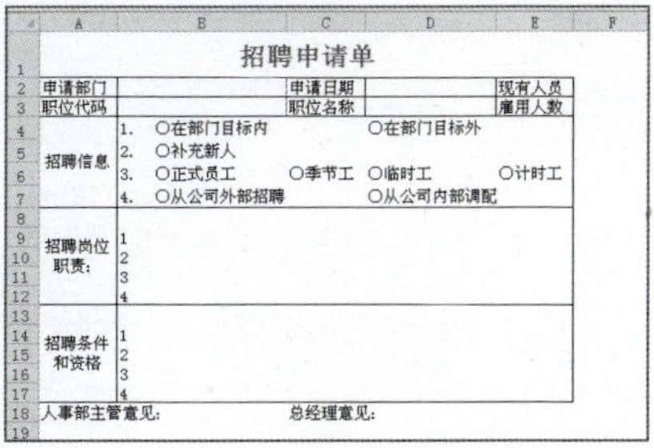

(3) 用相同的方法，在其他选项插入符号。单击“视图”选项卡下“显示”选项组中的“网络线”复选框，在工作表中去除网络线，即可完善招聘申请表最终效果，如图3-7所示。

图3-6

招聘申请单					
申请部门		申请日期		现有人员	
职位代码		职位名称		雇用人数	
招聘信息	1.　○在部门目标内		○在部门目标外		
	2.　○补充新人				
	3.　○正式员工	○季节工	○临时工	○计时工	
	4.　○从公司外部招聘		○从公司内部调配		
招聘岗位职责:	1				
	2				
	3				
	4				
招聘条件和资格	1				
	2				
	3				
	4				
人事部主管意见:		总经理意见:			

图3-7

文件22 招聘流程图

招聘流程图即从职位发布开始到人员录用为止的整个过程,一般包括发布职位、筛选简历、通知初试、笔试面试、人员甄选、复试和录用几个阶段。它是企业招聘人员的一个完整的过程。

制作要点与设计效果图

- 插入SmartArt图形
- 添加形状
- 设置字体字号

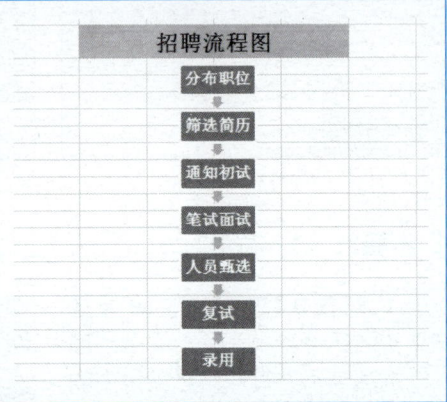

文件设计过程

步骤1: 创建SmartArt图形

[1] 新建工作簿,切换到"插入"选项卡下,单击"插图"选项组中的"SmartArt"按钮,如图3-8所示。

[2] 在弹出的"选择SmartArt图形"对话框中单击"流程"标签,在右侧选择"垂直流程"类型,如图3-9所示。

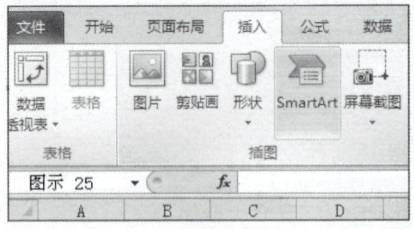

图3-8

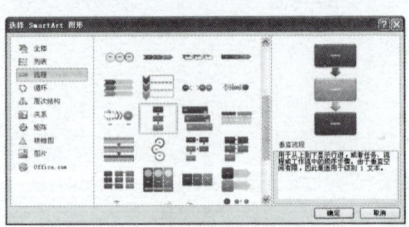

图3-9

步骤2：添加形状

1 单击"SmartArt工具-设计"选项卡下"创建图形"组中的"添加形状"下三角按钮，在展开的下拉列表中单击"在后面添加形状"选项，如图3-10所示。

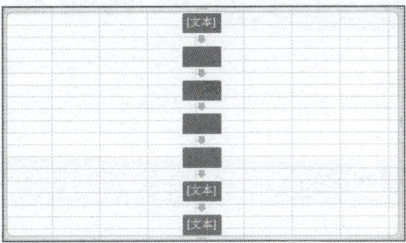

图3-11

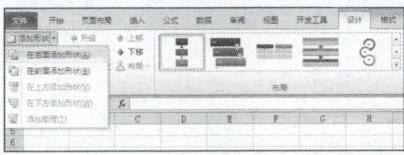

图3-10

2 使用相同的方法，根据需要接着添加形状，如图3-11所示。

3 在流程图模型中输入相关业务流程信息，如图3-12所示。

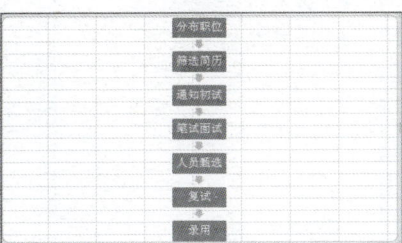

图3-12

步骤3：设置字体

1 按住Ctrl键单击流程图中的各流程形状框，选中全部的流程形状后松开Ctrl键，如图3-13所示。

图3-15所示。

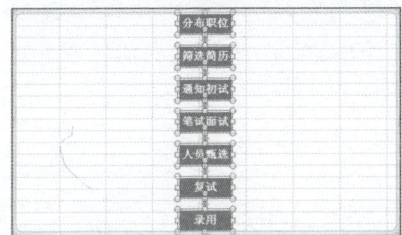

图3-13

图3-14

2 单击"开始"选项卡下"字体"选项组中"字号"右侧的下三角按钮，在下拉菜单中选择字号，并设置加粗，如图3-14所示。

3 对流程图进一步完善即可完成销售部业务流程图的设计，如

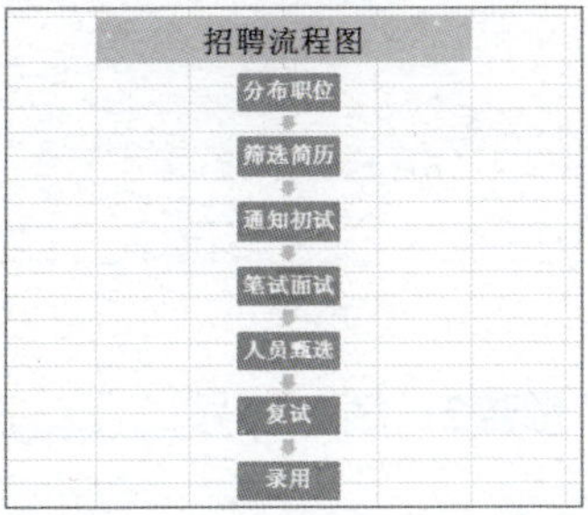

图3-15

文件23 应聘者基本情况登记表

为了方便企业更加细致地了解应聘者的筛选信息,可以根据公司需求制作求职者填写的基本信息登记表来了解。

制作要点与设计效果图

- 设置日期格式
- 插入符号
- 设置数据有效性

文件设计过程

步骤1:设置日期格式

1 选中K2:L2和G3:H3单元格区域,单击"开始"选项卡下"数字"选项组中的"数字格式"右侧的下拉按钮,在下拉菜单中选择"短日期"选项,如图3-16所示。

2 在K2:L2单元格中输入"=NOW()",获取当前日期,如图3-17所示。

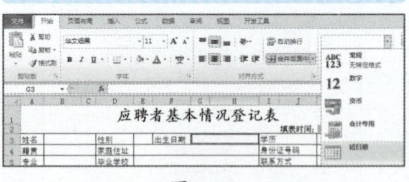

图3-16

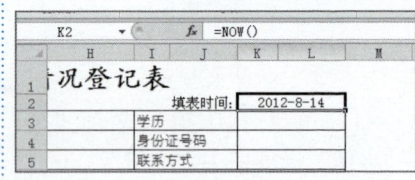

图3-17

步骤2:插入符号

1 双击A6单元格,将光标插入点置于第一个双引号内,单击"插入"选项卡下"符号"选项组中的"符号"按钮,如图3-18所示。

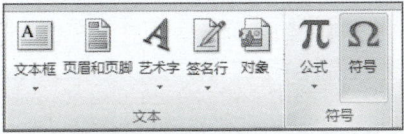

图3-18

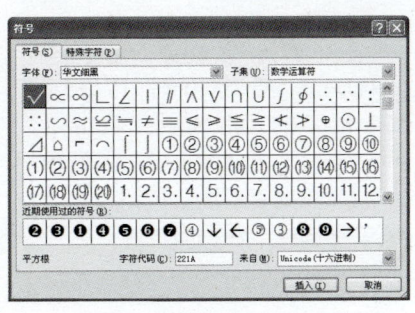

图3-19

[2] 打开"符号"对话框,在对话框中双击"√"图标,即可在光标处插入"√"符号,如图3-19所示。

[3] 用相同的方法再将光标插入点置于第2个双引号内插入"×"符号,如图3-20所示。

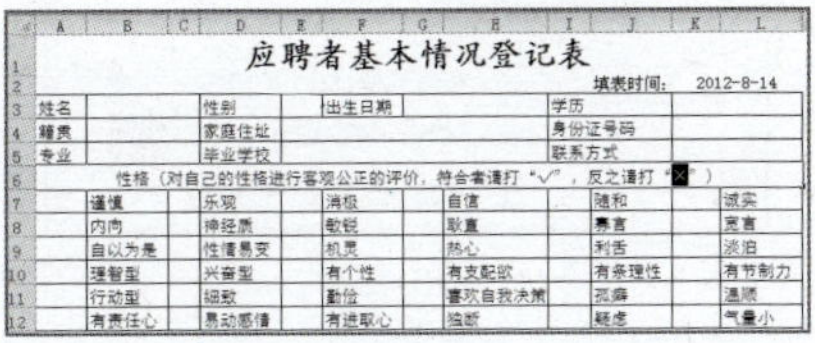

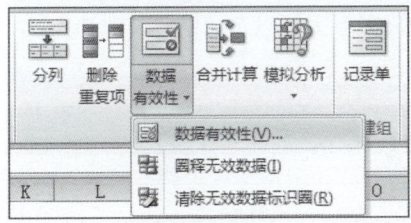

图3-20

步骤3:设置数据有效性

[1] 选中K4:L4单元格区域,单击"数据"选项卡下"数据工具"选项组中的"数据有效性"按钮,在下拉菜单中选择"数据有效性"命令,如图3-21所示。

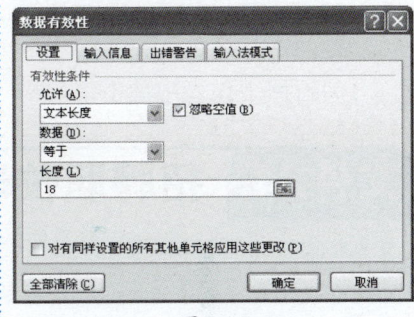

图3-22

[3] 设置完后,单击"确定"按钮,在K4:L4单元格中输入不足18位的数字,将弹出Microsoft Excel对话框进行提示,如图3-23所示。

图3-21

[2] 打开"数据有效性"对话框,在对话框中设置"允许"为"文本长度","数据"为"等于","长度"为"18",如图3-22所示。

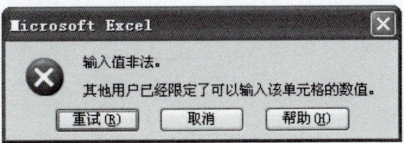

图3-23

4 选中A7:A12，C7:C12，E7:E12，G7:G12，I7:I12和K7:K12单元格区域。单击“数据”选项卡下“数据工具”选项组中的“数据有效性”按钮，在下拉菜单中选择“数据有效性”命令，如图3-24所示。

图3-24

5 打开“数据有效性”对话框，在对话框中设置“允许”为“序列”，在“来源”文本框输入“√，×”，单击“确定”按钮即可，如图3-25所示。

6 返回工作表中单击单元格右侧的下三角按钮，单击要填入单元格的项目选项。此时在单元格中显示相应的输入结果。这就完成了“应聘者基本情况登记表”的制作，如图3-26所示。

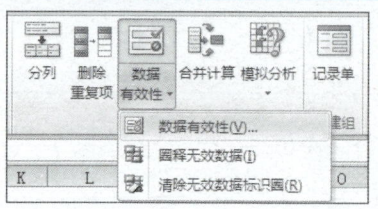

图3-25

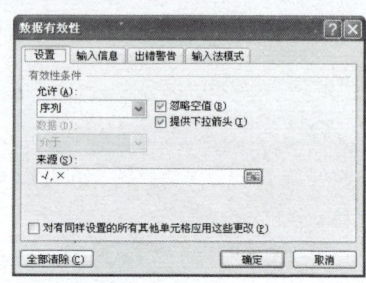

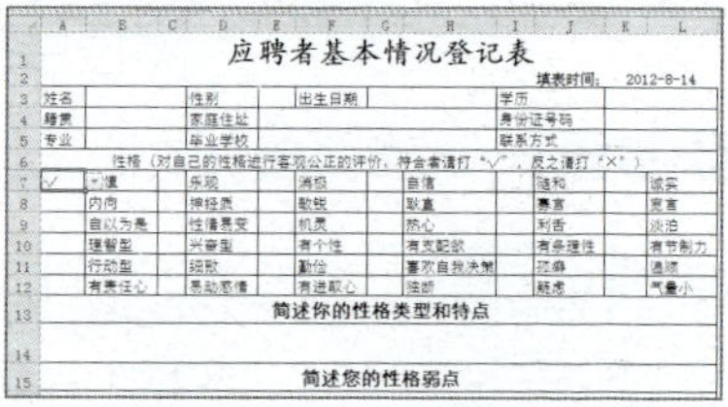

图3-26

文件24 招聘职位表

招聘职位表包括招聘岗位名称、代码、人数以及招聘条件等信息，让应聘者对企业岗位要求有一定了解。

制作要点与设计效果图

- 输入相同数据
- 输入以0开头的数字
- 填充单元格

招聘职位表

部门	职位代码	职位名称	招聘人数	招考条件		
				学历	专业	其他
销售部	01	营销经理	1	本科及以上	企业管理专业	有两年或以上工作经验
	02	销售代表	5	专科及以上	市场营销专业	30周岁以下
	03	区域经理	2	本科及以上	市场营销专业	有两年或以上工作经验
	04	渠道/分销专员	3	专科及以上	市场营销专业	有两年或以上工作经验
广告部	05	客户经理	1	本科及以上	企业管理专业	有两年或以上工作经验
	06	客户专员	4	专科及以上	企业管理专业	25周岁以下
	07	文案策划	2	本科及以上	中文专业	有两年或以上工作经验
	08	美术指导	2	本科及以上	广告专业	有两年或以上工作经验
财务部	09	财务经理	1	本科及以上	财务专业	有两年或以上工作经验
	10	会计师	2	本科及以上	财务专业	有一年或以上工作经验
	11	出纳员	3	专科及以上	财务专业	有一年或以上工作经验
生产部	12	生产主管	1	专科及以上	化工专业	有三年或以上工作经验
	13	采购员	4	专科及以上	市场营销专业	22周岁以上
	14	制造工程师	5	本科及以上	化工专业	有三年或以上工作经验

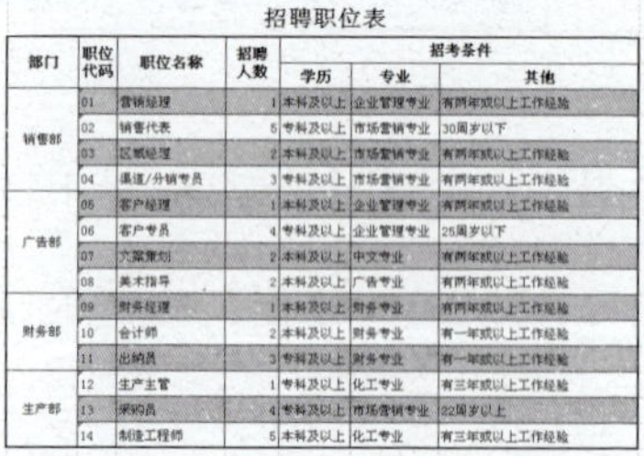

文件设计过程

步骤1：输入以0开头的数字

① 插入新工作表，并重命名为“招聘职位表”，在工作表中输入表格内容，如图3-27所示。

图3-27

② 选中B4单元格，在英文半角状态下输入“‘”，接着输入数字01，按回车键即可在单元格中输入以0开头的数字，如图3-28所示。

③ 向下拖动B4单元格右下角填充柄，拖至B17单元格，释放鼠标接口填充职位代码数字。单击“填充选项”，选择“不带格式填充”选项，此时填充了递增数字，保留了原单元格格式，如图3-29所示。

图3-28

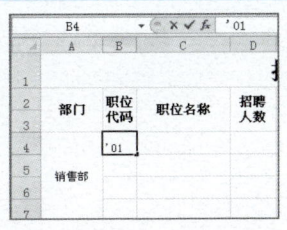

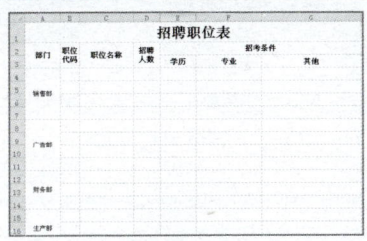

图3-29

步骤2：输入相同数据

① 按住<Ctrl>键，依次单击要输入相同数据的单元格，输入数据，按下<Ctrl+Enter>组合键，即可在所选单元格输入相同的数据，如图3-30所示。

职位代码	职位名称	招聘人数	学历	专业
01	营销经理	1	本科及以上	
02	销售代表	5		
03	区域经理	2	本科及以上	
04	渠道/分销专员	3		
05	客户经理	1	本科及以上	
06	客户专员	4		
07	文案策划	2	本科及以上	
08	美术指导	2	本科及以上	
09	财务经理	1	本科及以上	
10	会计师	2	本科及以上	
11	出纳员	3		
12	生产主管	1		
13	采购员	4		
14	制造工程师	5	本科及以上	

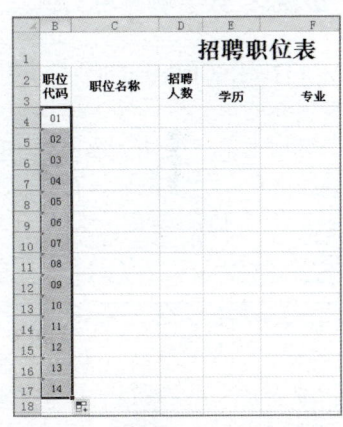

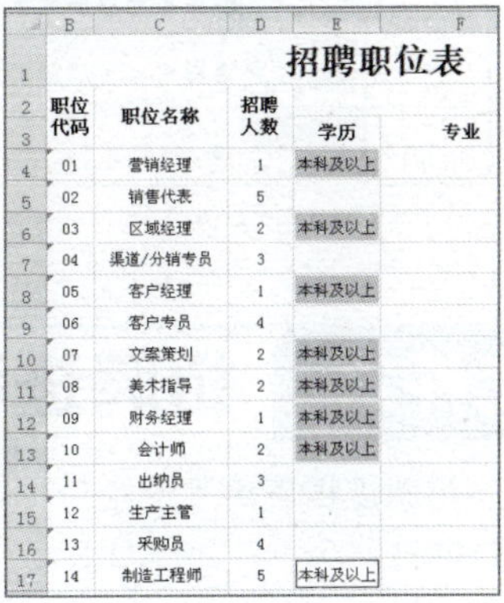

图3-30

②用相同的方法根据实际需求，快速输入其他要求条件，如图3-31所示。

图3-31

步骤3：数字填充色

①按住<Ctrl>键的同时，选中需要填充的单元格区域，单击"开始"选项卡下"字体"选项组中的"填充颜色"下拉按钮，在下拉菜单中选择合适的颜色，如图3-32所示。

②此时所选单元格区域的底纹填充了选定的颜色。进一步完善，即可完成招聘职位表的制作，如图3-33所示。

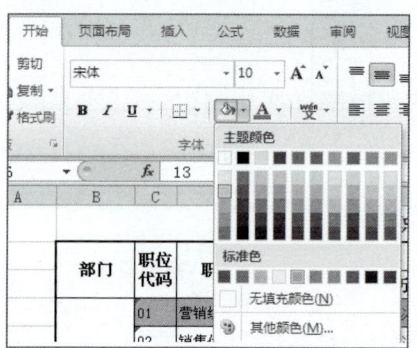

图3-32　　　　　　　图3-33

文件25　招聘进程表

招聘进程表用于记录新员工招聘的进度，让相关部门及时了解招聘工作的进展。

制作要点与设计效果图

- 设置字体字号
- 设置边框
- 自动求和

招聘进程表

部门	销售部	职位空缺	销售经理、销售代表、行政主管行政助理、会计				
使用的媒体			网络、电视、招聘启事				
序号	发布招聘信息（封）	收到求职信（封）	甄选面试名单（人）	面试邀请函（封）	面试（人）	不录用通知书（封）	录用通知书（封）
1	销售经理	30	10	10	8	7	1
2	销售代表	52	33	33	20	10	10
3	行政主管	52	20	20	10	9	1
4	行政助理	40	10	10	8	6	2
5	会计	20	5	5	5	4	1
	总计	194	78	78	51	36	15

文件26　应聘者情况表

想要了解公司员工的人数、各部门人数比例、男女比例等情况，可以根据员工工资统计表中的信息，利用Excel将其列成表格，让人一目了然。

制作要点与设计效果图

- 设置边框
- 设置图案颜色
- 设置图案填充

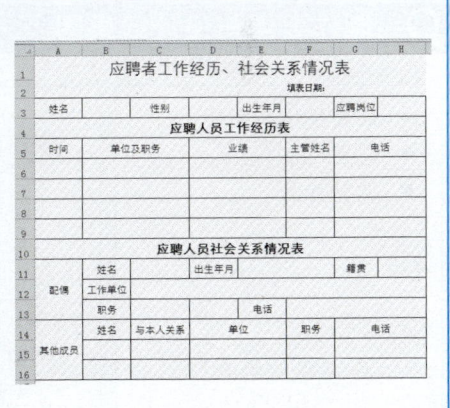

文件27　招聘费用预算表

企业在制定招聘计划同时还做出招聘费用预算。常规的招聘费用包括广告宣传费、招聘场地租用费、表格资料打印服装费等。

 制作要点与设计效果图

- 设置字体和字号
- 设置边框
- 调整行高
- SUM函数

文件28　内部岗位竞聘报名表

为了让员工能参加某个岗位的内部竞聘，企业会根据岗位需要制作一份内部招聘报名表。

制作要点与设计效果图

- 设置字体和字号
- 设置边框
- 调整行高

文件29　人员增补申请表

人员增补申请表包括申请部门、增补职位、申请增补的理由、增补人数以及增补人员需要的条件。

　制作要点与设计效果图

- 设置字体和字号
- 设置边框
- 调整行高

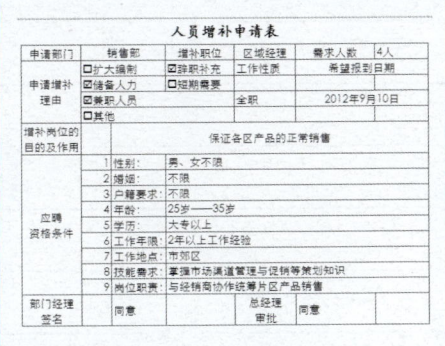

读书笔记

第 4 章

员工甄选

常见的员工甄选方法主要有初步筛选、测试、笔试、面试等。初步筛选是对应聘者是否符合职位基本要求的一种审查；测试主要是对应聘者基本技能、基本知识、心理素质等一种考核；笔试主要用来测试应聘者的知识和能力；面试则是主要针对应聘者的综合素质。

这里介绍常用的关于甄选的10个文件，如应聘者个人资料比较表、面试人员名单、面谈记录表、面试、笔试成绩统计表等。

编号	文件名称	光盘中对应数据源	重要星级
文件30	应聘者个人资料比较表	素材文件\第4章\应聘者个人资料比较表.xls	★★★★★
文件31	面试人员名单	素材文件\第4章\面试人员名单.xls	★★★★★
文件32	面谈记录表	素材文件\第4章\面谈记录表.xls	★★★★★
文件33	面试、笔试成绩统计表	素材文件\第4章\面试、笔试成绩统计表.xls	★★★★★
文件34	新员工甄选比较表	素材文件\第4章\新员工甄选比较表.xls	★★★★★
文件35	应聘人员复试名单	素材文件\第4章\应聘人员复试名单.xls	★★★★★
文件36	应聘人员复试记录表	素材文件\第4章\应聘人员复试记录表.xls	★★★★
文件37	新员工甄选报告表	素材文件\第4章\新员工甄选报告表.xls	★★★★
文件38	面试评价表	素材文件\第4章\面试评价表.xls	★★★★
文件39	面试结果推荐表	素材文件\第4章\面试结果推荐表.xls	★★★★

文件30 应聘者个人资料比较表

应聘接受后,接下来就是要从众多的应聘者中找出符合各部门要求的应聘者。

制作要点与设计效果图

- 插入文档
- 新建窗口
- 全部重排

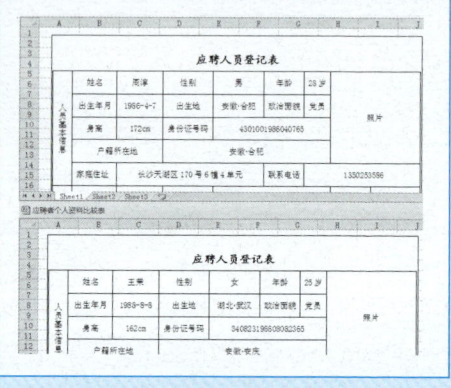

文件设计过程

步骤1:插入对象

1 单击"插入"选项卡下"文本"选项组中"对象"按钮,如图4-1所示。

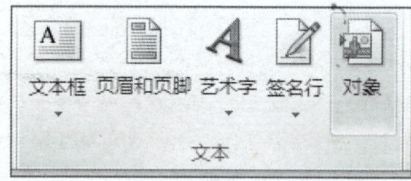

图4-1

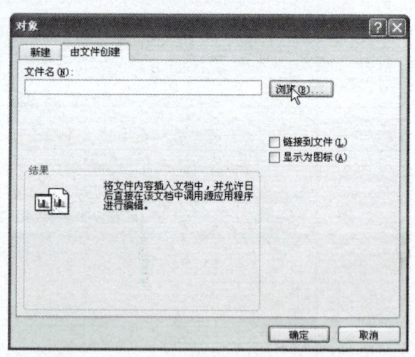

图4-2

2 打开"对象"对话框,在"由文件创建"选项卡下单击"浏览"按钮,如图4-2所示。

3 打开"浏览"对话框,在"查找范围"下拉列表中选择要插入文件保存的文件夹,选择要插入的对象，单击"插入"按钮，如图4-3所示。

应聘者资料插入到当前工作表中，如图4-4所示。

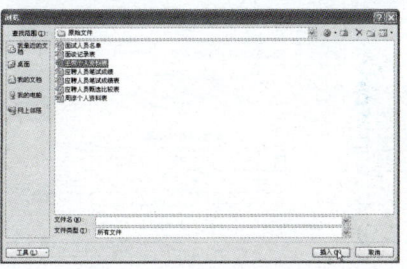

图4-3

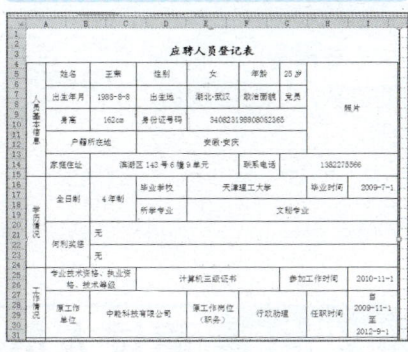

图4-4

4 即可将所选文档插入到当前工作表中，用相同的方法将其他

步骤2：新建、重排窗口

1 单击"视图"选项卡下"窗口"选项组中"新建窗口"按钮，如图4-5所示。

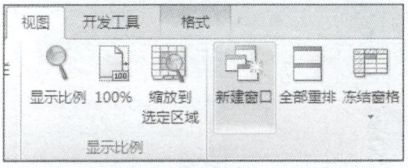

图4-5

2 此时自动为当前窗口新建一个相同的窗口，其标题名为"应聘者个人资料比较表2"，表示当前显示第2个窗口的信息，如图4-6所示。

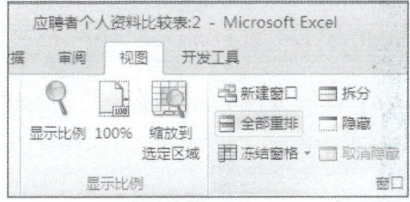

图4-6

3 在"窗口"选项组中单击"全部重排"按钮，如图4-7所示。

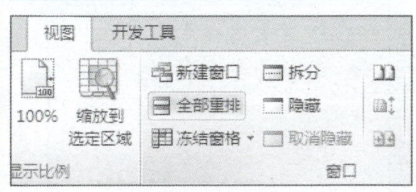

图4-7

4 弹出"重排窗口"对话框，单击选中"水平并排"单选按钮，单击"确定"按钮，如图4-8所示。

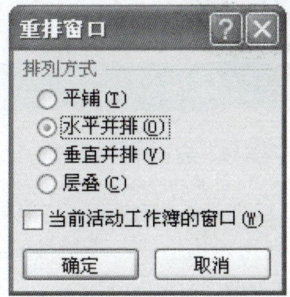

图4-8

5 此时工作簿中的所有窗口并排显示在应用程序中，在第1个窗口中单击"Sheet2"工作表标签，在第2个窗口中单击"Sheet1"工作表标签，即可对比两个应聘者的信息，如图4-9所示。

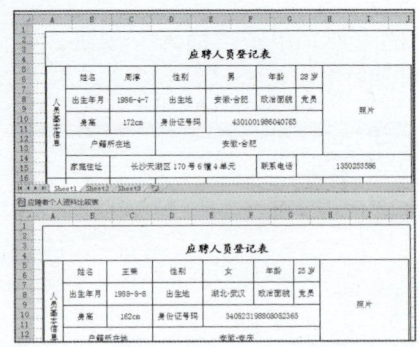

图4-9

文件31　面试人员名单

为了方便通知应聘者参加面试，还需要制作一份面试人员名单。

制作要点与设计效果图

- 设置表格样式
- 转换为普通表格

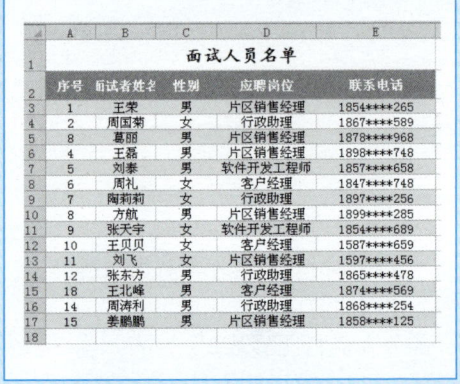

文件设计过程

步骤1：套用表格样式

1 选择A2:E17单元格区域，单击"开始"选项卡下"样式"选项组中"套用表格格式"下拉按钮，在下拉列表中选择需要应用的表格样式，如图4-10所示。

第4章 员工甄选

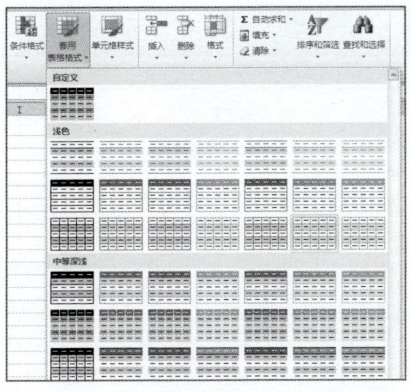

图4-10

2 打开"套用表格式"对话框,单击"确定"按钮。此时表格中所选单元格应用了选定的表格样式,如图4-11所示。

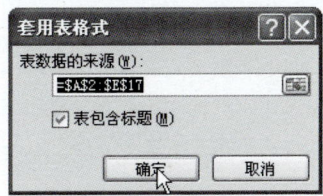

图4-11

步骤2:将表格转换为普通区域

1 选中表格,在"表格工具-设计"选项卡下,单击"转换为区域"按钮,如图4-12所示。

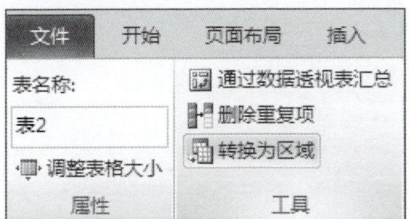

图4-12

2 弹出"Microsoft Excel"对话框进行询问,单击"是"按钮,如图4-13所示。

图4-13

3 进一步完善,即可完成面试人员名单表的设置,如图4-14所示。

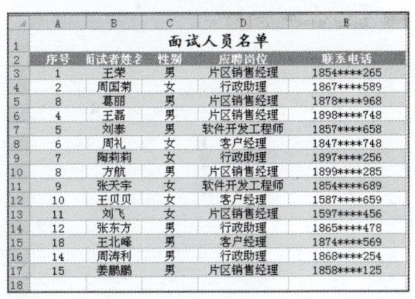

图4-14

文件32 面谈记录表

面谈记录表是面试官从与应聘者面谈的过程中获取一些想要的信息,如应聘者的仪表、举止、礼貌、反应等,记录在"面谈记录表"中,帮助后期更好地对应聘者进行选择。

制作要点与设计效果图

- 合并单元格样式
- 修改单元格样式
- 删除单元格

面谈记录表

姓名		刘铭		应聘职位	片区销售经理	
用表提示		请面试考官在适当方格内画√				
评分项目		评分				
		5	4	3	2	1
仪表、礼貌、精神态度、整洁、衣着		极佳	佳	平平	略差	差
			√			
体格、健康		极佳	佳	平平	略差	差
		√				
领悟、反应		特强	优秀	平平	稍慢	极差
			√			
对其应聘工作及有关事项的了解		充分了解	很了解	尚了解	部分了解	了解极少
				√		
工作阅历与本公司的配合程度		极配合	配合	尚配合	未尽配合	未能配合
			√			
前来本公司服务的意向		极坚定	坚定	普通	犹豫	极低
				√		
外文能力	区分	极佳	佳	平平	略通	不懂
	英文		√			
	法文				√	
总评		拟予试用				
	√	列入考虑		面试官	何毅	
		不予考虑		日期：	2012-9-15	

文件设计过程

步骤1：应用单元格样式

1 在“开始”选项卡的“样式”选项组中单击“单元格样式”下拉按钮，如图4-15所示。

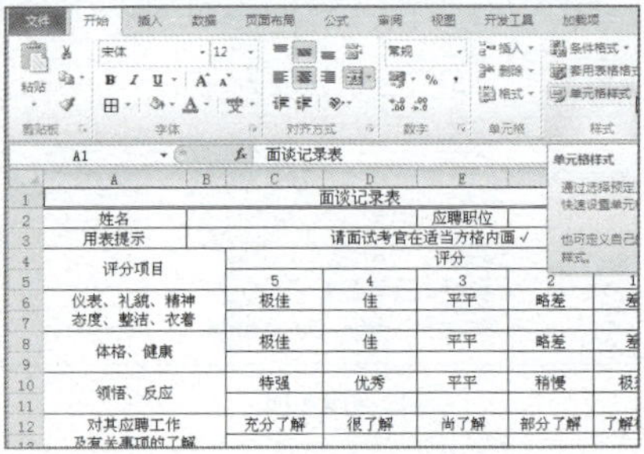

图4-15

2 在打开的下拉列表中选择需要的单元格样式，如图4-16所示。

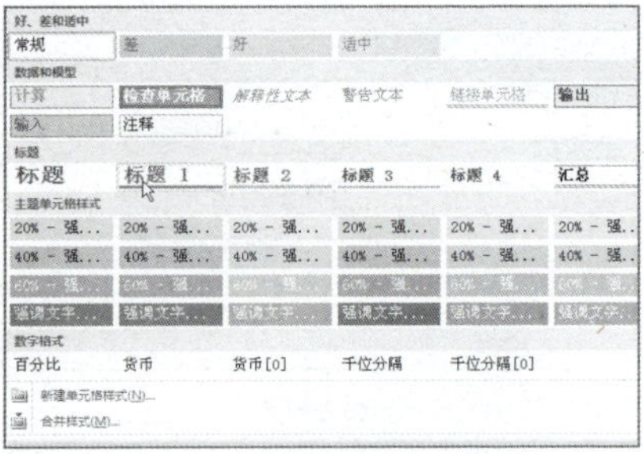

图4-16

3 此时标题所在单元格区域应用了单元格样式，效果如图4-17所示。

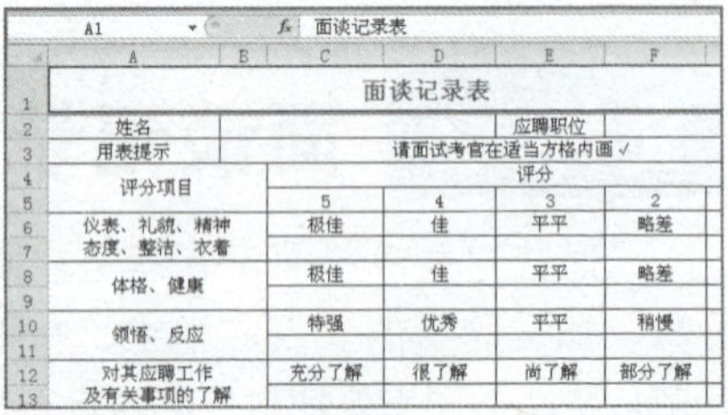

图4-17

第4章 员工甄选

4 在工作表中设置行列标志字体格式,并输入面谈详细信息,输入后效果如图4-18所示。

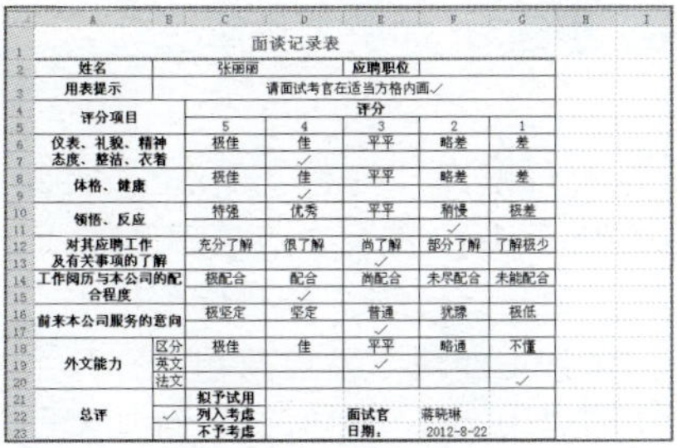

图4-18

▶ 步骤2：保护工作表

1 切换到"审阅"选项卡,在"更改"选项组单击"保护工作表"按钮,如图4-19所示。

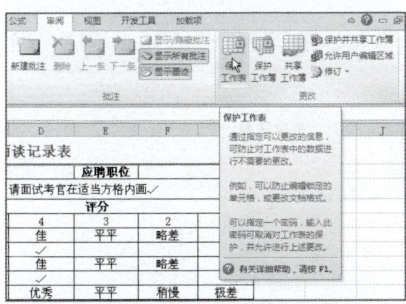

图4-19

2 打开"保护工作表"对话框,在"取消工作表保护时使用的密码"文本框中输入密码字符串,如"1234",单击"确定"按钮,如图4-20所示。

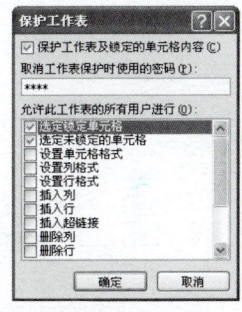

图4-20

3 弹出"确认密码"对话框,在"重新输入密码"文本框中再次输入密码字符串,单击"确定"按钮,如图4-21所示。

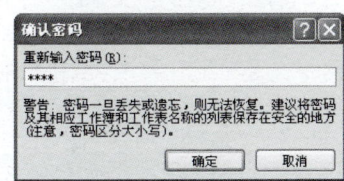

图4-21

4 此时工作表处于保护状态,如果要对单元格进行更改,如更改面试日期,系统会弹出工作表被保护提示,4-22所示。

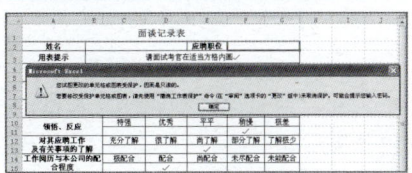

图4-22

步骤3：加密工作簿

1 单击"文件"标签，切换到Backstage视窗，在左侧窗格单击"信息"选项，在右侧窗格单击"保护工作簿"下拉按钮，在其下拉列表中选择"用密码进行加密"选项，如图4-23所示。

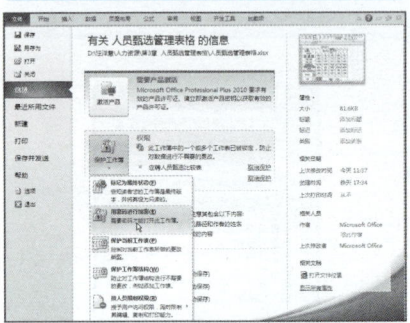

图4-23

2 打开"加密文档"对话框，在"密码"文本框中输入密码字串符，如"1234"，单击"确定"按钮，如图4-24所示。

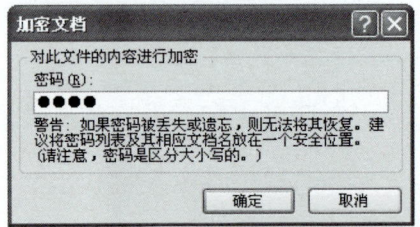

图4-24

3 弹出"确认密码"对话框，在"重新输入密码"文本框中再次输入密码字符串，单击"确定"按钮，如图4-25所示。

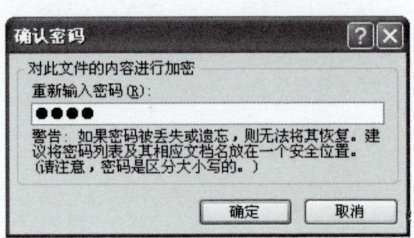

图4-25

4 关闭工作簿后，再次打开该工作簿时，系统会自动弹出密码提示，如图4-26所示，在"密码"文本框中输入正确的密码，才能打开工作簿。

图4-26

5 如果想要取消工作簿的密码保护，在Backstage视窗，再次打开"加密文档"对话框，删除"密码"文本框中的密码，单击"确定"按钮，即可取消密码加密，如图4-27所示。

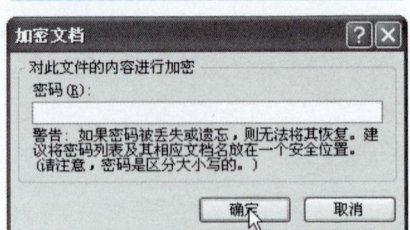

图4-27

第4章 员工甄选

文件33 面试、笔试成绩统计表

在Excel中制作出面试、笔试成绩统计表，可以给公司人事部门在甄选人员时提供有效依据。

制作要点与设计效果图

- 设置数据有效性
- IF函数
- 相对引用
- 绝对引用
- 复制公式计算

	A	B	C	D	E	F
1			面试、笔试成绩统计表			
2	姓名	性别	应征部门	面试成绩	笔试成绩	总评
3	王涛	女	销售部	68	78	71.5
4	周国菊	女	行政部	78	68	74.5
5	徐莹	女	设计部	96	85	88.85
6	杨荣威	男	销售部	85	88	86.05
7	王荣	女	行政部	70	68	69.3
8	陈肇	女	销售部	75	87	79.2
9	葛丽	女	设计部	78	98	91
10	钱磊	男	销售部	95	78	89.05
11	周落倍	女	行政部	86	85	85.65
12	王磊	男	销售部	78	87	81.15
13	席菲菲	男	设计部	86	85	85.35
14	刘强	男	设计部	79	74	75.75
15	何刚	男	销售部	75	87	79.2

文件设计过程

步骤1：设置数据有效性

1 选中C3:C15单元格区域，单击"数据"选项卡下"数据工具"选项组中"数据有效性"下拉按钮，在下拉菜单中选择"数据有效性"命令，如图4-28所示。

2 打开"数据有效性"对话框，设置"允许"为"序列"选项，在"来源"文本框中输入"=$H$3:$H$5"，单击"确定"按钮，如图4-29所示。

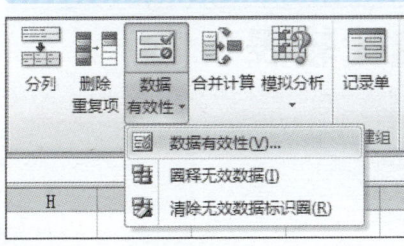

图4-28

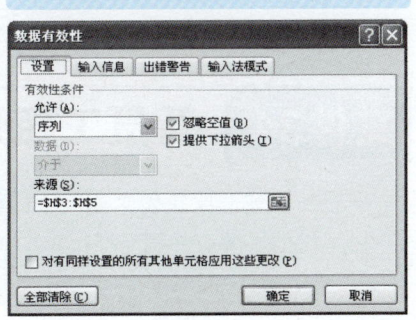

图4-29

步骤2：计算总评分数

1 假设"设计部"面试成绩点总评35%，笔试成绩占总成绩的65%，而"销售部"和"行政部"与之相反。在F3单元格中输入公式计算总评成绩，如图4-30所示。

图4-30

2 选中F3单元格，在编辑栏中将光标插入点置到H5处，按下【F4】键，将单远格引用地址修改为$H$5，如图4-31所示。

3 将鼠标指针置于F3单元格右侧，指针呈+状时，按鼠标左键，向下拖动，拖至目标单元格，释放鼠标左键。鼠标经过的单元格应用了F3单元格的公式，计算出各应聘者的总评成绩。完成面试、笔试成绩统计，如图4-32所示。

图4-31

图4-32

文件34　新员工甄选比较表

新员工甄选比较表主要用于记载甄选人员的相关信息，让招聘主管一目了然地了解应聘者的情况。

第4章 员工甄选

制作要点与设计效果图

- 添加命令到快速访问工具栏
- 绘制边框
- 设置单元格换行

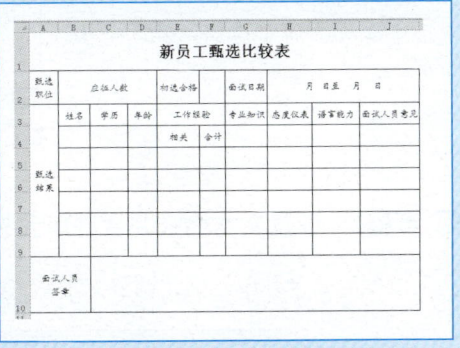

文件设计过程

步骤1：添加其他命令到快速访问工具栏

1 启动Excel 2010，单击快速访问工具栏右侧的下三角按钮，单击"其他命令"选项，如图4-33所示。

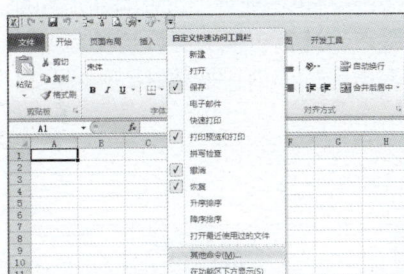

图4-33

2 打开"Excel选项"对话框，在对话框中"从下列位置选择命令"下拉列表中选择"开始选项卡"选项。双击"绘制边框线"选项，如图4-34所示。

3 此时在"自定义快速访问工具栏"列表中显示添加的"绘制边框线"命令选项，如图4-35所示。

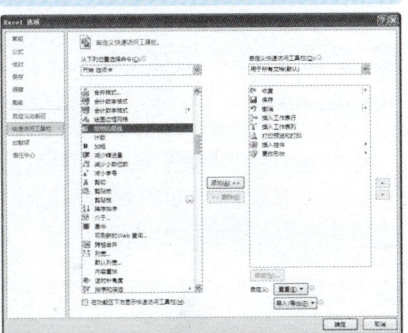

图4-34

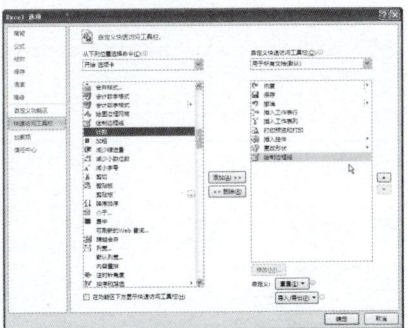

图4-35

4 单击"确定"按钮返回工作表中,在"快速访问工具栏"中显示了添加的命令按钮,如图4-36所示。

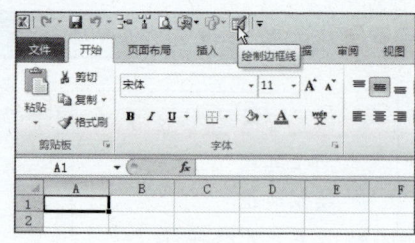

图4-36

步骤2:设置文本格式并合并单元格

根据需要合并单元格,调整文本格式,如图4-37所示。

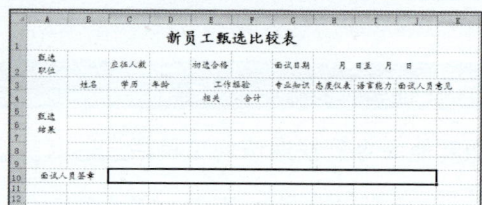

图4-37

步骤3:绘制边框线

1 单击快速访问工具栏中的"绘制边框线"按钮,此时鼠标指针呈铅笔状,在需要绘制边框的位置单击绘制,如图4-38所示。

2 单击要添加边框的单元格网格线,进行边框绘制,绘制完成后双击鼠标取消边框绘制,如图4-39所示。

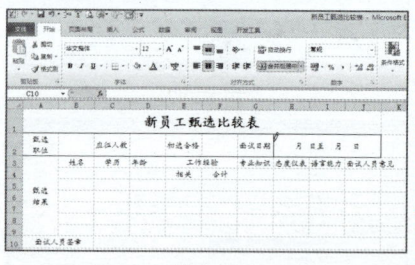

图4-38

图4-39

步骤4:设置文本换行

1 选中A10单元格,单击"开始"选项卡下"对齐方式"选项组中的"自动换行"按钮,如图4-40所示。

图4-40　　　　　　　　图4-41

②进一步完善，即可完成"新员工甄选比较表"的创建，如图4-41所示。

文件35　应聘人员复试名单

人力资源部门在完成初试后，会将初试的评价结果递交到各用人部门，用人部门再根据部门自身需求筛选出复试人员并制作完成复试名单，再根据此通知应聘者参加复试。

🔍 制作要点与设计效果图

- 套用表格样式
- 设置行高和列宽
- 设置文本格式
- 转换为普通区域

应聘人员复试名单

序号	应聘岗位	登试者姓名	应聘职务	性别	初试评价	联系方式
1	销售经理	王荣	行政主管	女	优秀	1557****856
2	销售经理	周国荣	财务总监	男	合格	1589****587
3	销售经理	葛丽	会计	男	优秀	1596****457
4	销售主管	王磊	出纳	女	良好	1557****589
5	销售主管	刘春	销售经理	男	合格	1567****574
6	销售代表	周礼	区域经理	女	优秀	1568****201
7	销售代表	陶莉莉	销售员	男	优秀	1554****250
8	销售经理	方航	销售员	女	优秀	1567****569
9	销售主管	张天宇	销售员	女	合格	1575****478
10	销售主管	王贝贝	销售员	女	良好	1569****574
11	销售代表	刘飞	销售员	男	优秀	1575****250
12	销售代表	张东方	销售员	男	合格	1575****257
13	销售主管	王北峰	销售员	女	优秀	1567****582
14	销售主管	周涛利	销售员	女	优秀	1582****556

文件36　应聘人员复试记录表

应聘人员负责记录表用于记录应聘者在复试过程中涉及的专业知识、个人能力情况及薪资待遇的记录。

Excel公司行政管理必须掌握的208个文件与108个函数

制作要点与设计效果图

- 设置数据有效性
- 设置数字格式
- 调整行高

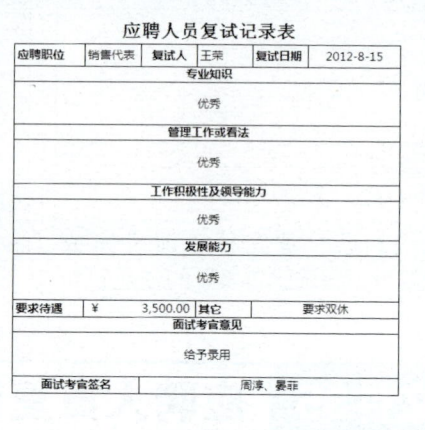

文件37 新员工甄选报告表

新员工甄选报告表包括这次招聘的应聘人数、招聘过程中筛选的人数、最终录用人员名单等信息。

制作要点与设计效果图

- 设置边框
- 调整行高和列宽

新员工甄选报告表

甄选职位		应聘人数		初试合格			面试合格		
复试合格		需要名额		合格比率	初试 %	面试 %	录用 %		
甄选结果比较		说明		预定			实际		
	具体条件								
	待遇								
录用人员名单									

第4章 员工甄选

文件38　面试评价表

可以在Excel中，可以制作面试评价表，把应聘者的面试结果记录到表格中。

制作要点与设计效果图

- 设置边框
- 调整行高和列宽
- 数据有效性

文件39　面试结果推荐表

为用人部门选择员工提供公平、客观的建议，面试工作结束后，会针对每个应聘者的具体情况填充面试结果推荐表。

制作要点与设计效果图

- 设置边框
- 调整行高
- 设置日期格式
- 设置会计专用格式
- 插入符号

读书笔记

第 5 章
人员录用管理

员工资料一般应该包括员工的基本资料，如姓名、性别、出生年月、民族、身份证号码、婚姻及家庭状况、血型、学历、工种或职务、个人经历、奖惩状况、兴趣爱好、联系方式（如家庭通地信址、手机号码、E-mail地址等），除此之外还应包括家庭成员主要状况，以及紧急通信联络方式、个人教育背景和受培情况。

员工资料归档是档案管理中的一部分，可以为人力资源部门甚至业务部门在出现紧急事件时提供详实的信息作为参考数据，且还可以通过对每一组数据的类比和分析，获得更加丰富的与人力发展相关的数据和结论，为企业招聘、培训、晋级、薪酬福利制度的制定等提供真实可靠的依据。

编号	文件名称	光盘中对应数据源	重要星级
文件1	员工工作证	素材文件\第5章\员工工作证.xls	★★★★★
文件2	员工个人资料登记表	素材文件\第5章\员工个人资料登记表.xls	★★★★
文件3	员工资料统计表	素材文件\第5章\员工资料统计表.xls	★★★★★
文件4	各部门员工资料统计表	素材文件\第5章\各部门员工资料统计表.xls	★★★★
文件5	员工资料查询表	素材文件\第5章\员工资料查询表.xls	★★★★★
文件6	公司人数统计	素材文件\第5章\公司人数统计.xls	★★★★
文件7	干部一览表	素材文件\第5章\干部一览表.xls	★★★★
文件8	员工通信簿	素材文件\第5章\员工通信簿.xls	★★★★
文件9	员工工龄统计表	素材文件\第5章\员工工龄统计表.xls	★★★★
文件10	管理人才储备表	素材文件\第5章\管理人才储备表.xls	★★★★

文件40 员工录用通知单

一般员工录用通知单保留单位的报到时间、报到地点、报到内容及录用者应该携带的资料等。

制作要点与设计效果图

- 设置日期格式
- 设置文本方向
- 填充单元格

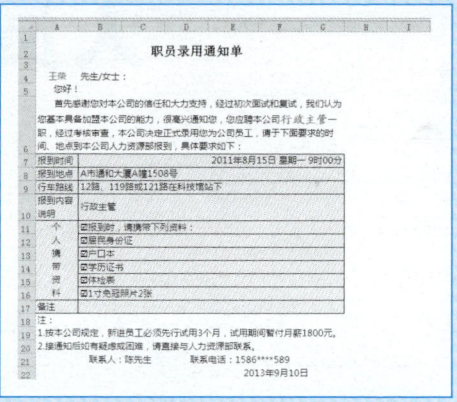

文件设计过程

步骤1：设置单元格格式

[1] 选择B7:G7单元格区域，单击"开始"选项卡下"对齐方式"选项组中右下角的按钮，如图5-1所示。

图5-1

[2] 选择B7:G7单元格区域，打开"设置单元格格式"对话框，在对话框中"数字"选项卡下"分类"列表框中单击"自定义"选项，如图5-2所示。

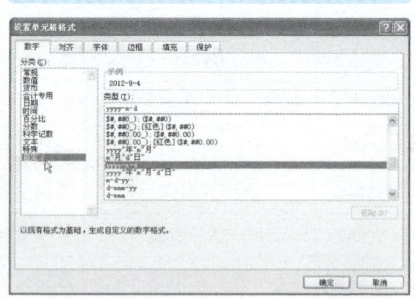

图5-2

[3] 在"类型"文本框中输入"[$-804]yyyy"年"m"月"d"日" dddd

h"时"mm"分""，单击"确定"按钮。即可为选中的单元格区域应用日期格式，如图5-3所示。

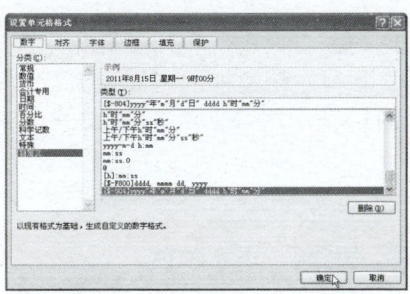

图5-3

步骤2：设置文本方向

[1] 选中要更改文本方向的单元格区域，打开"设置单元格格式"对话框，如图5-4所示。

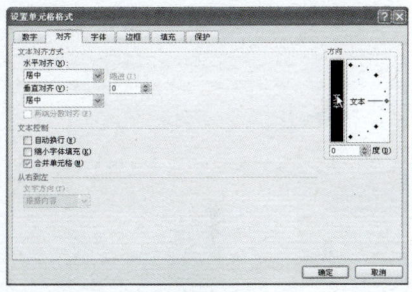

图5-5

[3] 单击"确定"按钮，即可为所选的文本以竖直形式显示，如图5-6所示。

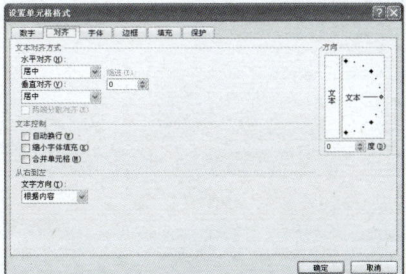

图5-4

[2] 选中要更改文本方向的单元格区域，打开"设置单元格格式"对话框，在对话框中"对齐"选项卡下单击"垂直文本"图标，如图5-5所示。

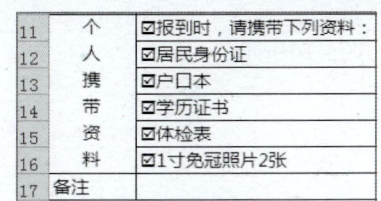

图5-6

步骤3：设置文本间距离

[1] 选中B5:H5单元格区域，单击"开始"选项卡下"对齐方式"选项组中"增大缩进值"按钮，如图5-7所示。

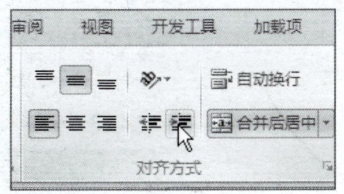

图5-7

2 此时即为选中单元格中的文本与左侧边框的距离增大，如图5-8所示。

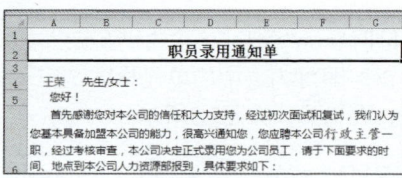

图5-8

步骤4：填充颜色

1 选择要填充的单元格区域，打开"设置单元格格式"对话框，如图5-9所示。

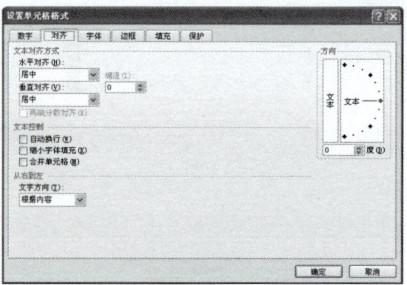

图5-9

2 在对话框中"填充"选项卡下单击"图案颜色"右侧的下拉按钮，选择一种合适的颜色，如图5-10所示。

3 单击"图案样式"右侧的下拉按钮，单击一种合适的图案样式，如图5-11所示。

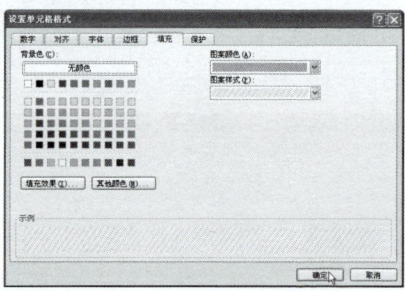

图5-11

4 设置完成后，单击"确定"按钮，即可为所选单元格区域应用图案填充。进一步完善，即可完成员工录用通知单的制作，如图5-12所示。

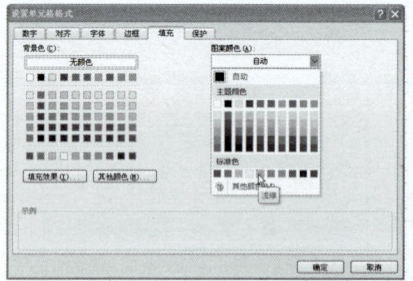

图5-10

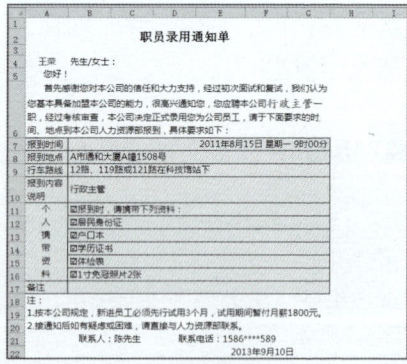

图5-12

文件41 员工报到手续表

新员工入职时，需要办理新员工报到手续。

制作要点与设计效果图

- 设置单元格样式
- 查找数据
- 替换数据

新进员工报到手续表

姓名		王荣		报到日期		2012-9-15
部门		行政部	职称	行政助理	等级	B级
应带资料	þ	身份证复印件	þ	审检证		
	þ	毕业证书复印件	þ	务工证		
	þ	体检报告书	þ	扶养亲属申报表		
	þ	员工资料卡	þ	员工保证书		
	þ	相片		经办人签章		周淳
应领事项	1	员工手册或简介	4			
	2	识别证	5			
	3	考勤卡及打卡说明		报到人签章：		王荣
人事登	1	人员变动记录	4	人员状况表	7	劳保
	2	简易名册	5	到职通报	8	核薪

文件设计过程

步骤1：应用单元格样式

①选中要应用单元格样式的单元格，单击“开始”选项卡下“样式”选项组中“单元格样式”下拉按钮，在下拉菜单中选择合适的单元格样式，如图5-13所示。

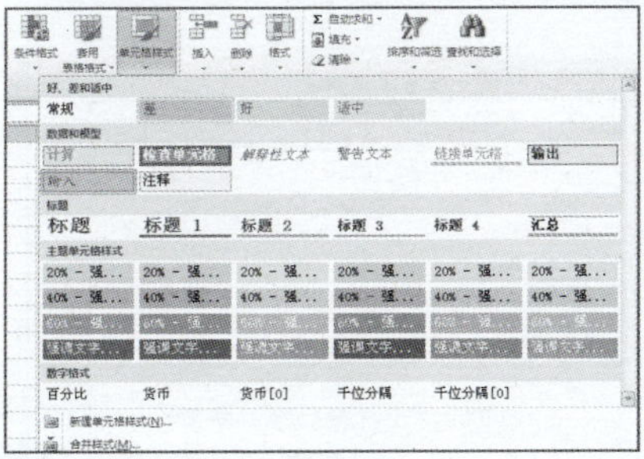

图5-13

②即可为所选单元格应用单元格样式，如图5-14所示。

新进员工报到手续表

姓名		王荣		报到日期		2012-9-15
部门		行政部	职称	行政助理	等级	B级
应带资料	þ	身份证复印件	þ	审检证		
	þ	毕业证书复印件	þ	务工证		
	þ	体检报告书	þ	扶养亲属申报表		
	þ	员工资料卡	þ	员工保证书		
	þ	相片		经办人签章		周淳
应领事	1	员工手册或简介	4			
	2	识别证	5			

图5-14

步骤2：查找和替换文本

1 单击"开始"选项卡下"编辑"选项组中的"查找和选择"下拉按钮，在下拉菜单中选择"替换"选项，如图5-15所示。

的文本，单击"全部替换"按钮，如图5-16所示。

图5-16

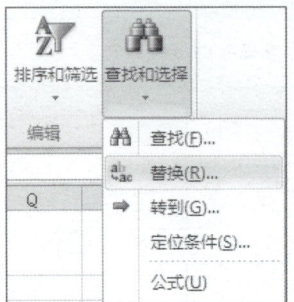

图5-15

3 在弹出的对话框中单击"确定"按钮，即可完成替换。进一步完善，完成员工报到手续表的制作，如图5-17所示。

2 打开"查找和替换"对话框，单击"替换"选项卡，在"替换为"文本框中输入要替换

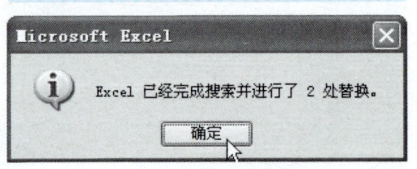

图5-17

文件42 新员工试用表

新员工试用表包括他们的基本信息、试用计划、试用时间等，这样能方便管理者掌握新员工的试用情况。

制作要点与设计效果图

- TODAY函数
- 公式粘贴
- 设置数据有效性

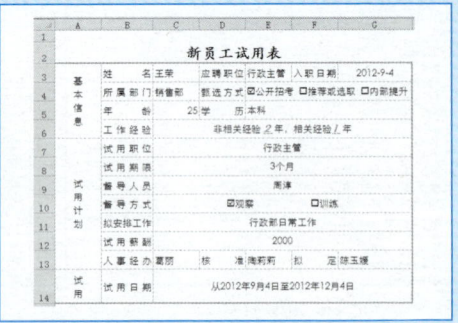

第5章 人员录用管理

文件设计过程

步骤1：设置公式并将公式粘贴

①在G3单元格中输入公式"=TODAY()"，按回车键，即可获取当前日期，如图5-18所示。

"值"图标。H3单元格中的公式被清除了，保留了公式获取的计算结果，如图5-19所示。

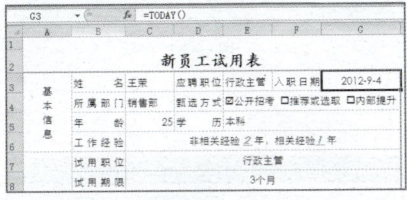

图5-18

②复制G3单元格，右键单击G3单元格，在弹出的菜单中选择

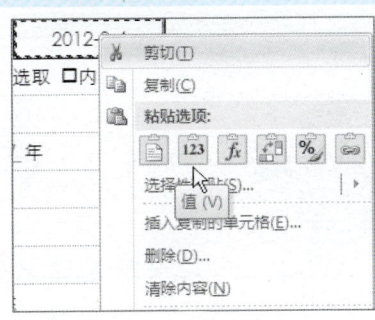

图5-19

步骤2：设置数据有效性

①选中C5单元格，单击"数据"选项卡下"数据工具"选项组中的"数据有效性"下拉按钮，在下拉菜单中选择"数据有效性"命令，如图5-20所示。

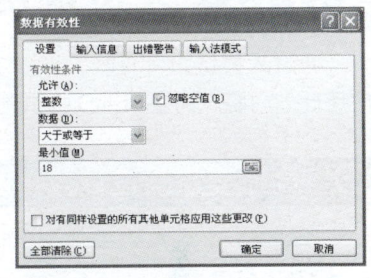

图5-21

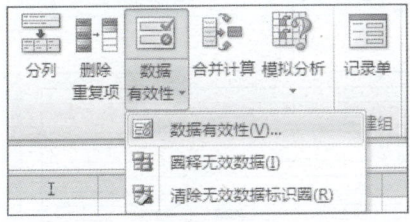

图5-20

③在"最小值"文本框中输入条件的最小值，切换至"输入信息"选项卡下，在"标题"和"输入信息"文本框中输入提示信息，如图5-22所示。

②打开"数据有效性"对话框，在"允许"下拉列表中选择"整数"选项，在"数据"右侧的下拉按钮，在下拉列表中选择"大于或等于"选项，如图5-21所示。

④切换至"出错警告"选项卡下，单击"样式"右侧的下拉按钮，在下拉菜单中选择"警告"选项，在"标题"和"错误信息"文本框中输入出错提示信息，单击

"确定"按钮，如图5-23所示。

⑤ 在C5单元格中输入年龄数值，按下回车键，即可弹出"输入错误"对话框，显示警告信息，如图5-24所示。单击"否"按钮，在C5单元格中输入满足条件的数据。

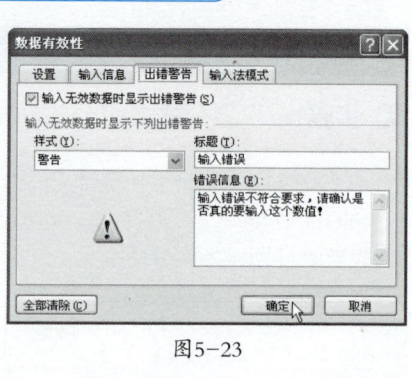

图5-23

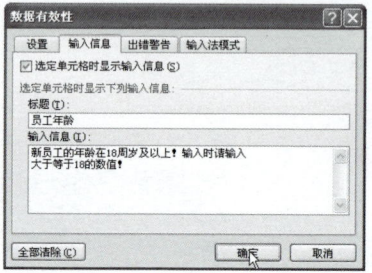

图5-22

图5-24

文件43　人员试用考查表

通过人员试用考查表，可以了解被考察人员是否及时、有效地完成使用计划内容，为决策部门提供判断依据。

制作要点与设计效果图

- 插入符号
- 设置对齐方式
- 添加下划线

文件44 新员工入职登记表

为了方便公司了解新员工更多方面的信息，在新员工入职时，需要填写入职登记表。

制作要点与设计效果图

- 复制单元格格式
- 删除超链接
- 调整行高和列宽

新员工入职登记表

姓　名		性　别		出生日期		照片
曾用名		体　重		身　高		
民　族		籍　贯		婚姻状况		
政治面貌		健康状况		血　型		
身份证号码						
学历		学位		第二学位		
专业				第二专业		
毕业学校				毕业时间		
外语水平				计算机水平		
参加工作时间				要求待遇		
联系电话				电子邮件		
联系地址						
现工作所在地						
离职原因						
简历	起止时间	学习/工作单位			专业/职位	
家庭情况	姓名	关系	年龄	文化程度	现工作单位	

文件45 新员工转正申请表

新员工转正申请表填写试用期的工作状况，以及个人发展规划等内容，方便主管掌握员工情况，审核是否符合转正条件。

制作要点与设计效果图

- 插入符号
- 设置数据有效性
- 设置数字格式
- 调整行高

新员工转正申请表

姓名		性别		所属部门	
职务		专业		入职时间	
试用期内述职内容					
1.试用期个人工作总结：					
2.今后个人发展规划：					
3.您对公司的意见和建议：					
4.总结：					
员工签名：					
部门主管意见					
□ 同意提前转正　□ 其他（请注明）		□ 按期转正		□ 延期转正	
主管签字：					
时间：					
人事部意见					
□ 同意提前转正		□ 按期转正		□ 延期转正	
□ 其他（请注明）					
人事部主管签字：					
时间：					

Excel公司行政管理必须掌握的208个文件与108个函数

文件46 人员试用申请及核定表

人员试用申请及核定表是一个记录试用员工基本信息及试用部门、甄选主办部门、人事部门对员工试用的审核及员工试用期间表现考核的综合表格。

制作要点与设计效果图

- 重命名工作表
- 删除多余的工作表
- 设置工作表标签颜色

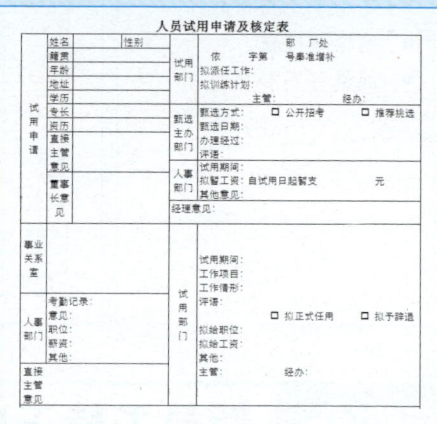

第6章

公司员工培训管理

员工培训是指一定组织为开展业务及培育人才的需要，采用各种方式对员工进行有目的、有计划的培养和训练的管理活动，其目标是使员工不断地更新知识，开拓技能，改进员工的动机、态度和行为，是企业适应新的要求，更好地胜任现职工作或担负更高级别的职务，从而促进组织效率的提高和组织目标的实现。

员工应积极参与企业为开展业务及培训人才的需要组织的培训。常见的员工培训管理表格有员工培训申请表、员工培训计划表、培训课程安排表、培训成绩统计表、培训成绩名单、培训评价表等。

编号	文件名称	光盘中对应数据源	重要星级
文件47	员工培训计划表	素材文件\第6章\员工培训计划表.xls	★★★★★
文件48	员工培训课程安排表	素材文件\第6章\员工培训课程安排表.xls	★★★★★
文件49	员工培训申请表	素材文件\第6章\员工培训申请表.xls	★★★★★
文件50	员工培训成绩表	素材文件\第6章\员工培训成绩表.xls	★★★★
文件51	培训成绩名单图解	素材文件\第6章\培训成绩名单图解.xls	★★★★★
文件52	职员培训成果检测表	素材文件\第6章\职员培训成果检测表.xls	★★★★
文件53	在职训练学员意见调查表	素材文件\第6章\在职训练学员意见调查表.xls	★★★★
文件54	员工培训评价表	素材文件\第6章\员工培训评价表.xls	★★★★
文件55	员工培训成绩查询表	素材文件\第6章\员工培训成绩查询表.xls	★★★
文件56	在职员工培训结训报表	素材文件\第6章\在职员工培训结训报表.xls	★★★★

文件47 员工培训计划表

员工培训计划表涉及培训的名称、培训时间、培训课时数及负责人、参加员工信息等重要内容。

制作要点与设计效果图

- 复制、粘贴单元格内容
- 插入工作表行

文件设计过程

步骤1：输入文本

新建工作簿，在Sheet1工作表中输入员工培训计划表固定文本，并进行相关格式设置，如图6-1所示。

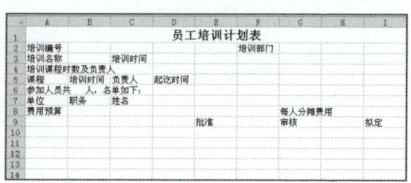

图6-1

步骤2：复制单元格内容

①选中A5:D5单元格区域，单击"复制"按钮，如图6-2所示。

②选中E5单元格，单击"粘贴"下三角按钮，单击"粘贴"选项，如图6-3所示。

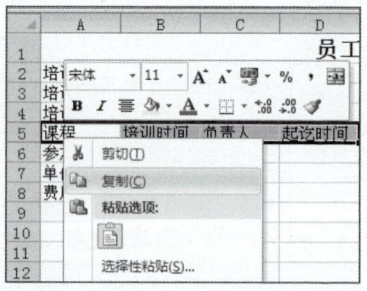

图6-2

第6章 公司员工培训管理

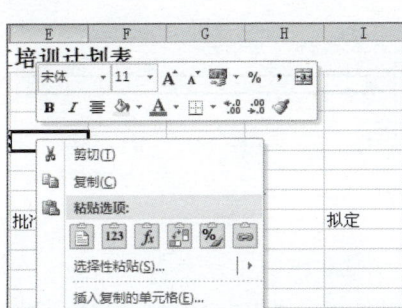

图6-3

[3] 此时在E5:H5单元格中显示复制的内容，如图6-4所示。

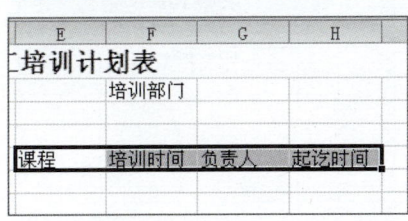

图6-4

[4] 右键单击A7:C7单元格区域，右键单击"复制"命令，如图6-5所示。

[5] 右键单击D7：H8单元格区域，单击"粘贴"图标，如图6-6所示。

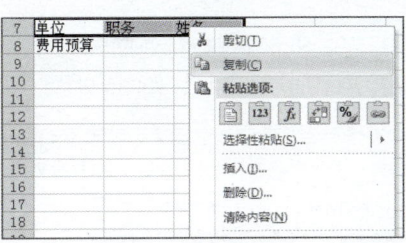

图6-5

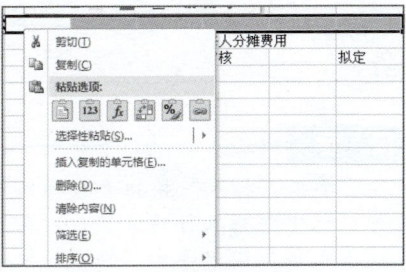

图6-6

[6] 此时在目标单元格中粘贴了复制的单元格内容，如图6-7所示。

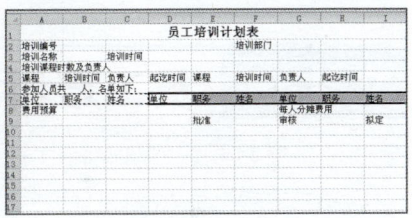

图6-7

步骤3：插入行

[1] 右键单击第8行，单击"插入"命令，如图6-8所示。

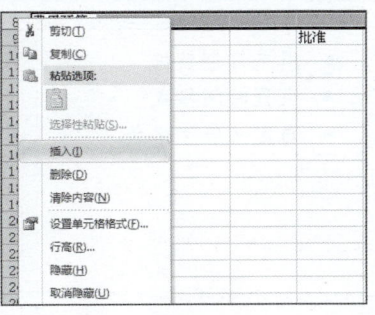

图6-8

2 此时在第8行处插入空行，选中行的内容下移，如图6-9所示。

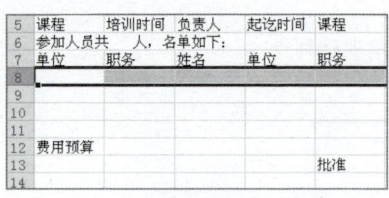

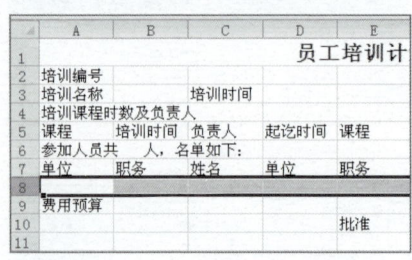

图6-9

> **提　示：**
> 单击"插入"按钮直接插入行：选中要插入行的位置行，在"单元格"组中单击"插入"按钮，即可在指定的位置插入一行。

图6-10

4 进一步完善，合并需要合并的单元格再为表格添加黑色实线边框，即可完成员工培训计划表的制作，如图6-11所示。

图6-11

文件48　员工培训课程安排表

企业需要为参与培训的员工制作一份详细的员工培训课程安排表，员工培训课程安排表应包括开课时间、授课地点、课程主题、主讲人等内容。

制作要点与设计效果图

- 填充日期数据
- 设置时间格式
- 自定义数字格式

	A	B	C	D	E	F	G
1	员工培训课程安排表						
2	开课日期	开始时间	结束时间	培训内容	授课地点	主讲人	
3	2012-8-1	9:30 AM	11:30 AM	顾客心理	百盛大厦408	王荣	
4	2012-8-2	10:30 AM	12:00 PM	促销手段经验分享	百盛大厦302	周国菊	
5	2012-8-3	9:30 AM	11:30 AM	市场开拓	百盛大厦210	周蓓	
6	2012-8-6	9:30 AM	12:30 PM	促销手段	百盛大厦205	王磊	
7	2012-8-7	10:30 AM	3:30 PM	营销策略	百盛大厦211	陶莉莉	
8	2012-8-8	10:00 AM	2:30 PM	采购	百盛大厦205	韩飞	
9	2012-8-9	9:30 AM	4:20 PM	沟通	百盛大厦201	周冬雨	
10	2012-8-10	10:00 AM	12:30 PM	营销策略	百盛大厦201	王小波	
11	2012-8-13	11:00 AM	12:30 PM	采购	百盛大厦211	周蓓	
12	2012-8-14	10:00 AM	11:30 AM	促销手段	百盛大厦302	陈怡	
13	2012-8-15	9:30 AM	12:30 PM	促销手段	百盛大厦305	王升	
14	2012-8-16	10:15 AM	3:30 PM	沟通	百盛大厦506	方林	

第6章 公司员工培训管理

文件设计过程

步骤1：填充日期

1 在A3单元格中输入开课日期，向下拖动A3单元格右下角的填充柄，如图6-12所示。

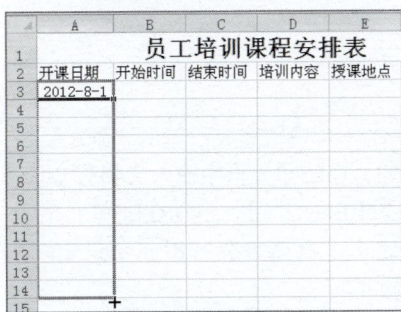

图6-12

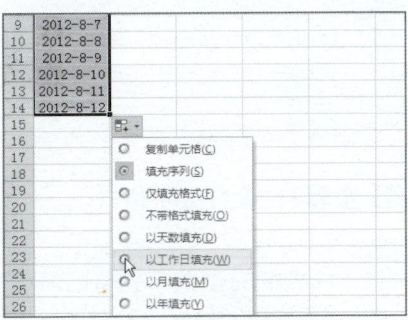

图6-13

2 单击"填充选项"按钮，单击"以工作日填充"选项，如图6-13所示。

3 此时在鼠标经过的单元格中显示了填充日期，该日期为除去星期六和星期日的工作日，如图6-14所示。

图6-14

步骤2：设置时间格式

1 右键单击B3:C14单元格，打开"设置单元格格式"对话框，在"分类"列表中单击"时间"选项，在"类型"列表框中单击"1：30PM"选项，单击"确定"按钮，如图6-15所示。

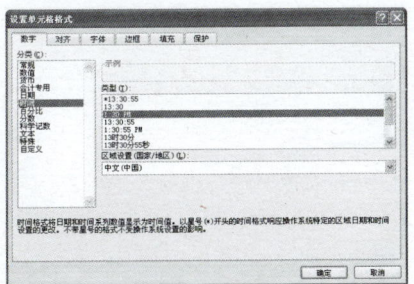

图6-15

2 返回工作表中,在目标单元格中输入培训课程的开始时间和结束时间,如图6-16所示。

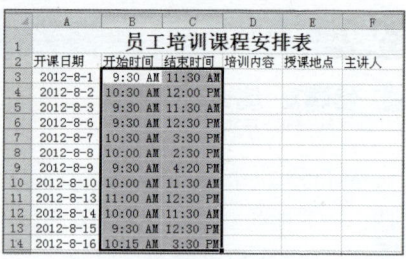

图6-16

步骤3:设置数字格式

1 选中E3:E14单元格区域,打开"设置单元格格式"对话框,如图6-17所示。

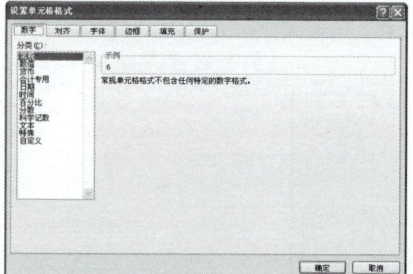

图6-17

2 在"数字"选项卡下"分类"列表框中单击"自定义"选项,在"类型"文本框中输入"百盛大厦######",如图6-18所示。

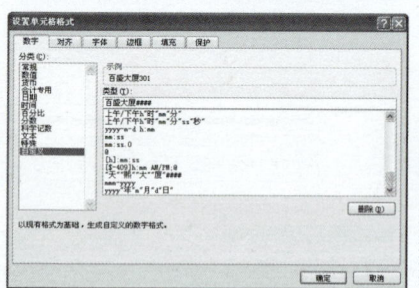

图6-18

3 设置完成后单击"确定"按钮,在E3单元格中输入"408",按下【Enter】键,自动在E3单元格中显示"百盛大厦408",如图6-19所示。

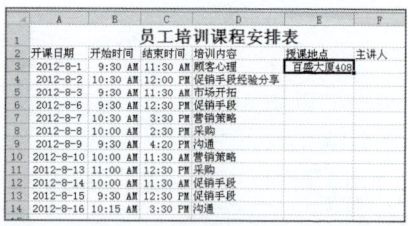

图6-19

4 然后根据需要输入课程授课地点及主讲人姓名,如图6-20所示。

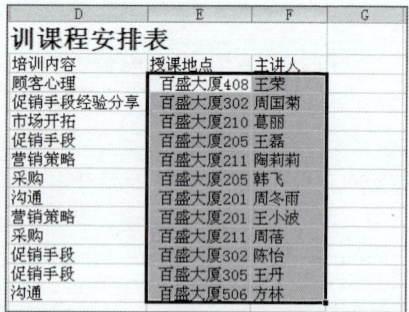

图6-20

5 输入完毕后，选中A2:F15单元格区域，单击“所有框线”选项，为其添加边框，完成员工培训课程安排表的制作，如图6-21所示。

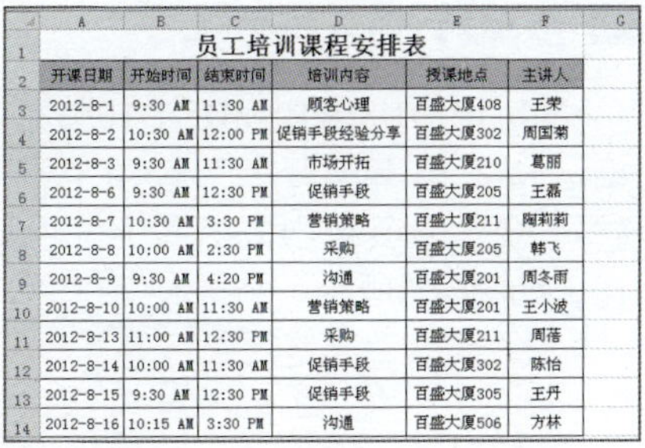

员工培训课程安排表

开课日期	开始时间	结束时间	培训内容	授课地点	主讲人
2012-8-1	9:30 AM	11:30 AM	顾客心理	百盛大厦408	王荣
2012-8-2	10:30 AM	12:00 PM	促销手段经验分享	百盛大厦302	周国菊
2012-8-3	9:30 AM	11:30 AM	市场开拓	百盛大厦210	葛丽
2012-8-6	9:30 AM	12:30 PM	促销手段	百盛大厦205	王磊
2012-8-7	10:30 AM	3:30 PM	营销策略	百盛大厦211	陶莉莉
2012-8-8	10:00 AM	2:30 PM	采购	百盛大厦205	韩飞
2012-8-9	9:30 AM	4:20 PM	沟通	百盛大厦201	周冬雨
2012-8-10	10:00 AM	11:30 AM	营销策略	百盛大厦201	王小波
2012-8-13	11:00 AM	12:30 PM	采购	百盛大厦211	周蓓
2012-8-14	10:00 AM	11:30 AM	促销手段	百盛大厦302	陈怡
2012-8-15	9:30 AM	12:30 PM	促销手段	百盛大厦305	王丹
2012-8-16	10:15 AM	3:30 PM	沟通	百盛大厦506	方林

图6-21

文件49 员工培训申请表

企业为开展业务及培训人才的需要组织的培训，员工需要根据实际情况填写申请表，申请参与培训。

制作要点与设计效果图

- 插入符号
- 设置打印区域
- 页面设置
- 打印预览
- 打印表格

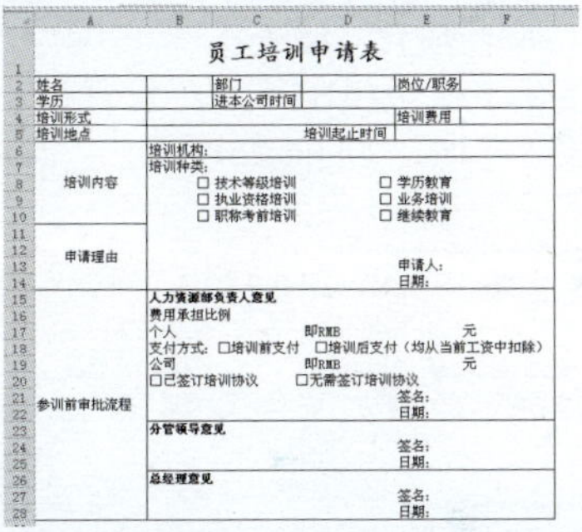

文件设计过程

步骤1：输入文本

新建工作簿，在Sheet1工作表中输入员工培训申请表固定文本，并进行相关格式设置，如图6-22所示。

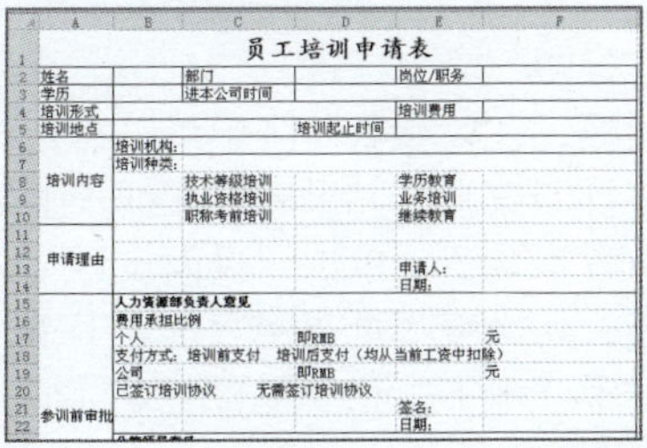

图6-22

步骤2:插入符号

1 选中B8:B10和D8:D10单元格区域,单击"开始"选项卡下"符号"选项组中的"符号"按钮,如图6-23所示。

为支付方式等复选框插入相同的方框,如图6-24所示。

图6-23

2 打开"插入符号"对话框,在对话框中选择方框出入,再

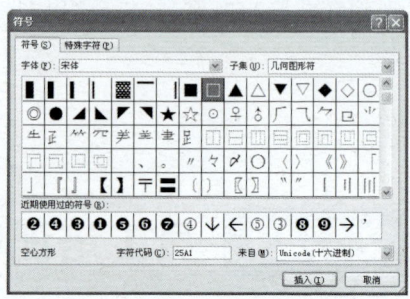

图6-24

步骤3:设置打印区域

1 选中A1:F28单元格区域,单击"页面布局"选项卡下"页面设置"选项组中"打印区域"下拉按钮,在下拉菜单中单击"设置打印区域"选项,如图6-25所示。

2 此时选中单元格区域的外边框处显示了虚线,表示打印区域范围,如图6-26所示。

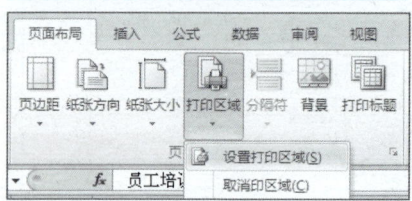

图6-25

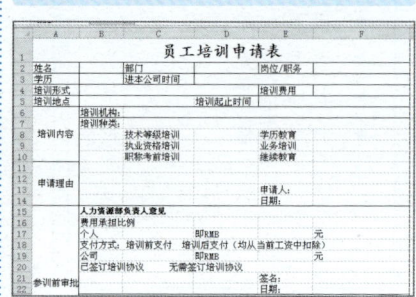

图6-26

步骤4:打印预览

1 单击"文件"按钮,单击"打印"命令,进入"打印"选项面板,在"预览"区中可以看到表格打印效果,如果表格在纸张上的位置不合适,单击"页面设置"链接,切换至"页边距"选项卡下,选中"水平"和"垂直"复选框,如图6-27所示。

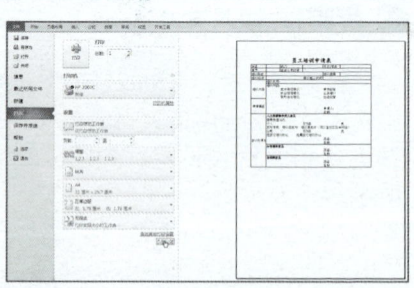

图6-27

第6章 公司员工培训管理

[2] 打开"页面设置"对话框，切换至"页边距"选项卡下，选中"水平"和"垂直"复选框，如图6-28所示。

[3] 设置完成后单击"确定"按钮，可以在"预览"区中看到表格位于纸张中间，预览满意后，单击"打印"按钮，如图6-29所示。

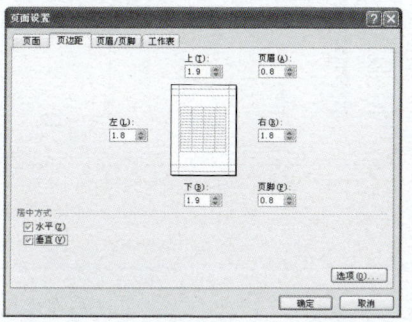

图6-28

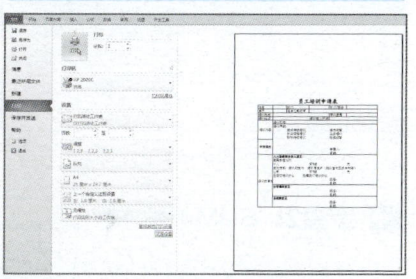

图6-29

文件50 员工培训成绩表

员工培训成绩表可以作为选拔培训期间成绩优异员工的依据，它能在很大程度上反映员工对待工作的态度。

制作要点与设计效果图

- 合并单元格
- 设置字体格式
- 填充单元格
- 调整行高
- 设置边框

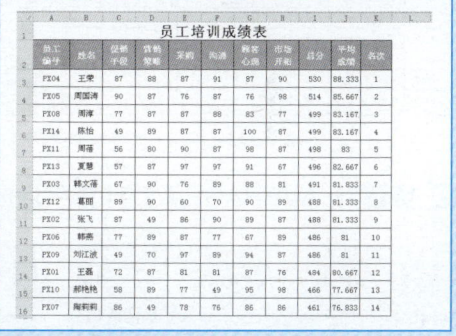

文件设计过程

步骤1：创建新工作簿

[1] 在打开的工作簿窗口中，单击"文件"按钮，单击"新建"命

令，单击“空白工作簿”图标，单击“创建”按钮，如图6-30所示。

图6-30

2 在Sheet1工作表中输入员工培训成绩表的固定文本，如图6-31所示。

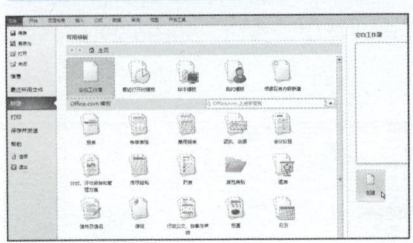

员工培训成绩表										
员工编号	姓名	促销手段	营销策略	采购	沟通	顾客心理	市场开拓	总分	平均成绩	名次
PX04	王荣	87	88	87	91	87	90			
PX05	周国涛	90	87	76	87	76	98			
PX08	周淳	77	87	87	88	83	77			
PX14	陈怡	49	89	87	87	100	87			
PX11	周蓓	56	80	90	87	98	87			
PX13	夏慧	57	87	97	97	91	67			
PX03	韩文蓓	67	90	76	89	88	81			
PX12	葛丽	89	90	60	70	90	89			
PX02	张飞	87	49	86	90	89	87			
PX06	韩燕	77	89	87	77	67	89			
PX09	刘江波	49	70	97	89	94	87			
PX01	王磊	72	87	81	81	87	76			
PX10	郝艳艳	58	89	77	49	95	98			

图6-31

步骤2：SUM函数求和

1 选中I3单元格，在公式编辑栏中输入公式“=SUM(C3:H3)，按下【Enter】键计算出该员工的总成绩，如图6-32所示。

I3 =(SUM(C3:H3))

员工培训成绩表									
员工编号	姓名	促销手段	营销策略	采购	沟通	顾客心理	市场开拓	总分	平均成绩
PX04	王荣	87	88	87	91	87	90	530	
PX05	周国涛	90	87	76	87	76	98		
PX06	韩燕	77	89	87	77	67	89		
PX08	周淳	77	87	87	88	83	77		
PX13	夏慧	57	87	97	97	91	67		
PX01	王磊	72	87	81	81	87	76		
PX12	葛丽	89	90	60	70	90	89		
PX03	韩文蓓	67	90	76	89	88	81		

图6-32

2 将鼠标定位到I3单元格右下角，向下填充公式，即可计算出其他员工的总成绩，如图6-33所示。

员工培训成绩表										
员工编号	姓名	促销手段	营销策略	采购	沟通	顾客心理	市场开拓	总分	平均成绩	名次
PX04	王荣	87	88	87	91	87	90	530		
PX05	周国涛	90	87	76	87	76	98	514		
PX06	韩燕	77	89	87	77	67	89	486		
PX08	周淳	77	87	87	88	83	77	499		
PX13	夏慧	57	87	97	97	91	67	496		
PX01	王磊	72	87	81	81	87	76	484		
PX12	葛丽	89	90	60	70	90	89	488		
PX03	韩文蓓	67	90	76	89	88	81	491		
PX11	周蓓	56	80	90	87	98	87	498		
PX14	陈怡	49	89	87	87	100	87	499		
PX10	郝艳艳	58	89	77	49	95	98	466		
PX02	张飞	87	49	86	90	89	87	488		
PX09	刘江波	49	70	97	89	94	87	486		
PX07	陶莉莉	86	49	78	76	86	86	461		

图6-33

步骤3：AVERAGE函数计算平均成绩

1 选中J3单元格，在公式编辑栏中输入公式“=AVERAGE(C3:H3)”，按下【Enter】键，计算出该员工的平均成绩，如图6-34所示。

=AVERAGE(C3:H3)

员工培训成绩表							
营销策略	采购	沟通	顾客心理	市场开拓	总分	平均成绩	名次
88	87	91	87	90	530	88.333	
87	76	87	76	98	514		
89	87	77	67	89	486		
87	87	88	83	77	499		
87	97	97	91	67	496		

图6-34

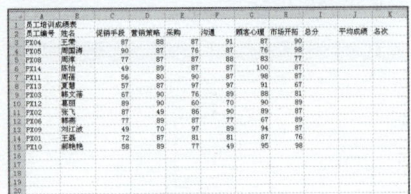

第6章 公司员工培训管理

2 将鼠标定位到J3单元格右下角,向下填充公式,即可计算出其他员工的平均成绩,如图6-35所示。

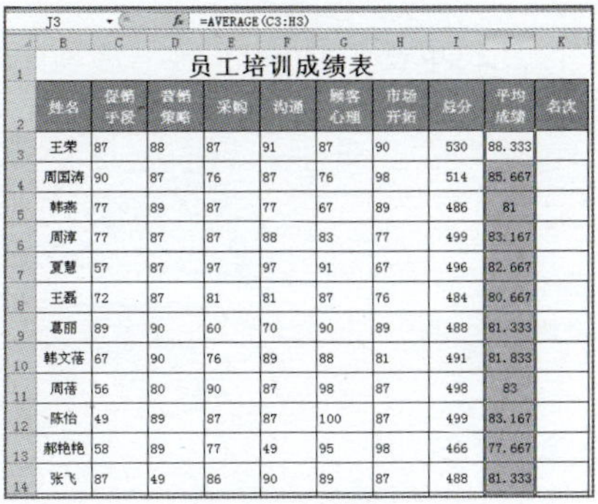

图6-35

步骤4:按平均成绩降序排列

1 选中"平均成绩"列中的任意单元格,单击"数据"选项卡下"排序和筛选"选项组中的"降序"按钮,如图6-36所示。

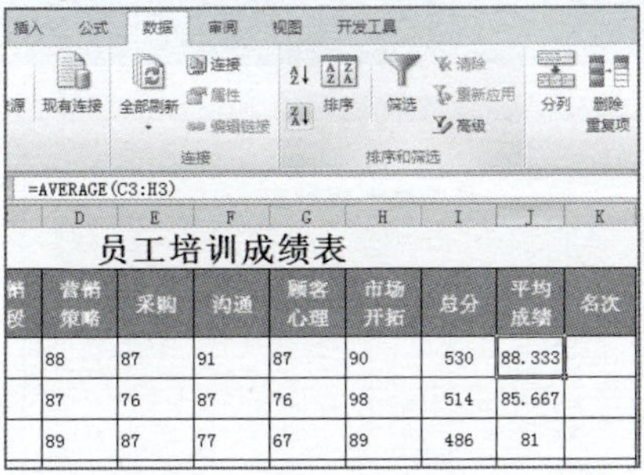

2 此时平均成绩按从大到小进行排列,如图6-37所示。

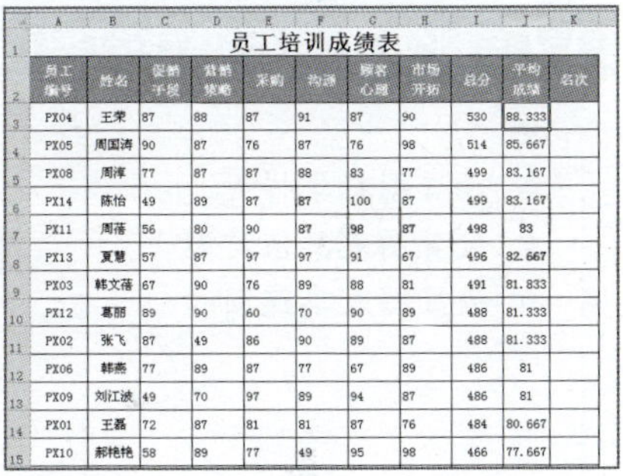

图6-36

图6-37

步骤5:输入名次

1 在K3单元格中输入1,将鼠标指针置于填充柄上,按住左键拖动,拖至目标位置,释放鼠标左键,单击"自动填充选项"按钮,如图6-38所示。

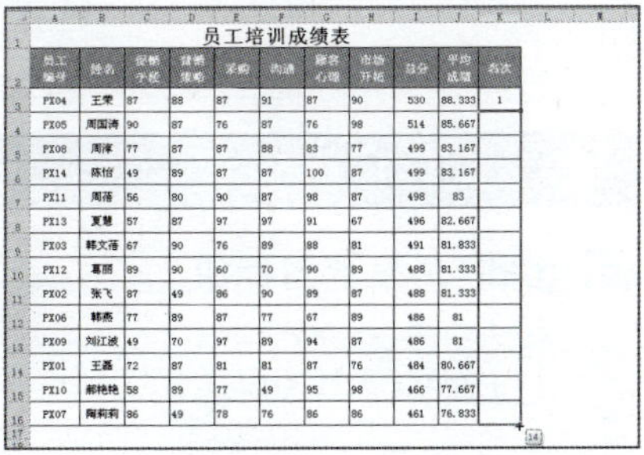

图6-38

②单击"填充序列"选项，完成名次输入，如图6-39所示。

图6-39

文件51　培训成绩名单图解

这里使用图标集来划分成绩，将其划分为三个阶段：不及格（60分以下）、合格（80分以下）和优异（80分以上），让有关领导对培训成果一目了然。

制作要点与设计效果图

- 设置图标集样式
- 设置图表集值类型
- 设置图表集范围

员工编号	姓名	促销 分析	营销 策略	采购	沟通	顾客 心理	市场 开拓
PX04	王荣	87	88	87	91	87	90
PX05	周国涛	90	87	76	87	76	98
PX08	周淬	77	87	87	88	83	77
PX14	陈怡	49	89	87	87	100	87
PX11	周蓓	56	80	90	87	98	87
PX13	夏慧	57	87	97	97	91	67
PX03	韩文蓓	67	90	76	89	88	81
PX12	慕丽	89	90	60	70	90	89
PX02	张飞	87	49	86	90	89	87
PX06	韩燕	77	89	87	77	67	89
PX09	刘江波	49	70	97	89	94	87
PX01	王磊	72	87	81	81	87	76
PX10	郝艳艳	58	89	77	49	95	98
PX07	陶莉莉	86	49	78	76	86	86

文件设计过程

步骤1：设置图标集

①选取C3:H16单元格区域，单击"开始"选项卡下"样式"选项组中"条件格式"下拉按钮，如图6-40所示。

第6章 公司员工培训管理

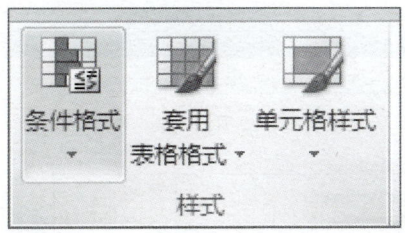

图6-40

② 在下拉菜单中指向"图标集"选项,单击"其他规则"选项,如图6-41所示。

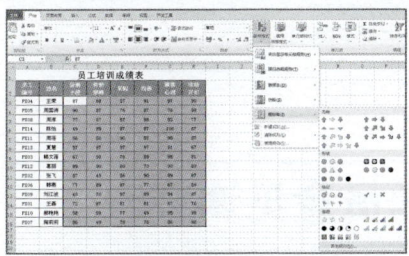

图6-41

③ 弹出"新建格式规则"对话框,单击"图标样式"右侧的下三角按钮,单击"三色旗"选项,单击"类型"右侧的下三角按钮,单击"数字"选项,图标对应的值文本框中分别输入法入"80"和"60",即可将图标集的划分范围分为大于等于80、小于80且大于等于60、小于60这个三个阶段,如图6-42所示。

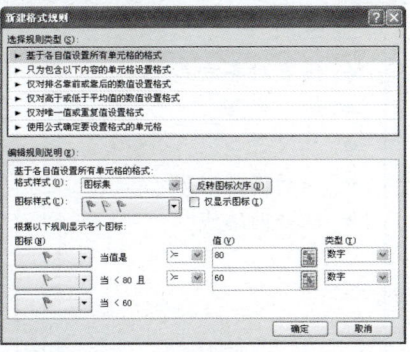

图6-42

④ 设置完成后,单击"确定"按钮,选中单元格中根据值范围显示了相应的图标,即完成员工培训成绩名单图解的操作,如图6-43所示。

	A	B	C	D	E	F	G	H
1	员工培训成绩表							
2	员工编号	姓名	促销学程	营销策略	采购	沟通	顾客心理	市场开拓
3	PX04	王荣	87	88	87	91	87	90
4	PX05	周国涛	90	87	76	87	76	98
5	PX08	周泽	87	87	87	88	83	77
6	PX14	陈怡	49	89	87	87	100	87
7	PX11	周蒂	56	80	90	87	98	87
8	PX13	夏慧	57	87	97	97	91	67
9	PX03	韩文喜	67	90	76	89	88	81
10	PX12	韩勇	89	90	60	70	90	89
11	PX02	张飞	87	49	86	90	89	87
12	PX06	韩燕	77	89	87	77	67	89
13	PX09	刘江波	49	70	97	89	94	87
14	PX01	王磊	72	87	81	81	87	75
15	PX10	郝艳艳	58	89	87	49	95	98
16	PX07	陶莉莉	86	49	78	75	86	86

图6-43

文件52 职员培训成果检测表

职员培训成果检测表,是用于企业对职员培训成果进行检测,看此次培训是否让学员学到他们需要的知识和能力。

 Excel公司行政管理必须掌握的208个文件与108个函数

制作要点与设计效果图

- 设置对齐方式
- 绘制线条
- 插入符号
- 手动调整列宽
- 隐藏网络线

职员培训成果检测表

文件53 在职训练学员意见调查表

为了了解学员在训练期间对课程内容、教学方法、讲习时间等方面的意见，可以在培训结束后对学员进行意见调查表。

制作要点与设计效果图

- 设置下边框线
- 插入符号
- 调整单元格边距
- 合并单元格

在职训练学员意见调查表

第6章 公司员工培训管理

文件54 员工培训评价表

员工培训评价表是培训后，关于工作能力、态度等方面所在部门和单位给出的评价意见等信息。

制作要点与设计效果图

- 合并单元格
- 设置文本方向
- 设置边框
- 调整行高和列宽

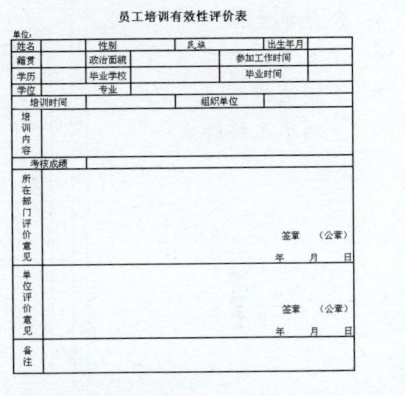

文件55 员工培训成绩查询表

方便员工和相关人员查询，需要建立一个培训成绩查询表。

制作要点与设计效果图

- 设置字体格式
- 引用其他工作表单元格
- VLOOKUP函数

员工培训成绩查询表			
员工编号	PX06	姓名	韩燕
促销手段	56		
营销策略	87		
采购	75		
沟通	47		
顾客心理	93		
市场开拓	96		
总分	454		
平均成绩	72.66666667		
名次	11		

文件56 在职员工培训结训报表

培训结训报表是用来记录职员的相关情况，结训报表一般涉及课程名程、训练费用、训练检讨等信息。

制作要点与设计效果图

- 合并单元格
- 设置字体格式
- 绘制边框
- 复制单元格样式

在职员工培训结训报表

课程名称			课程编号	
项目	举办日期		训练时数	参加人数
计划				
实际				
	项目	预算金额	实际金额	异常说明
训练费用	讲师费			
	教材费			
	其他			
	合计			
训练检讨及呈核	学员意见			
	讲师意见			
	会计部		教育训练部	

第 7 章

公司办公用品管理

办公用品通常包括：书写工具系列、纸本系列、文具系列、名片与图文系列、办公生活用品系列、专项办公用品系列、套餐系列、IT耗材系列。办公用品管理是针对企事业单位办公用品的计划、采购、分发和保管及销毁的一项制度，目的在于规范办公用品的管理和流程，减少铺张浪费，节约成本，提高办公效率。

办公用品管理常用的文件有办公用品采购申请表、办公用品采购流程图、办公用品采购表、办公用品采购记录统计表、办公用品领用申请表等。

编号	文件名称	光盘中对应数据源	重要星级
文件57	办公用品采购流程图	素材文件\第7章\办公用品采购流程图.xls	★★★
文件58	办公用品采购申请表	素材文件\第7章\58办公用品采购申请表.xls	★★★★
文件59	办公用品采购表	素材文件\第7章\办公用品采购表.xls	★★★★★
文件60	办公用品采购报价单	素材文件\第7章\办公用品采购报价单.xls	★★★★★
文件61	办公用品采购记录统计表	素材文件\第7章\办公用品采购记录统计表.xls	★★★★★
文件62	比较采购办公用品费用	素材文件\第7章\62比较采购办公用品费用.xls	★★★★
文件63	办公用品费用预算表	素材文件\第7章\办公用品费用预算表.xls	★★★★
文件64	办公用品领用申请表	素材文件\第7章\办公用品领用申请表表.xls	★★★★
文件65	办公用品领取登记表	素材文件\第7章\办公用品领取登记表.xls	★★★★
文件66	办公用品库存统计表	素材文件\第7章\办公用品库存统计表.xls	★★★

文件57 办公用品采购流程图

为了提高办公用品的采购质量，规范采购流程，加快采购速度，公司需要制定办公用品采购流程图。

制作要点与设计效果图

- 插入SmartArt图形
- 添加形状
- 设置图形的颜色和样式

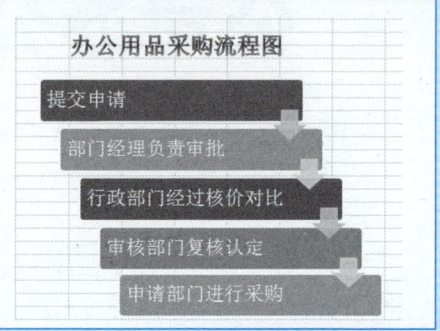

文件设计过程

步骤1：插入SmartArt图形

[1] 在"插入"选项卡下，单击"插图"组中的"SmartArt"按钮，如图7-1所示。

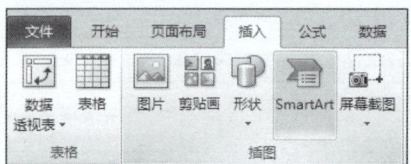

图7-1

[2] 打开"选择SmartArt图形"对话框，在中间的列表框中选择SmartArt样式，单击"插入"按钮，如图7-2所示。

[3] 此进可以看到在工作表中显示了插入的SmartArt图形效果，如图7-3所示。

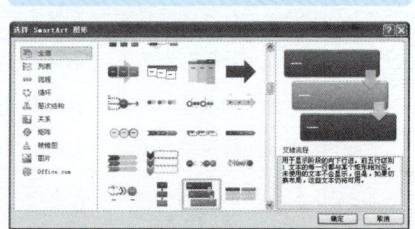

图7-2

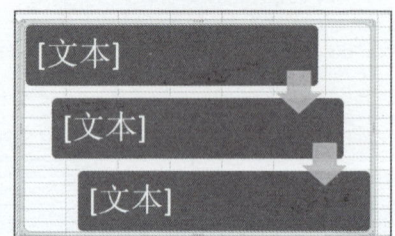

图7-3

第7章 公司办公用品管理

④ 单击SmartArt图形中的文本占位符，并在文本占位符输入起始流程，如图7-4所示。

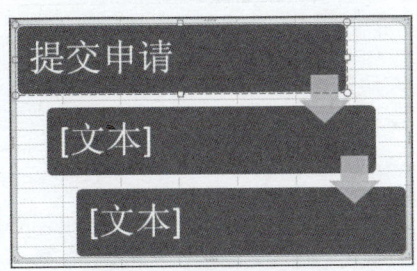

图7-4

步骤2：添加形状

① 如果此SmartArt图形默认的形状不够多，可右键单击最后一个形状，在弹出的快捷菜单中单击"添加形状＞在后面添加形状"命令。根据需要添加形状的个数，如图7-5所示。

② 输入文字后，在工作表中即可看到办公用品采购流程图的效果了，如图7-6所示。

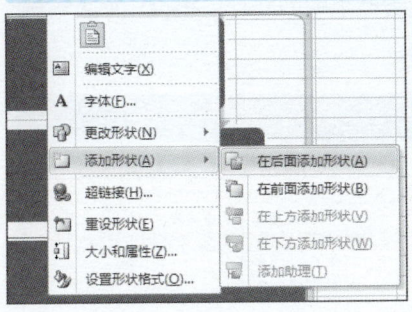

图7-5

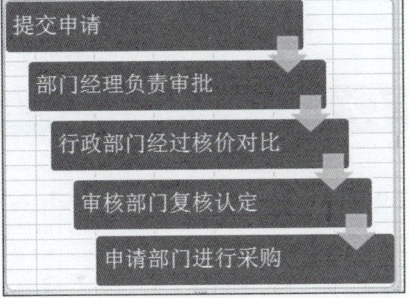

图7-6

步骤3：设置SmartArt图形颜色和样式

① 在"SmartArt工具－设计"选项卡下，在"SmartArt样式"选项组中单击"更改颜色"按钮，在展开的库中选择需要的颜色，如图7-7所示。

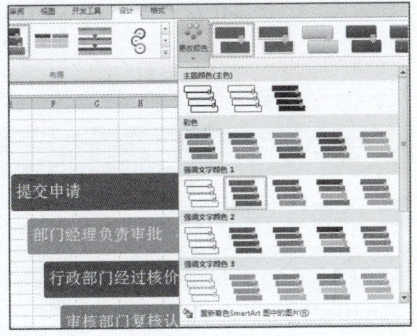

图7-7

2 单击"SmartArt样式"组中的快翻按钮,在展开的样式库中选择样式,如图7-8所示。

作表中即可看到更改后的效果,如图7-9所示。

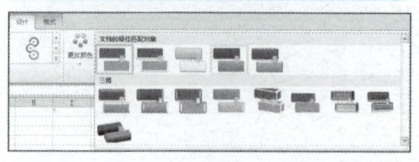

图7-8

3 完成布局、颜色、样式的更改后,接着进一步完善,在工

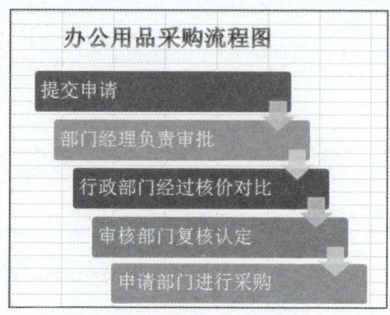

图7-9

文件58 办公用品采购申请表

办公用品采购申请表主要包括要采购用品的名称、规格、数量、单价、金额等。

制作要点与设计效果图

- 填充序列
- 简单运算
- SUM函数
- 设置数据格式

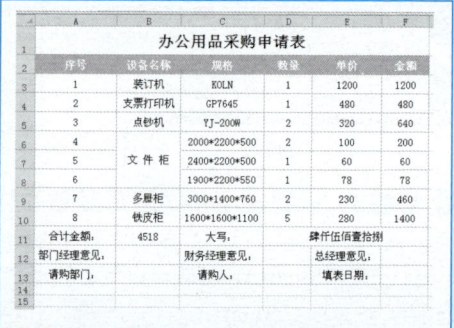

文件设计过程

步骤1:填充序列

1 在A3单元格中输入1,将鼠标定位到A3单元格右下角,向下填充到A10单元格,如图7-10所示。

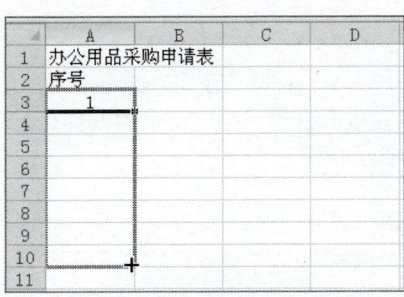

图7-10

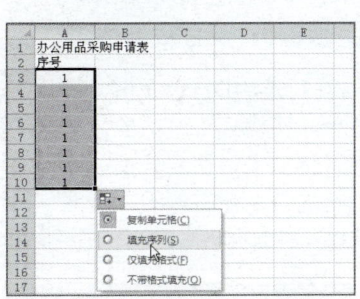

图7-11

2 单击“填充选项”选项，如图7-11所示。

3 接着在Sheet1工作表中输入办公用品采购申请表固定文本，并进行相关格式设置，如图7-12所示。

办公用品采购申请表

序号	设备名称	规格	数量	单价	金额
1	装订机	KOLN	1	1200	
2	支票打印机	GP7645	1	480	
3	点钞机	YJ-200W	2	320	
4	文 件 柜	2000*2200*500	2	100	
5		2400*2200*500	1	60	
6		1900*2200*550	1	78	
7	多屉柜	3000*1400*760	2	230	
8	铁皮柜	1600*1600*1100	5	280	
合计金额:		大写:			
部门经理意见:		财务经理意见:		总经理意见:	
请购部门:		请购人:		填表日期:	

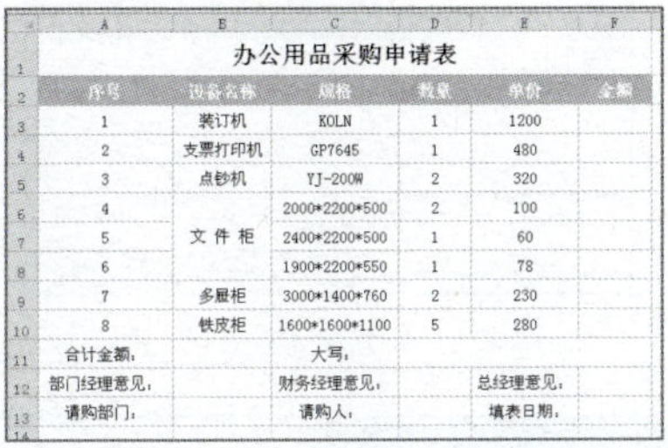

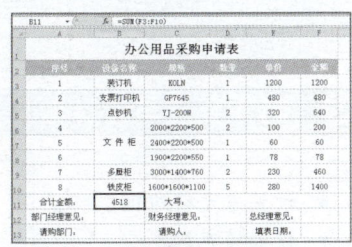

图7-12

步骤2：公式计算

1 选中F3单元格，在公式编辑栏中输入公式“=D3*E3”，向下复制公式到F10单元格，即可计算出每件办公用品的金额，如图7-13所示。

F3　=D3*E3

办公用品采购申请表

序号	设备名称	规格	数量	单价	金额
1	装订机	KOLN	1	1200	1200
2	支票打印机	GP7645	1	480	480
3	点钞机	YJ-200W	2	320	640
4	文 件 柜	2000*2200*500	2	100	200
5		2400*2200*500	1	60	60
6		1900*2200*550	1	78	78
7	多屉柜	3000*1400*760	2	230	460
8	铁皮柜	1600*1600*1100	5	280	1400
合计金额:		大写:			
部门经理意见:		财务经理意见:		总经理意见:	
请购部门:		请购人:		填表日期:	

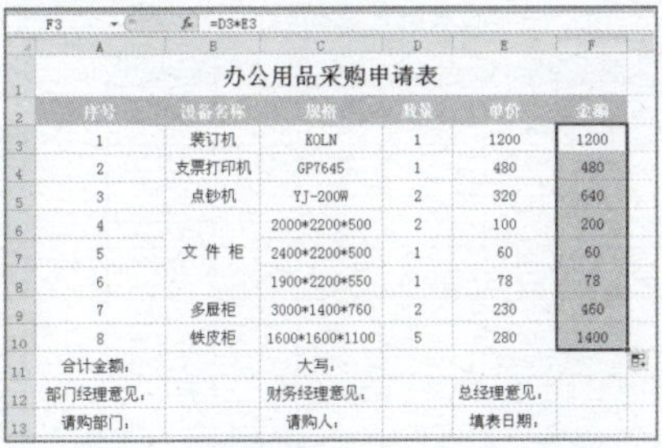

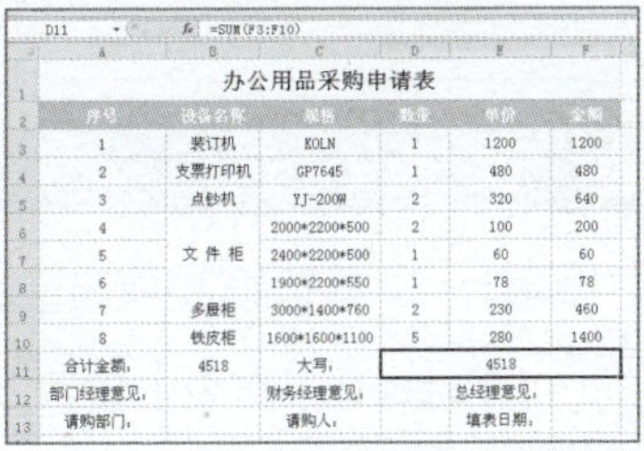

图7-13

2 选中B11单元格，在公式编辑栏中输入公式“=SUM(F3:F10)”，即可计算出合计金额，如图7-14所示。

B11　=SUM(F3:F10)

办公用品采购申请表

序号	设备名称	规格	数量	单价	金额
1	装订机	KOLN	1	1200	1200
2	支票打印机	GP7645	1	480	480
3	点钞机	YJ-200W	2	320	640
4	文 件 柜	2000*2200*500	2	100	200
5		2400*2200*500	1	60	60
6		1900*2200*550	1	78	78
7	多屉柜	3000*1400*760	2	230	460
8	铁皮柜	1600*1600*1100	5	280	1400
合计金额:	4518	大写:			
部门经理意见:		财务经理意见:		总经理意见:	
请购部门:		请购人:		填表日期:	

图7-14

3 选中D11单元格，在公式编辑栏中输入公式“=SUM(F3:F10)”，如图7-15所示。

D11　=SUM(F3:F10)

办公用品采购申请表

序号	设备名称	规格	数量	单价	金额
1	装订机	KOLN	1	1200	1200
2	支票打印机	GP7645	1	480	480
3	点钞机	YJ-200W	2	320	640
4	文 件 柜	2000*2200*500	2	100	200
5		2400*2200*500	1	60	60
6		1900*2200*550	1	78	78
7	多屉柜	3000*1400*760	2	230	460
8	铁皮柜	1600*1600*1100	5	280	1400
合计金额:	4518	大写:	4518		
部门经理意见:		财务经理意见:		总经理意见:	
请购部门:		请购人:		填表日期:	

图7-15

步骤3：设置数据格式

1 选中D11单元格，打开“设置单元格格式”对话框，单击“数字”选项卡，在“分类”栏下选择“特殊”，在右侧的“类型”栏下选择一种数据格式，如图7-16所示。

图7-16

2 单击“确定”按钮，即可完成办公用品采购申请表制作，如图7-17所示。

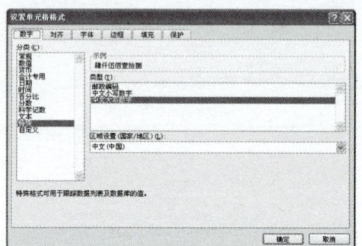

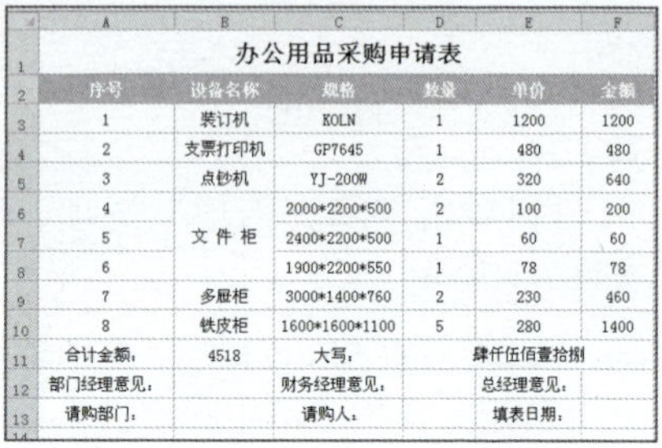

办公用品采购申请表					
序号	设备名称	规格	数量	单价	金额
1	装订机	KOLN	1	1200	1200
2	支票打印机	GP7645	1	480	480
3	点钞机	YJ-200W	2	320	640
4	文件柜	2000*2200*500	2	100	200
5		2400*2200*500	1	60	60
6		1900*2200*550	1	78	78
7	多屉柜	3000*1400*760	2	230	460
8	铁皮柜	1600*1600*1100	5	280	1400
合计金额：	4518	大写：		肆仟伍佰壹拾捌	
部门经理意见：		财务经理意见：		总经理意见：	
请购部门：		请购人：		填表日期：	

图7-17

文件59 办公用品采购表

办公用品采购主要是用于采购人员按照采购表的记录清单来完成办公用品的采购。

制作要点与设计效果图

- 设置单元格边框
- 设置填充颜色
- 插入超链接

办公用品采购表					
单位	中能科技有限公司		日期	2012年8月20日	
序号	名称	数量	单位	单价(元)	总价
1	中性笔	20	只	4	¥80.00
2	起钉器	5	个	8	¥40.00
3	笔芯	60	盒	10	¥600.00
4	传真紙	10	卷	20	¥200.00
5	尺子	5	把	2	¥10.00
6	铅笔	20	只	2	¥40.00
7	橡皮	5	快	1	¥5.00
8	裁紙刀	4	把	5	¥20.00
9	夹子	16	把	4	¥64.00
10	笔记本	10	本	12	¥120.00
合计	¥1,179.00		负责人	王荣	

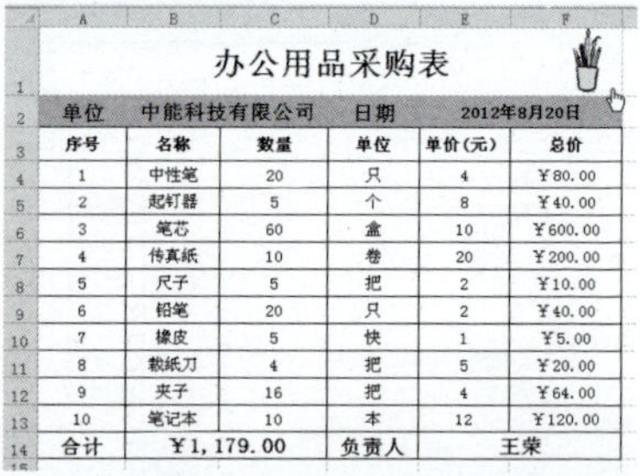

文件设计过程

步骤1：设置边框和填充

1 在Sheet1工作表中输入办公用品采购表文本，并进行相关格式设置，如图7-18所示。

第7章 公司办公用品管理

图7-18

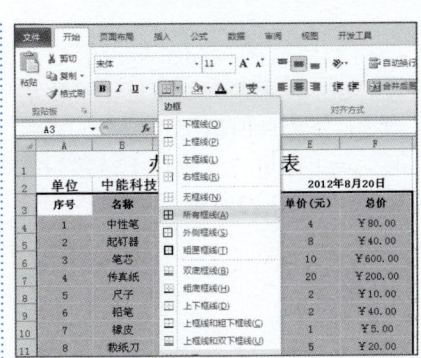

图7-19

2 选中A3:F14单元格区域,单击"开始"选项卡下"字体"组"边框"右侧的下三角按钮,如图7-19所示。

3 选中A2:F2单元格区域,单击"开始"选项卡下"字体"组"填充"右侧的下三角按钮,在下拉列表中选择一种合适的颜色,如图7-20所示。

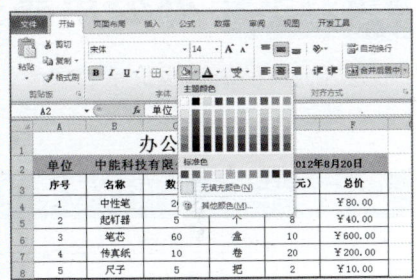

图7-20

步骤2:插入超链接

1 右键单击工作表中的图片,在弹出的快捷菜单中单击"超链接"命令,如图7-21所示。

2 打开"插入超链接"对话框,选择要链接到的文件,单击"确定"按钮,如图7-22所示。

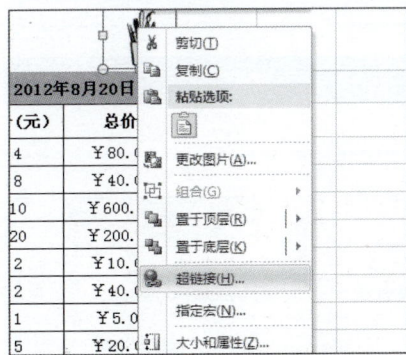

图7-21

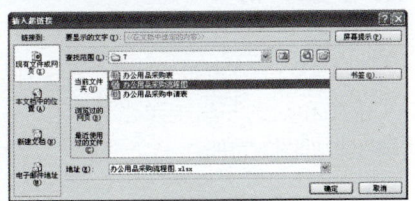

图7-22

③ 完成图片超链接设置后，返回到工作表中，将鼠标指针移动到图片上，此时鼠标指针将变成手形，单击即可打开图片所链接到的文件，如图7-23所示。

图7-23

文件60　办公用品采购报价单

办公用品采购报价单包括产品基本资料、产品技术参数、价格条款、数量条款、品牌条款、报价单附注的其他资料等。

制作要点与设计效果图

- 高级筛选
- 删除重复项
- LOOKUP函数

文件设计过程

步骤1：高级筛选

① 单击"数据"选项卡，在"排序和筛选"组中单击"高级"按钮，如图7-24所示。

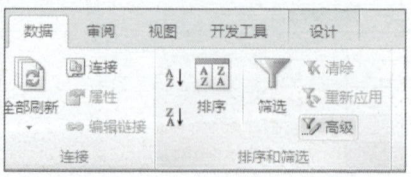

图7-24

②弹出"高级筛选"对话框，单击选中"在原有区显示筛选结果"单行按钮，设置"列表区域"为A3:A16单元格区域，选中"选择不重复的记录"复选框，单击"确定"按钮，如图7-25所示。

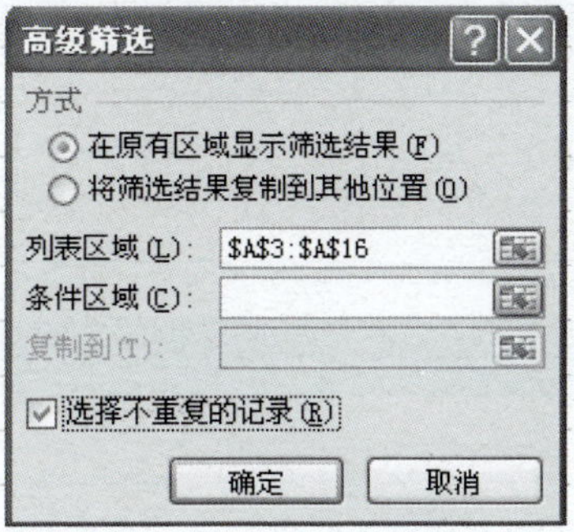

图7-25

③返回到工作表中，即可看到含有重复编号的商品已被删除掉了，在B200单元格中输入要检索的商品编号"1008"，如图7-26所示。

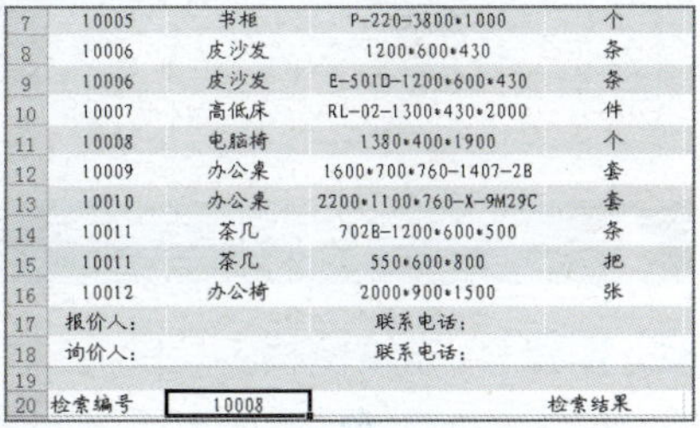

7	10005	书柜	P-220-3800•1000	个
8	10006	皮沙发	1200•600•430	条
9	10006	皮沙发	E-501D-1200•600•430	条
10	10007	高低床	RL-02-1300•430•2000	件
11	10008	电脑椅	1380•400•1900	个
12	10009	办公桌	1600•700•760-1407-2B	套
13	10010	办公桌	2200•1100•760-X-9M29C	套
14	10011	茶几	702B-1200•600•500	条
15	10011	茶几	550•600•800	把
16	10012	办公椅	2000•900•1500	张
17	报价人：		联系电话：	
18	询价人：		联系电话：	
19				
20	检索编号	10008		检索结果

图7-26

步骤2：LOOKUP函数

选中E20单元格，在公式编辑栏中输入公式"=LOOKUP(B20,A3:A16,E3:E16)"，按回车键，即可在E20单元格中即可看到检索出的结果，如图7-27所示。

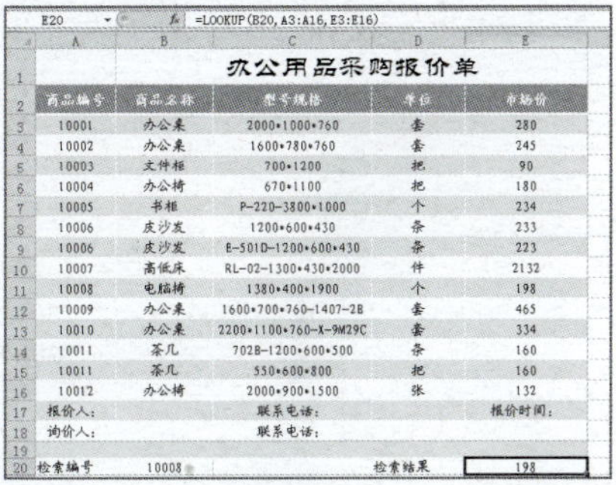

E20　=LOOKUP(B20,A3:A16,E3:E16)

	A	B	C	D	E
1	办公用品采购报价单				
2	商品编号	商品名称	型号规格	单位	市场价
3	10001	办公桌	2000•1000•760	套	280
4	10002	办公桌	1600•780•760	套	245
5	10003	文件柜	700•1200	把	90
6	10004	办公椅	670•1100	把	180
7	10005	书柜	P-220-3800•1000	个	234
8	10006	皮沙发	1200•600•430	条	233
9	10006	皮沙发	E-501D-1200•600•430	条	223
10	10007	高低床	RL-02-1300•430•2000	件	2132
11	10008	电脑椅	1380•400•1900	个	198
12	10009	办公桌	1600•700•760-1407-2B	套	465
13	10010	办公桌	2200•1100•760-X-9M29C	套	334
14	10011	茶几	702B-1200•600•500	条	160
15	10011	茶几	550•600•800	把	160
16	10012	办公椅	2000•900•1500	张	132
17	报价人：		联系电话：		报价时间：
18	询价人：		联系电话：		
19					
20	检索编号	10008		检索结果	198

图7-27

文件61　办公用品采购记录统计表

为了方便领导定期对采购数据进行查看和统计分析，可以在采购用品后将每次采购数量、单价等信息记录在一个表格中。

制作要点与设计效果图

- 冻结窗口
- 数据排序
- 创建分类汇总
- 设置分类字段

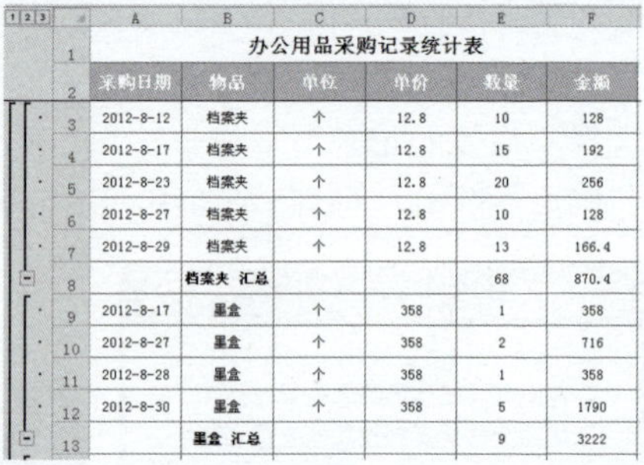

	A	B	C	D	E	F
1	办公用品采购记录统计表					
2	采购日期	物品	单位	单价	数量	金额
3	2012-8-12	档案夹	个	12.8	10	128
4	2012-8-17	档案夹	个	12.8	15	192
5	2012-8-23	档案夹	个	12.8	20	256
6	2012-8-27	档案夹	个	12.8	10	128
7	2012-8-29	档案夹	个	12.8	13	166.4
8		档案夹 汇总			68	870.4
9	2012-8-17	墨盒	个	358	1	358
10	2012-8-27	墨盒	个	358	2	716
11	2012-8-28	墨盒	个	358	1	358
12	2012-8-30	墨盒	个	358	5	1790
13		墨盒 汇总			9	3222

文件设计过程

步骤1：冻结窗格

1 选中A3单元格，在“视图”选项卡下“窗口”选项组中单击“冻结窗格”按钮，从展开的下拉列表中单击“冻结拆分窗格”选项，如图7-27所示。

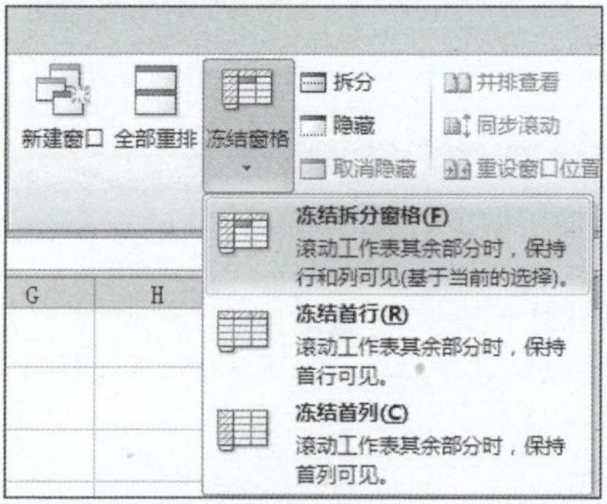

图7-27

2 此时从A3单元格上方添加一条黑色线条，滚动鼠标滑块，第1行和第2行始终显示在屏幕上，如图7-28所示。

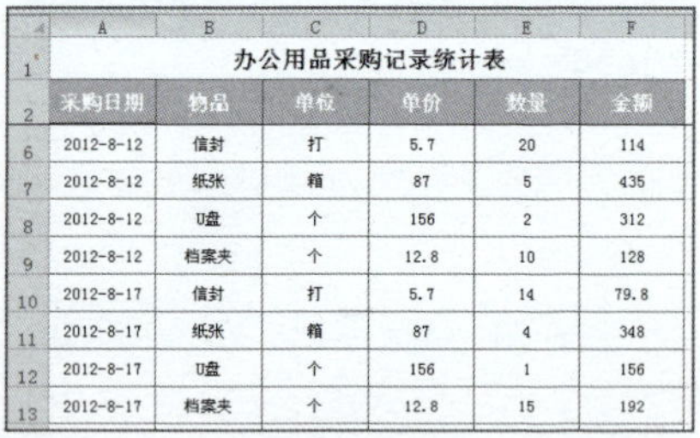

	A	B	C	D	E	F
1	办公用品采购记录统计表					
2	采购日期	物品	单位	单价	数量	金额
6	2012-8-12	信封	打	5.7	20	114
7	2012-8-12	纸张	箱	87	5	435
8	2012-8-12	U盘	个	156	2	312
9	2012-8-12	档案夹	个	12.8	10	128
10	2012-8-17	信封	打	5.7	14	79.8
11	2012-8-17	纸张	箱	87	4	348
12	2012-8-17	U盘	个	156	1	156
13	2012-8-17	档案夹	个	12.8	15	192

图7-28

步骤2：对物品进行升序排列

1 选中“物品”所在列的任意单元格，如选中B列任意单元格，单击“数据”选项卡下 “排序和筛选”选项组中的“升序”按钮，如图7-29所示。

	采购日期	物品	单位	单价	数量	金额
1	办公用品采购记录统计表					
6	2012-8-12	信封	打	5.7	20	114
7	2012-8-12	纸张	箱	87	5	435
8	2012-8-12	U盘	个	156	2	312
9	2012-8-12	档案夹	个	12.8	10	128

图7－29

2 以“物品”列为依据对数据进行了升序排列，如图7-30所示。

	采购日期	物品	单位	单价	数量	金额
1	办公用品采购记录统计表					
3	2012-8-12	档案夹	个	12.8	10	128
4	2012-8-17	档案夹	个	12.8	15	192
5	2012-8-23	档案夹	个	12.8	20	256
6	2012-8-27	档案夹	个	12.8	10	128
7	2012-8-29	档案夹	个	12.8	13	166.4
8	2012-8-17	墨盒	个	358	1	358
9	2012-8-27	墨盒	个	358	2	716
10	2012-8-28	墨盒	个	358	1	358
11	2012-8-30	墨盒	个	358	5	1790
12	2012-8-12	铅笔	盒	5.7	20	114
13	2012-8-17	铅笔	盒	5.7	14	79.8

图7－30

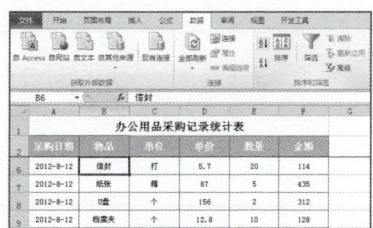

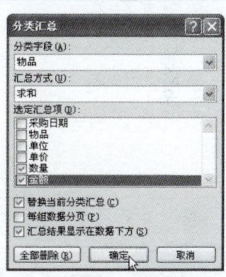

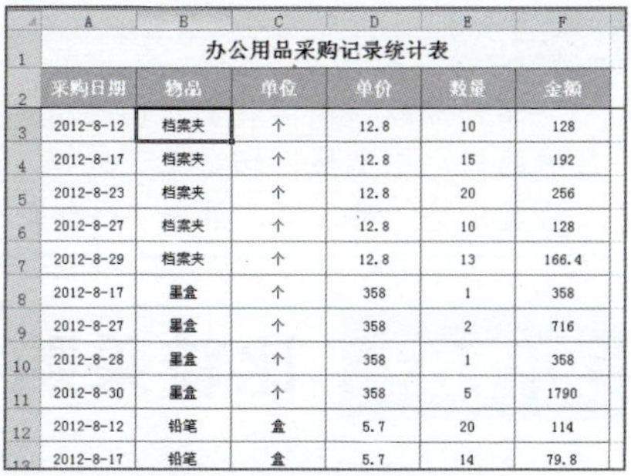

步骤3：创建分类汇总

1 在“数据”选项卡下“分级显示”选项组中，单击“分类汇总”按钮，如图7-31所示。

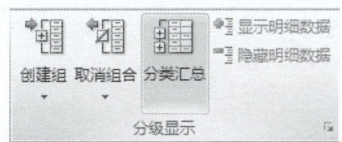

图7－31

2 打开“分类汇总”对话框，单击“分类字段”右侧的下三角按钮，从展开的下拉列表中单击“物品”选项，如图7-32所示。

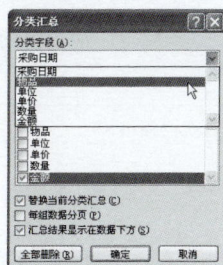

图7－32

3 在“汇总方式”下拉列表中选择“求和”选项，在“选定汇总项”列表中选中“数量”和“金额”复选框，单击“确定”按钮，如图7-33所示。

图7－33

4 返回工作表中，此时按物品字段进行了分类求和计算，如图7-34所示。

	采购日期	物品	单位	单价	数量	金额
1	办公用品采购记录统计表					
3	2012-8-12	档案夹	个	12.8	10	128
4	2012-8-17	档案夹	个	12.8	15	192
5	2012-8-23	档案夹	个	12.8	20	256
6	2012-8-27	档案夹	个	12.8	10	128
7	2012-8-29	档案夹	个	12.8	13	166.4
8		档案夹 汇总			68	870.4
9	2012-8-17	墨盒	个	358	1	358
10	2012-8-27	墨盒	个	358	2	716
11	2012-8-28	墨盒	个	358	1	358
12	2012-8-30	墨盒	个	358	5	1790
13		墨盒 汇总			9	3222
14	2012-8-12	铅笔	盒	5.7	20	114
15	2012-8-17	铅笔	盒	5.7	14	79.8
16	2012-8-23	铅笔	盒	5.7	8	45.6
17	2012-8-28	铅笔	盒	5.7	16	91.2
18	2012-8-30	铅笔	盒	5.7	17	96.9

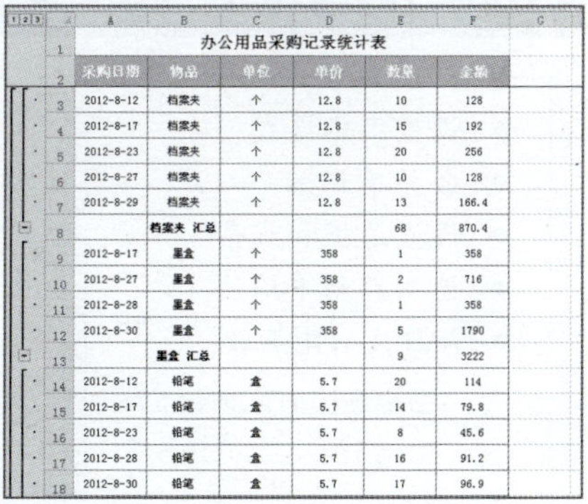

图7－34

> **提 示:**
> 若想删除当前工作表中的所有分类汇总操作,请直接选中分类汇总数据区域的任意单元格,切换至"数据"选项卡,单击"分类汇总"按钮,弹出"分类汇总"对话框,单击"全部删除"按钮即可。

文件62 比较采购办公用品费用

在Excel 中,可以通过创建条形图,更直观地来了解办公用品费用的花费比例。

制作要点与设计效果图

- 插入图表
- 设置图表样式
- 设置数据标签系列
- 添加图表标题
- 设置图表区格式

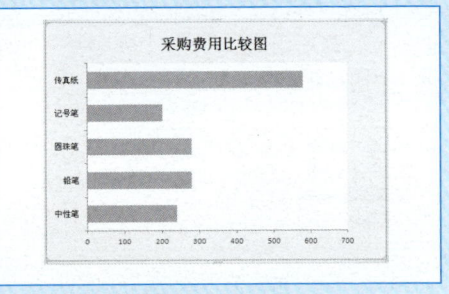

文件63 办公用品费用预算表

办公用品费用预算表是用来计算来年每个月的办公用品费用预算金额。

制作要点与设计效果图

- 设置字体格式
- 合并单元格
- 设置边框和线条
- 使用移动平均法
- AVERAGE函数

文件64 办公用品领用申请表

办公用品领用申请表是用来向上级领导说明申请物品需求量,以及物品的规格。

制作要点与设计效果图

- 设置对齐方式
- 绘制线条
- 手动调整列宽
- 设置边框和框线

办公用品领用申请表
领用部门:销售部　　　　　　月份:3月

品名	规格	单位	需求量	备注

同意　　　　　　　部门负责人:
　　　　　　　　　　　　2012年8月15日
注:此表供领用常规办公用品时填写,请按程序报批。

文件65 办公用品领取登记表

办公用品领取登记表是用来记录办公用品领取人领取办公用品的时间、物品名称、数量、单价、金额以及领取人的姓名等信息的表格。

制作要点与设计效果图

- 设置边框
- 调整行高和列宽
- 取消共享工作簿
- 限定用户编辑区域
- 保护工作表
- 保护工作簿

办公用品领取登记表
部门　　　　　　　　年　月　日

物品名称	数量	单价	金额

部门主管(签字)　　　　领取人(签字)

文件66 办公用品库存统计表

为了使管理人员一目了然地对办公用品的库存情况有所了解，可以在Excel中制作办公用品库存统计表来统计办公用品的出库、入库和库存情况。

 制作要点与设计效果图

- 设置边框和底纹
- 手动调整列宽
- 自动填充数据
- 公式计算
- 自动填充公式

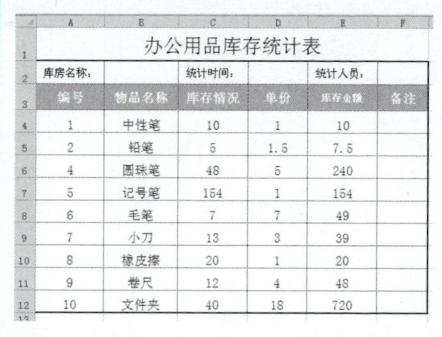

第8章 公司客户管理

　　客户管理，亦即客户关系管理，客户关系是指围绕客户生命周期发生、发展的信息归集。客户关系管理的核心是客户价值管理，通过"一对一"营销原则，满足不同价值客户的个性化需求，提高客户忠诚度和保有率，实现客户价值持续贡献，从而全面提升企业盈利能力。

　　下面在Excel中通过10个常用文件，来阐述客户管理，如：客户通讯录、客户区域划分表、客户等级分类表、重点客户排行榜等。

编号	文件名称	光盘中对应数据源	重要星级
文件67	客户通讯簿	素材文件\第8章\客户通讯簿.xls	★★★★★
文件68	新增客户详情表	素材文件\第8章\新增客户详情表.xls	★★★★★
文件69	客户等级分类表	素材文件\第8章\客户等级分类表.xls	★★★★
文件70	客户分布图	素材文件\第8章\客户分布图.xls	★★★★
文件71	客户排行榜	素材文件\第8章\客户排行榜.xls	★★★★★
文件72	客户认定申请表	素材文件\第8章\客户认定申请表.xls	★★★★★
文件73	客户来电登记簿	素材文件\第8章\客户来电登记簿.xls	★★★
文件74	潜在客户调查总结表	素材文件\第8章\潜在客户调查总结表.xls	★★★★
文件75	新客户调查表	素材文件\第8章\新客户调查表.xls	★★★★
文件76	访问客户意见表	素材文件\第8章\访问客户意见表.xls	★★★★

文件67 客户通讯簿

使用通讯簿即可帮助用户方便查找到该客户。客户通讯簿包括固定电话号码、移动电话、QQ号码、电子邮箱等。

制作要点与设计效果图

- 设置"Excel选项"
- 设置数据有效性

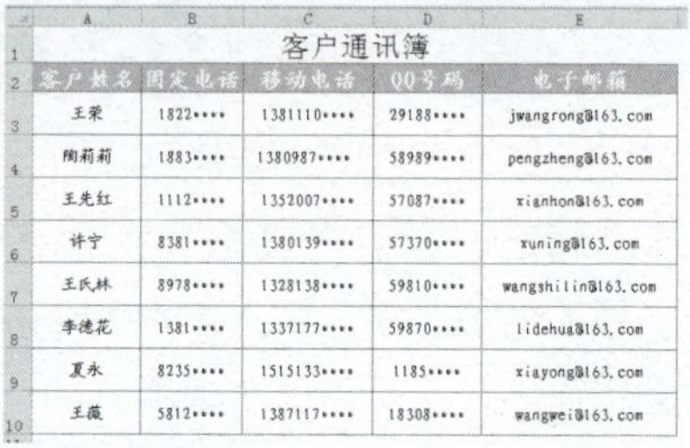

文件设计过程

步骤1:创建表格

在Sheet1工作表中输入客户通讯簿相关文本,并进行格式设置,如图8-1所示。

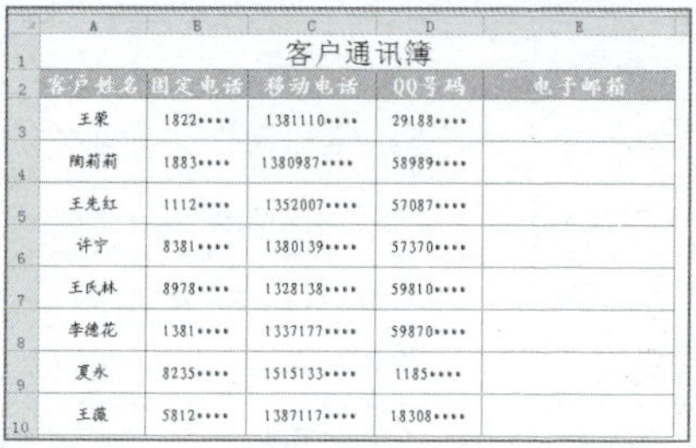

图8-1

步骤2:设置"自动更正选项"

① 单击"文件"按钮,在弹出的菜单中单击"选项"按钮,如图8-2所示。

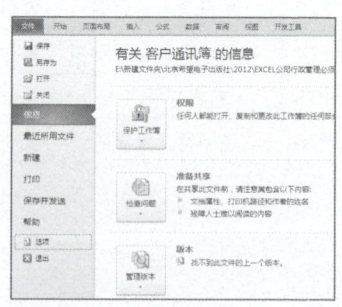

图8-2

2 打开"Excel选项"对话框，在"校对"选项卡下单击"自动更正选项"按钮，如图8-3所示。

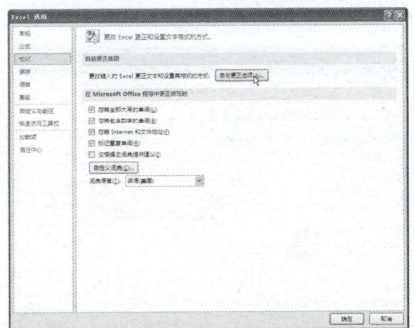

图8-3

3 弹出"自动更正"对话框，切换至"键入时自动套用格式"选项卡。取消"Internet及网络路径替换为超链接"复选框的选中状态，如图8-4所示。

4 单击"确定"按钮后，返回到"Excel选项"对话框，单击"确定"按钮，如图8-5所示。

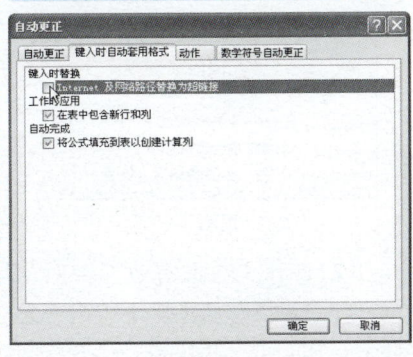

图8-4

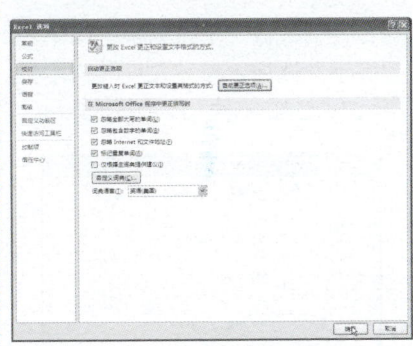

图8-5

步骤3：输入邮箱地址

返回到工作表中选中E3单元格，然后输入电子邮箱地址，并按【Enter】键，此时将不会显示超级链接下划线，继续在其他单元格中输入电子邮箱地址，如图8-6所示。

	A	B	C	D	E
1	客户通讯簿				
2	客户姓名	固定电话	移动电话	QQ号码	电子邮箱
3	王梁	1822****	1381110****	29188****	jwangrong@163.com
4	彭莉莉	1883****	1380987****	58989****	pengzheng@163.com
5	王先红	1112****	1352007****	57087****	xianhon@163.com
6	许宁	8381****	1380139****	57370****	xuning@163.com
7	王氏林	8978****	1328138****	59810****	wangshilin@163.com
8	李德花	1381****	1337177****	59870****	lidehua@163.com
9	夏永	8235****	1515133****	1185****	xiayong@163.com
10	王蔍	5812****	1387117****	18308****	wangwei@163.com

图8-6

步骤4：设置数据有效性

1 在工作表中选择B3:B10单元格区域，切换到"数据"选项卡下，在"数据工具"组中单击"数据有效性"下拉按钮，在下拉菜单中选择"数据有效性"选项，如图8-7所示。

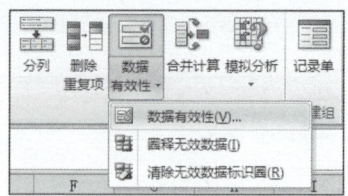

图8-7

2 打开"数据有效性"对话框，在"设置"选项卡下单击"允许"右侧的下三角按钮，在展开的下拉列表中单击"文本长度"选项，在"数据"下拉列表框中单击"等于"选项，在"长度"文本框中输入文本的长度，如图8-8所示。

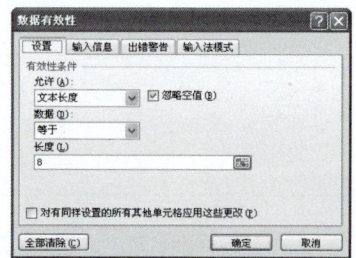

图8-8

3 切换至"输入信息"选项卡，在"标题"和"输入信息"文本框中输入相应的提示信息，如图8-9所示。

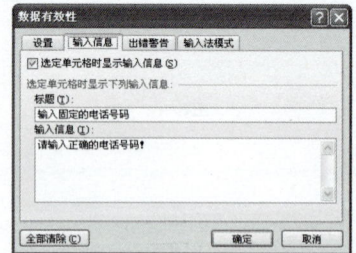

图8-9

4 切换至"出错警告"选项卡，在"标题"和"错误信息"文本框中输入信息，单击"确定"按钮，如图8-10所示。

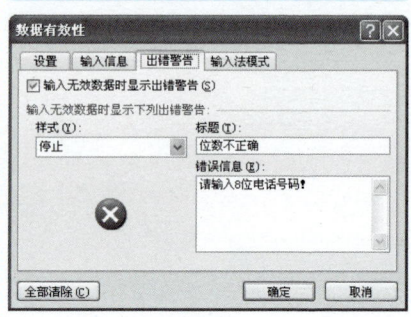

图8-10

5 此时可以看到在所选择的工作表区域边缘显示了设置的输入信息，如图8-11所示。

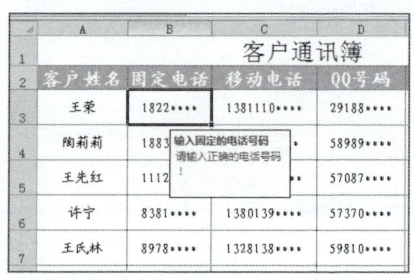

图8-11

6 在单元格输入固定电话号码，当输入的位数不正确时将弹出提示对话框，单击"取消"按钮，再重新输入正确的固定电话号码即可，如图8-12所示。

图8-12

步骤5：显示最终表格效果

完成所有的信息输入后，即可显示最终的表格效果，如图8-13所示。

图8-13

文件68 新增客户详情表

由于新增客户会经常发生，为了方便顾客的管理和跟进，应创建新增客户详情表。可以设置一个新增客户详情表，当新增客户时根据模板创建表格即可。

制作要点与设计效果图

- 合并单元格
- 设置表格边框保存模板
- 新建工作簿

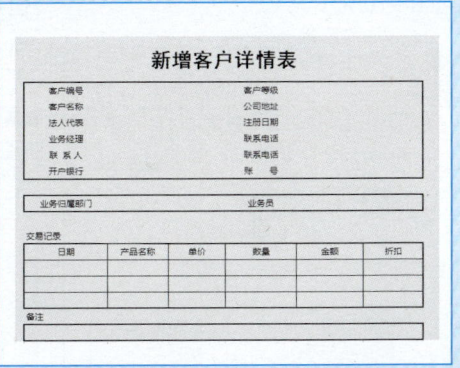

文件设计过程

步骤1：合并单元格

① 新建一个工作簿，在工作表中输入表格的各个项目。合并单元格区域B2:G2，设置字体格式，如图8-14所示。

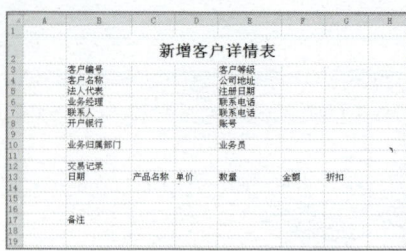

图8-14

②按住Ctrl键，选中需要合并的多个单元格区域，单击"开始"选项卡下"对齐方式"选项组中的"合并单元格"下三角按钮，在下拉菜单中单击"跨越合并"选项，如图8-15所示。

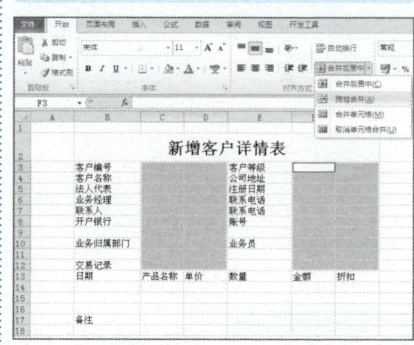

图8-15

步骤2：设置边框

①选择单元格区域B13:G16，单击"开始"选项卡下"字体"选项组中的"边框"下拉按钮，在下拉菜单中单击"所有框线"选项，如图8-16所示。

②选中单元格区域B3:G8，单击"开始"选项卡下"字体"选项组中的"边框"下拉按钮，在下拉菜单中单击"粗匣框线"选项。使用类似的方法设置其他单元格区域，如图8-17所示。

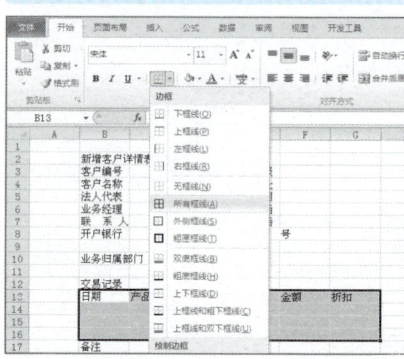

图8-16

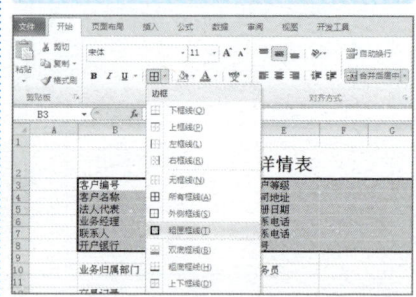

图8-17

步骤3：保存

①单击"文件"选项卡，在下拉菜单中选择"另存为"命令（如图8-18所示），打开"另存为"对话框，在"保存类型"下拉列表在选择"Excel模板"，在"文件名"文本框中输入"新增客户详细模板"，单

第8章 公司客户管理

击"保存"按钮,如图8-19所示。

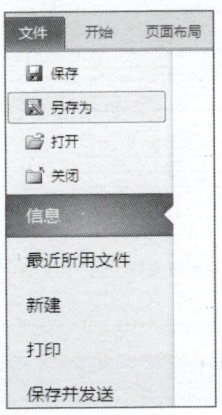

图8-18

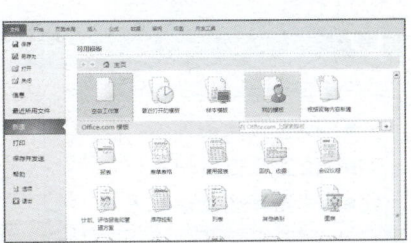

图8-20

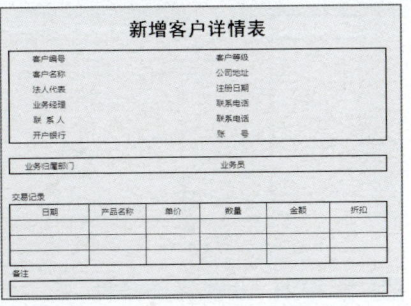

图8-21

3 Excel 会根据模板新建一个名称为"新增客户详情模板"的工作簿,内容和模板中的内容完全一致,如图8-22所示。

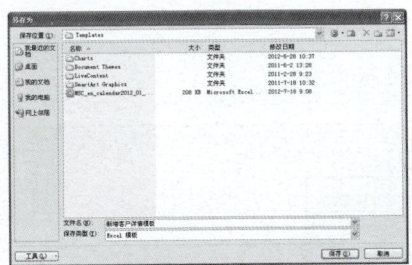

图8-19

2 单击"文件"选项卡,在下拉菜单中选择"新建"命令(如图8-20所示)。单击"我的模板"图标,在"新建"对话框中双击"新增客户详情模板"图标,如图8-21所示。

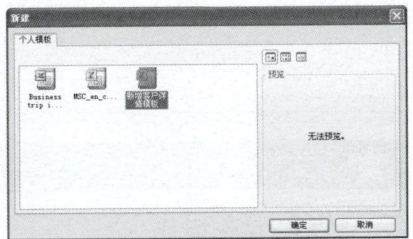

图8-22

文件69 客户等级分类表

客户等级的划分是一种常见的客户管理方法,通常是根据客户的销售额将客户划分为不同的等级。将公司的客户按照一定的方式进行等级分类,可以更好地了解各个客户的信息。

Excel公司行政管理必须掌握的208个文件与108个函数

制作要点与设计效果图

- 设置筛选条件
- 设置筛选区域
- 设置筛选显示位置

文件设计过程

步骤1：填充序列

1 在A1单元格中输入1，将鼠标定位到A3单元格右下角，向下填充到A10单元格，如图8-23所示。

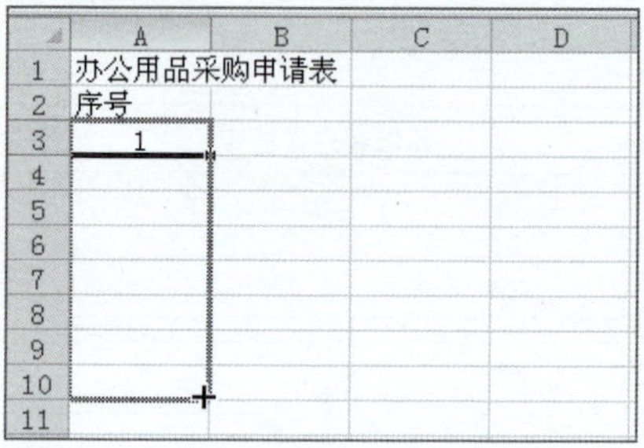

2 单击"填充选项"选项，如图8-24所示。

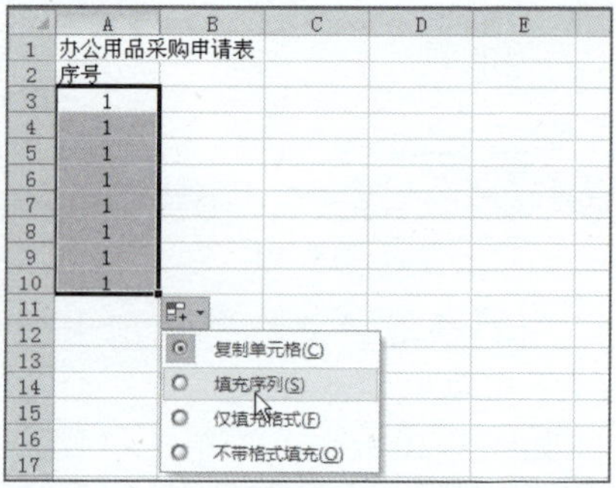

图8-23

图8-24

步骤2：设置筛选条件

1 选中A12:B13单元格区，打开"设置单元格格式"对话框，在对话框中单击"文本"选项，单击"确定"按钮，如图8-25所示。

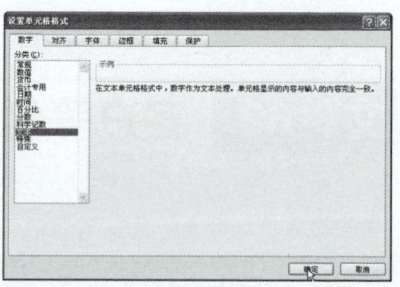

图8-25

②接着在A12:B13单元格区域中输入筛选条件，如图8-26所示。

客户等级分类表

客户等级	客户名称	客户所在地	开始合作日期
A级	王荣	北京	2007年
D级	周国菊	上海	2008年
B级	陶莉莉	广州	2007年
A级	王菲	苏州	2009年
C级	韩雷燕	云南	2010年
B级	周杰	北京	2008年
D级	吴寒梅	苏州	2012年
C级	江涛	上海	2011年

客户所在地	开始合作日期
=苏州	=2012年

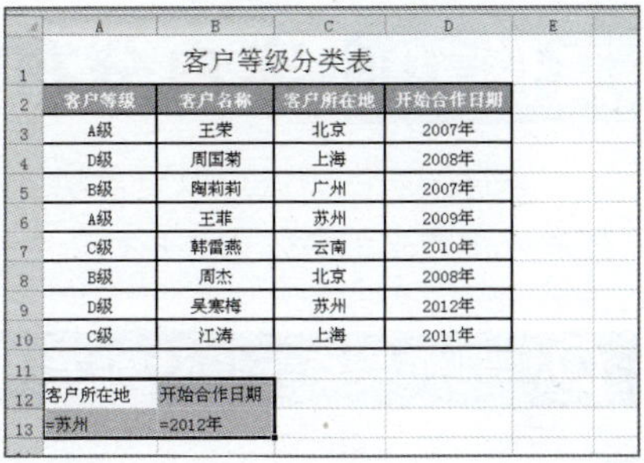

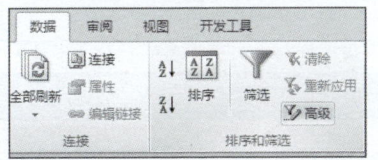

图8-26

步骤3：设置"高级"筛选

①单击"数据"选项卡，单击"排序和筛选"组中的"高级"按钮，如图8-27所示。

图8-27

②打开"高级筛选"对话框，选中"将筛选结果复制到其他位置"单选按钮，如图8-28所示。

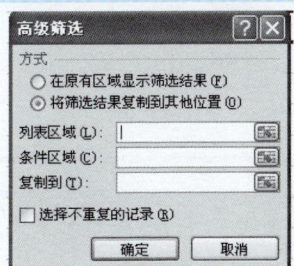

图8-28

③设置"列表区域"和"条件区域"，设置完成后在"高级筛选"对话框单击"确定"按钮，如图8-29所示。

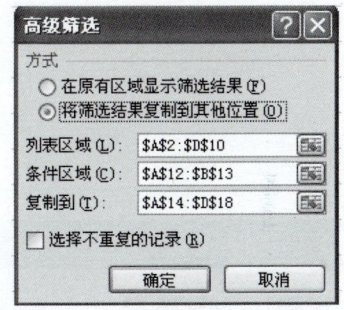

图8-29

④返回到工作表中，Excel 2010将自动筛选符合条件（即"客户所在地＝苏州，开始合作日期＝2010年"）的所有记录，并将其复制到指定的工作表区域中，如图8-30所示。

客户等级分类表

客户等级	客户名称	客户所在地	开始合作日期
A级	王荣	北京	2007年
D级	周国菊	上海	2008年
B级	陶莉莉	广州	2007年
A级	王菲	苏州	2009年
C级	韩雷燕	云南	2010年
B级	周杰	北京	2008年
D级	吴寒梅	苏州	2012年
C级	江涛	上海	2011年

客户所在地	开始合作日期
=苏州	=2012年

客户等级	客户名称	客户所在地	开始合作日期
D级	吴寒梅	苏州	2012年

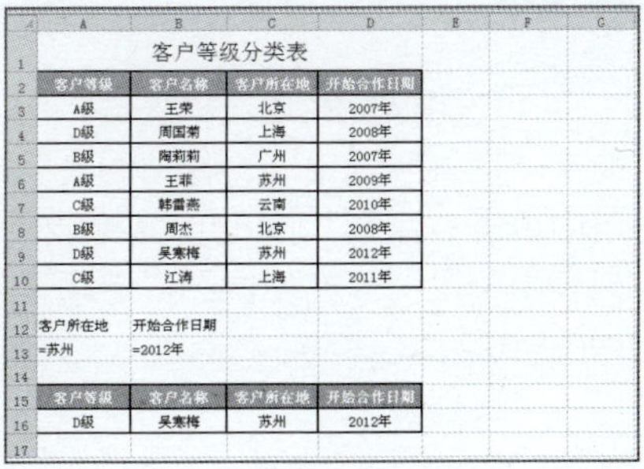

图8-30

文件70 客户分布图

通过图表的方式可以更直观地对各个地区进行查看，在Excel中建立客户分布图来记录公司客户在各个地区人数及其的百分比情况。

制作要点与设计效果图

- 创建饼图
- 应用图表布局
- 应用图表样式
- 设置图表区格式

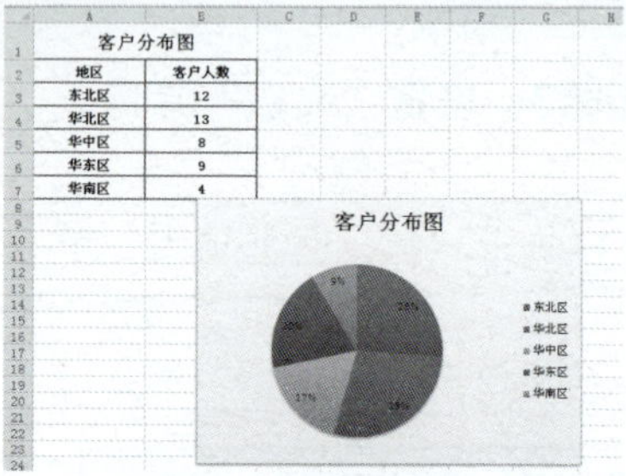

文件设计过程

步骤1：创建表格

打开工作簿，在工作表中输入相关文本，并进行适当设置，如图8-31所示。

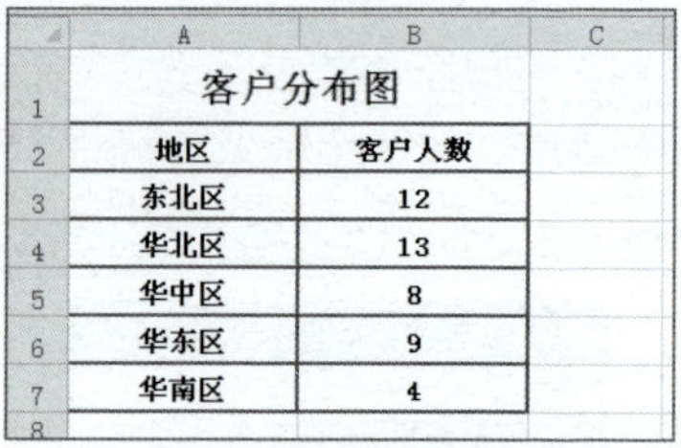

客户分布图	
地区	客户人数
东北区	12
华北区	13
华中区	8
华东区	9
华南区	4

图8-31

步骤2：创建饼图

1 选中A3:B8单元格区域，切换至“插入”选项卡，在“图表”组中单击“饼图”按钮，在展开的列表中单击“分离型饼图”选项，如图8-32所示。

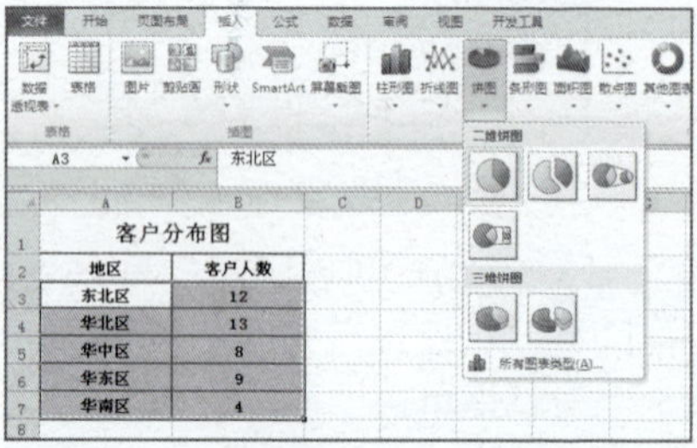

图8-32

②此时在原工作表中自动创建了一个饼图，如图8-33所示。

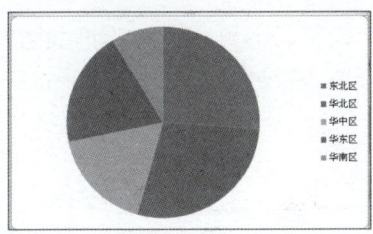

图8-33

步骤3：应用内置的布局和样式

①单击图表区，切换至"图表工具－设计"选项卡，单击"图表布局"组中的快翻按钮，在展开的样式库中选择"布局"样式，如图8-34所示。

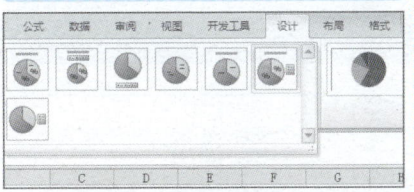

图8-34

②单击"图表样式"组中的快翻按钮，在展开的样式库中选择"样式18"样式，如图8-35所示。

③应用内置的布局和样式后，返回到工作表中，重新输入图表标题为"客户分布图"，即可看到所创建的图表已经被更改了，如图8-36所示。

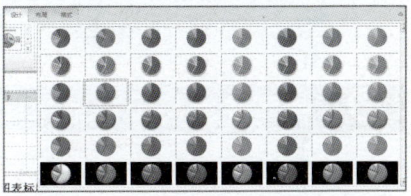

图8-35

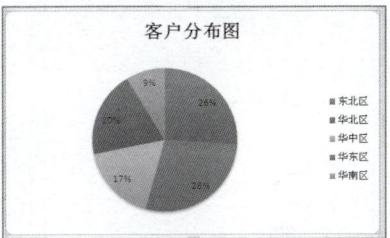

图8-36

步骤4：设置图表区的背景

①选中图表区后，切换到"图表工具－格式"选项卡，单击"形状样式"组中的快翻按钮，在展开的样式库中选择"细微效果－橄榄色，强调颜色3"样式，如图8-37所示。

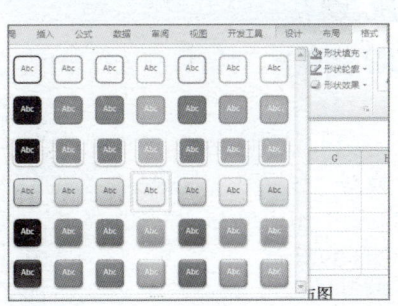

图8-37

2 返回到工作表中，即可看到最终的图表效果，如图8-38所示。

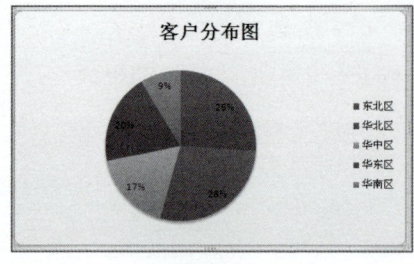

图8-38

文件71 客户排行榜

最大程度地发掘公司的潜力，获得长期的最大利润，保持较高的客户满意度，可以对一些重点客户进行统计。

🔍 制作要点与设计效果图

- 排序
- 设置数据格式
- 填充数据

	A	B	C	D	E
1	重点客户排行榜				
2	名次	地区	客户编码	客户名称	销售总额（元）
3	1	合肥	KH043	王荣	¥57,554.00
4	2	杭州	KH040	陶莉莉	¥49,321.00
5	3	上海	KH214	王先红	¥36,543.00
6	4	苏州	KH023	许宁	¥35,324.00
7	5	南京	KH123	王氏林	¥34,543.00
8	6	北京	KH034	李德花	¥34,095.00
9	7	徐州	KH344	夏永	¥33,434.00
10	8	武汉	KH043	王薇	¥23,214.00
11	9	安庆	KH132	周雪	¥22,344.00
12	10	青岛	KH067	赵菲	¥14,236.00

⭐ 文件设计过程

步骤1：对销售额进行排序

1 选中E列任意单元格，切换至"数据"选项卡，在"排序和筛选"组中单击"降序"按钮，如图8-39所示。

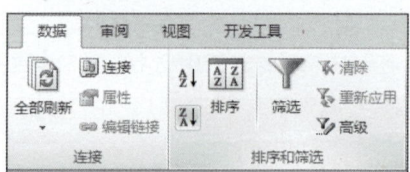

图8-39

第8章 公司客户管理

2 此时在工作表中,即可看到 E 列中的销售总额已经按照降序进行了排列,如图8-40所示。

重点客户排行榜		
客户编码	客户名称	销售总额(元)
KH043	王荣	57554
KH040	陶莉莉	49321
KH214	王先红	36543
KH023	许宁	35324
KH123	王氏林	34543
KH034	李德花	34095
KH344	夏永	33434
KH043	王薇	23214
KH132	周雪	22344
KH067	赵非	14236

图8-40

步骤2:为销售额添加货币符号

1 选中E3:E12单元格区域,打开"设置单元格格式"对话框,在"数字"选项卡"分类"列表框中单击"货币"选项,然后单击"确定"按钮,如图8-41所示。

2 返回到工作表中即可看到设置数值为货币后的效果,如图8-42所示。

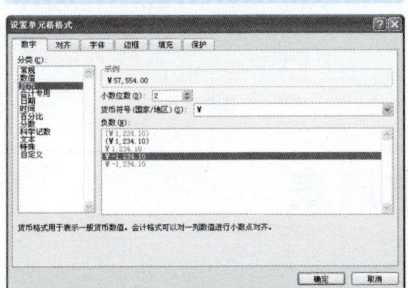

图8-41

	重点客户排行榜		
地区	客户编码	客户名称	销售总额(元)
合肥	KH043	王荣	¥57,554.00
杭州	KH040	陶莉莉	¥49,321.00
上海	KH214	王先红	¥36,543.00
苏州	KH023	许宁	¥35,324.00
南京	KH123	王氏林	¥34,543.00
北京	KH034	李德花	¥34,095.00
徐州	KH344	夏永	¥33,434.00
武汉	KH043	王薇	¥23,214.00
安庆	KH132	周雪	¥22,344.00
青岛	KH067	赵非	¥14,236.00

图8-42

步骤3:设置序列填充

1 在A3单元格中输入"1",然后选中A3:A12单元格区域,如图8-43所示。

	A	B	C
1			重点客户排
2	名次	地区	客户编码
3	1	合肥	KH043
4		杭州	KH040
5		上海	KH214
6		苏州	KH023
7		南京	KH123
8		北京	KH034
9		徐州	KH344
10		武汉	KH043
11		安庆	KH132
12		青岛	KH067

图8-43

② 在"编辑"组中单击"填充"按钮，在展开的列表中单击"系列"选项，如图8-44所示。

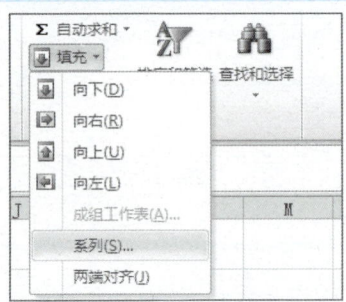

图8-44

③ 打开"序列"对话框，单击选中"列"单选按钮，设置"步长值"为"1"，单击"确定"按钮，如图8-45所示。

④ 单击"确定"按钮后返回到工作表中，对表格进一步完善，即可清晰地看到客户的排名情况，如图8-46所示。

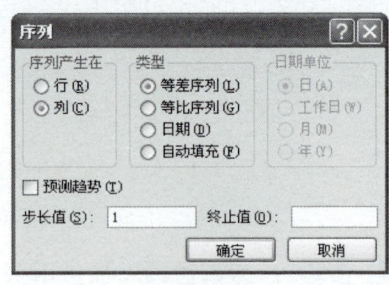

图8-45

名次	地区	客户编码	客户名称	销售总额（元）
1	合肥	KH043	王荣	¥57,554.00
2	杭州	KH040	陶莉莉	¥49,321.00
3	上海	KH214	王先红	¥36,543.00
4	苏州	KH023	许宁	¥35,324.00
5	南京	KH123	王氏林	¥34,543.00
6	北京	KH034	李德花	¥34,095.00
7	徐州	KH344	夏水	¥33,434.00
8	武汉	KH043	王薇	¥23,214.00
9	安庆	KH132	周雪	¥22,344.00
10	青岛	KH067	赵非	¥14,236.00

重点客户排行榜

图8-46

文件72　客户认定申请表

企业在开发新客户资源时，往往都会对新客户进行一定的考查，让新客户完整地填写新客户认定申请表，对于认准客户群是非常重要的。

制作要点与设计效果图

- 设置字体格式
- 设置边框和线条

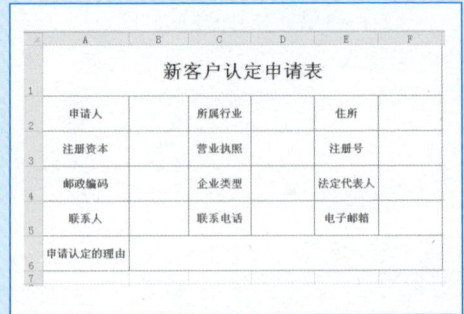

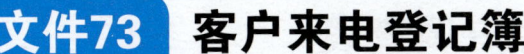

文件73　客户来电登记簿

客户来电登记簿一般包括来电人的姓名、来电的具体时间、来电时要找的部门或人员,以及要回复的电话号码等,必要时还需要记录来电的重要信息,以便及时告知或回复。

制作要点与设计效果图

- 设置边框和底纹
- 手动调整列宽
- 设置日期格式

来电人	来电时间	给何部门	给何人	回电号码	备注
王荣	3月13日 9点05分	行政部	周淳	010-74476×××	
周国菊	3月15日 10点24分	销售部	蓝心桥	027-72350×××	
葛丽	3月16日 9点55分	销售部	张志书	021-65099×××	
陶莉莉	3月16日 14点20分	技术部	王贝	010-75156×××	
王涛	3月17日 16点02分	人事部	韩燕	027-72475×××	
郝刘云	3月18日 12点03分	人事部	周涛	010-21876×××	

文件74　潜在客户调查总结表

公司在对新客户进行详细调查后,对于一些潜在的客户可以进行重点考虑,这时就可以制作一份潜在客户调查总结表,对调查的各项信息进行整理归类。

制作要点与设计效果图

- 设置字体
- 调整行高和列宽
- 设置对齐方式
- 使用格式刷

潜在客户调查总结表			
一、综合信息			
公司名称		地址	
联系人		电话	
传真		员工人数	
二、主营信息			
经营范围			
主要经营产品			
主要客户群体			
三、财务信息			
注册资本		有税务登记	
经营资金状况		能开据增值税发票	
四、技术信息			
技术人员数量		提供安装及售后服务	
自有安装队		安装工人数量	

Excel公司行政管理必须掌握的208个文件与108个函数

文件75　新客户调查表

通过对新客户的调查，可以更好地服务于客户，达到每位客户的要求。

制作要点与设计效果图

- 合并单元格
- 设置边框线样式
- 插入符号
- 设置对齐方式

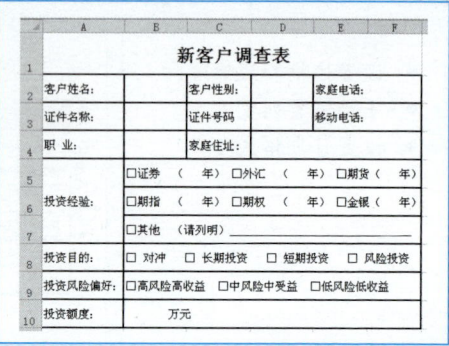

文件76　访问客户意见表

为了充分考虑客户的建设性意见，企业应定期对客户意见进行调查。

制作要点与设计效果图

- 自动换行
- 合并单元格
- 设置对齐方式

第9章 公司员工考勤管理

考勤是为了维护企业的正常工作秩序,提高办事效率,严肃企业纪律,使员工自觉遵守工作时间和劳动纪律。接前者的定义能严谨、明晰地来定位考勤,让它能成为严格的规定,一种制度体系来衡量考勤的标准。

考勤管理是通过某种方式来获得员工或者某些团体、个人在某个特定的场所及特定的时间段内的出勤情况,包括上下班迟到、早退、病假、休息、工作时间、加班情况等,通过对前阶段、本阶段内出勤情况的研究,统筹安排日后的工作。

编号	文件名称	光盘中对应数据源	重要星级
文件77	员工出勤记录表	素材文件\第9章\员工出勤记录表.xls	★★★★
文件78	月度考勤统计表	素材文件\第9章\月度考勤统计表.xls	★★★★
文件79	考勤结果查询表	素材文件\第9章\考勤结果查询表.xls	★★★★★
文件80	员工出勤情况分析图	素材文件\第9章\员工出勤情况分析图.xls	★★★★
文件81	员工休假流程图	素材文件\第9章\员工休假流程图.xls	★★★★★
文件82	员工签到簿	素材文件\第9章\员工签到簿.xls	★★★★
文件83	员工请假单	素材文件\第9章\员工请假单.xls	★★★★
文件84	员工请假流程图	素材文件\第9章\员工请假流程图.xls	★★★★
文件85	员工考勤日报表	素材文件\第9章\员工考勤日报表.xls	★★★
文件86	特别休假请假单	素材文件\第9章\特别休假请假单.xls	★★★

文件77 员工出勤记录表

员工出勤记录表用于记录员工的出勤情况。在规定时间、规定地点按时参加工作或学习,不得无故缺席,视为出勤。无故不参加学习工作视为旷工。

制作要点与设计效果图

- 填充工作日
- 以日形式显示
- 设置文本格式

文件设计过程

步骤1: 设置日期填充

1 在C3单元格中输入2012-8-1,并选中该单元格,如图9-1所示。

图9-1

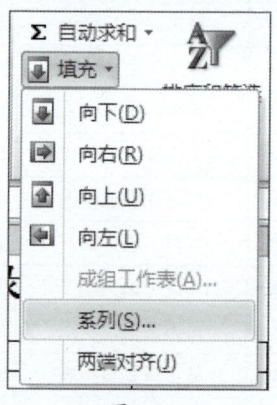

图9-2

2 单击"填充"按钮,单击"系列"选项,如图9-2所示。

3 单击选中"行"、"日期"及"工作日"单选按钮,在"步长值"和"终止值"文本框中输入数字,单击"确定"按钮,如图9-3所示。

④ 此时在选中单元格右侧填充了从2012-8-1至2012-8-31之间的工作日日期,如图9-4所示。

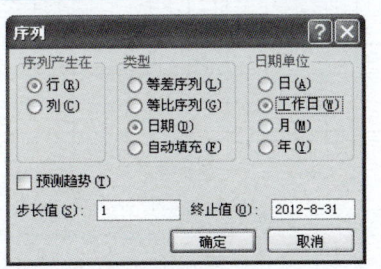

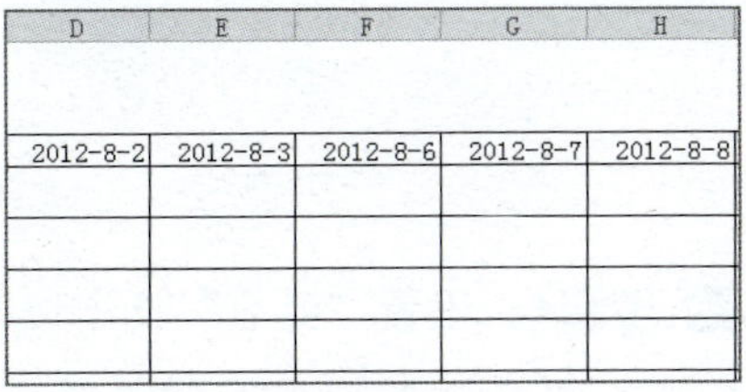

图9-3

图9-4

步骤2:自定义日期格式

① 打开"设置单元格格式"对话框,单击"自定义"选项,在"类型"文本框中输入"d""日",如图9-5所示。

② 设置完成后单击"确定"按钮,选中日期显示为"d""日"形式,如图9-6所示。

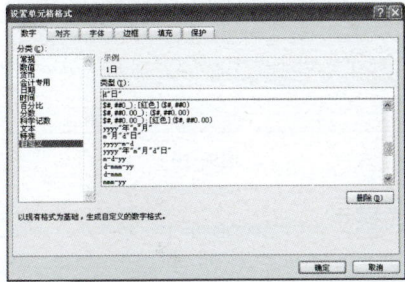

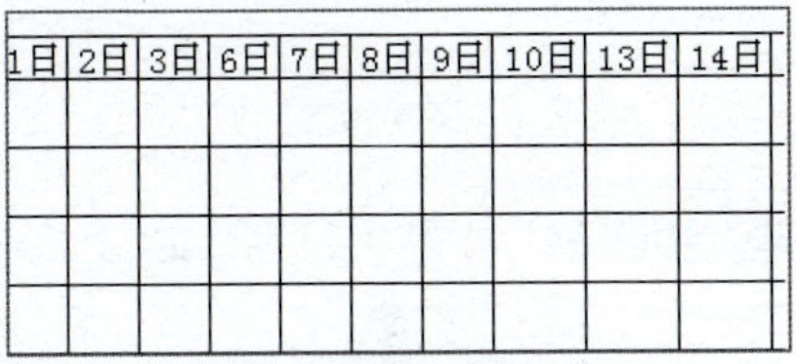

图9-5

图9-6

步骤3:自动调整列宽

① 选中日期所在单元格,单击"格式"按钮,单击"自动调整列宽"选项,如图9-7所示。

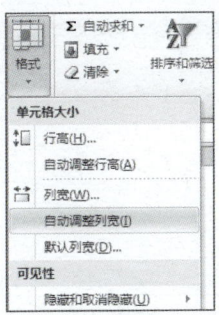

图9-7

2 此时选中单元格的列宽以单元格内容的宽度为准，如图9-8所示。

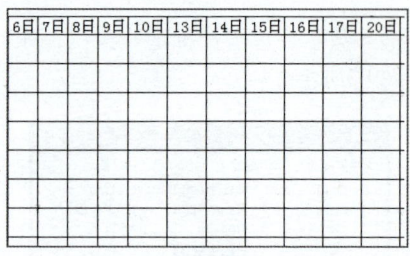

图9-8

步骤4：设置"姓名"文本以下标形式显示

1 选中B3单元格，打开"设置单元格格式"对话框，如图9-9所示。

2 在"特殊效果"选项组中选择"下标"复选框，如图9-10所示。

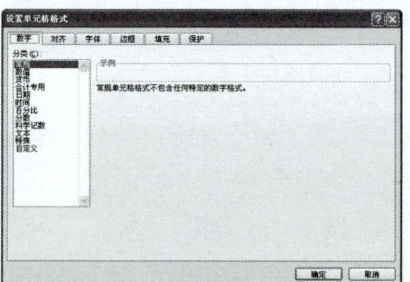

图9-9

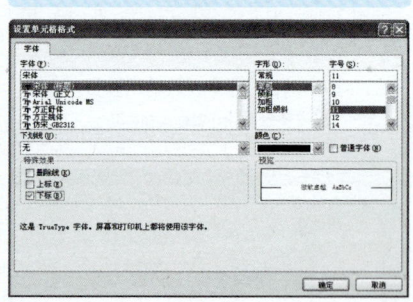

图9-10

步骤5：设置"日期"以上标形式显示

1 选中"日期"文本，打开"设置单元格格式"对话框，如图9-11所示。

2 在"设置单元格格式"对话框中，选择"上标"复选框，如图9-12所示。

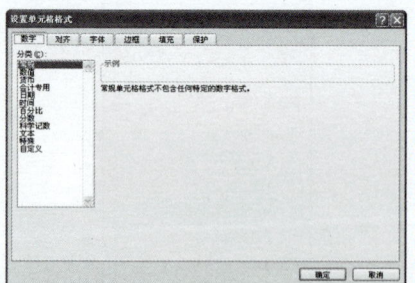

图9-11

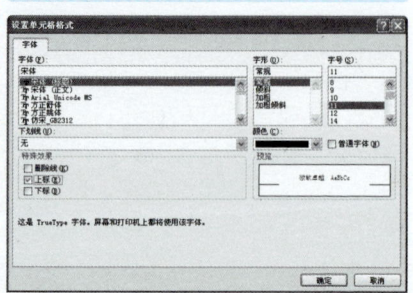

图9-12

③ 单击"确定"按钮，此时单元格中的文本显示在左下角和右上角，然后为B3单元格绘制从左上角至右下角的斜边框，如图9-13所示。

④ 在"员工出勤记录表"中输入序号及姓名，即完成"员工出勤记录表"的制作，如图9-14所示。

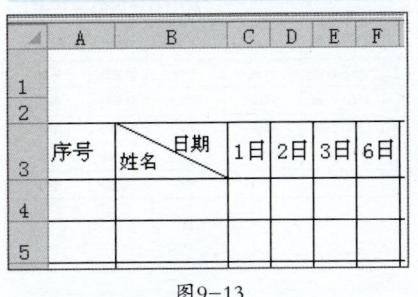

图9-13

图9-14

文件78　月度考勤统计表

可以在Excel中制作月度考勤表，用来统计企业内部一个月内员工出勤情况以公平地、有根据地支付员工应得工资。

制作要点与设计效果图

- 冻结窗格
- IF函数
- 升序排序
- 分类汇总

文件设计过程

步骤1：冻结窗格

① 选中A3单元格，切换至"视图"选项卡下，单击"冻结窗格"按钮，单击"冻结拆分窗格"选项，如图9-15所示。

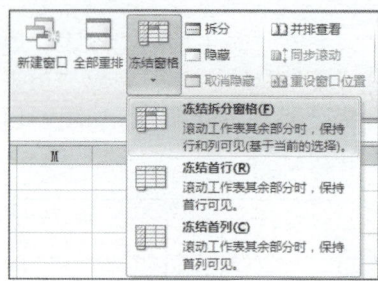

图9-15

2 此时在第2行与第3行之间添加了一条黑线进行划分,第1行及第2行数据将一直显示在屏幕上,而第3行以下的数据随着滚动条的拖动可隐藏,如图9-16所示。

	A	B	C	D	E
1			员工月度考勤统计表		
2	请假日期	员工编号	员工姓名	部门	请假类型
3	2012-8-25	PX04	王荣	销售部	事假
4	2012-8-18	PX05	周国涛	销售部	事假
5	2012-8-20	PX08	周淳	销售部	年假
6	2012-8-13	PX14	陈怡	供应部	病假
7	2012-8-18	PX11	周蓓	供应部	事假

图9-16

步骤2:计算应扣工资额

选中G3,在其中输入计算公式"=IF(E3=$I$3,F3*$J$3,(IF(E3=$I$4,F3*$J$5)))",按下【Enter】键计算出该记录应扣的工资额,向下复制公式到G20单元格,即可计算出各记录应扣的工资额,如图9-17所示。

图9-17

步骤3:按姓名升序排列

1 单击B列任意单元格,单击"数据"选项卡下"排序和筛选"选项组中"升序"按钮,如图9-18所示。

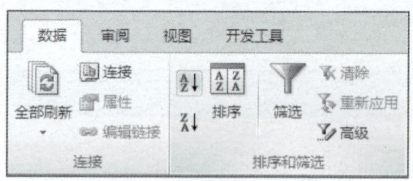

图9-18

2 此时表格中的数据以"员工编号"进行了按升序排列,如图9-19所示。

图9-19

第9章 公司员工考勤管理

➡ 步骤4：分类汇总计算

1 单击"数据"选项卡下"分级显示"选项组中"分类汇总"按钮，如图9-20所示。

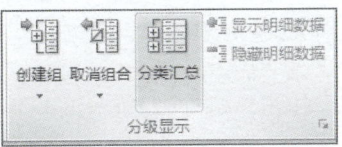

图9-20

2 打开"分类汇总"对话框，在"分类字段"下拉列表中选择"员工姓名"选项，设置"汇总方式"为"求和"，选中应扣工资"复选框，单击"确定"按钮，如图9-21所示。

3 此时表格中相同姓名的应扣工资进行了相加，计算出当月缺勤人员应扣的工资额。完成"月度考勤统计表"的制作，如图9-22所示。

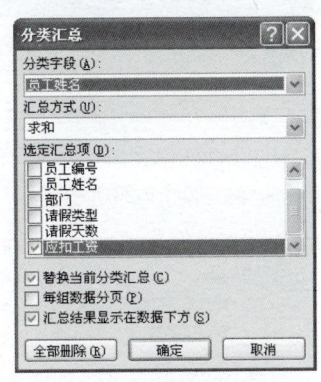

图9-21

图9-22

文件79　考勤结果查询表

考勤结果查询表，是为了方便员工或是企业相关领导查询员工出勤情况，只需要输入员工编号即可查看当月员工出勤情况。

🔍 制作要点与设计效果图

- 移动或复制工作表
- 删除分类汇总
- 筛选
- 删除文本筛选

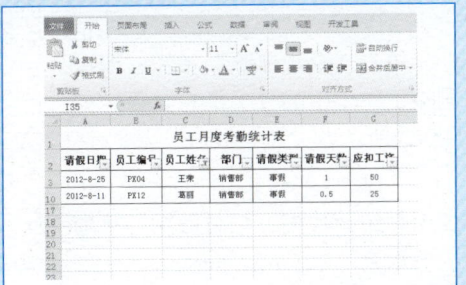

文件设计过程

步骤1：复制工作表

1 打开“月度考勤统计表”，右键单击Sheet1标签,单击“移动或复制”命令，如图9-23所示。

图9-23

2 打开“移动或复制工作表”对话框，在对话框中“将选定工作表移至工作簿”选项下，选中“建立副本”复选框，单击“确定”按钮，如图9-24所示。

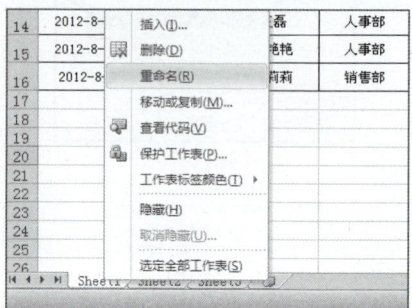

图9-24

步骤2：删除分类汇兑

1 单击“数据”选项卡下“分级显示”选项组中“分类汇总”按钮，如图9-25所示。

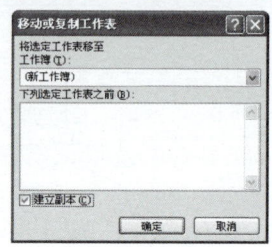

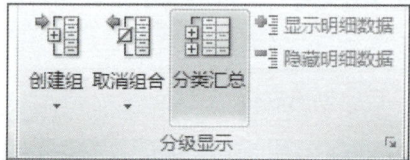

图9-25

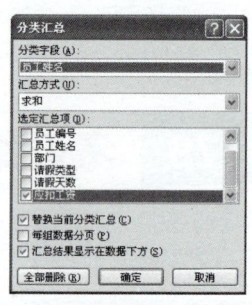

图9-26

2 打开“分类汇总”对话框，单击“全部删除”按钮，即可删除工作表中的分类汇总计算，如图9-26所示。

3 此时工作表中只显示了相关考勤统计数据，汇总数据计算项已被删除，如图9-27所示。

员工月度考勤统计表

请假日期	员工编号	员工姓名	部门	请假类型	请假天数	应扣工资
2012-8-25	PX04	王柰	销售部	事假	1	50
2012-8-18	PX05	周国涛	销售部	事假	0.5	25
2012-8-20	PX08	周潭	销售部	年假	1	0
2012-8-13	PX14	陈怡	供应部	病假	1	20
2012-8-18	PX11	周蓓	供应部	事假	0.4	20
2012-8-20	PX13	夏慧	供应部	事假	1	50
2012-8-5	PX03	韩文蓓	销售部	病假	1	20
2012-8-11	PX12	葛丽	销售部	事假	0.5	25
2012-8-28	PX02	张飞	销售部	病假	1	20
2012-8-10	PX06	韩燕	行政部	年假	0.5	0
2010-1-5	PX09	刘江波	人事部	事假	0.2	10
2012-8-13	PX01	王磊	人事部	病假	0.5	10
2012-8-28	PX10	郝艳艳	人事部	事假	1	50
2012-8-5	PX07	陶莉莉	销售部	年假	0.5	0

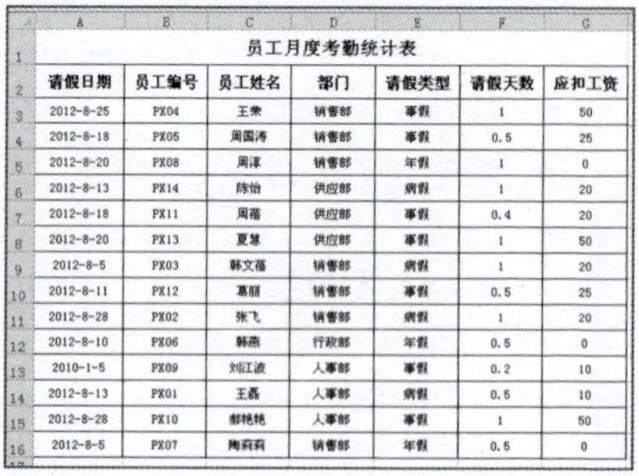

图9-27

第9章 公司员工考勤管理

步骤3：筛选

1 单击"数据"选项卡下"排序和筛选"选项组中"筛选"按钮，如图9-28所示。

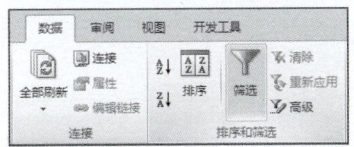

图9-28

2 单击"员工姓名"右侧的下三角按钮，在"搜索框"中输入"王荣"，在其下的列表框中将只显示搜索到的姓名复选框，单击"确定"按钮，如图9-29所示。

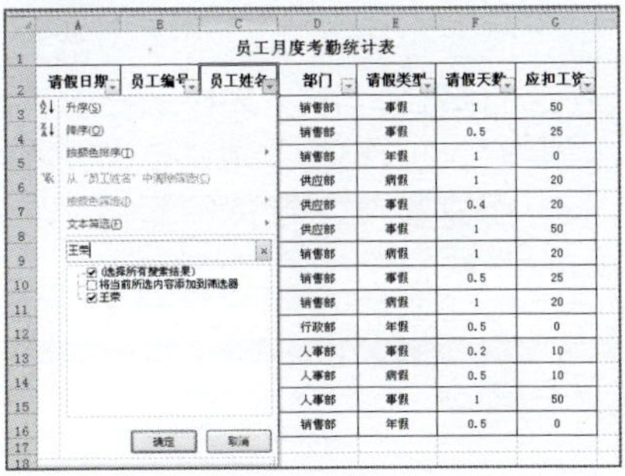

图9-29

3 此时在工作表中只显示了员工"王荣"的缺勤记录，如图9-30所示。

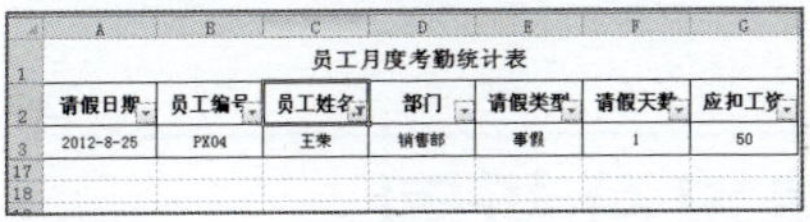

图9-30

4 首先单击"员工姓名"右侧的下三角按钮，单击"从'员工姓名'中清除筛选"选项，清除现

有筛选结果，如图9-31所示。

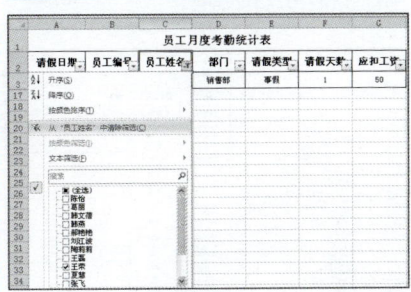

图9-31

5 再次单击"员工姓名"右侧的下三角按钮，在筛选列表框中选中"葛丽"复选框，单击"确定"按钮，如图9-32所示。

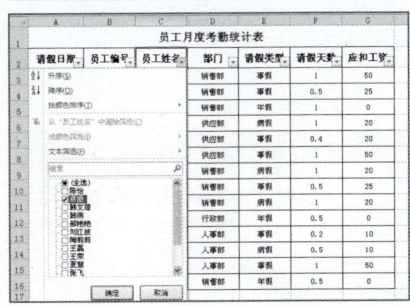

图9-32

6 此时在工作表中只显示了"葛丽"在当月的缺勤情况，如图9-33所示。

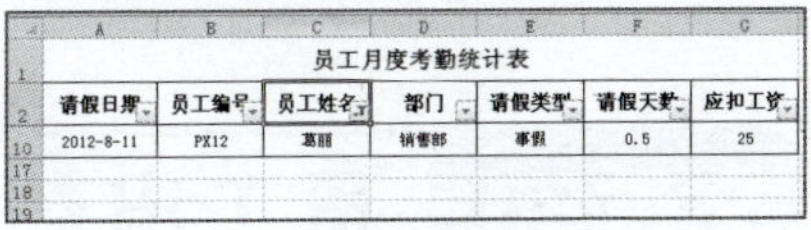

图9-33

7 若想同时查看"葛丽"和"王荣"的出勤情况，可以单击"员工姓名"右侧的下三角按钮，

在“筛选”列表框中选择“葛丽”和“王荣”即可，单击“确定”按钮，如图9-34所示。

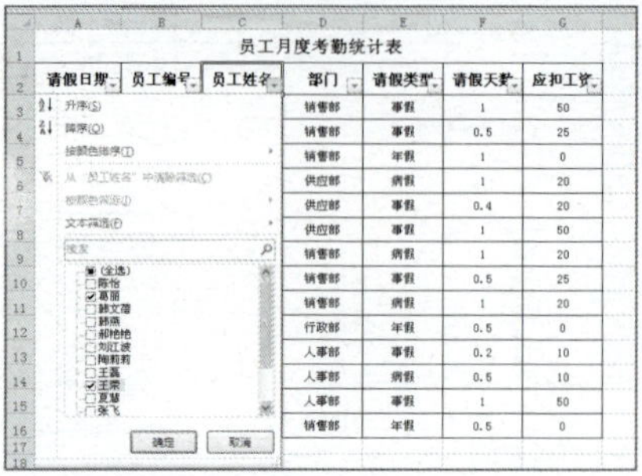

图9-34

8 即可筛选出相应的出勤记录，如图9-35所示。

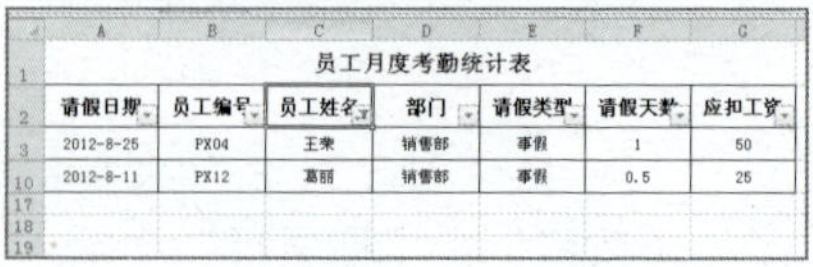

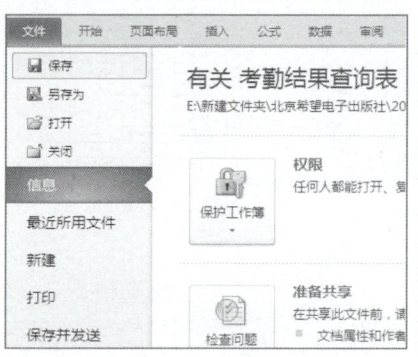

员工月度考勤统计表

请假日期	员工编号	员工姓名	部门	请假类型	请假天数	应扣工资
2012-8-25	PX04	王荣	销售部	事假	1	50
2012-8-11	PX12	葛丽	销售部	事假	0.5	25

图9-35

步骤4：保存工作簿

1 单击“文件”按钮，在下拉菜单在选中“保存”按钮，如图9-36所示。

图9-36

2 打开“另存为”对话框，在“保存位置”下拉列表中选择适当的路径，在“文件名”文本框中输入工作簿名称，单击“确定”按钮即可保存该工作簿，如图9-37所示。

图9-37

文件80 员工出勤情况分析图

在分析员工出勤情况时，可以根据员工的出勤记录数据，创建直观的员工出勤情况分析图，使管理者能直观查阅当月的出勤变化情况。

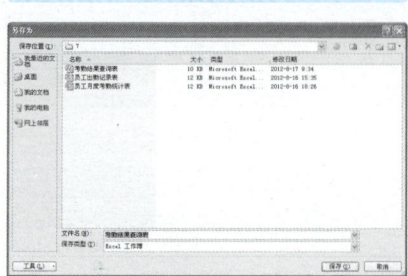

第9章 公司员工考勤管理

制作要点与设计效果图

- 插入折线图
- 设置坐标轴刻度值
- 设置数据系列格式
- 应用图表布局
- 绘制文本框

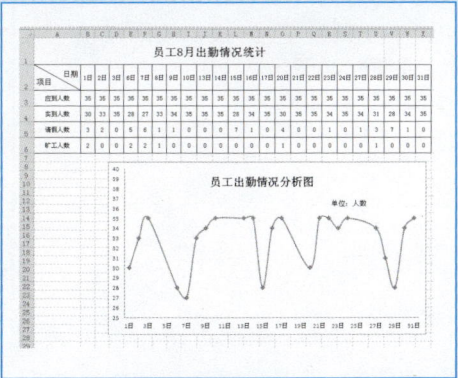

文件设计过程

步骤1：创建折线图

选中B2:X2和B4:X4单元格区域，单击"插入"选项卡下"图表"选项组中的"折线图"按钮，在下拉列表中选择"带数据标记的折线图"图标，如图9-38所示。

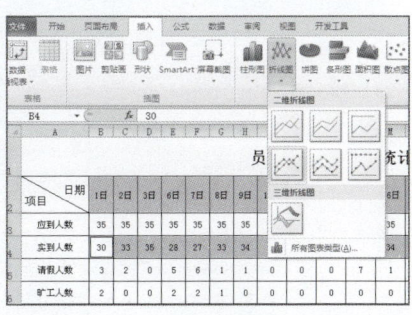

图9-38

步骤2：更改坐标轴刻度

① 此时根据选定源数据创建了折线图，右键单击纵坐标轴，单击"设置坐标轴格式"命令，如图9-39所示。

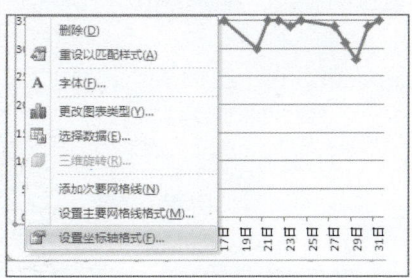

图9-39

2 在"设置坐标轴格式"选项组中设置最小值为25，最大值为40，主要刻度单位为1，关闭对话框，如图9-40所示。

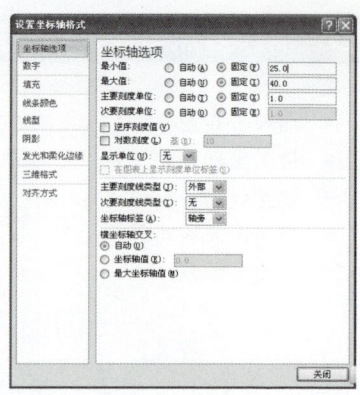

图9-40

步骤3：设置数据系列格式

1 右键单击数据系列，在弹出的快捷菜单中单击"设置数据系列格式"命令，如图9-41所示。

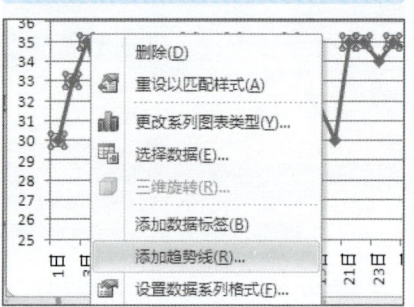

图9-41

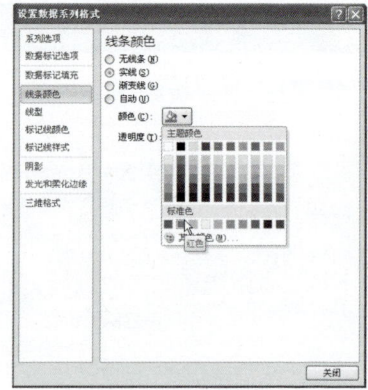

图9-42

2 打开"设置数据系列格式"对话框，在对话框中选中"实线"单选按钮。单击"颜色"下拉按钮，在下拉列表中选择"红色"，如图9-42所示。

3 单击"线型"选项，在"宽度"文本框中输入2磅，选中"平滑线"复选框，然后关闭对话框，如图9-43所示。

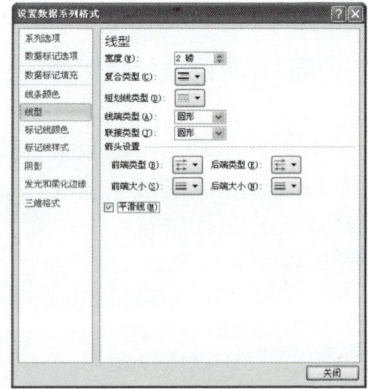

图9-43

④ 此时创建的折线图进行了相应的更改，即将数据系列线条颜色更改为红色，2磅粗，纵坐标轴刻度从25到40，主要刻度单位为1，如图9-44所示。

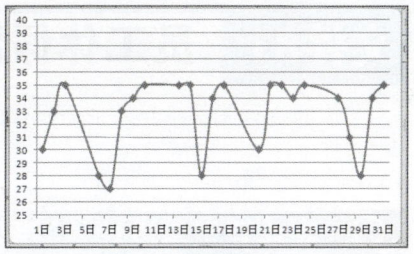

图9-44

步骤4：应用图表布局

① 选中图表，单击"设计"选项卡下"图表布局"组中的"其他"下拉按钮，在下拉菜单中选择"布局2"图标，如图9-45所示。

② 删除图例，并添加"图表标题"，如图9-46所示。

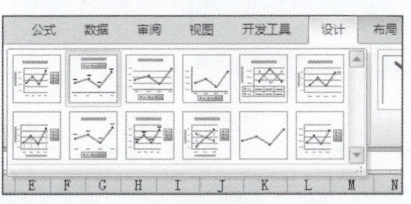

图9-45

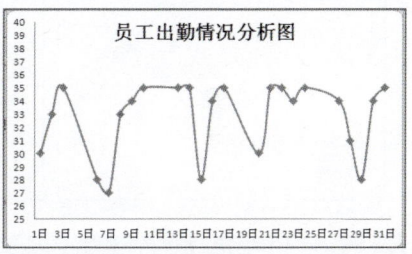

图9-46

步骤5：绘制文本框

① 单击"插入"选项下"插图"选项组中的"形状"下拉按钮，单击"文本框"图标，在图表的右上角拖动鼠标指针绘制文本框，如图9-47所示。

② 拖动到适当大小后，释放鼠标左键，在其中输入"单位：人数"，即完成"员工出勤情况分析图"的制作，如图9-48所示。

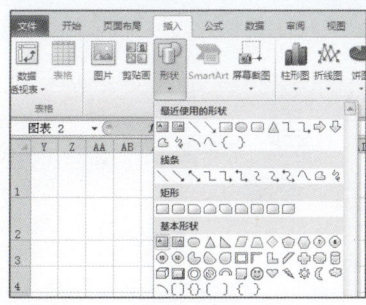

图9-47

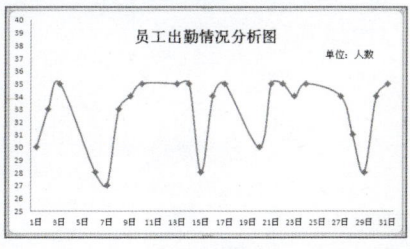

图9-48

Excel公司行政管理必须掌握的208个文件与108个函数

文件81　员工休假流程图

休假流程图是指用图形表示员工请假申请到审批经过的步骤，使员工清晰地了解请假的程序。

🔍 制作要点与设计效果图

- 插入形状
- 调整图形位置
- 更改形状和线条的颜色
- 组合形状

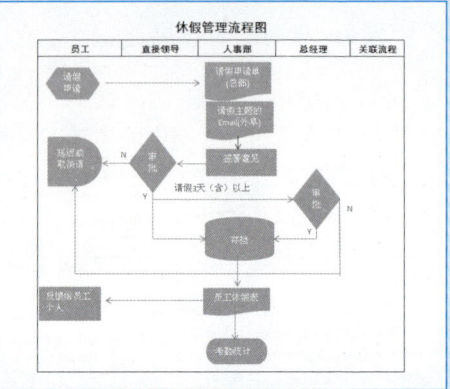

⭐ 文件设计过程

📌 步骤1：绘制形状

①　单击"插入"选项卡下"插图"选项组中的"形状"按钮，从展开的下拉列表中选择一种形状图标，如图9-49所示。

②　在B列中按住鼠标拖动绘制，拖至适当大小后，释放鼠标左键即可得到需要的形状，如图9-50所示。

图9-49　　　　　　图9-50

步骤2：在图形上添加文本

①右键单击绘制的形状，单击"编辑文字"命令，如图9-51所示。

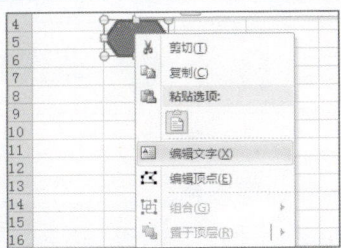

图9-51

②在其中输入需要的文本，如输入"请假申请"，如图9-52所示。

③在"流程图"选项组中选择适当的形状，绘制流程图形状并添加文本，如图9-53所示。

图9-52

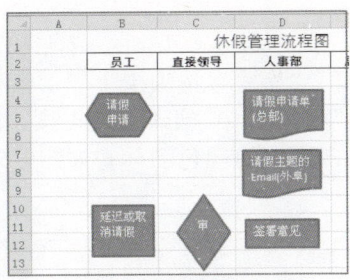

图9-53

步骤3：手动调整形状大小及位置

由于形状间的间距太小，可以调整列宽来放大形状间的间距，若形状随列宽调整了大小，可以手动更改形状的大小和位置，如图9-54所示。

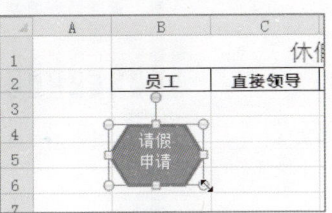

图9-54

步骤4：添加箭头引导线

①"插入"选项卡下"插图"选项组中的"形状"按钮，单击"线条"选项组中的"单向箭头"图标，如图9-55所示。

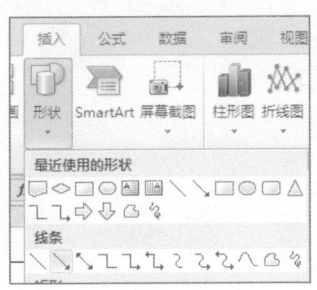

图9-55

[2] 然后在流程图图标之间绘制箭头引导线，如图9-56所示。

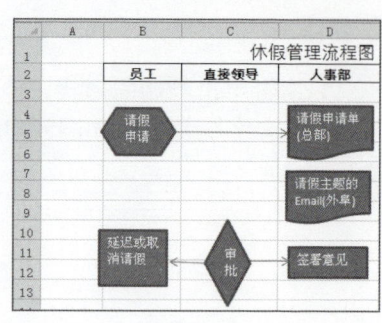

图9-56

步骤5：更改形状和线条的填充颜色和轮廓颜色

[1] 选中工作表中的所有形状，单击"格式"选项卡下"形状样式"选项组中"形状填充"按钮，单击需要的颜色图标，如图9-57所示。

[2] 单击"形状轮廓"按钮，单击需要的颜色，如图9-58所示。

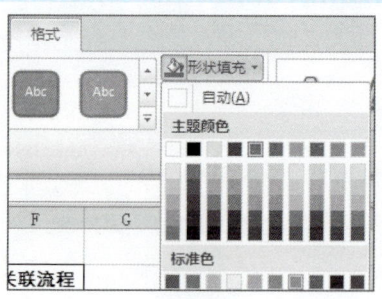

图9-57

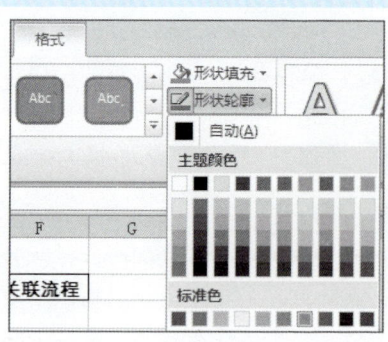

图9-58

步骤6：设置箭头线条颜色并合并形状与线条

[1] 选中所有箭头线条，设置其形状轮廓，如图9-59所示。

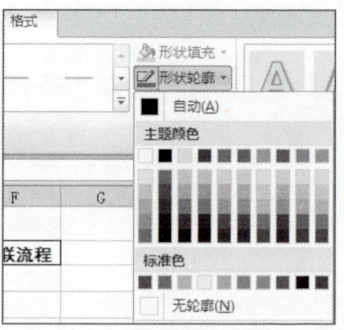

图9-59

② 选中所有形状，箭头线条和文本框对象，单击"格式"选项卡下"排列"选项组中"组合"右侧的下三角按钮，单击"组合"选项，如图9-60所示。

③ 进一步完善，即可完成"休假管理流程图"的制作，如图9-61所示。

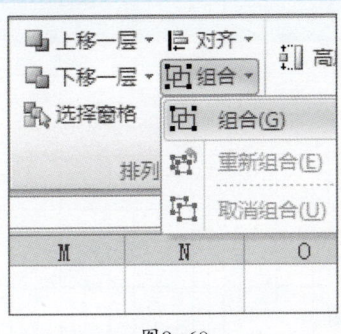

图9-60

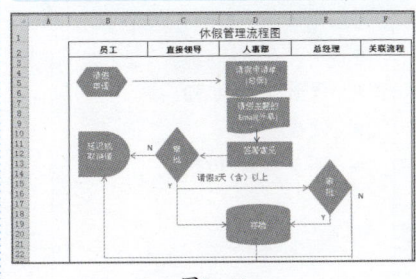

图9-61

文件82　员工签到簿

员工签到簿主要是由员工每日登记上班下班时间，方便企业查看员工每日出勤情况。

制作要点与设计效果图

- 设置字体格式
- 合并单元格
- 调整边框和底纹
- 设置条件格式

Excel公司行政管理必须掌握的208个文件与108个函数

文件83　员工请假单

　　员工请假单，主要包括请假日期、请假人姓名、请假原因，以及领导审批情况。

制作要点与设计效果图

- 合并单元格
- 设置文本方向
- 设置边框
- 调整行高和列宽

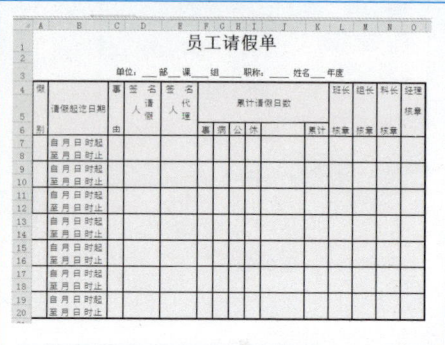

文件84　员工请假流程图

　　这里使用图形来表示员工请假到审批的一个过程，使员工清晰地了解请假的程序。

制作要点与设计效果图

- 绘制形状
- 更改线条箭头样式
- 设置单元格边框颜色
- 设置图形中文本格式

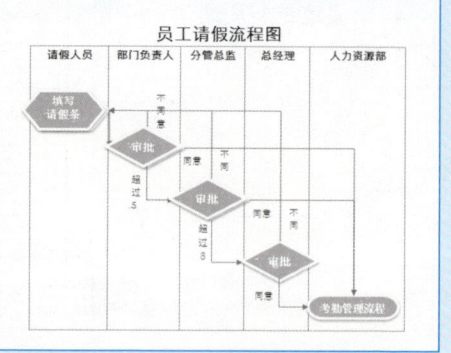

第9章　公司员工考勤管理

文件85　员工考勤日报表

员工考勤日报表是用于计算企业当日应到人数、实到人数、迟到人数、病假人数、事假人数等信息的统计结果表格。

🔍 制作要点与设计效果图

- 设置对齐方式
- 绘制线条
- 手动调整列宽
- 冻结窗格
- 强制换行

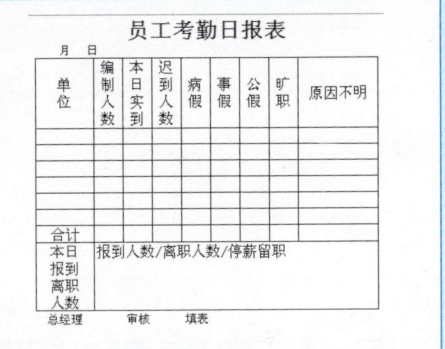

文件86　特别休假请假单

为了激励员工努力、认真工作，以争取特别休假机会，公司会根据企业利润制定一些特别休假规定，如国家规定外的其他带薪假等，但在请假之前也需要填写相应的请假单。

🔍 制作要点与设计效果图

- 设置字体格式
- 设置对齐方式
- 绘制线条
- 手动调整列宽

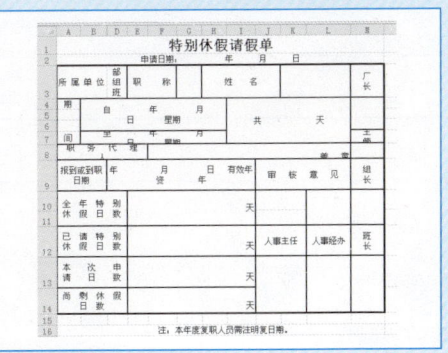

143

读书笔记

第10章
员工值班与加班管理

对于企业来说，为了保障工作正常运营，企业常常会安排员工值班与加班。值班与加班的工作内容不同。值班是劳动者根据用人单位的要求，在正常工作之外担负一定的非生产的责任，主要是因单位安全、消防、行政等需要担任单位临时安排或制度安排的与劳动者本职工作无关的工作；加班在法定节日或公休假日从事工作的时间。

作为行政人员要做好企业员工值班、加班管理，这里介绍员工值班与加班相关管理文件，让值班安排表、假期值班人员安排表、值班人员提醒表格、加班记录表等。

编号	文件名称	光盘中对应数据源	重要星级
文件87	值班安排表	素材文件\第10章\值班安排表.xls	★★★★
文件88	假期值班人员安排表	素材文件\第10章\假期值班人员安排表.xls	★★★★
文件89	值班人员提醒表格	素材文件\第10章\值班人员提醒表格.xls	★★★
文件90	值班人员联系簿	素材文件\第10章\值班人员联系簿.xls	★★★★★
文件91	值班餐费申请单	素材文件\第10章\值班餐费申请单.xls	★★★★
文件92	加班记录表	素材文件\第10章\加班记录表.xls	★★★★
文件93	加班时间统计表	素材文件\第10章\加班时间统计表.xls	★★★
文件94	员工工时记录簿	素材文件\第10章\员工工时记录簿.xls	★★★★
文件95	工作时间记录卡	素材文件\第10章\工作时间记录卡.xls	★★★★
文件96	加班费申请单	素材文件\第10章\加班费申请单.xls	★★★★

文件87 值班安排表

为了保证企业的正常运转，避免错失商机，或是客户丢失，企业需要安排专门的员工来值班。

制作要点与设计效果图

- 绘制多栏斜线表头
- 填充日期
- 设置边框

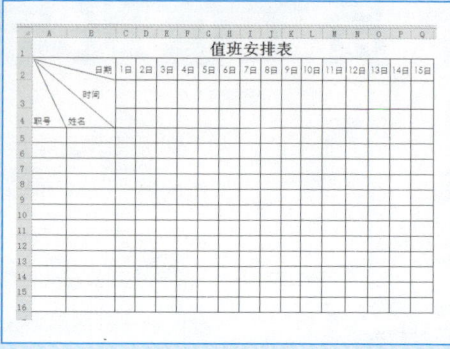

文件设计过程

步骤1：绘制多栏式表头

[1] 在A4、B2、B3、B4单元格中分别输入文本，并调整文本的对齐方式，如图10-1所示。

图10-1

[2] 单击"插入"选项卡下"插图"选项组中"形状"下拉按钮，在下拉列表中选择线条选项，在工作表中绘制一个顶点交叉的三条线段，如图10-2所示。

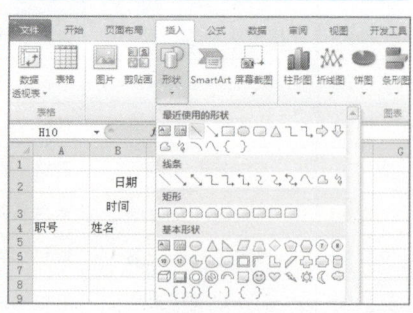

图10-2

[3] 在工作表中绘制一个顶点交叉的三条线段，如图10-3所示。

第10章 员工值班与加班管理

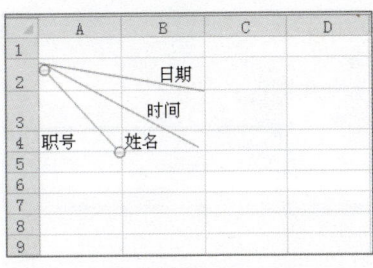

图10-3

4 选中三条线段,单击"格式"选项卡,在"形状样式"选项组中单击"形状轮廓"下拉按钮,在下拉列表中单击"自动"选项,更改斜线颜色,然后为其他单元格添加边框线条,如图10-4所示。

图10-4

步骤2:填充日期

1 在C2单元格中输入"2012-10-1",向右填充日期序列至Q2单元格,如图10-5所示。

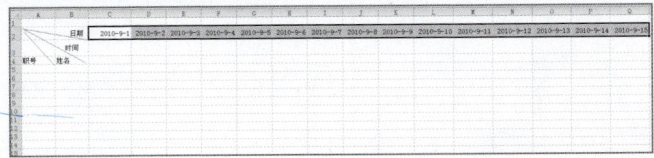

图10-5

2 选择C2:Q2单元格区域,打开"设置单元格格式"对话框,如图10-6所示。

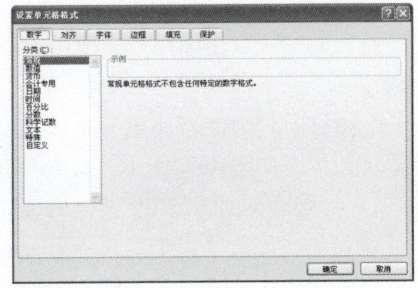

图10-6

③ 单击"数字"选项卡,在"分类"栏下选择"日期"标签,在右侧"类型"栏下选择一种日期格式,如图10-7所示。

④ 单击"确定"按钮,设置完成后,即可应用日期格式,如图10-8所示。

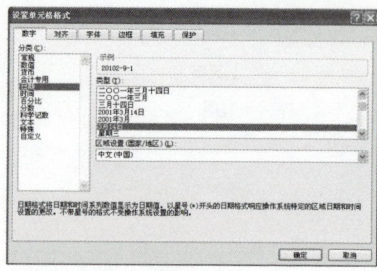

图10-7

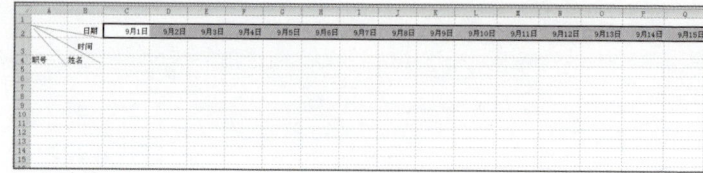

图10-8

步骤3: 设置边框

① 接着为B2:Q16单元格区域,打开"设置单元格格式"对话框,如图10-9所示。

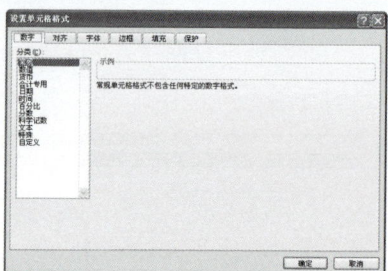

图10-9

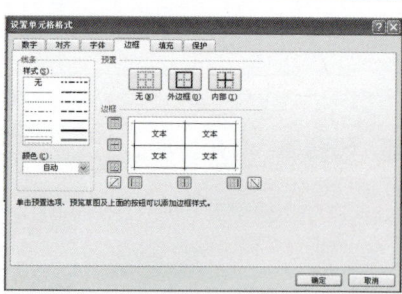

图10-10

② 单击"边框"选项卡,单击"外边框"和"内部",如图10-10所示。

③ 即可为B2:Q16单元格区域添加边框,如图10-11所示。

④ 接着对值班安排表进一步完善,显示出最终值班安排表的效果,如图10-12所示。

图10-11

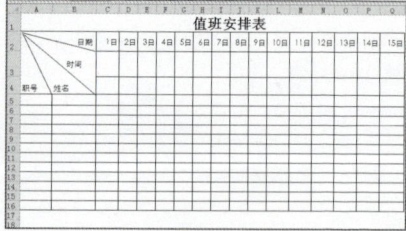

图10-12

第10章　员工值班与加班管理

文件88　假期值班人员安排表

例如：在五一放假期间需要安排员工来值班，这时就需要考虑员工自身的原因，以及员工的工作安排，来合理规划五一期间员工的值班安排表。

制作要点与设计效果图

- 美化工作表
- SUMSQ函数
- 规划求解
- 公式运算

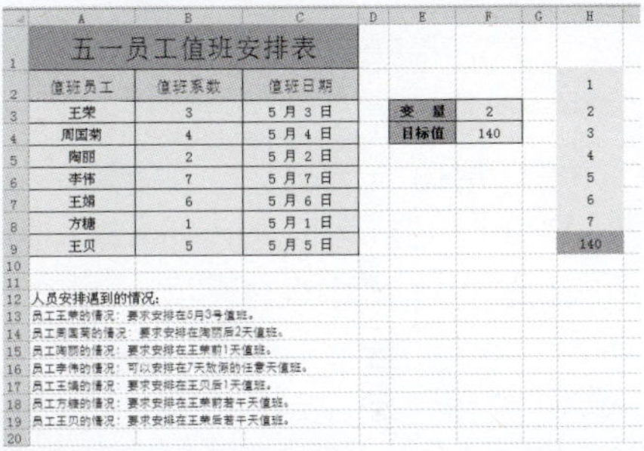

文件设计过程

步骤1：创建表格

1 在工作表中输入表头、标识项，以及值班员工的姓名。输入完成后的效果，如图10-13所示。

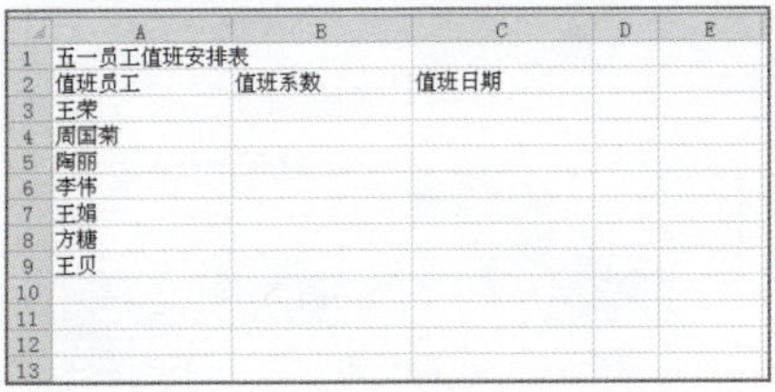

2 接着对表头、表格进行美化设置，设置完成后的效果，如图10-14所示。

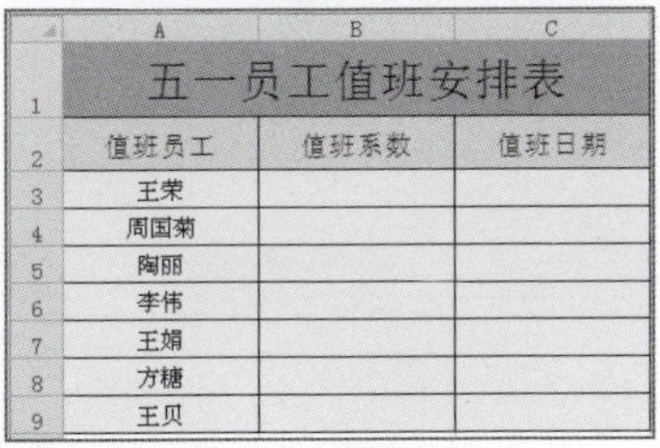

图10-13

图10-14

步骤2：设计值班表求解模型

1 在设计值班安排表求解模型前，先要假设一下7位值班员工的值班要求,具体假设情况如图10-15所示。

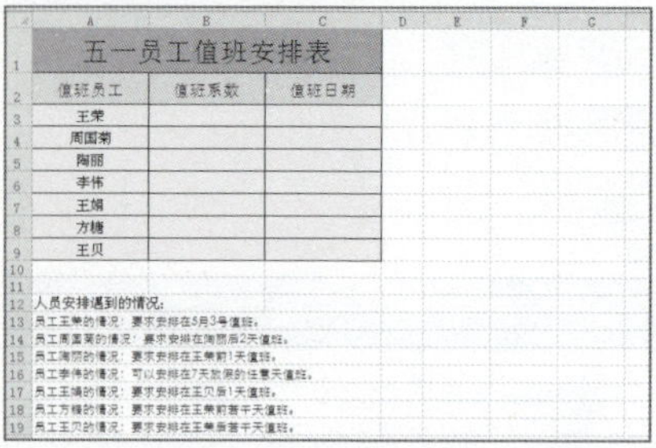

图10-15

2 在"员工值班安排表"中,在E3和E4单元格中,分别输入"变量"和"目标值",并对表格进行美化设置,如图10-16所示。

3 在H2和H3单元格中,分别输入"1"和"2"数值,并选中H2:H3单元格区域。将光标移到H3

单元格的右下角,向下拖动到H8单元格上,松开鼠标左键即可,接着设置H2:H9单元格区域的对齐方式和底纹效果,如图10-17所示。

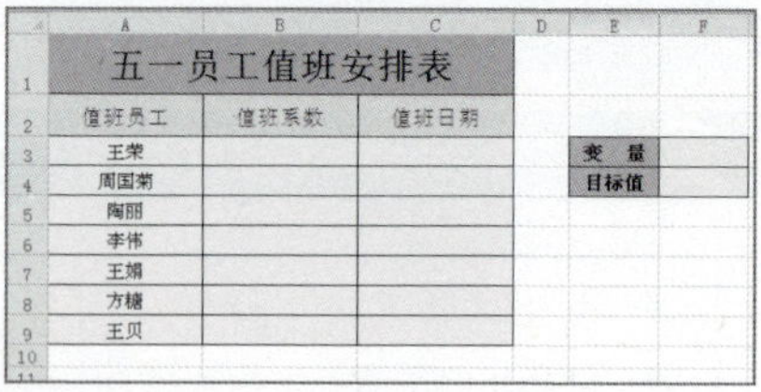

图10-16

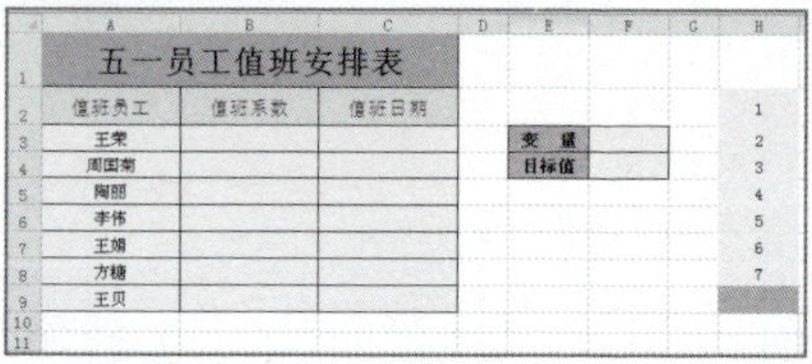

图10-17

步骤3:计算"值班系数"公式

1 在B3单元格中输入数值"3",在B4单元格中输入公式:=B5+2,如图10-所示。

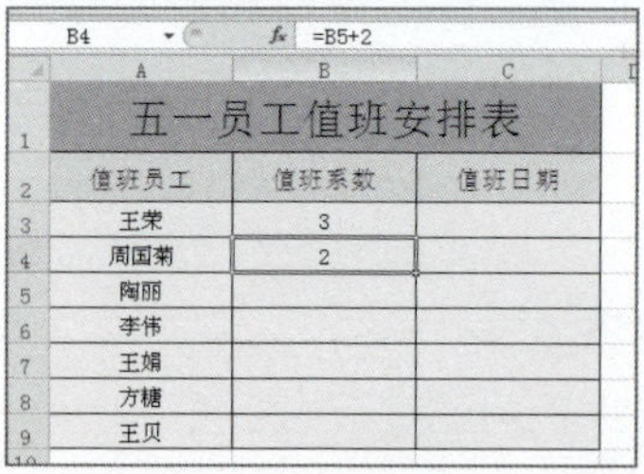

图10-18

图10-19

2 在B5单元格中输入公式:=B3-1,如图10-19所示。

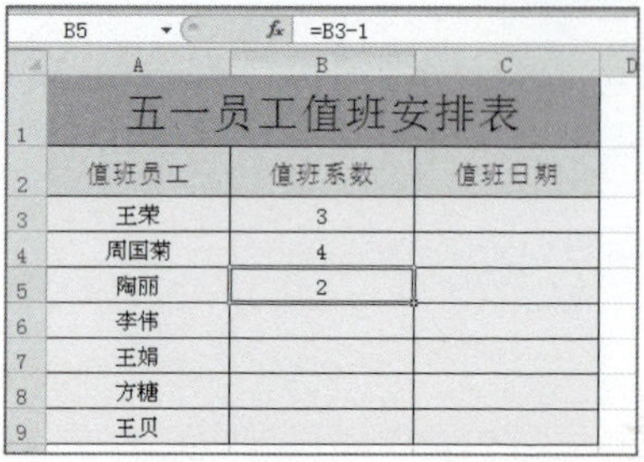

3 在B6单元格中不输入任何内容,在B7单元格中输入公式:=B9+1,如图10-20所示。

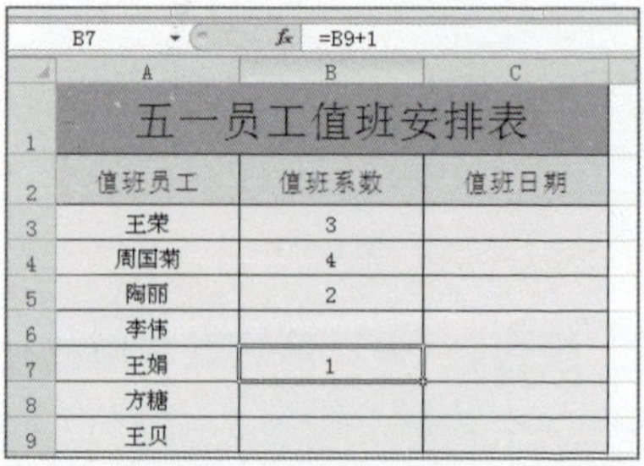

图10-20

4 在B8单元格中输入公式：=B3-F3，在B9单元格中输入公式：=B3+F3，如图10-21所示。

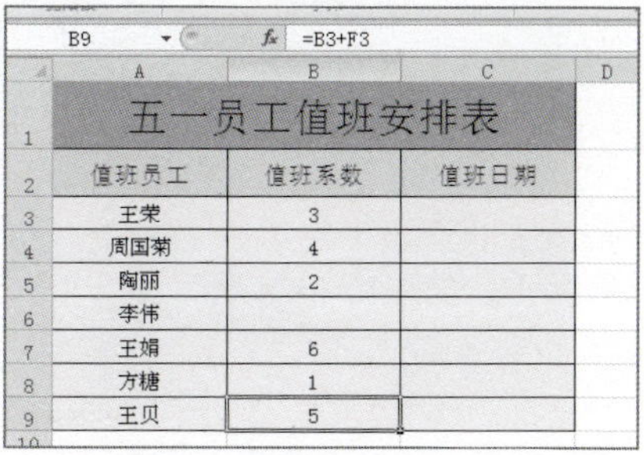

图10-21

步骤4：设置求解模型的目标值的计算公式

1 选中H9单元格，在公式编辑栏中输入公式：=SUMSQ(H2:H8)，按回车键，即可计算出H2:H8单元格区域中的一组数的平方和，如图10-22所示。

2 选中F4单元格，在公式编辑栏中输入公式：=SUMSQ(B3:B9)，按回车键，即可计算出B3:B9单元格区域中的一组数的平方和，如图10-23所示。

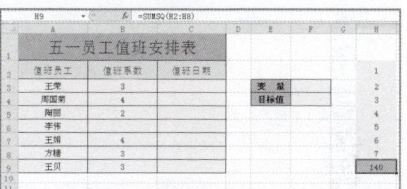

图10-22

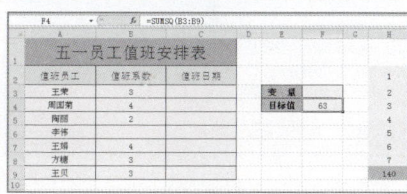

图10-23

提　示：

这里不仅可以使用SUMSQ函数来求一组数的平方和，还可以使用PRODUCT函数，它们都可以达到求解的目的。

步骤5：打开"规划求解参数"对话框并设置参数

1 在"数据"主菜单下的"分析"选项组中，单击"规划求解"按钮，如图10-24所示。

2 打开"规划求解参数"对话框，在"设置目标单元格"中设置为"$F$4"，在"等于"栏中选中"值为"复选项，并将值设置

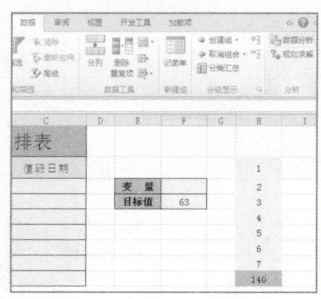

图10-24

为H9单元格中的值，即"140"，在"可变单元格"中设置为"$F$3,$B$6"（注意两个可变单元格之间使用半角状态下的","号隔开，如图10-25所示。

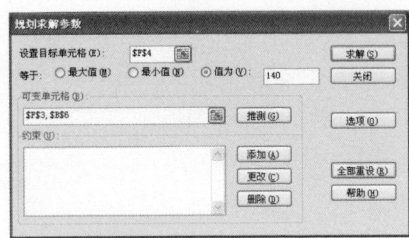

图10-25

步骤6：设置约束条件

1 单击"添加"按钮，打开"添加约束"对话框，在"单元格引用位置"下设置为"$B$6"。在中间的条件运算符中选中"int"，单击"添加"按钮，即可将设置的约束条件添加到约束列表中，如图10-26所示。

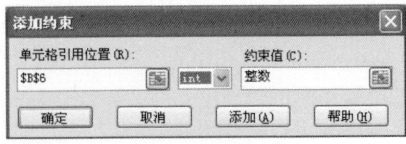

图10-26

2 继续添加约束条件，在"单元格引用位置"下设置为"$B$6"。在中间的条件运算符中选中">="，在"约束值"中输入"1"，单击"添加"按钮，即可再次将设置的约束条件添加到约束列表中，如图10-27所示。

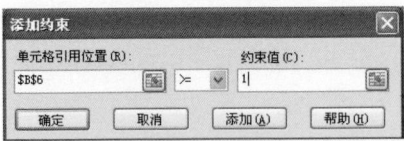

图10-27

3 继续在"单元格引用位置"下设置为"$B$6"。在中间的条件运算符中选中"<="，在"约束值"中输入"7"，单击"添加"按钮，添加到约束列表中，如图10-28所示。

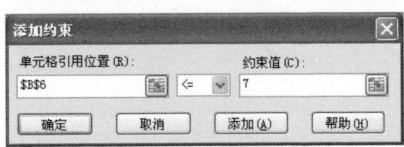

图10-28

4 继续在"单元格引用位置"下设置为"$F$3"。在中间的条件运算符中选中"int"，单击"添加"按钮，添加到约束列表中，如图10-29所示。

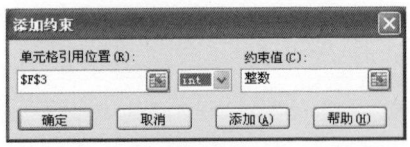

图10-29

5 继续在"单元格引用位置"下设置为"$F$3"。在中间的条件运算符中选中">="，在"约束值"中输入"1"，单击"添加"按钮，即可再次将设置的约束条件添加到约束列表中，如图10-30所示。

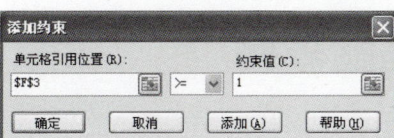

图10-30

6 继续在"单元格引用位置"下设置为"$F$3"。在中间的条件运算符中选中"<=",在"约束值"中输入"7",单击"添加"按钮,添加到约束列表中,如图10-31所示。

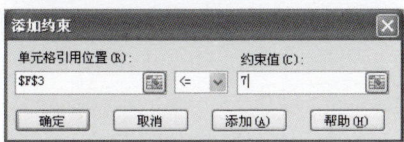

图10-31

7 以下约束条件设置完成后,单击"取消"按钮,返回到"规划求解参数"对话框中。在"约束"列表中可以看到添加的约束条件,如图10-32所示。

8 单击"求解"按钮,弹出"规划求解结果"对话框,如

图10-33所示。

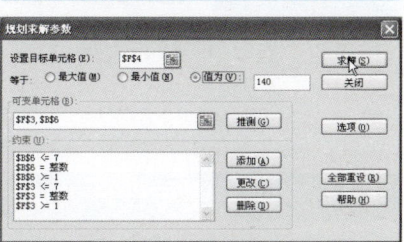

图10-32

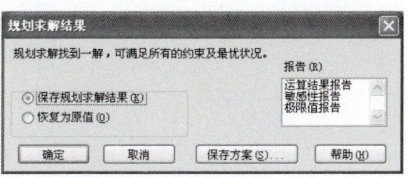

图10-33

9 单击"确定"按钮,即可求出五一放假期间7位值班员工的具体值班日期系数,如图10-34所示。

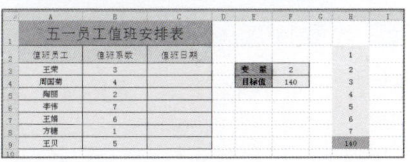

图10-34

步骤7:利用公式计算员工值班日期

在"员工值班安排表"中,选中C3单元格,在公式编辑栏中输入公式:="5月"&B3&"日",按回车键,即可得到员工"王荣"的值班日期为"5月3日"。将光标移到C3单元格的右下角,向下填充公式,即可得到其他6位值班员工的值班日期,如图10-35所示。

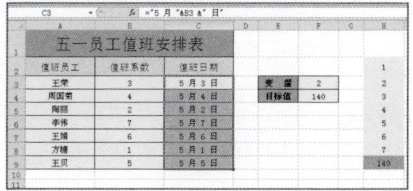

图10-35

文件89 值班人员提醒表格

为了提醒值班人员准时值班，在值班人员安排好后，您还可以为该表添加一个提醒功能，即在值班的前一天以突出格式显示即将值班人员信息。

制作要点与设计效果图

- 新建条件格式规则
- TODAY函数

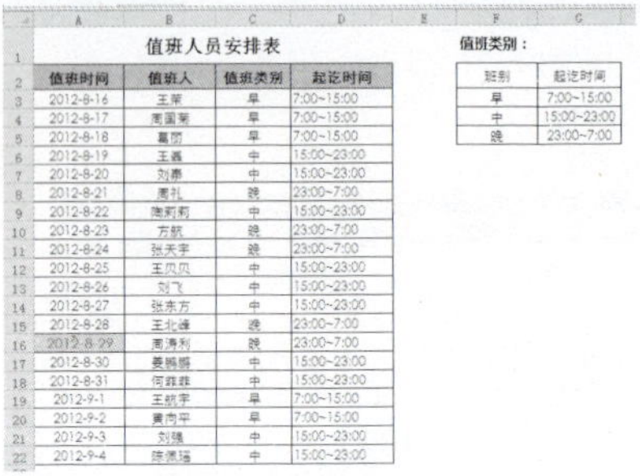

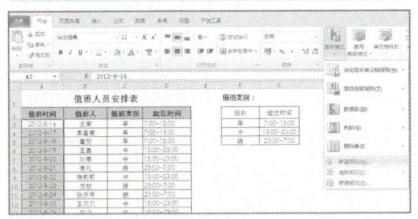

文件设计过程

步骤1：新建条件格式规则

1 选中A3:A22单元格区域，单击"开始"选项卡下"样式"选项组中"条件格式"下拉按钮，在下拉菜单中单击"新建规则"选项，如图10-36所示。

图10-36

2 打开"新建格式规则"对话框，在对话框中"使用公式确定要设置格式的单元格"选项，在文本框中输入公式，单击"格式"按钮，如图10-37所示。

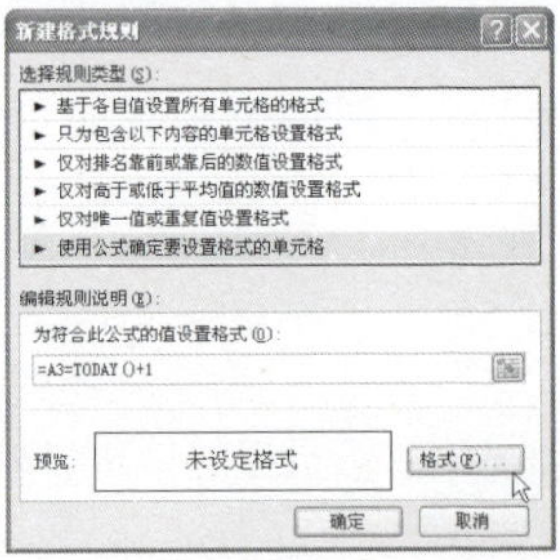

图10-37

3 打开"设置单元格格式"对话框，在"字体"选项卡下，设置字型为"加粗"，在"颜色"下拉列表中选择"红色"图标，如图10-38所示。

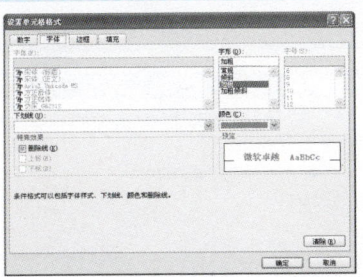

图10-38

4 切换至"填充"选项卡，

单击"其他颜色"按钮，选择需要的颜色图标，单击"确定"按钮，如图10-39所示。

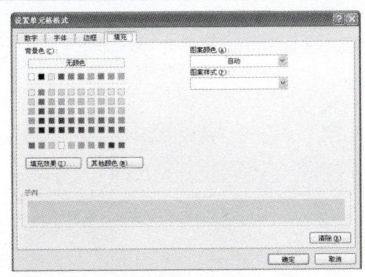

图10-39

步骤2：查看日期变更后结果

返回"编辑格式规则"对话框中可预览格式效果，单击"确定"按钮，此时以指定格式显示明天的日期，即将值班的日期，如图10-40所示。

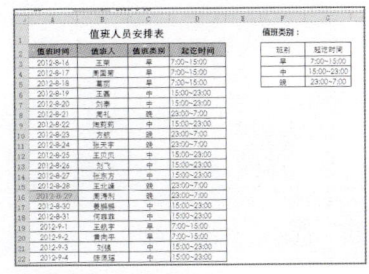

图10-40

文件90　值班人员联系簿

值班人员联系簿是一个简单的表格，存放值班人员的电话、QQ号码、MSN以及电子邮箱。

制作要点与设计效果图

- 设置数据有效性
- 取消自动更新链接功能

文件设计过程

步骤1：设置数据有效性

1 选中D3:D23单元格区域，单击"数据"选项卡下"数据分析"选项组中"数据有效性"下三角按钮，在下拉菜单中单击"数据有效性"选项，如图10-41所示。

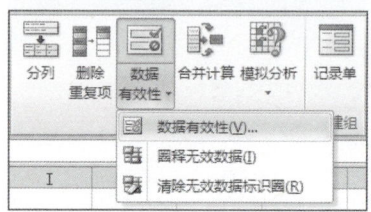

图10-41

2 打开"数据有效性"对话框，在"设置"选项卡下，单击"允许"右侧的下三角按钮，单击"文本长度"选项，如图10-42所示。

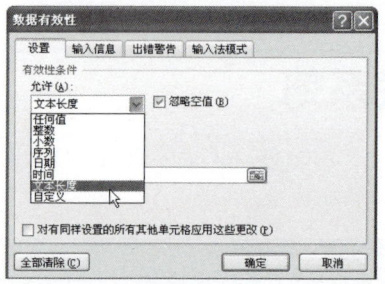

图10-42

3 在"数据"下拉列表中选择"等于"选项，在"长度"文本框中输入长度值，如输入"11"，如图10-43所示。

4 单击"输入信息"标签，在"标题"和"输入信息"文本框中输入提示文本，如图10-44所示。

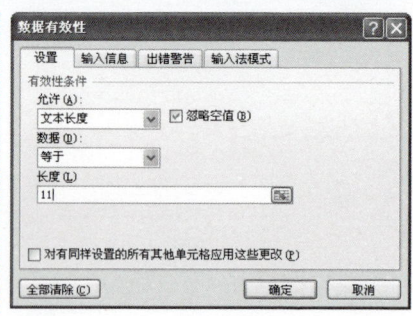

图10-43

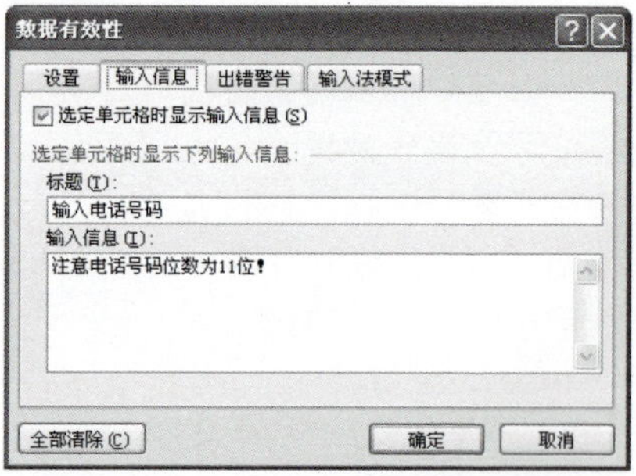

图10-44

5 切换到"出错警告"选项卡下，单击"样式"右侧的下三角按钮，单击"警告"选项，在"标题"和"错误信息"文本框中输入警告文本，如图10-45所示。

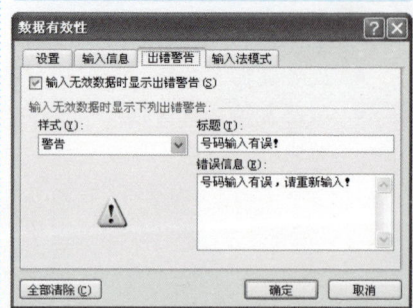

图10-45

6 切换到“输入法模式”选项卡下，单击“模式”右侧的下三角按钮，在“模式”下拉列表中选择“打开”选项，如图10-46所示。

图10-46

7 设置完成后，单击“确定”按钮，选中D列单元格时，会显示相应的提示文本，如图10-47所示。

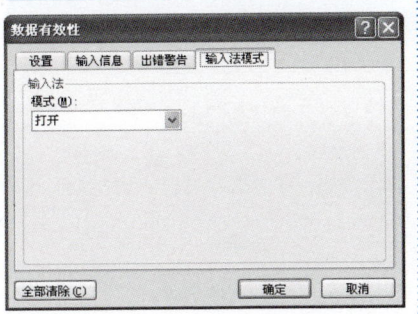

A	B	C	D	
值班人员联系簿				
值班时间	值班人	QQ号码	电话号码	电
2012-8-5	王荣			
2012-8-6	周国菊			
2012-8-7	葛丽			
2012-8-8	王磊			
2012-8-9	刘泰			
2012-8-10	周礼			
2012-8-11	陶莉莉			
2012-8-12	方航			
2012-8-13	张天宇			
2012-8-14	王贝贝			
2012-8-15	刘飞			

输入电话号码
注意电话号码位数为11位！

图10-47

步骤2：取消自动更新链接功能

1 单击“文件”按钮，在下拉列表中单击“选项”标签，如图10-48所示。

图10-48

2 弹出“Excel选项”对话框，单击“高级”选项，然后取消选中“请求自动更新链接”复选框，单击“确定”按钮，如图10-49所示。

3 此时可以在值班联系簿中输入每个值班人员的联系方式，并进一步完善即可完成值班人员联系簿的制作，如图10-50所示。

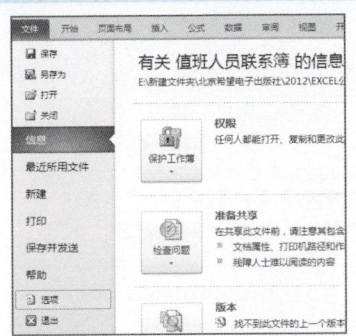

图10-49

	A	B	C	D	E
1	值班人员联系簿				
2	值班时间	值班人	QQ号码	电话号码	电子邮箱
3	2012-8-5	王荣	875874××	1314568745×	LF2011@126.com
4	2012-8-6	周国菊	968565××	1325688447×	CH2011@126.com
5	2012-8-7	葛丽	8566547××	1369588746×	LP2011@126.com
6	2012-8-8	王磊	58745668××	1324785474×	CL2011@126.com
7	2012-8-9	刘泰	13652874××	1326548899×	LR2011@126.com
8	2012-8-10	周礼	12457866××	1324556974×	HH2011@126.com
9	2012-8-11	陶莉莉	1668574××	1368749887×	CZ2011@126.com
10	2012-8-12	方航	12354874××	1347885474×	LXY2011@163.com
11	2012-8-13	张天宇	13698744××	1352677899×	XQY2011@163.com
12	2012-8-14	王贝贝	1369855××	1325475874×	HP2011@163.com
13	2012-8-15	刘飞	2568874××	1356877455×	ZX2011@163.com
14	2012-8-16	张东方	2356898××	1365747445×	HF2011@126.com
15	2012-8-17	王北峰	2457889××	1598774667×	LX2011@163.com
16	2012-8-18	周涛利	25485687××	1365784897×	CY2011@163.com

图10-50

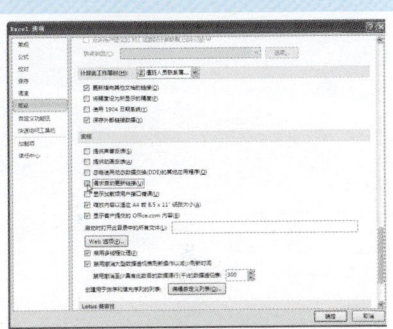

Excel公司行政管理必须掌握的208个文件与108个函数

文件91 值班餐费申请单

值班餐费申请单，是员工在领取餐费时，要求员工填写的表格。

制作要点与设计效果图

- 插入符号
- 设置数字格式
- SUM函数
- SUMPRODUCT函数

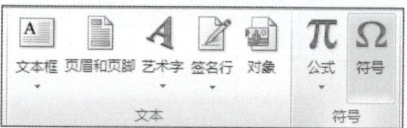

文件设计过程

步骤1：插入符号

[1] 双击A8单元格，将光标插入点置于文本前端，单击"插入"选项卡下"符号"选项组中"符号"按钮，如图10-51所示。

图10-51

[2] 弹出"符号"对话框，切换至"符号"选项卡下，搬运滚动条进行符号浏览，双击要插入的带圈数字"①"图标即可，如图10-52所示。

[3] 用相同的方法在A9和A10单元格中插入带圈数字"②"和"③"，如图10-53所示。

图10-52

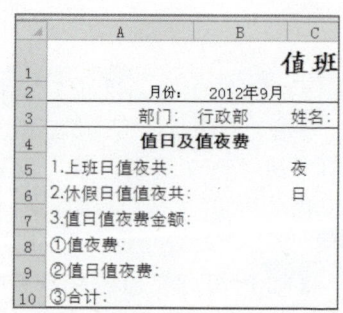

图10-53

第10章　员工值班与加班管理

步骤2：设置数字格式

1 根据实际情况在表格中填写值班数、餐数、申请日期等数据。输入完成后，按下【Ctrl】键，如图10-54所示。

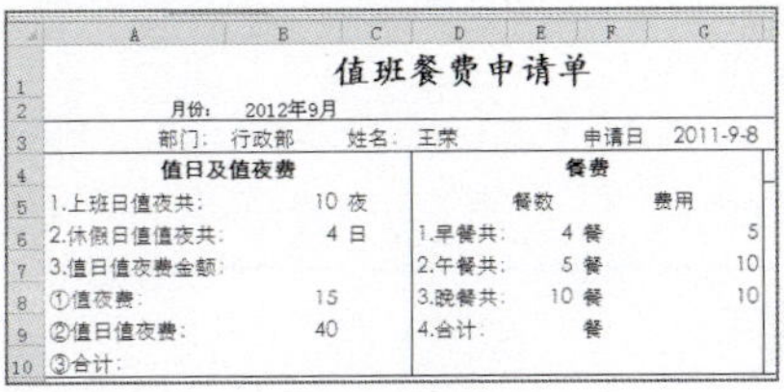

图10-54

2 单击选中B8、B9、B10、G6、G7、G8和G9单元格，在"数字"组中单击"货币格式"右侧的下三角按钮，单击"中文（中国）"选项，如图10-55所示。

图10-55

3 此时选中单元格中的数字则显示带人民币符号的货币数据，如图10-56所示。

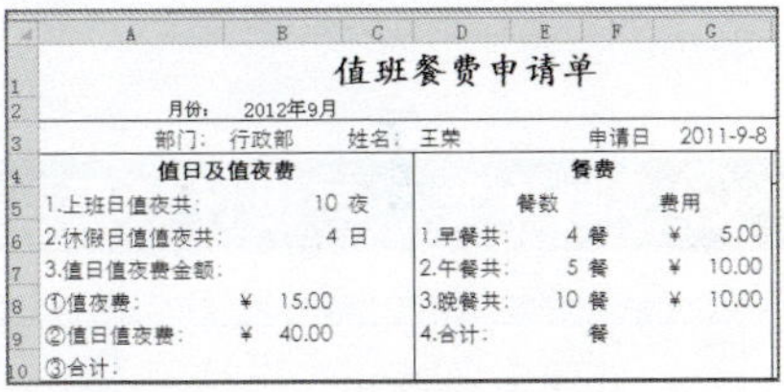

图10-56

步骤3：计算公式

1 在B10单元格中输入计算公式"=B5*B8+B6*B9"，按下【Enter】键，计算出值班费合计金额，如图10-57所示。

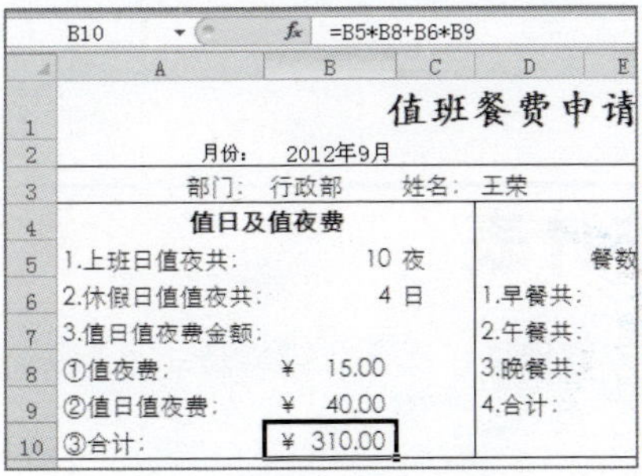

2 在E9单元格中输入公式"=SUM（E6:E8）"，按下【Enter】键，计算出餐数合计，如图10-58所示。

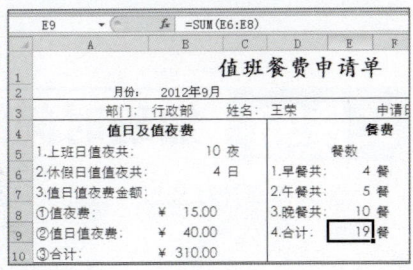

图10-57　　　　　　图10-58

3 在G9单元格中输入计算公式"=SUMPRODUCT(E6:E8, G6:G8)",按下【Enter】键,即可计算出的餐费合计金额,如图10-59所示。

图10-59

文件92 加班记录表

加班记录表,主要记录加班日期、加班人员姓名、所在部门、职务、加班原因。

制作要点与设计效果图

- 设置日期格式
- 设置时间格式
- 套用表格样式

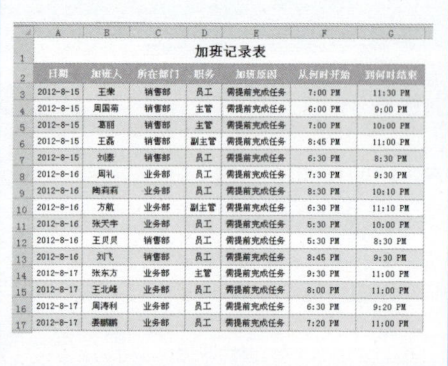

文件93 加班时间统计表

为人事部计算加班工资提供最有力的依据,应该统计出每个人每次加班的工时数。

第10章 员工值班与加班管理

 制作要点与设计效果图

- 复制工作表
- 设置公式
- 设置单元格样式

文件94 员工工时记录簿

为了方便人事部门月末发放让员工满意的工资，员工每日的工时、加班工时等都会作详细的记录。

 制作要点与设计效果图

- 设置字体格式
- 设置对齐方式
- 插入符号
- 设置边框
- 插入空行

文件95 工作时间记录卡

工作时间记录卡是发放到员工手中，在打卡时填写当前的时间即可，月底再与打卡机上记录的时间进行对比检查，确保出勤记录的正确。

Excel公司行政管理必须掌握的208个文件与108个函数

制作要点与设计效果图

- 设置单元格格式
- 手动调整列宽
- 插入行
- 填充星期数

	A	B	C	D	E	F	G	H
1				工作时间记录卡				
2				Time sheet				
3					部门Department			
4		工作时间记录卡			科室Section			
5		TIME SHEET			工作周Week			
6	姓名Name				工资单编号Payroll number			
7	日期Day	Normal hours			Overtime			总计 Total
8		起 In	讫 Out	小时数 Hours	起 In	讫 Out	小时数 Hours	
10								
11	星期一 Monday							
13	星期二 Tuesday							
15	星期三 Wednesday							
17	星期四 Thursday							
19	星期五 Friday							
21	星期六 Saturday							
23	星期日 Sunday							
25	总计Total							

文件96 加班费申请单

员工考勤日报表是用于计算企业当日应到人数、实到人数、迟到人数、病假人数、事假人数等信息的统计结果表格。

制作要点与设计效果图

- 设置边框
- 定义名称
- 设置数据格式

加班费申请单

报销日期　　　部门　　　姓名

日期				工作内容及地点	实际加班时间		加班费	午餐费
起		讫						
月	日	月	日		时数	费用/时		
8	11	8	11	办公室	3:30	12元	54元	15元
8	11	8	11	办公室	2:30	10元	25元	12元
8	12	8	12	办公室	1:30	15元	23元	10元
8	12	8	12	办公室	1:30	10元	15元	10元
8	13	8	13	办公室	2:30	12元	30元	12元

总经理　会计　出纳　审核　申请人

第11章 员工出差管理

员工出差主要是由企业派出洽谈某些事项,或是纯粹进行技术交流的活动,因此出差就成为企业领导和员工的一项重要工作。

由于出差会牵扯到费用的问题,在出差前员工可以向公司申请预支费用。出差回来则需要对出差费用进行结算,员工出差管理中常见的文件有员工出差申请表、员工出差记录统计表、出差费用结算表、年度出差日数报告表等。

编号	文件名称	光盘中对应数据源	重要星级
文件97	员工出差申请表	素材文件\第11章\员工出差申请表.xls	★★★★
文件98	出差费用结算表	素材文件\第11章\出差费用结算表.xls	★★★★
文件99	员工出差记录统计表	素材文件\第11章\员工出差记录统计表.xls	★★★★★
文件100	业务人员出差报告表	素材文件\第11章\业务人员出差报告表.xls	★★★★
文件101	年度出差日数报告表	素材文件\第11章\年度出差日数报告表.xls	★★★★★
文件102	营业出差日报表	素材文件\第11章\营业出差日报表.xls	★★★★★
文件103	长期出差报告	素材文件\第11章\长期出差报告.xls	★★★★
文件104	员工出差旅费报销清单	素材文件\第11章\员工出差旅费报销清单.xls	★★★★
文件105	短程旅费申请表	素材文件\第11章\短程旅费申请表.xls	★★★★
文件106	国外出差旅费计算表	素材文件\第11章\国外出差旅费计算表.xls	★★★★

Excel公司行政管理必须掌握的208个文件与108个函数

文件97　员工出差申请表

员工出差申请表主要是填写出差的差期、出差地点、出发时间、出差事由以及预支差旅费等，此申请表可以作为预支差旅费的依据。

制作要点与设计效果图

- 设置日期格式
- 设置货币格式
- 保护工作簿

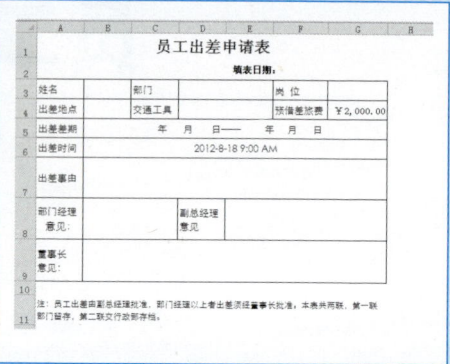

文件设计过程

步骤1：设置货币格式

[1] 选中G4单元格，打开"设置单元格格式"对话框，在"分类"列表框中单击"货币"选项，并设置小数位数为"2"和货币样式，单击"确定"按钮，如图11-1所示。

[2] 此时在G4单元格中输入预借金额2000元将自动显示为￥2,000.00，如图11-2所示。

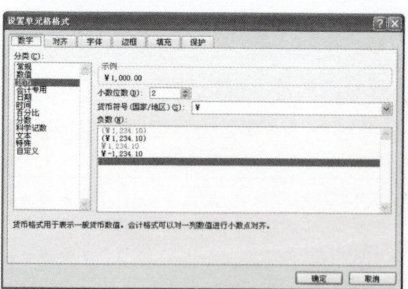

图11-1

图11-2

步骤2：设置日期格式

1 选中B6单元格，打开"设置单元格格式"对话框，单击"日期"选项，然后在"类型"列表框中单击"2011-3-14 1:30 PM"选项，如图11-3所示。

2 设置完成后单击"确定"按钮，在B6单元格中输入出差时间，即以指定格式显示，如图11-4所示。

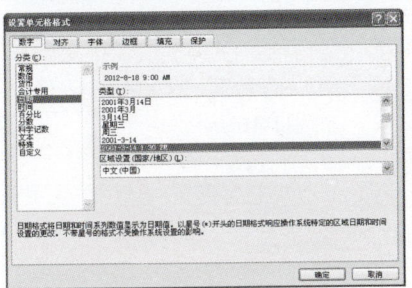

图11-3

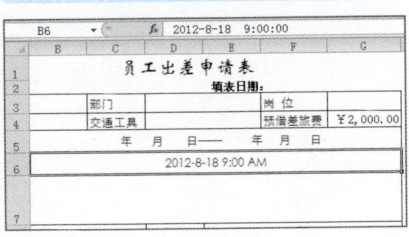

图11-4

步骤3：共享工作簿

1 单击"审阅"选项卡，在"更改"选项组中单击"共享工作簿"按钮，如图11-5所示。

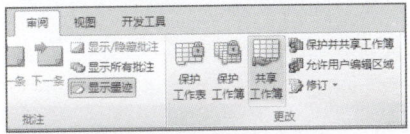

图11-5

2 打开"共享工作簿"对话框，在"编辑"选项卡下选中"允许多用户同时编辑，同时允许工作簿合并"复选框，如图11-6所示。

3 弹出Microsoft Excel对话框提示"此操作将导致保存文档，是否继续？"，单击"确定"按钮，如图11-7所示。

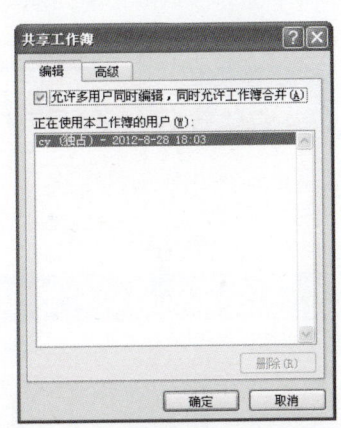

图11-6

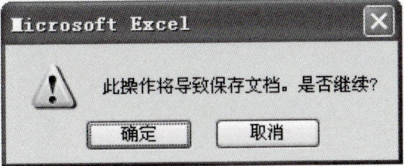

图11-7

Excel公司行政管理必须掌握的208个文件与108个函数

4 系统自动保存当前工作簿，并在标题栏中显示"共享"字样，如图11-8所示。

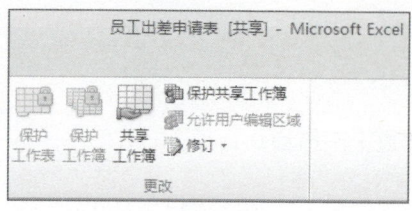

图11-8

步骤4：保护共享工作簿

1 单击"审阅"选项卡，在"更改"选项组中单击"保护共享工作簿"按钮，如图11-9所示。

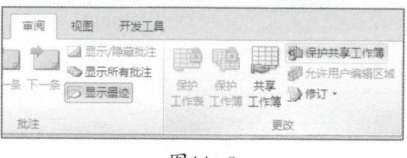

图11-9

2 弹出"保护共享工作簿"对话框，选中"以跟踪修订方式共享"复选框，然后单击"确定"按钮。可以有效地避免丢失修订记录，如图11-10所示。

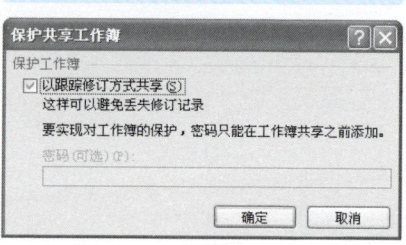

图11-10

文件98　出差费用结算表

由于出差费用名目繁多，为了让费用清晰明了，可以在Excel中制作出差费用结算表。

制作要点与设计效果图

- SUMIF函数
- 公式运算
- 显示计算公式

	A	B	C	D
1	出差费用结算表			
2	类别	差费金额	有无收据	
3	机票费用	¥1,800.00	有	
4	交通费用	¥400.00	有	
5	住宿费	¥500.00	有	
6	餐费	¥280.00	无	
7	交际费	¥150.00	有	
8	邮电费	¥40.00	有	
9	资料费	¥50.00	无	
10	翻译费	¥60.00	有	
11	其他	¥160.00	有	
12	合计		3,110.00	
13	预支差费		3,000.00	
14	退回、不足	¥	110.00	
15	备注		(签章)	

第11章 员工出差管理

文件设计过程

步骤1：创建表格

在工作表中输入表头、标识项，以及相关文本，输入完成并进行相关格式设置，效果如图11-11所示。

图11-11

步骤2：设置公式计算金额

1 选择B12单元格区域，在公式编辑栏中输入公式"=SUMIF(C3:C11,C3,B3:B11)"，按【Enter】键，即可计算出有收据的可报销金额，如图11-12所示。

2 选中B14单元格，在公式编辑栏中输入公式，输入公式"=B12-B13"，按下【Enter】键，即可计算出企业应补给的费用，如图11-13所示。

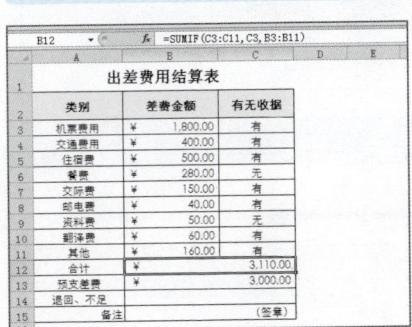

图11-12

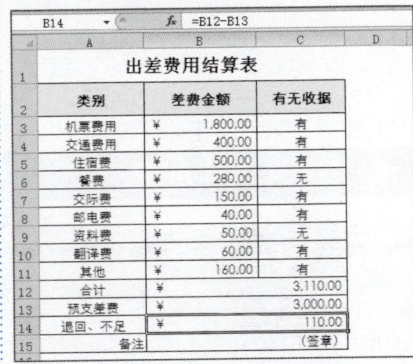

图11-13

步骤3：显示工作表中的计算公式

1 如果用户想要了解当前工作表中哪些单元格应用了公式，可以切换至"公式"选项卡，单击"显示公式"按钮，如图11-14所示。

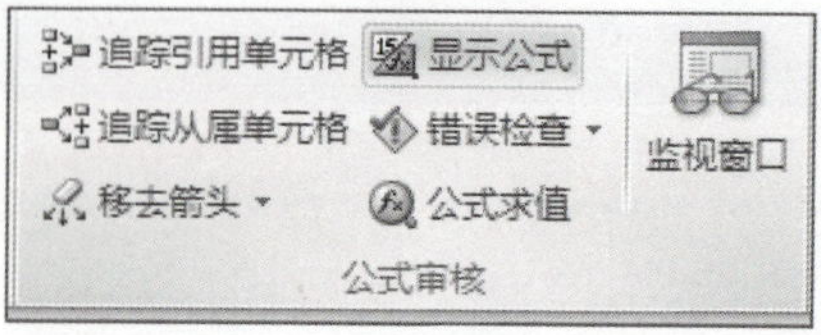

图11-14

2 此时，所有包含公式的单元格都以文本的公式显示，而不是直接显示计算结果，如图11-15所示。

出差费用结算表		
类别	差费金额	有无收据
机票费用	1800	有
交通费用	400	有
住宿费	500	有
餐费	280	无
交际费	150	有
邮电费	40	有
资料费	50	无
翻译费	60	有
其他	160	有
合计	=SUMIF(C3:C11,C3,B3:B11)	
预支差费	3000	
退回、不足	=B12-B13	
备注		（签章）

图11-15

文件99 员工出差记录统计表

员工出差记录统计表主要是统计当月出差人员的姓名、出差期限、出发时间、出差原由和预借资金等以行列式记录在同一个工作表中，方便查询与管理。

制作要点与设计效果图

- 设置数字格式
- SUM函数
- COUNTA函数

员工出差记录统计表							
员工姓名	部门	出差地点	出差事由	交通工具	出差期限	出差出发时间	预借差旅费
王荣	销售部	上海	洽谈业务	飞机	4天	2012-8-10	¥ 2,000.00
周国荣	销售部	浙江	洽谈业务	飞机	4天	2012-8-11	¥ 2,000.00
葛丽	销售部	上海	洽谈业务	火车	5天	2012-8-13	¥ 3,000.00
王磊	销售部	浙江	洽谈业务	火车	5天	2012-8-13	¥ 1,500.00
刘泰	销售部	广西	洽谈业务	飞机	3天	2012-8-14	¥ 1,500.00
周礼	销售部	广西	洽谈业务	飞机	5天	2012-8-15	¥ 3,000.00
陶莉莉	销售部	安徽	洽谈业务	火车	15天	2012-8-15	¥ 4,000.00
方航	技术部	安徽	技术交流	大巴	10天	2012-8-15	¥ 2,000.00
张天宇	销售部	上海	洽谈业务	大巴	5天	2012-8-16	¥ 2,500.00
王贝贝	技术部	上海	技术交流	火车	14天	2012-8-16	¥ 2,000.00
刘飞	技术部	北京	技术交流	火车	12天	2012-8-16	¥ 3,500.00
张东方	销售部	上海	洽谈业务	飞机	14天	2012-8-18	¥ 4,500.00
王北峰	销售部	上海	洽谈业务	飞机	15天	2012-8-19	¥ 2,500.00
周涛利	销售部	北京	洽谈业务	飞机	13天	2012-8-19	¥ 3,000.00
姜鹏鹏	技术部	北京	技术交流	火车	10天	2012-8-22	¥ 2,500.00
本月出差人数		15					
预借差旅费合计		¥ 39,500.00					

文件设计过程

步骤1：创建表格

1 在工作表中输入表头、标识项以及相关文本，输入完成并进行相关格式设置，效果如图11-16所示。

员工出差记录统计表							
员工姓名	部门	出差地点	出差事由	交通工具	出差期限	出差出发时间	预借差旅费
王荣	销售部	上海	洽谈业务	飞机	4	2012-8-10	2000
周国荣	销售部	浙江	洽谈业务	飞机	4	2012-8-11	2000
葛丽	销售部	上海	洽谈业务	火车	5	2012-8-13	3000
王磊	销售部	浙江	洽谈业务	火车	5	2012-8-13	1500
刘泰	销售部	广西	洽谈业务	飞机	3	2012-8-14	1500
周礼	销售部	广西	洽谈业务	飞机	5	2012-8-15	3000
陶莉莉	销售部	安徽	洽谈业务	火车	15	2012-8-15	4000
方航	技术部	安徽	技术交流	大巴	10	2012-8-15	2000
张天宇	销售部	上海	洽谈业务	大巴	5	2012-8-16	2500
王贝贝	技术部	上海	技术交流	火车	14	2012-8-16	2000
刘飞	技术部	北京	技术交流	火车	12	2012-8-16	3500
张东方	销售部	上海	洽谈业务	飞机	14	2012-8-18	4500
王北峰	销售部	上海	洽谈业务	飞机	15	2012-8-19	2500
周涛利	销售部	北京	洽谈业务	飞机	13	2012-8-19	3000
姜鹏鹏	技术部	北京	技术交流	火车	10	2012-8-22	2500
本月出差人数							
预借差旅费合计							

图11-16

步骤2：设置数字格式

1 选中F3:F17单元格区域，打开“设置单元格格式”对话框，单击“数字”选项卡，在“分类”栏下选择“自定义”选项，在右侧“类型”栏下选择一种数字格式，如图11-17所示。

图11-17

2 设置完成后，单击“确定”按钮，即可应用设置的数字格式，如图11-18所示。

员工出差记录统计表							
员工姓名	部门	出差地点	出差事由	交通工具	出差天数	出差出发时间	预借差旅费
王荣	销售部	上海	洽谈业务	飞机	4天	2012-8-10	2000
周国菊	销售部	浙江	洽谈业务	飞机	4天	2012-8-11	2000
葛丽	销售部	上海	洽谈业务	火车	5天	2012-8-13	3000
王磊	销售部	浙江	洽谈业务	火车	5天	2012-8-13	1500
刘攀	销售部	广西	洽谈业务	飞机	3天	2012-8-14	1500
周礼	销售部	广西	洽谈业务	飞机	5天	2012-8-15	3000
陶莉莉	销售部	安徽	洽谈业务	火车	15天	2012-8-15	4000
方航	技术部	安徽	技术交流	大巴	10天	2012-8-15	2000
张天宇	销售部	上海	洽谈业务	大巴	5天	2012-8-16	2500
王贝贝	技术部	上海	技术交流	火车	14天	2012-8-16	2000
刘飞	技术部	北京	技术交流	火车	12天	2012-8-16	3500
张东方	销售部	上海	洽谈业务	飞机	14天	2012-8-18	4500
王北峰	销售部	上海	洽谈业务	飞机	15天	2012-8-19	2500
周涛利	销售部	北京	洽谈业务	飞机	13天	2012-8-19	3000
姜鹏鹏	技术部	北京	技术交流	火车	10天	2012-8-22	2500

图11-18

3 选中H3:H17单元格区域，打开“设置单元格格式”对话框，单击“数字”选项卡，在“分类”栏下选择“会计专用”选项，在右侧“货币符号（国家/地区）（S）”下拉列表中选择一种符号，如图11-19所示。

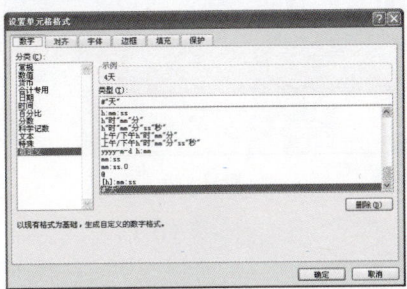

图11-19

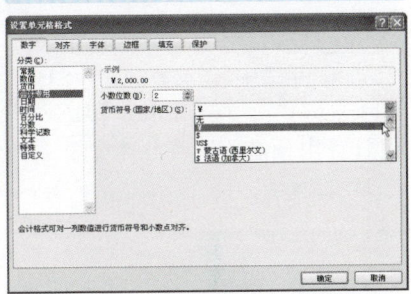

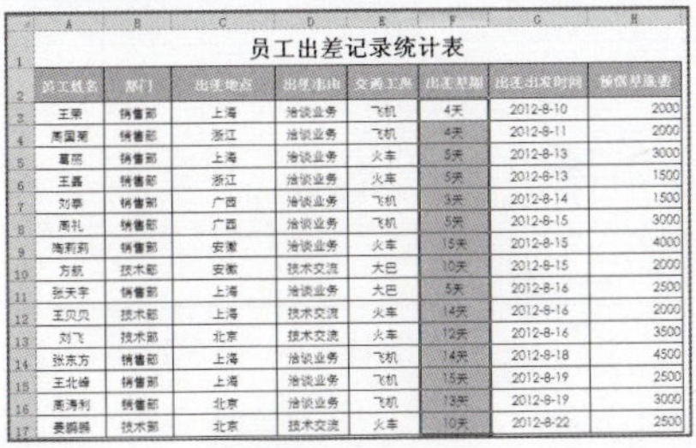

4 设置完成后，单击“确定”按钮，即可应用设置的数字格式，如图11-20所示。

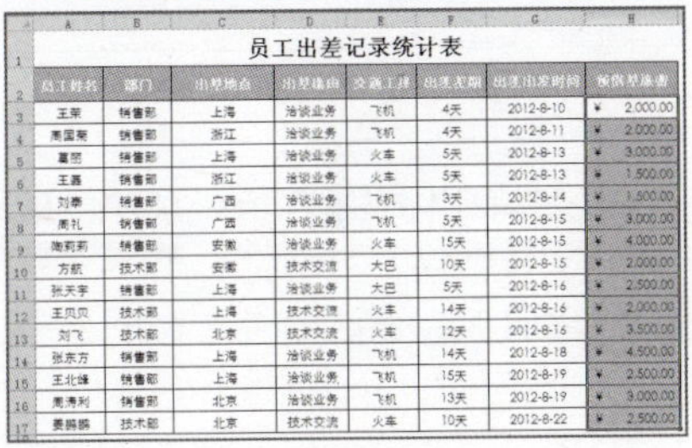

员工出差记录统计表							
员工姓名	部门	出差地点	出差事由	交通工具	出差天数	出差出发时间	预借差旅费
王荣	销售部	上海	洽谈业务	飞机	4天	2012-8-10	¥ 2,000.00
周国菊	销售部	浙江	洽谈业务	飞机	4天	2012-8-11	¥ 2,000.00
葛丽	销售部	上海	洽谈业务	火车	5天	2012-8-13	¥ 3,000.00
王磊	销售部	浙江	洽谈业务	火车	5天	2012-8-13	¥ 1,500.00
刘攀	销售部	广西	洽谈业务	飞机	3天	2012-8-14	¥ 1,500.00
周礼	销售部	广西	洽谈业务	飞机	5天	2012-8-15	¥ 3,000.00
陶莉莉	销售部	安徽	洽谈业务	火车	15天	2012-8-15	¥ 4,000.00
方航	技术部	安徽	技术交流	大巴	10天	2012-8-15	¥ 2,000.00
张天宇	销售部	上海	洽谈业务	大巴	5天	2012-8-16	¥ 2,500.00
王贝贝	技术部	上海	技术交流	火车	14天	2012-8-16	¥ 2,000.00
刘飞	技术部	北京	技术交流	火车	12天	2012-8-16	¥ 3,500.00
张东方	销售部	上海	洽谈业务	飞机	14天	2012-8-18	¥ 4,500.00
王北峰	销售部	上海	洽谈业务	飞机	15天	2012-8-19	¥ 2,500.00
周涛利	销售部	北京	洽谈业务	飞机	13天	2012-8-19	¥ 3,000.00
姜鹏鹏	技术部	北京	技术交流	火车	10天	2012-8-22	¥ 2,500.00

图11-20

步骤3：设置公式

1 选中C19单元格，在公式编辑栏中输入公式“=COUNTA(A3:A17)”，按【Enter】键，即可计算出的本月出差人数，如图11-21所示。

C19 =COUNTA(A3:A17)

员工出差记录统计表							
员工姓名	部门	出差地点	出差事由	交通工具	出差天数	出差出发时间	预借差旅费
王荣	销售部	上海	洽谈业务	飞机	4天	2012-8-10	¥ 2,000.00
周国菊	销售部	浙江	洽谈业务	飞机	4天	2012-8-11	¥ 2,000.00
葛丽	销售部	上海	洽谈业务	火车	5天	2012-8-13	¥ 3,000.00
王磊	销售部	浙江	洽谈业务	火车	5天	2012-8-13	¥ 1,500.00
刘泰	销售部	广西	洽谈业务	飞机	3天	2012-8-14	¥ 1,500.00
周礼	销售部	广西	洽谈业务	飞机	5天	2012-8-15	¥ 3,000.00
陶莉莉	销售部	安徽	洽谈业务	火车	15天	2012-8-15	¥ 4,000.00
方航	技术部	安徽	技术交流	大巴	10天	2012-8-15	¥ 2,000.00
张天宇	销售部	上海	洽谈业务	大巴	5天	2012-8-16	¥ 2,500.00
王贝贝	技术部	上海	技术交流	火车	14天	2012-8-16	¥ 2,000.00
刘飞	技术部	北京	技术交流	火车	12天	2012-8-16	¥ 3,500.00
张东方	销售部	上海	洽谈业务	飞机	14天	2012-8-18	¥ 4,500.00
王北峰	销售部	上海	洽谈业务	飞机	15天	2012-8-19	¥ 2,500.00
周鸿利	销售部	北京	洽谈业务	飞机	13天	2012-8-19	¥ 3,000.00
姜鹏鹏	技术部	北京	技术交流	火车	10天	2012-8-22	¥ 2,500.00
本月出差人数		15					
预借差旅费合计							

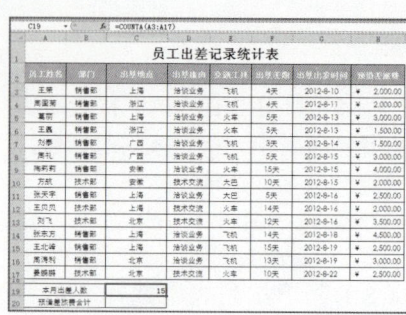

图11-21

2 单击选中C20单元格，在公式编辑栏中输入公式“=SUM(H3:H17)”，按【Enter】键，即可计算出预借差旅费合计金额，如图11-22所示。

C20 =SUM(H3:H17)

员工出差记录统计表							
员工姓名	部门	出差地点	出差事由	交通工具	出差天数	出差出发时间	预借差旅费
王荣	销售部	上海	洽谈业务	飞机	4天	2012-8-10	¥ 2,000.00
周国菊	销售部	浙江	洽谈业务	飞机	4天	2012-8-11	¥ 2,000.00
葛丽	销售部	上海	洽谈业务	火车	5天	2012-8-13	¥ 3,000.00
王磊	销售部	浙江	洽谈业务	火车	5天	2012-8-13	¥ 1,500.00
刘泰	销售部	广西	洽谈业务	飞机	3天	2012-8-14	¥ 1,500.00
周礼	销售部	广西	洽谈业务	飞机	5天	2012-8-15	¥ 3,000.00
陶莉莉	销售部	安徽	洽谈业务	火车	15天	2012-8-15	¥ 4,000.00
方航	技术部	安徽	技术交流	大巴	10天	2012-8-15	¥ 2,000.00
张天宇	销售部	上海	洽谈业务	大巴	5天	2012-8-16	¥ 2,500.00
王贝贝	技术部	上海	技术交流	火车	14天	2012-8-16	¥ 2,000.00
刘飞	技术部	北京	技术交流	火车	12天	2012-8-16	¥ 3,500.00
张东方	销售部	上海	洽谈业务	飞机	14天	2012-8-18	¥ 4,500.00
王北峰	销售部	上海	洽谈业务	飞机	15天	2012-8-19	¥ 2,500.00
周鸿利	销售部	北京	洽谈业务	飞机	13天	2012-8-19	¥ 3,000.00
姜鹏鹏	技术部	北京	技术交流	火车	10天	2012-8-22	¥ 2,500.00
本月出差人数		15					
预借差旅费合计		39500					

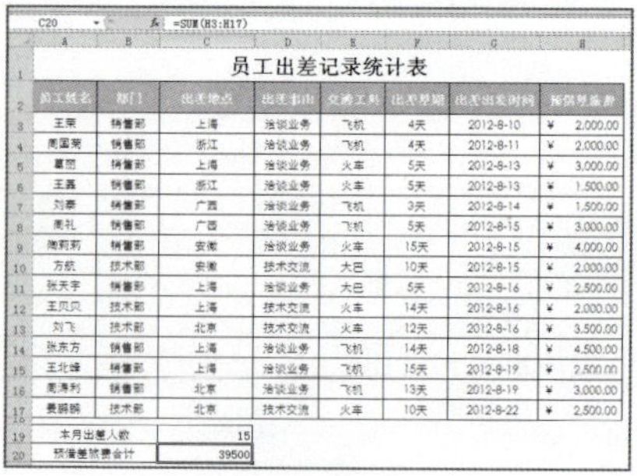

图11-22

3 选中C20单元格，打开“设置单元格格式”对话框，单击“数字”选项卡，在“分类”栏下选择“会计专用”选项，在右侧“货币符号（国家/地区）（S）”下拉列表中选择一种符号，如图11-23所示。

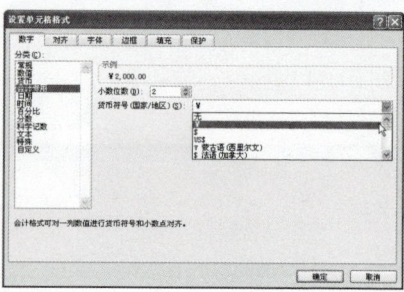

图11-23

4 设置完成后，单击“确定”按钮，即可应用设置的数字格式，如图11-24所示。

员工出差记录统计表							
员工姓名	部门	出差地点	出差事由	交通工具	出差天数	出差出发时间	预借差旅费
王荣	销售部	上海	洽谈业务	飞机	4天	2012-8-10	¥ 2,000.00
周国菊	销售部	浙江	洽谈业务	飞机	4天	2012-8-11	¥ 2,000.00
葛丽	销售部	上海	洽谈业务	火车	5天	2012-8-13	¥ 3,000.00
王磊	销售部	浙江	洽谈业务	火车	5天	2012-8-13	¥ 1,500.00
刘泰	销售部	广西	洽谈业务	飞机	3天	2012-8-14	¥ 1,500.00
周礼	销售部	广西	洽谈业务	飞机	5天	2012-8-15	¥ 3,000.00
陶莉莉	销售部	安徽	洽谈业务	火车	15天	2012-8-15	¥ 4,000.00
方航	技术部	安徽	技术交流	大巴	10天	2012-8-15	¥ 2,000.00
张天宇	销售部	上海	洽谈业务	大巴	5天	2012-8-16	¥ 2,500.00
王贝贝	技术部	上海	技术交流	火车	14天	2012-8-16	¥ 2,000.00
刘飞	技术部	北京	技术交流	火车	12天	2012-8-16	¥ 3,500.00
张东方	销售部	上海	洽谈业务	飞机	14天	2012-8-18	¥ 4,500.00
王北峰	销售部	上海	洽谈业务	飞机	15天	2012-8-19	¥ 2,500.00
周鸿利	销售部	北京	洽谈业务	飞机	13天	2012-8-19	¥ 3,000.00
姜鹏鹏	技术部	北京	技术交流	火车	10天	2012-8-22	¥ 2,500.00
本月出差人数		15					
预借差旅费合计		¥ 39,500.00					

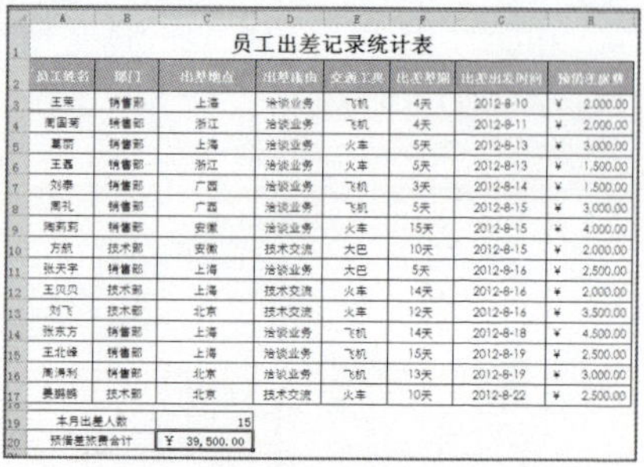

图11-24

文件100 业务人员出差报告表

为了便于有关部门检查，业务人员出差报告表主要包括往访对象、报告事项、订货及收据等内容。

制作要点与设计效果图

- 新建窗口
- 切换窗口
- 并排查看窗口

业务人员出差报告表					
	总经理	副总经理	协理	部门主管	出差人
2012年8月15日	王棠	周国菊	陈怡	葛丽	周淳
时间	往访	对象	报告事项	订货及收据	
9：30~14：00	客户名称	中能科技	签订订单	280件有收据	
	地址	温州			
	电话	13256545×××			
	目的	签单			
	接洽人	夏慧			
15：00~18：00	客户名称	叶氏集团	产品推广		
	地址	上海			
	电话	13565588×××			
	目的	洽商			
	接洽人	刘菲			

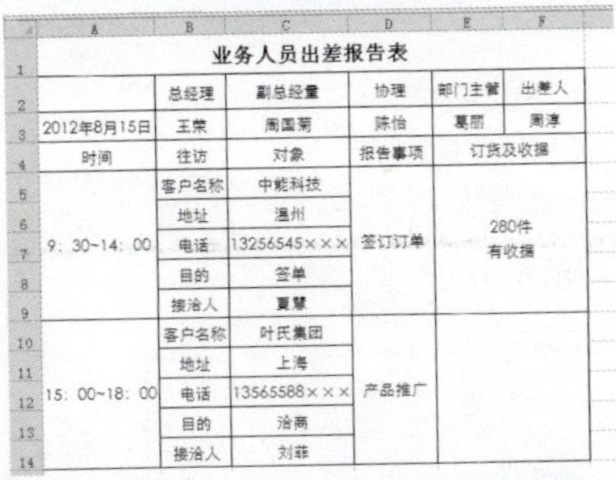

文件设计过程

步骤1：创建表格

在Sheet1工作表中填入相应的出差报告相关数据，如图11-25所示。

业务人员出差报告表					
	总经理	副总经理	协理	部门主管	出差人
2012年8月15日	王棠	周国菊	陈怡	葛丽	周淳
时间	往访	对象	报告事项	订货及收据	
9：30~14：00	客户名称	中能科技	签订订单	280件有收据	
	地址	温州			
	电话	13256545×××			
	目的	签单			
	接洽人	夏慧			
15：00~18：00	客户名称	叶氏集团	产品推广		
	地址	上海			
	电话	13565588×××			
	目的	洽商			
	接洽人	刘菲			

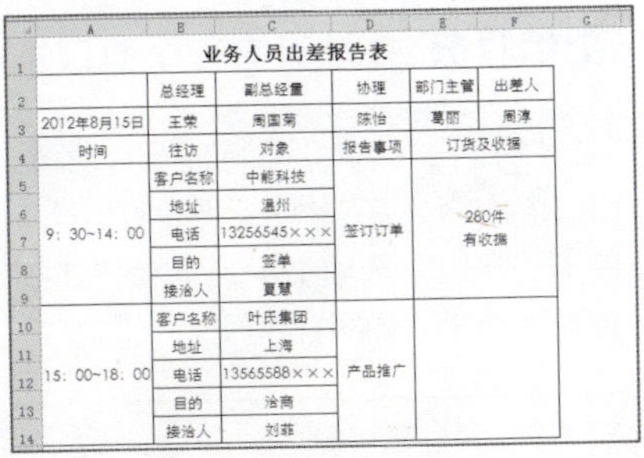

图11-25

步骤2：单击“新建窗口”按钮

①在“视图”选项卡下，单击“窗口”选项组中“新建窗口”按钮，如图11-26所示。

图11-26

②此时在当前文件的标题栏中添加了标示窗口的代码，如“业务人员出差报告表:2”表示该窗口为该工作簿的第2个窗口，如图11-27所示。

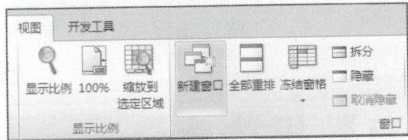

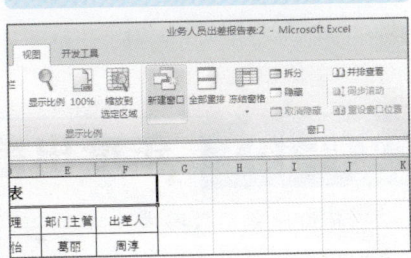

图11-27

步骤3：切换窗口显示

1 若要显示第1个窗口中的内容，在"视图"选项卡下，单击"窗口"选项组中"切换窗口"下拉按钮，在下拉菜单中单击"1业务人员出差报告表:1"选项，如图11-28所示。

2 此时当前屏幕上将显示"1业务人员出差报告表:1"的内容，如图11-29所示。

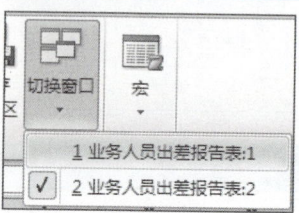

图11-28

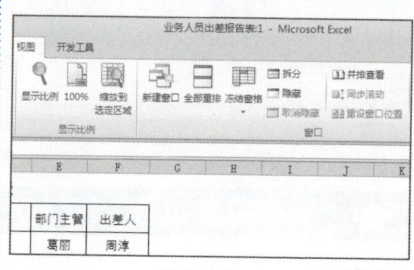

图11-29

步骤4：并排查看多个窗口中的数据

1 若想在屏幕上同时显示多个窗口的内容，在"视图"选项卡下，单击"窗口"选项组中，单击"并排查看"按钮，如图11-30所示。

时滚动翻阅，如图11-31所示。

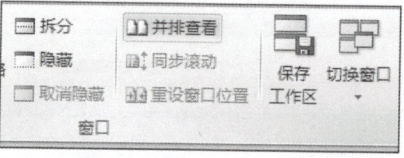

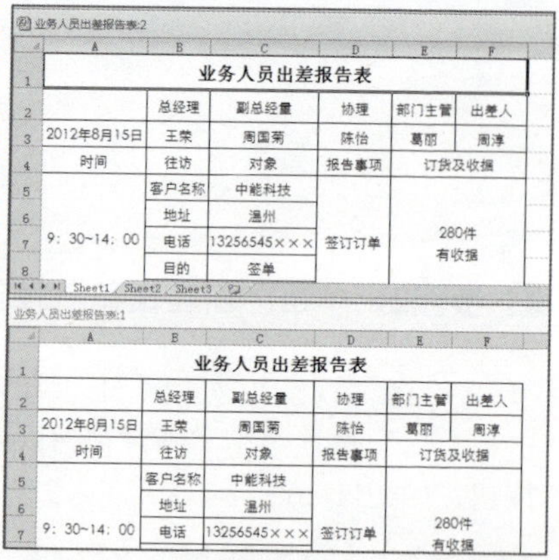

图11-30

2 当前打开的工作簿窗口以水平方式并排在一起，滚动鼠标滑块，可以看到两个窗口中的内容同

图11-31

文件101 年度出差日数报告表

年度出差日数报告表包括每月的出差日数、市内出差日数、外地出差日数等数据，以便一年下来统计出差情况，制作来年的工作计划。

制作要点与设计效果图

- 填充日期序列
- 公式运算
- 插入行
- SUBTOTAL函数

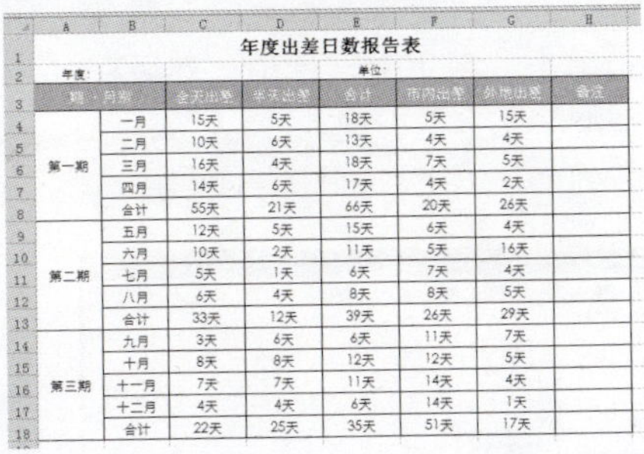

年度出差日数报告表

年度：　　　　单位：

期・月别		全天出差	半天出差	合计	市内出差	外地出差	备注
第一期	一月	15天	5天	18天	5天	15天	
	二月	10天	6天	13天	4天	4天	
	三月	16天	4天	18天	7天	5天	
	四月	14天	6天	17天	4天	2天	
	合计	55天	21天	66天	20天	26天	
第二期	五月	12天	5天	15天	6天	4天	
	六月	10天	2天	11天	5天	16天	
	七月	5天	1天	6天	7天	4天	
	八月	6天	4天	8天	8天	5天	
	合计	33天	12天	39天	26天	29天	
第三期	九月	3天	6天	6天	11天	7天	
	十月	8天	8天	12天	12天	5天	
	十一月	7天	7天	11天	14天	4天	
	十二月	4天	4天	6天	14天	1天	
	合计	22天	25天	35天	51天	17天	

文件设计过程

步骤1：填充日期序列

①在B4单元格中输入“一月”，拖动填充柄，向下填充数据，如图11-32所示。

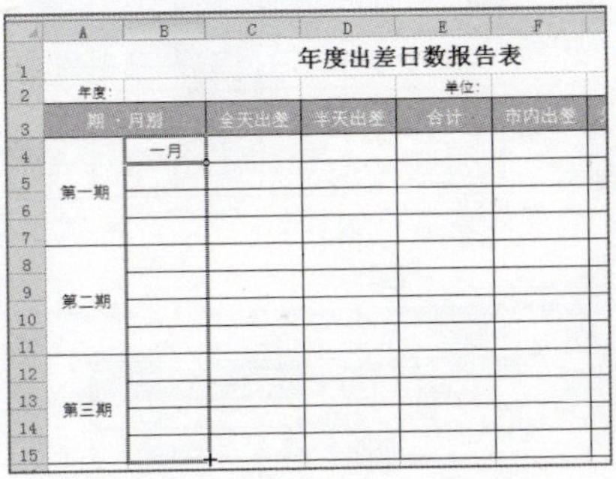

图11-32

②单击“自动填充选项”按钮，单击“填充序列”选项，如图11-33所示。

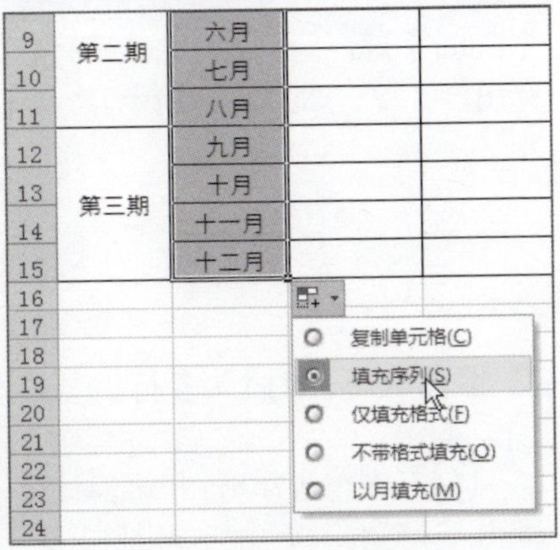

图11-33

提　示：

如果以月填充日期，可以在单元格输入日期数据时，拖动填充柄填充序列数据，可单击“自动填充选项”按钮，单击“以月填充”选项来实现。

步骤2：设置单元格格式

1 右键单击C4:G15单元区域，打开“设置单元格格式”对话框，单击“自定义”选项，然后在“类型”文本框中输入“#天”，单击“确定”按钮，如图11-34所示。

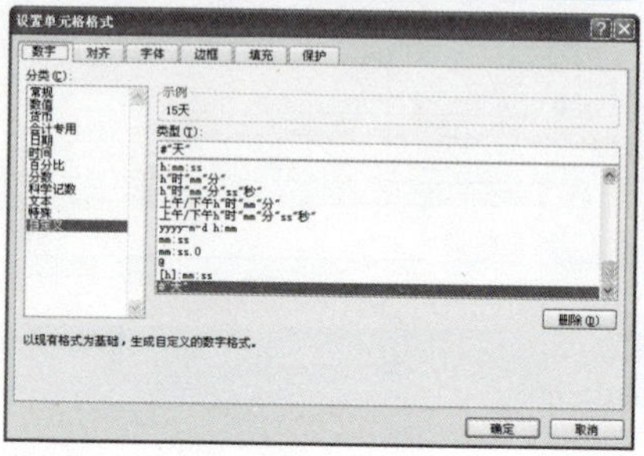

图11-34

2 接着在单元格中输入全天出差、半天出差、市内出差和外地出差天数，如图11-35所示。

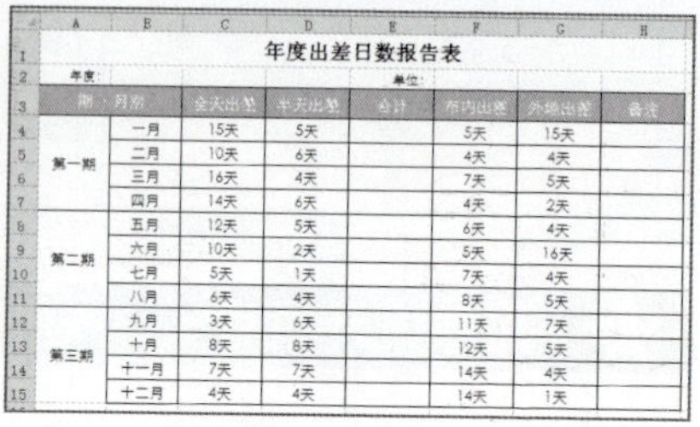

年度出差日数报告表							
年度:				单位:			
期	月份	全天出差	半天出差	合计	市内出差	外地出差	备注
第一期	一月	15天	5天		5天	15天	
	二月	10天	6天		4天	4天	
	三月	16天	4天		7天	5天	
	四月	14天	6天		4天	2天	
第二期	五月	12天	5天		6天	4天	
	六月	10天	2天		5天	16天	
	七月	5天	1天		7天	4天	
	八月	6天	4天		8天	5天	
第三期	九月	3天	6天		11天	7天	
	十月	8天	8天		12天	5天	
	十一月	7天	7天		14天	4天	
	十二月	4天	4天		14天	1天	

图11-35

步骤3：设置公式

选中E4单元格，在公式编辑栏中输入公式“=C4+D4*0.5”，按【Enter】键，向下填充公式即可计算出合计数，如图11-36所示。

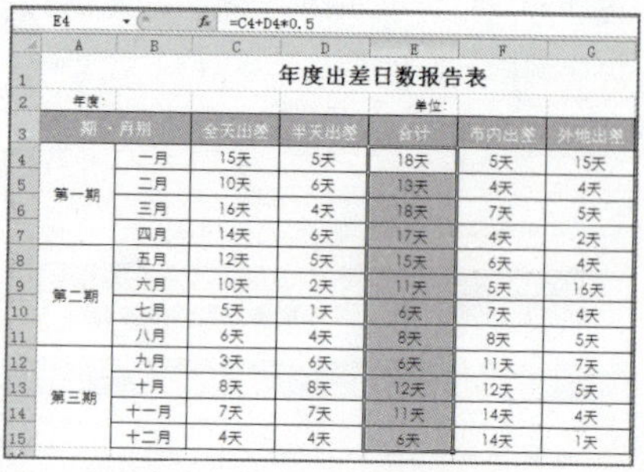

年度出差日数报告表						
年度:				单位:		
期	月份	全天出差	半天出差	合计	市内出差	外地出差
第一期	一月	15天	5天	18天	5天	15天
	二月	10天	6天	13天	4天	4天
	三月	16天	4天	18天	7天	5天
	四月	14天	6天	17天	4天	2天
第二期	五月	12天	5天	15天	6天	4天
	六月	10天	2天	11天	5天	16天
	七月	5天	1天	6天	7天	4天
	八月	6天	4天	8天	8天	5天
第三期	九月	3天	6天	6天	11天	7天
	十月	8天	8天	12天	12天	5天
	十一月	7天	7天	11天	14天	4天
	十二月	4天	4天	6天	14天	1天

图11-36

步骤4：同时插入多行

1 右键单击第8行和第12行，单击“插入”命令，如图11-37所示。

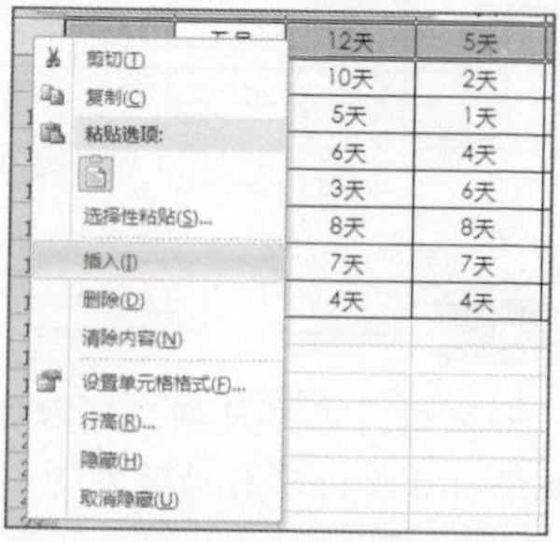

图11-37

2 即可在第8行和第12行处插入一行空白行，如图11-38所示。

	A	B	C	D	E	F	G	H
1	年度出差日数报告表							
2	年度:				单位:			
3	期·月别		全天出差	半天出差	合计	市内出差	外地出差	备注
4	第一期	一月	15天	5天	18天	5天	15天	
5		二月	10天	6天	13天	4天	4天	
6		三月	16天	4天	18天	7天	5天	
7		四月	14天	6天	17天	4天	2天	
8								
9	第二期	五月	12天	5天	15天	6天	4天	
10		六月	10天	2天	11天	5天	16天	
11		七月	5天	1天	6天	7天	4天	
12		八月	6天	4天	8天	8天	5天	
13								
14	第三期	九月	3天	6天	6天	11天	7天	
15		十月	8天	8天	12天	12天	5天	
16		十一月	7天	7天	11天	14天	4天	
17		十二月	4天	4天	6天	14天	1天	

图11-38

步骤5：利用自动记忆功能输入文本

1 在新增加的空白行中输入“合计”文本，当第二次输入“合计”时，会在输入一个字后，自动显示出后面的文本并以反白显示，如图11-39所示。

	A	B	C	D	E
1	年度出差日数报告				
2	年度:				单位:
3	期·月别		全天出差	半天出差	合计
4	第一期	一月	15天	5天	18天
5		二月	10天	6天	13天
6		三月	16天	4天	18天
7		四月	14天	6天	17天
8		合计			
9	第二期	五月	12天	5天	15天
10		六月	10天	2天	11天
11		七月	5天	1天	6天
12		八月	6天	4天	8天
13		合计			
14	第三期	九月	3天	6天	6天
15		十月	8天	8天	12天
16		十一月	7天	7天	11天
17		十二月	4天	4天	6天

图11-39

2 按下【Enter】键即可输入，如图11-40所示。

	A	B	C	D	E
1	年度出差日数报告				
2	年度:				单位:
3	期·月别		全天出差	半天出差	合计
4	第一期	一月	15天	5天	18天
5		二月	10天	6天	13天
6		三月	16天	4天	18天
7		四月	14天	6天	17天
8		合计			
9	第二期	五月	12天	5天	15天
10		六月	10天	2天	11天
11		七月	5天	1天	6天
12		八月	6天	4天	8天
13		合计			
14	第三期	九月	3天	6天	6天
15		十月	8天	8天	12天
16		十一月	7天	7天	11天
17		十二月	4天	4天	6天

图11-40

步骤6：SUBTOTAL函数

1 选中C8单元格，在公式编辑栏中输入公式“=SUBTOTAL(9,C4:C7)”，按【Enter】键，即可计算合计值，向右填充公式即可计算其他项合计，如图11-41所示。

C8　=SUBTOTAL(9,C4:C7)

	A	B	C	D	E	F	G
1	年度出差日数报告表						
2	年度:				单位:		
3	期·月别		全天出差	半天出差	合计	市内出差	外地出差
4	第一期	一月	15天	5天	18天	5天	15天
5		二月	10天	6天	13天	4天	4天
6		三月	16天	4天	18天	7天	5天
7		四月	14天	6天	17天	4天	2天
8		合计	55天	21天	66天	20天	26天
9	第二期	五月	12天	5天	15天	6天	4天
10		六月	10天	2天	11天	5天	16天
11		七月	5天	1天	6天	7天	4天
12		八月	6天	4天	8天	8天	5天

图11-41

② 利用相同的方法计算其他合计值，即可完成年度出差日数报告表的制作，如图11-42所示。

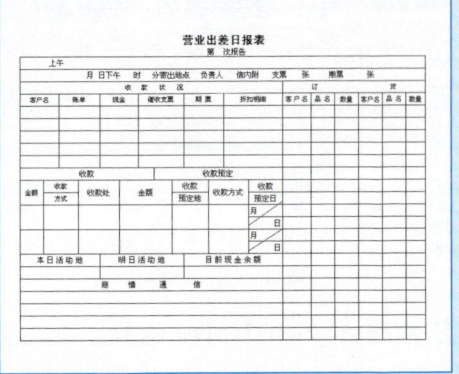

图11-42

文件102　营业出差日报表

营业出差日报表用于记录员工外出收款的状况、客户订货情况以及收款方式、收款金额和预定收款日期等数据。同时记录了本日活动地、明日活动地和商情通告等信息。

制作要点与设计效果图

- 设置边框
- 绘制斜线
- 设置数字显示格式
- 复制数据

文件103　长期出差报告

长期出差报告其中记录了分派到客户或子公司长期出差的员工的出差的目的、地点和实绩等信息。

第11章 员工出差管理

制作要点与设计效果图

- 设置单元格格式
- 手动调整列宽
- 插入行
- 填充星期数

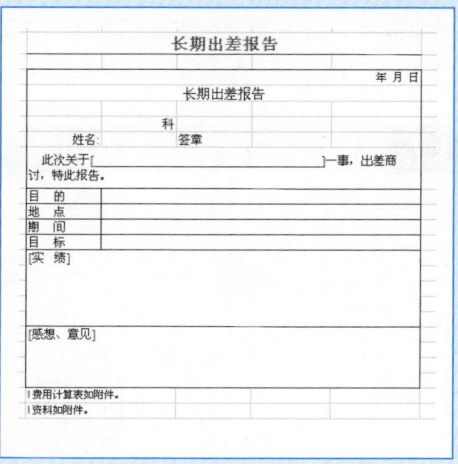

文件104 员工出差旅费报销清单

员工出差旅费报销清单是记录员工在出差过程中的每一笔款项的用途，为了有效地防止员工挪用公款办私事，员工需提供相应的票据上报上级领导领取差旅费。

制作要点与设计效果图

- 设置数字格式
- 设置对齐方式
- 设置边框
- 公式运算
- SUM函数

Excel公司行政管理必须掌握的208个文件与108个函数

文件105　短程旅费申请表

旅费申请表要详细描述出差人员的基本情况、出差原由和出差花费的情况，防止出差人员借出差之名办理私人事务。

🔍 制作要点与设计效果图

- 设置日期格式
- 自定义数字格式

短程旅费申请表

二〇一二年八月二十八日

日　　期：	2012-8-15	部　门：	销售部	职　称：	业务经理
姓　　名：	刘华				
出差事由：		洽谈业务			
误餐次数：	10次	午餐费	10元/次	金　额：	￥ 100.00
交通工具：	由　合肥　经　汉中　至　苏州			交通费：	￥ 120.00
	由　苏州　经　汉中　至　上海			交通费：	￥ 30.00
旅费金额：	￥	250.00	经手人：		葛丽
核　　准：	王荣		证明人：		周国菊

文件106　国外出差旅费计算表

企业派驻员工到国外出差前预领一部分经费，在回国后，根据实际花费进行报销，在计算时需要附原始单据或代收转付收据。

🔍 制作要点与设计效果图

- 设置字体格式
- 设置字体对齐方式
- 设置边框和底纹
- SUM函数

国外出差旅费计算表

年　月　日

单位			姓名		出差时间	自　月　日 至　月　日	
支　领　部　份				支　出　部　分			
年月日	种类	US$	备注	年月日	种类	US$	备注
	1.活动费				1.伙食费		
	①住宿费				①住宿费		
	②伙食费				②伙食费		
	③杂支				③杂支		
	2.携外币				2.实用旅费		
	3.预备费				3.其他		
	4.汇款项				小　计		
	5.其他				余额缴回公司部分		
	合计A				停留费部分		
*其他旅费					合计B		
1.准备金		元		(摘要)			
2.旅费返费		元					
3.签证费		元					
4.预防注射费		元					
5.外币买入手续费		元					
6.其他		元					
合计		元					

第12章 员工业绩管理

业绩管理是企业通过一定的人力资源管理手段和方式对员工及组织业绩进行管理的活动。业绩管理是保证组织目标实现的关键。同时,通过业绩管理,可以实现员工业绩的改善和组织业绩的提升,最终实现员工和组织的共同发展。

常见的员工业绩管理文件有员工业绩测评流程图、员工季度业绩评定、员工工作能力和态度评定表、员工季度业绩排名表、员工月度业绩比较图、员工个性品质测评表等。

编号	文件名称	光盘中对应数据源	重要星级
文件107	员工业绩测评流程图	素材文件\第12章\员工业绩测评流程图.xls	★★★★
文件108	员工季度业绩排名表	素材文件\第12章\员工季度业绩排名表.xls	★★★★
文件109	员工月度业绩比较图	素材文件\第12章\员工月度业绩比较图.xls	★★★
文件110	员工季度业绩评定	素材文件\第12章\员工季度业绩评定.xls	★★★★★
文件111	员工工作能力和态度评定表	素材文件\第12章\员工工作能力和态度评定表.xls	★★★★★
文件112	职员考核表	素材文件\第12章\职员考核表.xls	★★★★★
文件113	员工考绩登记表	素材文件\第12章\员工考绩登记表.xls	★★★
文件114	管理人员月考核表	素材文件\第12章\管理人员月考核表.xls	★★
文件115	员工自评表	素材文件\第12章\员工自评表.xls	★★
文件116	员工工作态度互评表	素材文件\第12章\员工工作态度互评表.xls	★★★★

文件107 员工业绩测评流程图

为了让业绩评估体系提供精确可靠的员工业绩数据，可以按照统一的系统流程来实施。

制作要点与设计效果图

- 插入SmartArt图形
- 添加形状
- 添加文本
- 更改图形颜色和样式

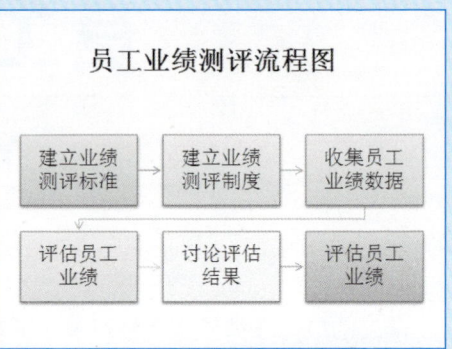

员工业绩测评流程图

文件设计过程

步骤1：创建SmartArt图形

① 在"插入"选项卡下，单击"插图"选项卡下"SmartArt"按钮，如图12-1所示。

② 弹出"选择SmartArt图形"对话框，单击"流程"选项，在右侧单击"重复蛇形流程"图标，单击"确定"按钮，如图12-2所示。

图12-1

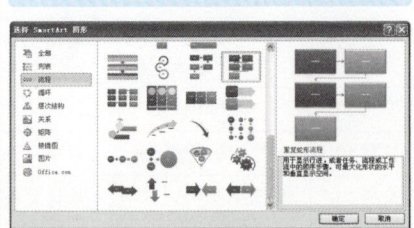

图12-2

步骤2：添加形状

① 此时，在工作表中插入重复蛇形流程图，如图12-3所示。

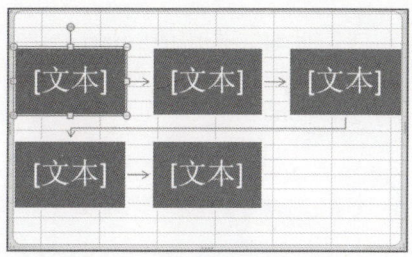

图12-3

[2] 单击"SmartArt工具-设计"选项卡,在"创建图形"选项组中单击"形状添加"下拉按钮,在下拉菜单中选择"在后面添加形

状"选项,即在选中形状之前添加一个形状,如图12-4所示。

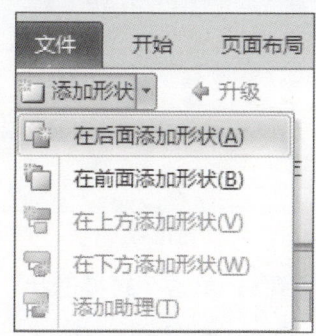

图12-4

> **提 示:**
>
> 右键单击含有"讨论评估结果"文本的形状,从弹出的快捷菜单中指向"添加形状"命令,然后单击"在后面添加形状"或"在前面添加形状"命令,即可在选定形状之后或之前添加一个新形状。

步骤3:添加文本

分别单击形状上的文本字样,激活文本框,在其中输入需要的文本,如图12-5所示。

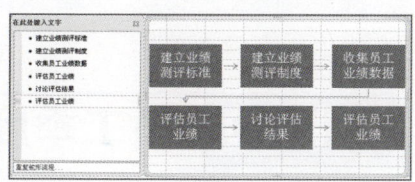

图12-5

步骤4:更改SmartArt颜色及样式

[1] 选中SmartArt图形,单击"SmartArt工具-设计"选项卡,在"SmartArt样式"选项组中单击"更改颜色"下拉按钮,在下拉列表中单击需要的颜色图标,如图12-6所示。

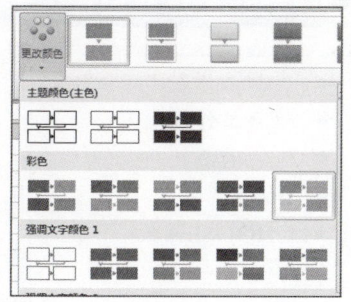

图12-6

② 接着单击"SmartArt样式"组中的快翻按钮，选择"细微效果"样式，如图12-7所示。

③ 此时，选中的SmartArt图形应用了指定的颜色和样式，如图12-8所示。

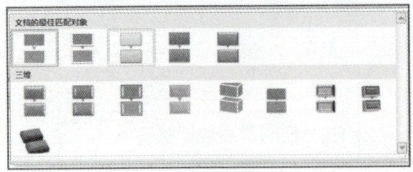

图12-7

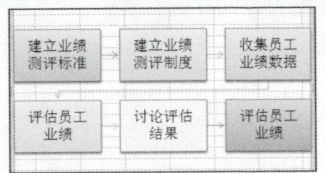

图12-8

步骤5：单击"转换形状"按钮

① 选中SmartArt图形，切换至"SmartArt工具-设计"选项卡下，单击"转换为形状"按钮，如图12-9所示。

② 此时选中的SmartArt图形转换为形状，用户可以取消形状组合，对单个形状进行编辑，如图12-10所示。

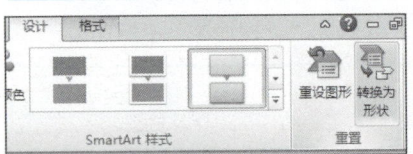

图12-9

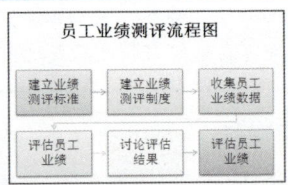

图12-10

文件108　员工季度业绩排名表

企业一般会以季度为基准对员工工作情况进行考核，它以员工本季度的业绩作为考核的依据，划分等级分别进行奖励。

🔍 制作要点与设计效果图

- 复制工作表
- 保存工作簿
- RANK函数
- IF函数
- CHOOSE函数

第12章 员工业绩管理

文件设计过程

步骤1：复制工作表

1 右键单击"员工月度业绩表"工作表标签，在弹出的快捷菜单中单击"移动或复制"命令，如图12-11所示。

2 打开"移动或复制工作表"对话框，在对话框中选择新工作簿并选中"建立副本"复选框，单击确定按钮，如图12-12所示。

图12-11

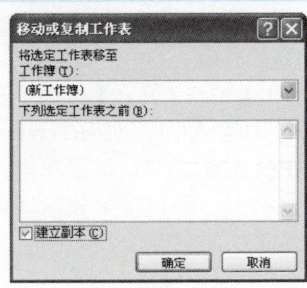

图12-12

步骤2：另存为工作簿

1 此时将选定工作表复制到新工作簿中，单击"文件"，在下拉列表中单击"另存为"标签，如图12-13所示。

2 弹出"另存为"对话框，选择保存位置，输入文件名，单击"确定"按钮即可保存新工作簿，如图12-14所示。

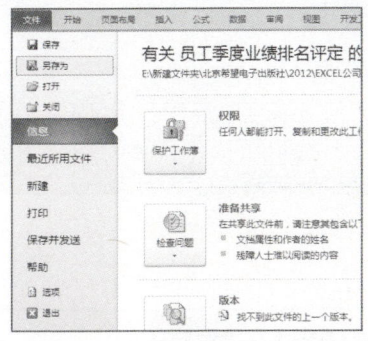

图12-13

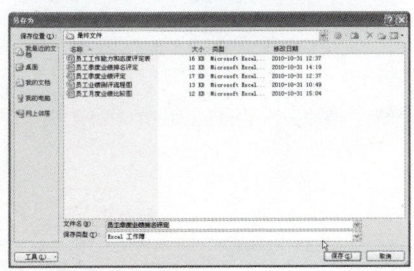

图12-14

步骤3：设置公式

1 在现有表格右侧新增"名次"、"等级"和"评定"字段，如

图12-15所示。

员工月度业绩表排名评定

员工编号	员工姓名	10月销售额	11月销售额	12月销售额	季度总额	名次	等级	评定
YJ001	王荣	¥30,000	¥280,000	¥30,000	¥340,000			
YJ002	周国菊	¥20,000	¥45,000	¥22,000	¥87,000			
YJ003	葛丽	¥15,000	¥69,000	¥174,563	¥258,563			
YJ004	王磊	¥14,560	¥90,000	¥14,000	¥118,560			
YJ005	刘泰	¥8,200	¥150,000	¥45,712	¥203,912			
YJ006	周礼	¥60,300	¥111,000	¥32,557	¥203,857			
YJ007	陶莉莉	¥47,820	¥157,400	¥80,521	¥285,741			
YJ008	方航	¥65,000	¥25,620	¥3,652	¥94,272			
YJ009	张天宇	¥22,000	¥78,500	¥63,500	¥164,000			
YJ010	王贝贝	¥51,000	¥36,002	¥15,400	¥102,402			
YJ011	刘飞	¥44,000	¥259,840	¥14,855	¥318,695			
YJ012	张东方	¥13,000	¥15,472	¥36,598	¥65,070			
YJ013	王北峰	¥17,000	¥325,240	¥23,000	¥365,240			
YJ014	周涛利	¥154,780	¥155,470	¥47,000	¥357,250			
YJ015	龚鹏鹏	¥226,600	¥125,405	¥114,000	¥466,005			

图12-15

2 选中G3单元格，在公式编辑栏中输入公式“=RANK.EQ(F3,$F$3:$F$27)”，按回车键，向下填充公式，即可在单元格中显示计算结果，如图12-16所示。

G3 =RANK.EQ(F3,$F$3:$F$27)

员工月度业绩表排名评定

员工编号	员工姓名	10月销售额	11月销售额	12月销售额	季度总额	名次	等级	评定
YJ001	王荣	¥30,000	¥280,000	¥30,000	¥340,000	7		
YJ002	周国菊	¥20,000	¥45,000	¥22,000	¥87,000	23		
YJ003	葛丽	¥15,000	¥69,000	¥174,563	¥258,563	12		
YJ004	王磊	¥14,560	¥90,000	¥14,000	¥118,560	20		
YJ005	刘泰	¥8,200	¥150,000	¥45,712	¥203,912	15		
YJ006	周礼	¥60,300	¥111,000	¥32,557	¥203,857	16		
YJ007	陶莉莉	¥47,820	¥157,400	¥80,521	¥285,741	11		
YJ008	方航	¥65,000	¥25,620	¥3,652	¥94,272	22		
YJ009	张天宇	¥22,000	¥78,500	¥63,500	¥164,000	17		
YJ010	王贝贝	¥51,000	¥36,002	¥15,400	¥102,402	21		
YJ011	刘飞	¥44,000	¥259,840	¥14,855	¥318,695	9		
YJ012	张东方	¥13,000	¥15,472	¥36,598	¥65,070	25		
YJ013	王北峰	¥17,000	¥325,240	¥23,000	¥365,240	5		
YJ014	周涛利	¥154,780	¥155,470	¥47,000	¥357,250	6		
YJ015	龚鹏鹏	¥226,600	¥125,405	¥114,000	¥466,005	2		
YJ016	朱小明	¥157,840	¥325,100	¥136,000	¥618,940	1		
YJ017	刘远程	¥56,000	¥17,850	¥245,000	¥318,850	8		
YJ018	陈发珍	¥17,000	¥35,210	¥23,000	¥75,210	24		

图12-16

3 假设企业规定季度业绩等级划分规则为前5名一个等级，6-10名为一个等级，其他为别一个等级，在H3单元格中输入“=IF(G3<=5,1,IF(G3<=10,2,3))”按【Enter】键，得到计算结果，向下复制公式，即可计算其他数据，如图12-17所示。

H3 =IF(G3<=5,1,IF(G3<=10,2,3))

员工月度业绩表排名评定

员工编号	员工姓名	10月销售额	11月销售额	12月销售额	季度总额	名次	等级	评定
YJ001	王荣	¥30,000	¥280,000	¥30,000	¥340,000	7	2	
YJ002	周国菊	¥20,000	¥45,000	¥22,000	¥87,000	23	3	
YJ003	葛丽	¥15,000	¥69,000	¥174,563	¥258,563	12	3	
YJ004	王磊	¥14,560	¥90,000	¥14,000	¥118,560	20	3	
YJ005	刘泰	¥8,200	¥150,000	¥45,712	¥203,912	15	3	
YJ006	周礼	¥60,300	¥111,000	¥32,557	¥203,857	16	3	
YJ007	陶莉莉	¥47,820	¥157,400	¥80,521	¥285,741	11	3	
YJ008	方航	¥65,000	¥25,620	¥3,652	¥94,272	22	3	
YJ009	张天宇	¥22,000	¥78,500	¥63,500	¥164,000	17	3	
YJ010	王贝贝	¥51,000	¥36,002	¥15,400	¥102,402	21	3	
YJ011	刘飞	¥44,000	¥259,840	¥14,855	¥318,695	9	2	
YJ012	张东方	¥13,000	¥15,472	¥36,598	¥65,070	25	3	
YJ013	王北峰	¥17,000	¥325,240	¥23,000	¥365,240	5	1	
YJ014	周涛利	¥154,780	¥155,470	¥47,000	¥357,250	6	2	
YJ015	龚鹏鹏	¥226,600	¥125,405	¥114,000	¥466,005	2	1	
YJ016	朱小明	¥157,840	¥325,100	¥136,000	¥618,940	1	1	
YJ017	刘远程	¥56,000	¥17,850	¥245,000	¥318,850	8	2	
YJ018	陈发珍	¥17,000	¥35,210	¥23,000	¥75,210	24	3	
YJ019	何艳	¥251,010	¥157,000	¥15,000	¥423,010	3	1	

图12-17

4 选中I3:I27单元格区域，在编辑中输入公式“=CHOOSE(H3,”特等”,”一等”,”合格”)”，按下【Ctrl+Enter】组合键计算出各员工的评定等级，如图12-18所示。

I3 =CHOOSE(H3,"特等","一等","合格")

员工月度业绩表排名评定

员工编号	员工姓名	10月销售额	11月销售额	12月销售额	季度总额	名次	等级	评定
YJ001	王荣	¥30,000	¥280,000	¥30,000	¥340,000	7	2	一等
YJ002	周国菊	¥20,000	¥45,000	¥22,000	¥87,000	23	3	合格
YJ003	葛丽	¥15,000	¥69,000	¥174,563	¥258,563	12	3	合格
YJ004	王磊	¥14,560	¥90,000	¥14,000	¥118,560	20	3	合格
YJ005	刘泰	¥8,200	¥150,000	¥45,712	¥203,912	15	3	合格
YJ006	周礼	¥60,300	¥111,000	¥32,557	¥203,857	16	3	合格
YJ007	陶莉莉	¥47,820	¥157,400	¥80,521	¥285,741	11	3	合格
YJ008	方航	¥65,000	¥25,620	¥3,652	¥94,272	22	3	合格
YJ009	张天宇	¥22,000	¥78,500	¥63,500	¥164,000	17	3	合格
YJ010	王贝贝	¥51,000	¥36,002	¥15,400	¥102,402	21	3	合格
YJ011	刘飞	¥44,000	¥259,840	¥14,855	¥318,695	9	2	一等
YJ012	张东方	¥13,000	¥15,472	¥36,598	¥65,070	25	3	合格
YJ013	王北峰	¥17,000	¥325,240	¥23,000	¥365,240	5	1	特等
YJ014	周涛利	¥154,780	¥155,470	¥47,000	¥357,250	6	2	一等
YJ015	龚鹏鹏	¥226,600	¥125,405	¥114,000	¥466,005	2	1	特等
YJ016	朱小明	¥157,840	¥325,100	¥136,000	¥618,940	1	1	特等
YJ017	刘远程	¥56,000	¥17,850	¥245,000	¥318,850	8	2	一等

图12-18

文件109 员工月度业绩比较图

为了清晰地看出员工业绩最好和最差月份，可以在Excel中将员工月度业绩用迷你柱形图来表示。

第12章 员工业绩管理

制作要点与设计效果图

- 新建工作簿
- 复制数据
- 创建迷你图
- 设置迷你图格式
- 显示高低点

	A	B	C	D	E	F
1	员工编号	员工姓名	10月销售额	11月销售额	12月销售额	迷你图
2	YJ001	王乘	¥30,000	¥280,000	¥30,000	
3	YJ002	周国帝	¥20,000	¥45,000	¥22,000	
4	YJ003	慕丽	¥15,000	¥69,000	¥174,563	
5	YJ004	王鑫	¥14,560	¥90,000	¥14,000	
6	YJ005	刘泰	¥8,200	¥150,000	¥45,712	
7	YJ006	周礼	¥60,300	¥111,000	¥32,557	
8	YJ007	陶菊莉	¥47,820	¥157,400	¥80,521	
9	YJ008	方航	¥65,000	¥25,620	¥3,652	
10	YJ009	张天宇	¥22,000	¥78,500	¥63,500	
11	YJ010	王贝贝	¥51,000	¥36,002	¥15,400	
12	YJ011	刘飞	¥44,000	¥259,840	¥14,855	
13	YJ012	张东方	¥13,000	¥15,472	¥36,598	
14	YJ013	王北峰	¥17,000	¥325,240	¥23,000	
15	YJ014	周涛利	¥154,780	¥155,470	¥47,000	
16	YJ015	娄娜娜	¥226,600	¥125,405	¥114,000	
17	YJ016	朱小明	¥157,840	¥325,100	¥136,000	
18	YJ017	刘远程	¥56,000	¥17,850	¥245,000	
19	YJ018	陈友玲	¥17,000	¥35,210	¥23,000	

文件设计过程

步骤1：新建工作簿

单击"文件"按钮，在下拉菜单中单击"新建"标签，在右侧单击"空白工作簿"图标，点击"创建"按钮，如图12-19所示。

图12-19

步骤2：复制单元格数据

1 在"员工季度业绩评定.xls"工作簿中选择A2:E27单元区域并单击鼠标右键，单击"复制"命令，如图12-20所示。

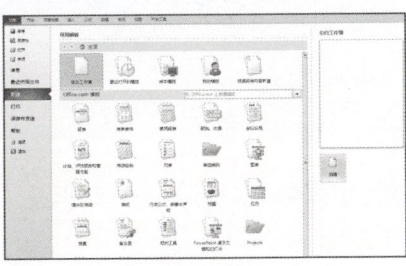

图12-20

② 切换至新工作簿中选中A1单元格，单击"粘贴"下三角按钮，单击"保留源列宽"图标，如图12-21所示。

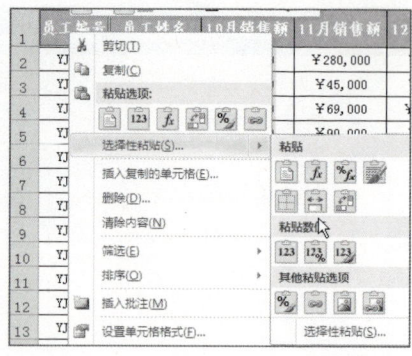

图12-21

步骤3：保存工作簿

按下【Ctrl+S】组合键，弹出"另存为"对话框，选择保存位置，输入文件名，单击"保存"按钮即可保存当前工作簿，如图12-22所示。

图12-22

步骤4：创建迷你折线图

① 在"插入"选项卡下，单击"迷你图"组中的"折线图"按钮，如图12-23所示。

② 弹出"创建迷你图"对话框，在"数据范围"文本框中输入"C2:E26"在"位置范围"文本框中输入＄F＄2:＄F＄26，单击"确定"按钮，如图12-24所示。

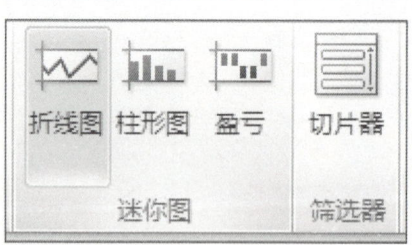

图12-23

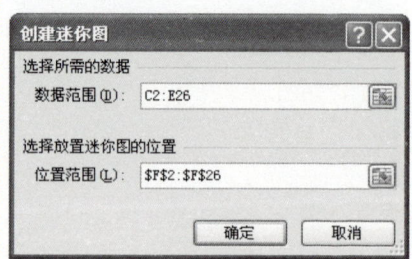

图12-24

步骤5：应用迷你图样式

1 选中迷你图所在单元格区域，在"迷你图工具-设计"选项卡下，单击"样式"选项组的快翻按钮，在展开的下拉列表中选择需要的迷你图样式，如图12-25所示。

2 在"迷你图工具-设计"选项卡下的"显示"组中选中需要突出显示的点复选框，如选中高点"和"低点"复选框，如图12-26所示。

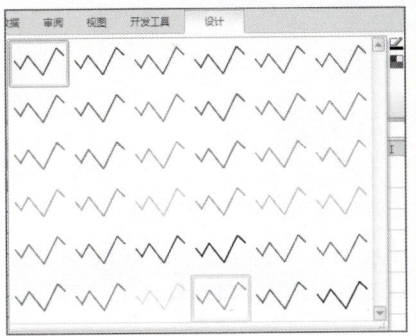

图12-25

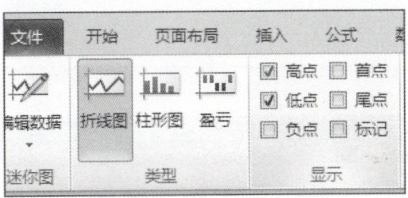

图12-26

步骤6：显示迷你图效果

返回工作表中，可以从迷你图中轻易地找出员工哪个月业绩最好，哪个月业绩最差，如图12-27所示。

员工编号	员工姓名	10月销售额	11月销售额	12月销售额	迷你图
YJ001	王季	¥30,000	¥280,000	¥30,000	
YJ002	周国甫	¥20,000	¥45,000	¥22,000	
YJ003	蕙丽	¥15,000	¥69,000	¥174,563	
YJ004	王磊	¥14,560	¥90,000	¥14,000	
YJ005	刘泰	¥8,200	¥150,000	¥45,712	
YJ006	周礼	¥60,300	¥111,000	¥32,557	
YJ007	陶莉莉	¥47,820	¥157,400	¥80,521	
YJ008	方航	¥65,000	¥25,620	¥3,652	
YJ009	张天宇	¥22,000	¥78,500	¥63,500	
YJ010	王贝贝	¥51,000	¥36,002	¥15,400	
YJ011	刘飞	¥44,000	¥259,840	¥14,855	
YJ012	张东方	¥13,000	¥15,472	¥36,598	
YJ013	王北峰	¥17,000	¥325,240	¥23,000	
YJ014	周涛利	¥154,780	¥155,470	¥47,000	
YJ015	姜朝鹏	¥226,600	¥125,405	¥114,000	
YJ016	朱小明	¥157,840	¥325,100	¥136,000	
YJ017	刘诏程	¥56,000	¥17,850	¥245,000	
YJ018	陈发珍	¥17,000	¥35,210	¥23,000	

图12-27

文件110 员工季度业绩评定

为了了解员工的工作情况，并给予员工适当的嘉奖，企业需要对员工的季度销售业绩进行统计。

Excel公司行政管理必须掌握的208个文件与108个函数

制作要点与设计效果图

- 重命名工作表
- IF函数
- MAX、MIN函数
- MATCH、INDEX函数粘贴数字和格式
- 隐藏零值

文件设计过程

步骤1：重命名工作表

[1] 选中Sheet2工作表标签，单击鼠标右键，在弹出的菜单中选择"重命名"命令，如图12-28所示。

[2] 将工作表标签更改为"业绩评定"，如图12-29所示。

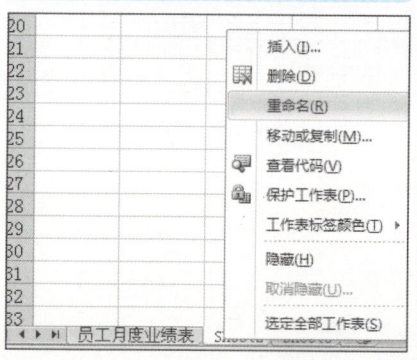

图12-28

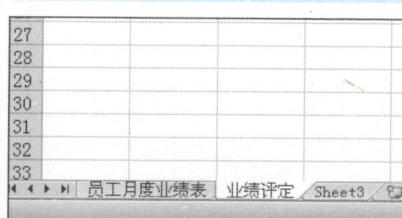

图12-29

步骤2：复制与粘贴数据

[1] 切换至"员工月度业绩表"工作表中，选中A2:B27和F2:F27单元格区域并单击鼠标右键，单击"复制"命令，如图12-30所示。

第12章 员工业绩管理

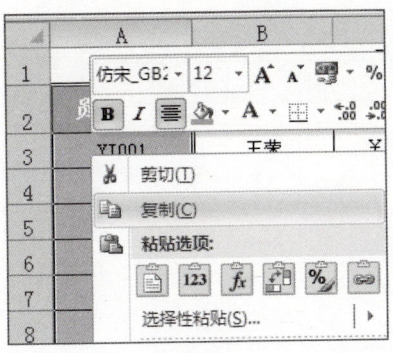

图12-30

下三角按钮,单击"值和数字格式"图标,如图12-31所示。

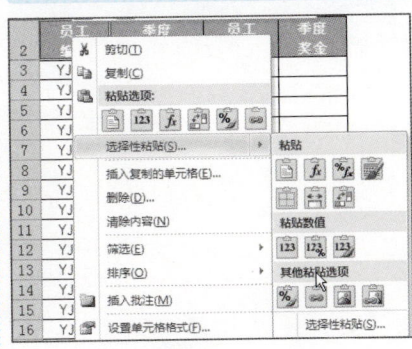

图12-31

[2] 切换至"业绩评定"工作表中选中B2单元格,单击"粘贴"

步骤3：计算季度奖金

选中D3按钮,输入计算公式"=IF(C3<200000,0,IF(C3<300000,1000,2000))",按下【Enter】键,向下拖动复制公式,释放鼠标左键计算出各员工的季度奖金,如图12-32所示。

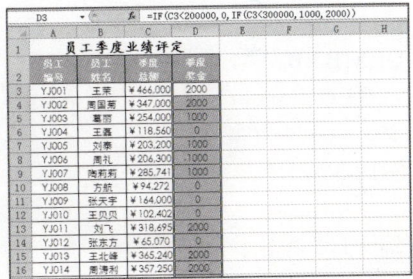

图12-32

步骤4：隐藏零值

[1] 打开"Excel选项"对话框,单击"高级"选项,取消"在具有零值的单元格中显示零"复选框的选中状态,单击"确定"按钮即可,如图12-33所示。

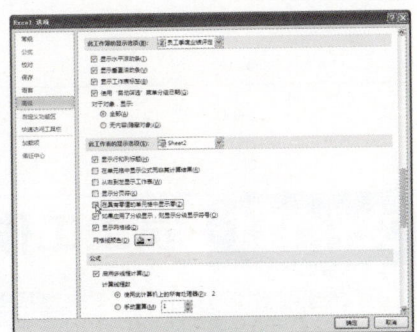

图12-33

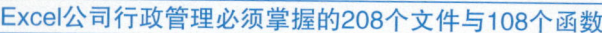

②此时工作表中的零值被隐藏，以空白单元格显示，如图12-34所示。

员工季度业绩评定			
员工编号	员工姓名	季度总额	季度奖金
YJ001	王莱	¥466,000	2000
YJ002	周国菊	¥347,000	2000
YJ003	葛丽	¥254,000	1000
YJ004	王磊	¥118,560	
YJ005	刘泰	¥203,200	1000
YJ006	周礼	¥206,300	1000
YJ007	陶莉莉	¥285,741	1000
YJ008	方航	¥94,272	
YJ009	张天宇	¥164,000	
YJ010	王贝贝	¥102,402	
YJ011	刘飞	¥318,695	2000
YJ012	张东方	¥65,070	
YJ013	王北峰	¥365,240	2000
YJ014	周涛利	¥357,250	2000
YJ015	姜鹏鹏	¥466,005	2000

图12-34

步骤5：查找季度最高、最低销售员

①在F和G列添加文本字段，选中F3单元格，在其中输入“=INDEX(B3:B27,MATCH(MAX(C3:C27),C3:C27,0),1)”，按下【Enter】键，得出季度最高销售员姓名，如图12-35所示。

F3 =INDEX(B3:B27,MATCH(MAX(C3:C27),C3:C27,0),1)

员工季度业绩评定						
员工编号	员工姓名	季度总额	季度奖金		季度最高销售员	季度最低销售员
YJ001	王莱	¥466,000	2000		朱小明	
YJ002	周国菊	¥347,000	2000			
YJ003	葛丽	¥254,000	1000			
YJ004	王磊	¥118,560				
YJ005	刘泰	¥203,200	1000			
YJ006	周礼	¥206,300	1000			
YJ007	陶莉莉	¥285,741	1000			
YJ008	方航	¥94,272				
YJ009	张天宇	¥164,000				
YJ010	王贝贝	¥102,402				
YJ011	刘飞	¥318,695	2000			
YJ012	张东方	¥65,070				
YJ013	王北峰	¥365,240	2000			
YJ014	周涛利	¥357,250	2000			

图12-35

②在G3单元格中输入“=INDEX(B3:B27,MATCH(MIN(C3:C27),C3:C27,0),1)”，按下【Enter】键查找出季度最低销售员姓名。完成员工季度业绩评定，如图12-36所示。

G3 =INDEX(B3:B27,MATCH(MIN(C3:C27),C3:C27,0),1)

员工季度业绩评定						
员工编号	员工姓名	季度总额	季度奖金		季度最高销售员	季度最低销售员
YJ001	王莱	¥466,000	2000		朱小明	张东方
YJ002	周国菊	¥347,000	2000			
YJ003	葛丽	¥254,000	1000			
YJ004	王磊	¥118,560				
YJ005	刘泰	¥203,200	1000			
YJ006	周礼	¥206,300	1000			
YJ007	陶莉莉	¥285,741	1000			
YJ008	方航	¥94,272				
YJ009	张天宇	¥164,000				
YJ010	王贝贝	¥102,402				
YJ011	刘飞	¥318,695	2000			
YJ012	张东方	¥65,070				
YJ013	王北峰	¥365,240	2000			

图12-36

文件111 员工工作能力和态度评定表

员工工作能力和态度评定表是部门领导通过长期以来对员工的印象打分的。

第12章 员工业绩管理

制作要点与设计效果图

- 定义名称
- 创建条形图
- 应用图表样式
- 设置图表区格式

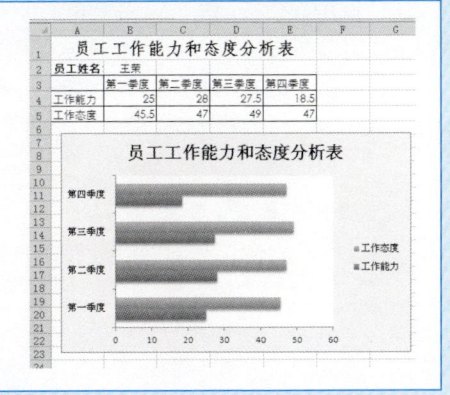

文件设计过程

步骤1：定义名称

[1] 选中B2:J27单元格区域，在"公式"选项卡下，单击"定义名称"右侧的下三角按钮，在下拉菜单中单击"定义名称"选项，如图12-37所示。

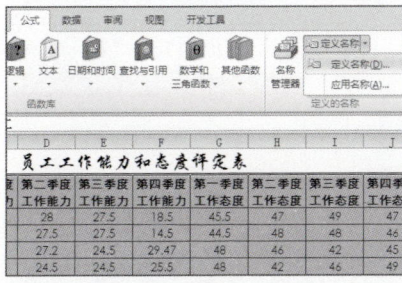

图12-37

[2] 弹出"新建名称"对话框，在"名称"文本框中输入"YG"，单击"确定"按钮，如图12-38所示。

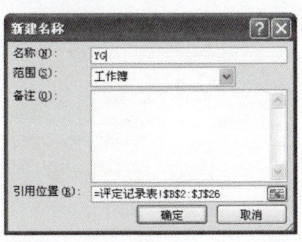

图12-38

[3] 此时在名称框中显示定义的名称文本，如图12-39所示。

图12-39

步骤2：VLOOKUP函数

1 选中B4单元格，单击"查找与引用"按钮，从展开的下拉列表中单击VLOOKUP选项，如图12-40所示。

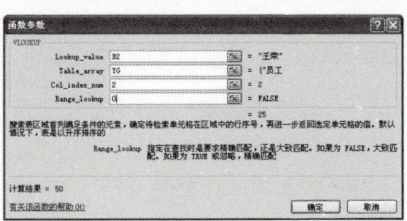

图12-41

图12-40

2 弹出"函数参数"对话框，在参数文本框中输入对应的参数值，如图12-41所示。

3 设置完成后单击"确定"按钮，在B4单元格中显示根据B2单元格值引用数据，如图12-42所示。

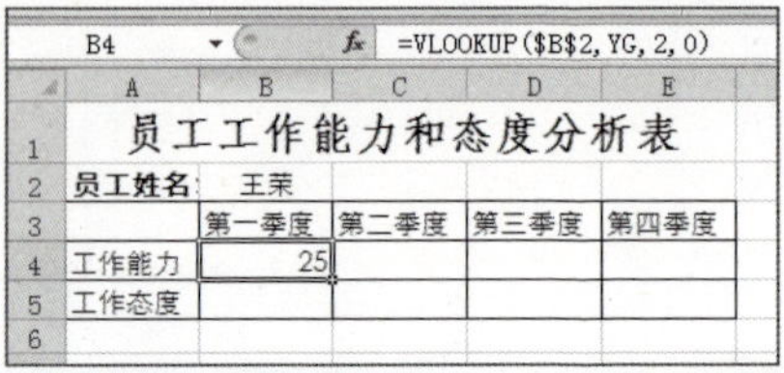

图12-42

4 用相同的函数引用该员工其他季度的工作能力和态度分数值，如图12-43所示。

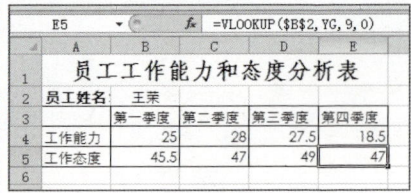

图12-43

步骤3：插入簇状条形图

1 选中A3:E5单元格区域，切换至"插入"选项卡下，在"图表"选项组中单击"条形图"下拉按钮，在下拉菜单中单击"簇状条形图"图标，如图12-44所示。

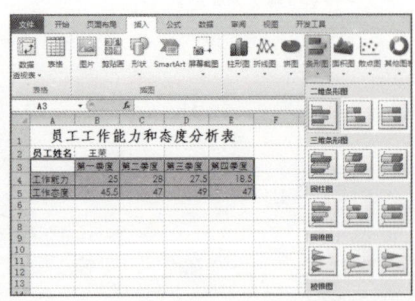

图12-44

② 此时在工作表中，根据选定的数据创建了关于员工工作能力和态度走势的簇状条形图，如图12-45所示。

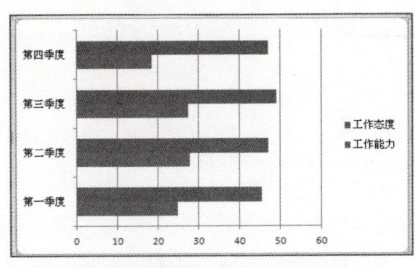

图12-45

步骤4：应用图表样式

选中图表，切换至"图表工具-设计"选项卡下，单击"图表样式"组中的快翻按钮，从展开的图表样式中单击需要的样式，如图12-46所示。

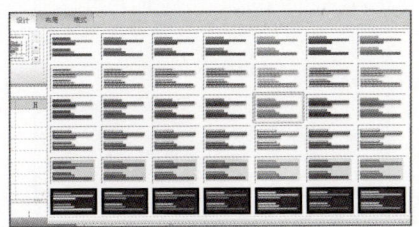

图12-46

步骤5：删除网络线并添加图表标题

① 选中图表中的网络线，按<Delete>键删除网络线，如图12-47所示。

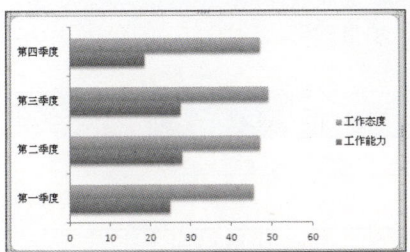

图12-47

② 选中"图表"切换到"布局"选项卡，在"标签"选项组单击"图表标题"下拉按钮，在其下拉列表中选择"图表上方"选项，如图12-48所示。

③ 接着在图表中将图表标题更改为"员工工作能力和态度分析表"，如图12-49所示。

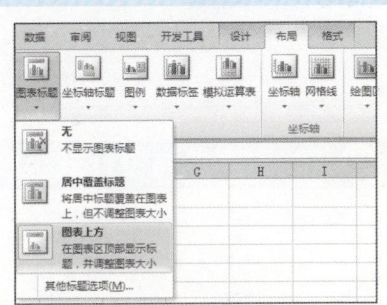

图12-48

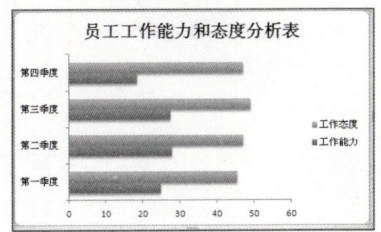

图12-49

步骤6：设置图表区格式

1 打开"设置图表区格式"对话框，单击"纯色填充"单选按钮，在"颜色"下拉菜单中选择一种合适的颜色，如图12-50所示。

2 单击"关闭"按钮即可看到图表区的效果，如图12-51所示。

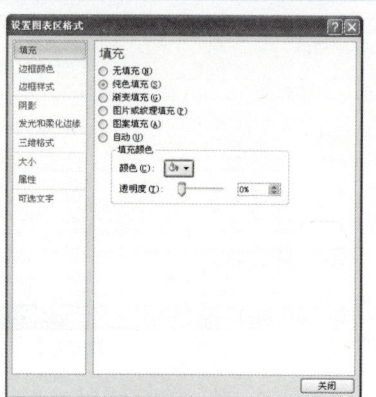

图12-50

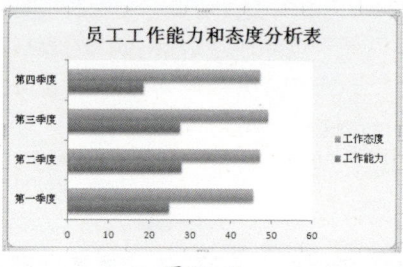

图12-51

文件112 职员考核表

职员考核表用于记录对员工体态、仪态、学识、忠诚、热忱、合作、思维、守时、写作能力等一些考核项目的考核分数。

制作要点与设计效果图

- 设置对齐方式
- 设置边框
- 应用单元格样式
- 设置单元格方向
- 手动交换列行

文件113　员工考绩登记表

为了方便人事部门利用查找、筛选等功能查核考核成绩，可以在Excel中制作员工考绩登记表，用于记载近几年来上、下半年考核的成绩。

制作要点与设计效果图

- 自动换行
- 应用单元格样式
- 应用表格样式

文件114　管理人员月考核表

管理人员考核表是为确认员工的工作成绩，提示员工在工作中存在的问题，指出改进绩效的措施并帮助员工制定个人发展计划。

制作要点与设计效果图

- 手动调整列宽
- 设置边框
- 设置字体格式
- 设置单元格格式

文件115 员工自评表

员工自评表，可以反映员工日常工作情况、工作态度以及对自己在工作中进一步的认识。

制作要点与设计效果图

- 设置字符格式
- 合并单元格
- 添加边框样式
- 输入下画线

文件116 员工工作态度互评表

为了反映员工的工作态度，可以让员工之间进行工作态度互评。

制作要点与设计效果图

- AVERAGE函数的应用
- 创建条形图
- 应用图表布局
- 应用图表样式

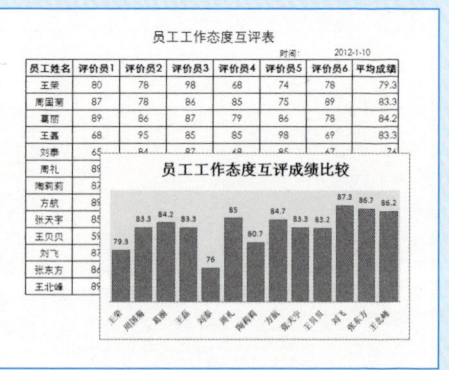

第13章 日常费用管理

日常费用指企业在日常活动中发生的会导致所有者权益减少的、与向所有者分配利润无关的经济利益的总流出。

在Excel中可以根据费用单据建立日常费用统计工作表，然后利用数据透视表、透视图、图表等分析工具进行分析，从而为后期的财务预算提供准确的依据。

编号	文件名称	光盘中对应数据源	重要星级
文件117	日常费用统计表	素材文件\第13章\日常费用统计表.xls	★★★★★
文件118	日常费用支出预算表	素材文件\第13章\日常费用支出预算表.xls	★★★★★
文件119	企业部门借款单	素材文件\第13章\企业部门借款单.xls	★★★★★
文件120	各部门日常费用花销比较图	素材文件\第13章\各部门日常费用花销比较图.xls	★★★★★
文件121	各项费用月支出比较图	素材文件\第13章\各项费用月支出比较图.xls	★★★★
文件122	会议费用预算表	素材文件\第13章\会议费用预算表.xls	★★★★
文件123	水电费月结算表	素材文件\第13章\水电费月结算表.xls	★★★★
文件124	日常费用申报表	素材文件\第13章\日常费用申报表.xls	★★★★
文件125	日常费用季度结算表	素材文件\第13章\日常费用季度结算表.xls	★★★★
文件126	日常费用年结算表	素材文件\第13章\日常费用年结算表.xls	★★★★

文件117 日常费用统计表

日常费用统计表可以详细地记录一段时间企业日常管理中产生的费用支出。

制作要点与设计效果图

- 创建数据透视表
- 添加字段
- 分组字段项目
- 插入切片器

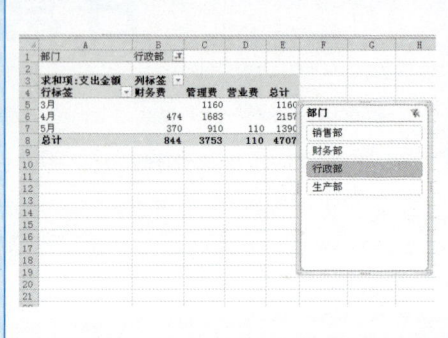

文件设计过程

步骤1:创建数据透视表

1 选中数据区域的任意单元格。在"插入"选项卡下,单击"表格"选项组中"数据透视表"下三角按钮,在下拉菜单中单击"数据透视表"选项,如图13-1所示。

2 打开"创建数据透视表"对话框,在对话框中选择要分析数据的来源及数据透视表的位置,单击"确定"按钮,如图13-2所示。

图13-1

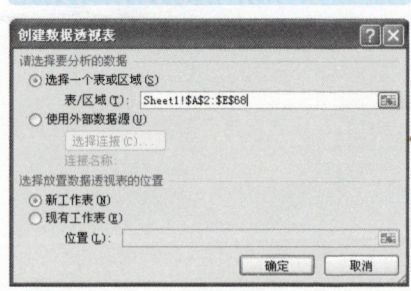

图13-2

第13章　日常费用管理

步骤2：添加报表字段

创建空白数据透视表，在"选择要添加到报表的字段"列表框中选中数据透视表中要显示的字段选项，如选中"日期"、"部门"、"费用类别"和"支出金额"复选框，如图13-3所示。

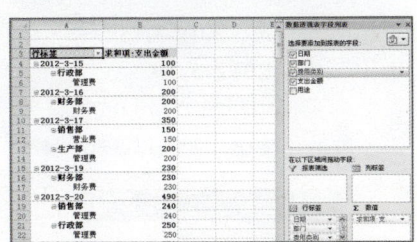

图13-3

步骤3：设置数据透视表中字段布局

[1] 在"数据透视表字段列表"窗格的"行标签"列表框中，单击"费用类别"选项，在弹出的菜单中单击"移动到列标签"选项，如图13-4所示。

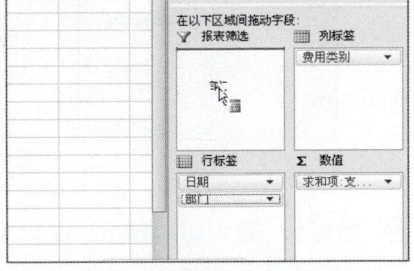

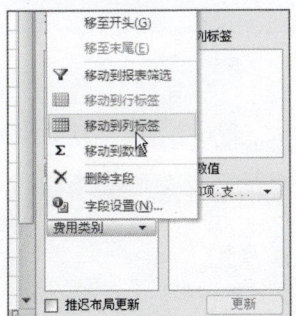

图13-4

[2] 选中"部门"选项，拖动至"报表筛选"列表框中，如图13-5所示。

图13-5

[3] 此时数据透视表中的字段根据设置进行相应的调整，如图13-6所示。

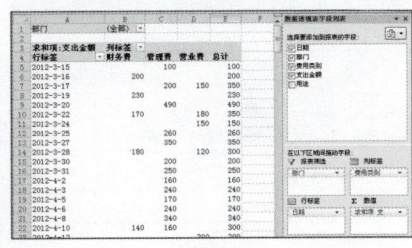

图13-6

步骤4：设置分组

[1] 单击日期列中的任意单元格，然后在"数据透视表工具-选项"选项卡下，单击"将字段分组"按钮，如图13-7所示。

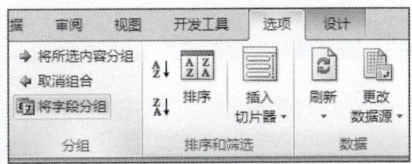

图13-7

② 弹出"分组"对话框，设置"起始于"为"2012-3-15"、"终止于"为"2012-5-19"，在"步长"列表框中单击"月"选项，单击"确定"按钮，如图13-8所示。

③ 此时数据透视表中的数据以日期的月份为依据，进行组合计算，如图13-9所示。

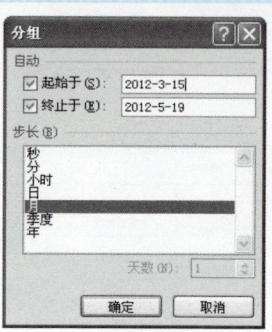

图13-8

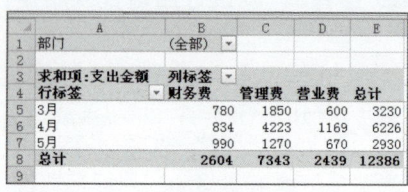

图13-9

步骤5：插入切片器

① 在"数据透视表-选项"选项卡中的"排序和筛选"选项组中单击"插入切片器"下三角按钮，在下拉菜单中单击"插入切片器"选项，如图13-10所示。

② 弹出"插入切片器"选项，选中"部门"复选框，单击"确定"按钮，如图13-11所示。

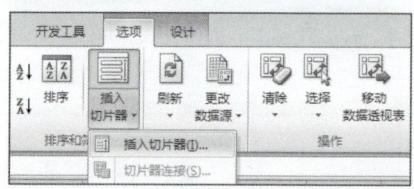

图13-10

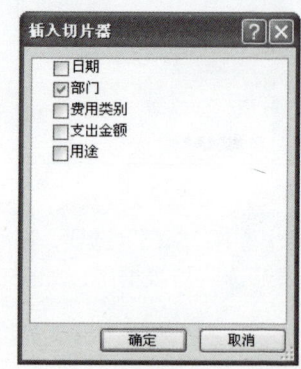

图13-11

步骤6：使用切片器筛选

① 此时创建了"部门"切片器窗格，在其中显示了该字段对应的字段项目，单击想显示的字段项目，只需在切片器中单击相应的字段项目按

钮即可，如单击"生产部"按钮，如图13-12所示。

②则在数据透视表中只显示"生产部"各月各项目费用的汇总结果，如图13-13所示。

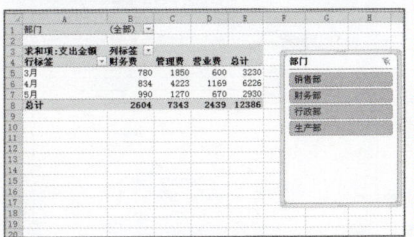

图13-12

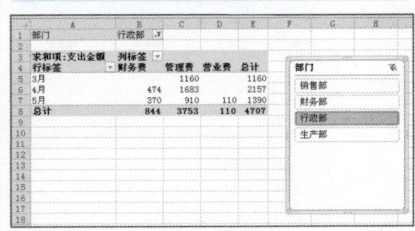

图13-13

文件118 日常费用支出预算表

为了对日常费用支出进行有效管理，根据日常费用支出数据，计算出来相应时间段内日常费用支出的金额。

制作要点与设计效果图

- 填充日期
- 移动平均法预测
- 指数平滑发预测
- 复制公式
- AVERAG函数
- 公式运算

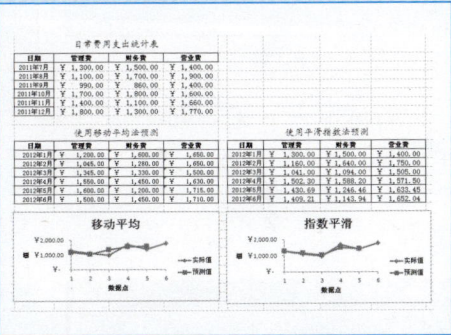

文件设计过程

步骤1：右键填充数据

①创建表格，并在B12单元格中输入"2012年1月"，按住右键向下拖动B12单元格的填充柄，如图13-14所示。

图 13-14

[2] 释放鼠标后，弹出快捷菜单，单击"以月填充"，如图13-15所示。

图 13-15

步骤2：设置移动平均工具参数

[1] 切换至"数据"选项卡下，在"分析"选项组中单击"数据分析"按钮，如图13-16所示。

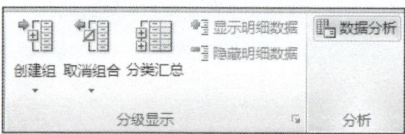

图 13-16

[2] 弹出"数据分析"对话框，选中"移动平均"选项，接着单击"确定"按钮，如图13-17所示。

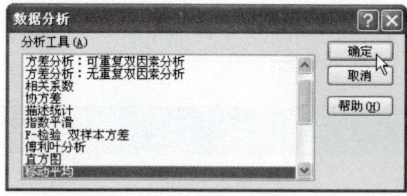

图 13-17

[3] 打开"移动平均"对话框，根据需要设置输入区域、间隔、输出区域等参数值，如图13-18所示。

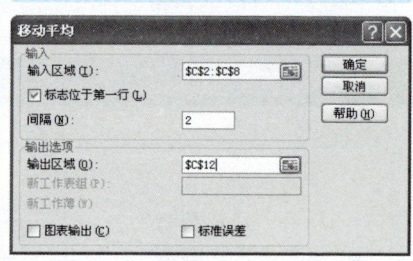

图 13-18

[4] 此时在输入区域中显示了利用平均法计算出的结果和移动平均图表，该方法只能算出5个月的数据，如图13-19所示。

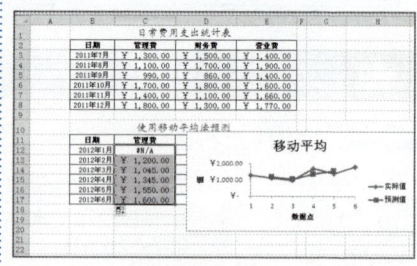

图 13-19

步骤3：复制公式

删除C12单元格中的错误值，并将计算出的结果向上移一个单元格，选中C12：C16单元格区域，拖动填充柄向右复制公式计算出预测值，如图13-20所示。

图13-20

步骤4：预测2011年6月的费用

假设2012年1月的预测值为实际值，则可以在单元格C17输入公式"=AVERAG（C8，C12）"，按下【Enter】键，向右复制公式，得到2012年6月的预测费用，如图13-21所示。

图13-21

步骤5：创建"使用平滑指数法预测"表格

复制"使用移动平均法预测"表格，清除计算结果，并将表格标题更改为"使用平滑指数法预测"，如图13-22所示。

图13-22

步骤6：设置指数平滑工具参数

1️⃣ 打开"数据分析"对话框，双击"指数平滑"选项，如图13-23所示。

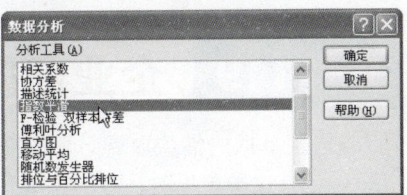

图13-23

[2] 弹出"指数平滑"对话框，设置输入区域，阻尼系数，输出区域参数，并选中"图表输出"复选框，如图13-24所示。

[3] 此时在目标单元格中显示了指数平滑法计算结果和图表，它与移动平均法相同，只能预测出5个月的管理费用数据，如图13-25所示。

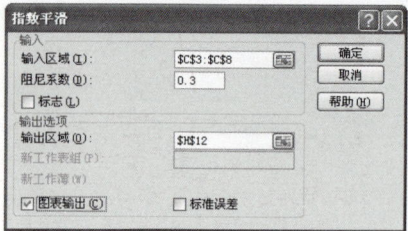

图13-24

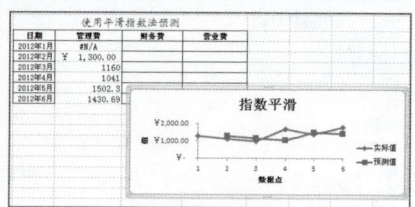

图13-25

步骤7：复制公式

删除H12单元格，并向上移动单元格，然后利用自动填充功能，向右复制公式，计算出各费用项目1-5月的费用金额，如图13-26所示。

日期	管理费	财务费	营业费
2012年1月	￥1,300.00	￥1,500.00	￥1,400.00
2012年2月	￥1,160.00	￥1,640.00	￥1,750.00
2012年3月	￥1,041.00	￥1,094.00	￥1,505.00
2012年4月	￥1,502.30	￥1,588.20	￥1,571.50
2012年5月	￥1,430.69	￥1,246.46	￥1,633.45
2012年6月			

图13-26

步骤8：预测2012年6月日常费用支出金额

在G17单元格输入公式"=C7*0.7+H16*0.3"，按下【Enter】键，向右复制公式计算出6月的预测费用。通过两种方法的计算，可找出未来6个月的日常费用花销范围，如图13-27所示。

日期	管理费	财务费	营业费
2012年1月	￥1,300.00	￥1,500.00	￥1,400.00
2012年2月	￥1,160.00	￥1,640.00	￥1,750.00
2012年3月	￥1,041.00	￥1,094.00	￥1,505.00
2012年4月	￥1,502.30	￥1,588.20	￥1,571.50
2012年5月	￥1,430.69	￥1,246.46	￥1,633.45
2012年6月	￥1,409.21	￥1,143.94	￥1,652.04

图13-27

文件119 企业部门借款单

借款单据的借款数目必须详细、清晰。为了防止被人修改，在利用Excel记录这类单据时，可以将填写好的表格复制为图片。

第13章　日常费用管理

制作要点与设计效果图

- 复制表格
- 将表格粘贴为图片

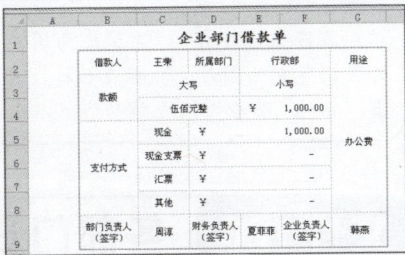

文件设计过程

步骤1：创建表格

在工作表中输入表头、标识项，以及相关文本，输入完成并进行相关格式设置，效果如图13-28所示。

图13-28

步骤2：复制数据表格

右键单击B1:G9单元格区域，从弹出的快捷菜单中单击"复制"命令，如图13-29所示。

提　示：

除了使用右键快捷菜单命令和"剪贴板"组中的"复制"按钮复制数据外，还可以直接选中要复制的数据区域，按下【Ctrl+C】组合键将选中单元格区域复制到剪贴板中。

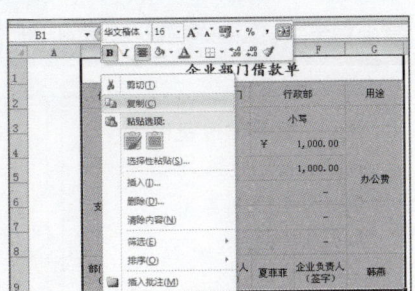

图13-29

步骤3：粘贴为图片

1 选中目标单元格，单击"粘贴"下三角按钮，在下拉菜单中选择单击"图片"图标，如图13-30所示。

2 此时在目标单元格位置显示了粘贴为图片的表格，如图13-31所示。

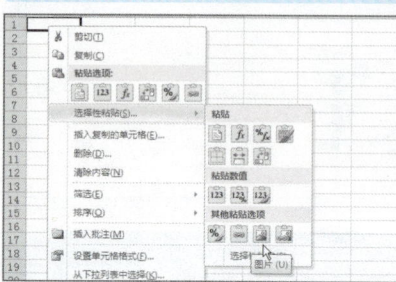

图13-30

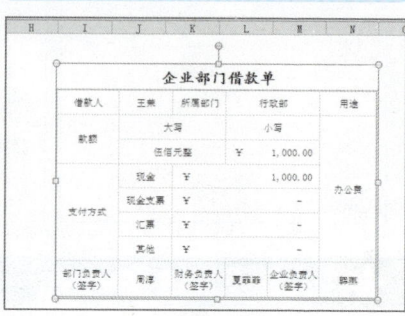

图13-31

提示：

在Excel 2010中，系统还为用户提供了"复制为图片"功能，可以直接将数据复制为图片，然后在目标位置单击鼠标右键，从弹出的快捷菜单中单击"粘贴"命令即可，该功能可以选择图片的外观及格式效果。

文件120　各部门日常费用花销比较图

可以使用"数据透视图"创建动态图表，用户只需要选择想要查看的字段项目即可动态地对比各部门、各项费用的花销情况。

制作要点与设计效果图

- 创建数据透视图
- 设置字段布局
- 更改图表类型
- 筛选数据

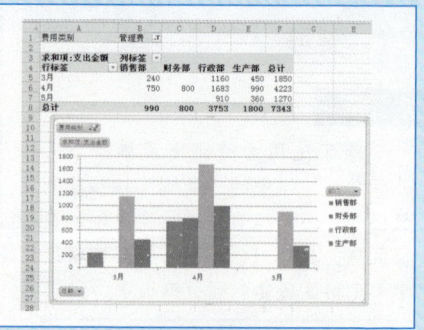

第13章 日常费用管理

文件设计过程

步骤1：创建数据透视图

[1] 单击数据区域中的任意单元格，在"插入"选项卡下，单击"表格"选项组中"数据透视表"下三角按钮，在下拉菜单中单击"数据透视图"选项，如图13-32所示。

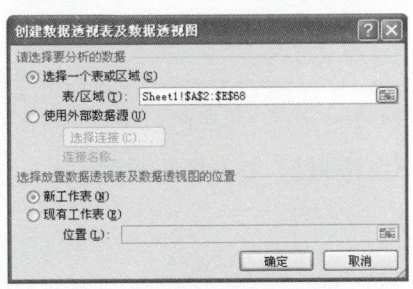

图13-33

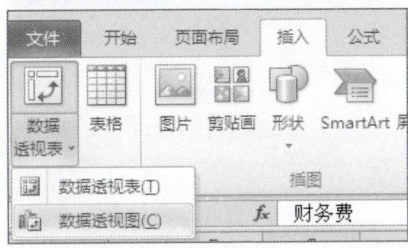

图13-32

[2] 打开"创建数据透视表及数据透视图"对话框，选择默认参数，单击"确定"按钮，如图13-33所示。

[3] 新建Sheet3工作表，在其中创建空白数据透视表和数据透视图，如图13-34所示。

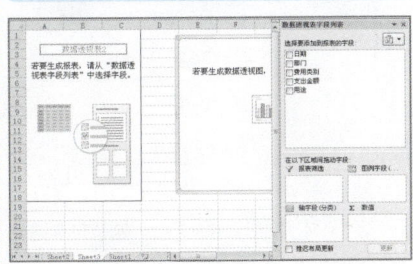

图13-34

提 示：

如果已根据源数据创建了数据透视表，只需要在"数据透视表工具-选项"选项卡下，单击"数据透视图"按钮，即可开始创建数据透视图。

步骤2：添加并设置字段

[1] 在"数据透视表字段列表"窗格中选中要在图表中显示的字段复选框，此时在数据透视表和数据透视图中显示相应的字段项目，如图13-35所示。

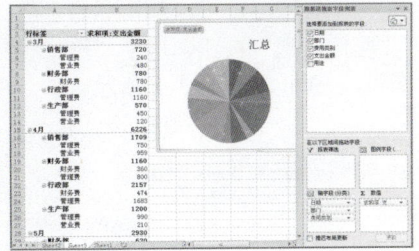

图13-35

②在"数据透视表字段列表"窗格中的"在以下区域间拖动字段"选项组中设置字段显示的位置,如图13-36所示。

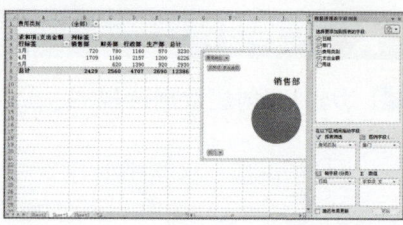

图13-36

步骤3:更改图表类型

①选中图表,在"数据透视图工具-设计"选项卡下,单击"更改图表类型"按钮,如图13-37所示。

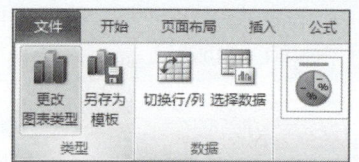

图13-37

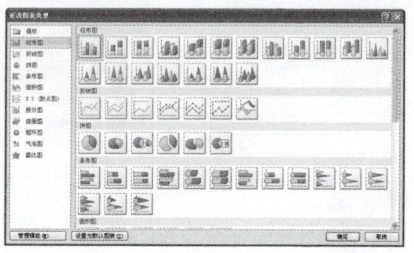

图13-38

②弹出"更改图表类型"对话框,单击"柱形图"选项,双击"簇状柱形图"图标,如图13-38所示。

③此时选中图表由饼图转换为簇状柱形图,如图13-39所示。

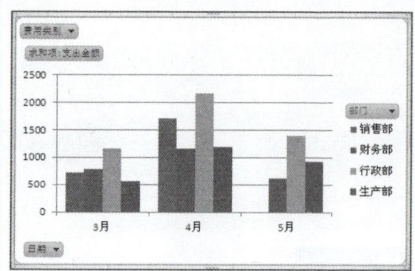

图13-39

步骤4:动态查看数据

①若想查看各部门管理费的花销比较情况,可以单击图表上的"费用类别"按钮,选中"选择多项"复选框,如图13-40所示。

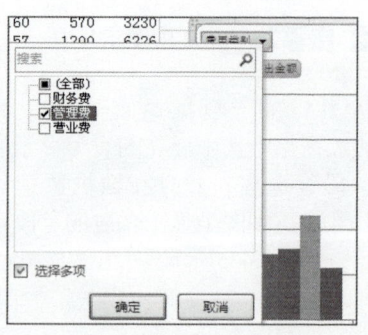

图13-40

②选中"管理费"复选框，单击"确定"按钮，此时图表中仅显示各部门各月管理费用，如图13-41所示。

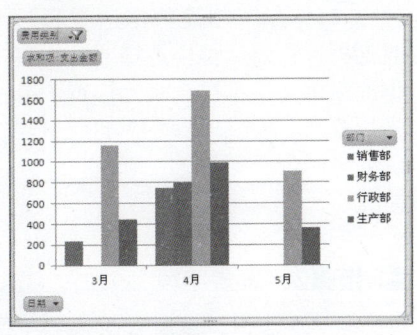

图13-41

文件121　各项费用月支出比较图

为了解各项费用的支出情况，可以在统计日常费用之后，使用迷你图分析每个月各项费用支出情况。

制作要点与设计效果图

- 创建数据透视表
- 创建迷你图
- 更改迷你图颜色
- 标出高点

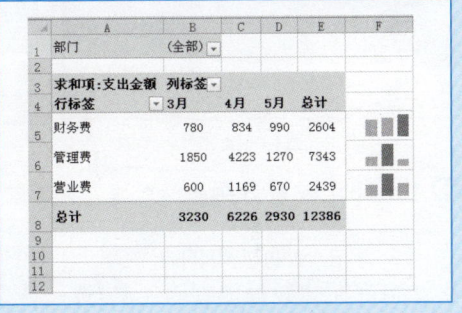

文件设计过程

步骤1：创建数据透视表

①选中数据区域的任意单元格。在"插入"选项卡下，单击"表格"选项组中"数据透视表"下三角按钮，在下拉菜单中单击"数据透视表"选项，如图13-42所示。

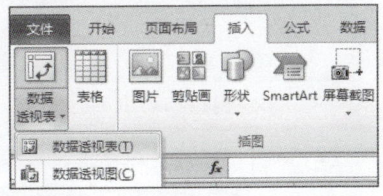

图13-42

② 打开"创建数据透视表"对话框,在对话框中选择要分析数据的来源及数据透视表的位置,单击"确定"按钮,如图13-43所示。

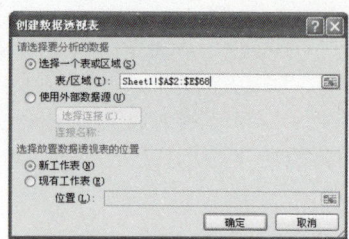

图13-43

步骤2：设置字段

① 创建空白数据透视表,在"选择要添加到报表的字段"列表框中选中数据透视表中要显示的字段选项,如选中"日期"、"部门"、"费用类别"和"支出金额"复选框,如图13-44所示。

② 在"数据透视表字段列表"窗格中,将"日期"字段设置为"列标签","费用类别"字段设置为"行标签",此时数据透视表中的数据也作了相应的调整,如图13-45所示。

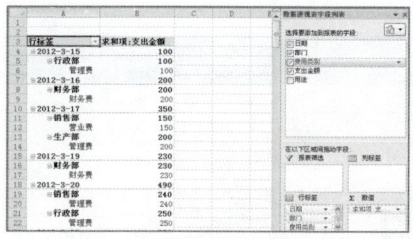

图13-44

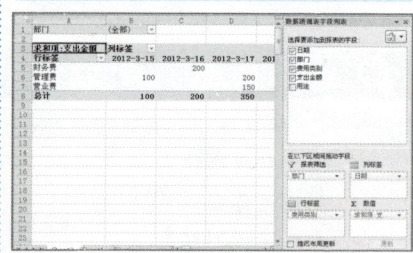

图13-45

步骤3：设置分组

① 单击日期列中的任意单元格,然后在"数据透视表工具-选项"选项卡下,单击"将字段分组"按钮,如图13-46所示。

止于"为"2012-5-19",在"步长"列表框中单击"月"选项,单击"确定"按钮,如图13-47所示。

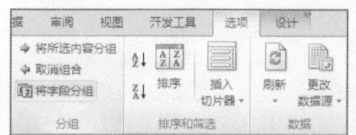

图13-46

② 弹出"分组"对话框,设置"起始于"为"2012-3-15"、"终

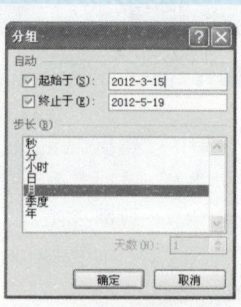

图13-47

第13章 日常费用管理

3 此时数据透视表中的数据以日期的月份为依据,进行组合计算,如图13-48所示。

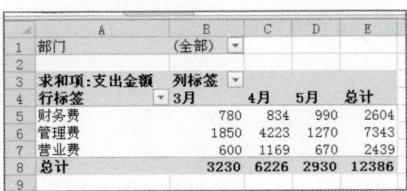

图13-48

步骤4:创建"迷你图"

1 切换至"插入"选项卡,单击"迷你图"组中的"柱形图"按钮,如图13-49所示。

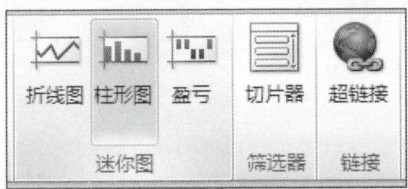

图13-49

迷你柱形图,如图13-51所示。

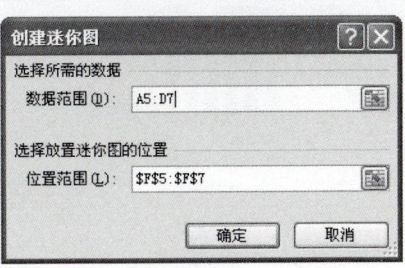

图13-50

2 弹出"创建迷你图"对话框,设置"数据范围"为"A5:D7","位置范围"为"$F$5:$F$7",单击"确定"按钮,如图13-50所示。

3 返回工作表中,在目标单元格中显示了根据各行数据创建的

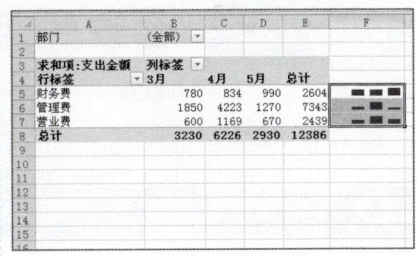

图13-51

步骤5:更改迷你图颜色

切换至"迷你图工具-设计"选项卡下,单击"迷你图颜色"按钮,从展开的下拉列表中选择绿色,如图13-52所示。

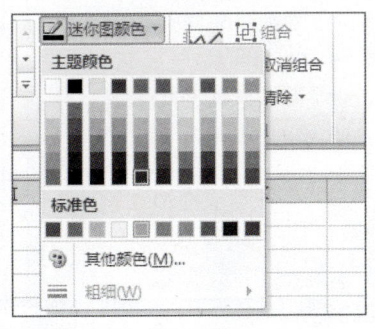

图13-52

步骤6：标记高点

1 在"迷你图工具-设计"选项卡下，单击"标记颜色"按钮，从展开的下拉列表中单击"高点＞红色"选项，如图13-53所示。

2 此时，选中的迷你图应用指定的颜色并标记出高点，如图13-54所示。

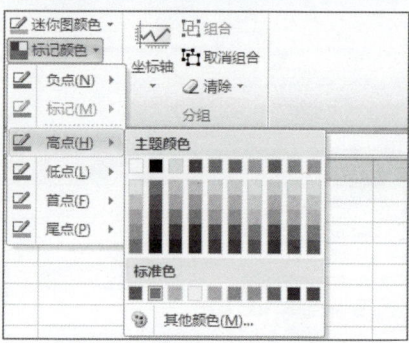

图13-53

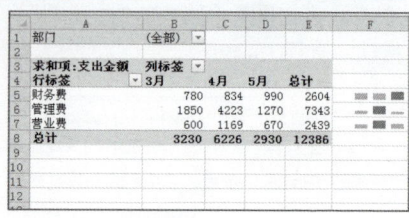

图13-54

文件122　会议费用预算表

会议费用预算表包括交通费、会议室/厅租用费、住宿费、餐饮费、设备租用费和其他杂费等。

制作要点与设计效果图

- 设置边框和底纹
- 调整行高和列宽
- 添加斜划线
- SUM函数
- 设置数据有效性
- 公式运算

会议费用预算表

	序号	项目	数量	单价	金额
会议费用	1	交通费	12	￥12.00	￥144.00
	2	会议室/厅	6	￥250.00	￥1,500.00
	3	住宿费	18	￥80.00	￥1,440.00
	4	餐饮费	20	￥15.00	￥300.00
	5	设备租用费	1	￥360.00	￥360.00
	6	其他费用			￥150.00
	合计	￥			3,894.00

第13章 日常费用管理

文件123　水电费月结算表

一般情况下预存使用金额使用完后，会自动切断企业的水电供给，这就要求行政部人员定期缴纳水电费，在月末就必须对其进行结算以方便申报费用。

🔍 制作要点与设计效果图

- 设置边框
- 设置数字格式
- 降序排列
- 组合数据
- 设置自动求和

日期	品种	单位	预存金额	单价	数量	日用量	使用天数	备注
			水电费月结算表					
2012-8-1	水费	m²	￥200.00	￥2.80	71.42	11.4	6	收据
2012-8-6	水费	m²	￥500.00	￥2.80	178.57	11.4	15	收据
2012-8-21	水费	m²	￥1,200.00	￥2.80	428.57	11.4	37	收据
合计			￥1,900.00		678.56		58	
2012-8-1	电费	Kwh	￥500.00	￥0.75	666.66		31.5	21 收据
2012-8-22	电费	Kwh	￥800.00	￥0.75	1066.66		31.5	33 收据
合计			￥1,300.00		1733.32		54	

文件124　日常费用申报表

日常费用申报表是指员工向上级或有关部门提出（提交）相关事宜的书面报告。

🔍 制作要点与设计效果图

- 设置对齐方式
- 设置边框
- 设置数字格式
- 添加双下画线
- 自动求和计算
- 复制数据

日常费用申报表

编制单位：中能科技　　日期：2012-8-15

序号	项目名称	金额	计算根据和理由
1	会议费	￥150.00	票据
2	培训费	￥1,200.00	票据
3	招待费	￥280.00	票据
4	维修费	￥40.00	票据
5	电话费	￥150.00	票据
6	办公费	￥280.00	票据
7	印刷费	￥350.00	票据
8	邮寄费	￥210.00	票据
9	交通费	￥600.00	票据
10	差旅费	￥180.00	票据
11	其他	￥100.00	票据
合计		￥3,540.00	

单位负责人：王荣　　制表人：周淳

文件125　日常费用季度结算表

日常费用季度结算表用于按季度统计日常费用支出情况的表格,它有效地掌握每季度运营中费用的花销情况。

制作要点与设计效果图

- 创建数据透视表
- 设置字段
- 按季度将字段分组
- 移动数据透视表位置
- 套用数据透视表样式

求和项:支出金额	列标签			
行标签	财务费	管理费	营业费	总计
⊞财务部	3444	5289	1060	9793
⊞生产部	490	3979	1474	5943
⊟销售部	940	2895	2659	6494
⊞第一季	114	665	660	1439
⊞第二季	115	1510	1699	3324
⊞第三季	147	370	270	787
⊞第四季	564	350	30	944
⊟行政部	2257	7897	1794	11948
⊞第一季	661	2234	440	3335
⊞第二季	1428	3715	280	5423
⊞第三季	168	1318	402	1888
⊞第四季		630	672	1302
总计	7131	20060	6987	34178

文件126　日常费用年结算表

日常费用年结算表是用于按年统计日常费用的支出情况,有效地掌握企业一年运营中费用花销情况的表格。

制作要点与设计效果图

- 制作要点与设计效果图
- 创建数据透视表
- 设置按年进行分组统计
- 应用数据透视表样式

求和项:支出金额	列标签			
行标签	财务费	管理费	营业费	总计
⊟财务部	3444	5289	1060	9793
⊞2011年	2150	3083	580	5813
⊞2012年	1294	2206	480	3980
⊞生产部	490	3979	1474	5943
⊞销售部	940	2895	2659	6494
⊟行政部	2257	7897	1794	11948
⊞2011年	1438	5711	974	8123
⊞2012年	819	2186	820	3825
总计	7131	20060	6987	34178

第14章

费用报销管理

是日常费用指企业在日常活动中发生的会导致所有者权益减少的、与向所有者分配利润无关的经济利益的总流出。

在Excel中可以根据费用单据建立日常费用统计工作表，然后利用数据透视表、透视图、图表等分析工具进行分析，从而为后期的财务预算提供准确的依据。

编号	文件名称	光盘中对应数据源	重要星级
文件127	费用报销流程图	素材文件\第14章\费用报销流程图.xls	★★★★★
文件128	员工外勤费用报销单	素材文件\第14章\员工外勤费用报销单.xls	★★★★★
文件129	电话补助标准表	素材文件\第14章\电话补助标准表.xls	★★★★★
文件130	月度电话报销费用统计表	素材文件\第14章\月度电话报销费用统计表.xls	★★★★
文件131	午餐补助费用报销单	素材文件\第14章\午餐补助费用报销单.xls	★★★★★
文件132	节日补助申请表	素材文件\第14章\节日补助申请表.xls	★★★★★
文件133	节日补助表	素材文件\第14章\节日补助表.xls	★★★★
文件134	生日津贴表	素材文件\第14章\生日津贴表.xls	★★★★
文件135	生活补助表	素材文件\第14章\生活补助表.xls	★★★
文件136	旅游津贴补助表	素材文件\第14章\旅游津贴补助表.xls	★★

文件127 费用报销流程图

企业制定了费用报销流程图，员工只需按照费用报销流程图即可快速、方便地完成费用的报销。

制作要点与设计效果图

- 插入SmartArt图形
- 更改SmartArt图形样式
- 更改颜色

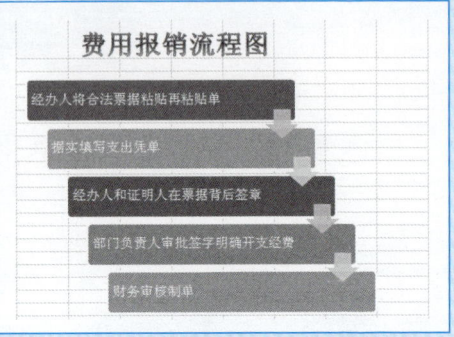

文件设计过程

步骤1：插入SmartArt图形

1 在"插入"选项下，单击"插图"选项组中"SmartArt"按钮，如图14-1所示。

图14-1

2 打开"插入SmartArt图形"对话框，选择需要插入的SmartArt流程图，单击"确定"按钮，如图14-2所示。

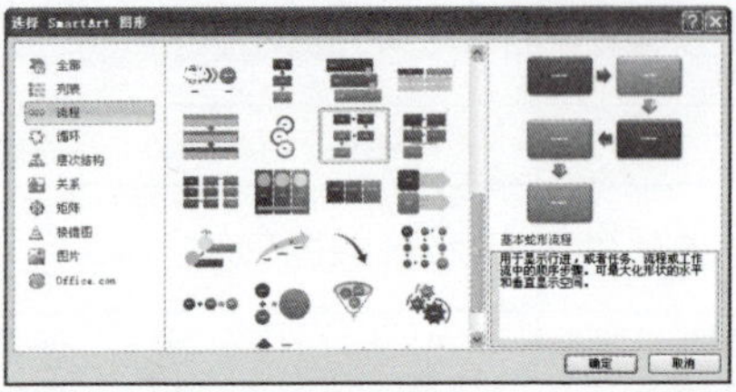

图14-2

3 此时可以看到在工作表中显示了插入的SmartArt流程图，如图14-3所示。

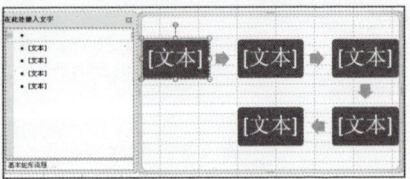

图14-34

第14章 费用报销管理

④ 在SmartArt流程图中输入费用报销的步骤，并调整各个SmartArt图形的位置，如图14-4所示。

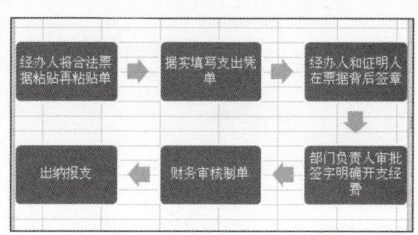

图14-4

步骤2：更改图形样式

① 在"SmartArt工具-设计"选项卡，单击"布局"组中的快翻按钮，在展开的样式库中选择需要更改为的布局样式，如图14-5所示。

② 更改效果后，可以看到SmartArt图形的布局已经更改，应用了选择的布局样式，如图14-6所示。

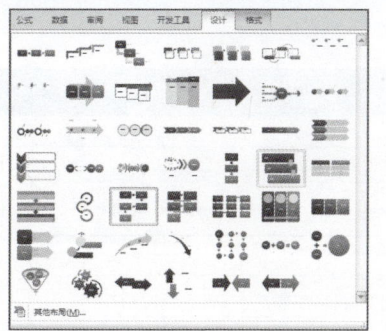

图14-5

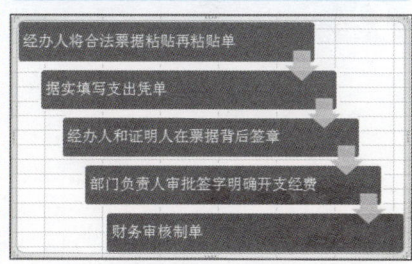

图14-6

步骤3：更改SmartArt图形颜色

① 选中SmartArt图形，切换至"SmartArt工具-设计"选项卡，在"SmartArt样式"选项组中单击"更改颜色"右侧的下三角按钮，在展开的列表中选择需要的颜色，如图14-7所示。

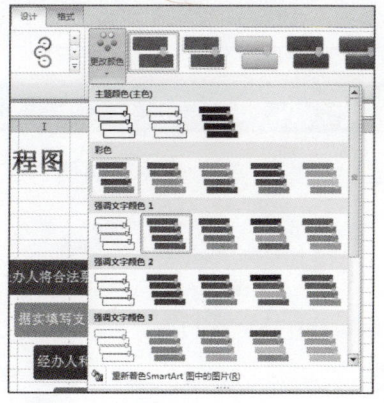

图14-7

②返回到工作表中,进一步完善,此时可以看到设置后的效果,如图14-8所示。

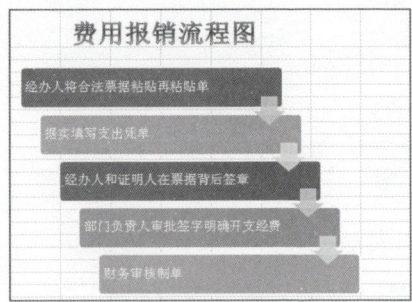

图14-8

文件128 员工外勤费用报销单

员工外勤费用报销单是公司为外勤人员提供的费用报销单据,也是员工进行费用报销的凭据。

制作要点与设计效果图

- 插入图片
- 设置图片格式
- 调整图片大小

文件设计过程

步骤1: 单击"页眉页脚"按钮

①切换至"插入"选项卡,在"文本"组中单击"页眉和页脚"按钮,如图14-9所示。

图14-9

第14章 费用报销管理

[2] 切换至"页眉和页脚工具-设计"选项卡,单击"图片"按钮,如图14-10所示。

[3] 在弹出的对话框中选择图片的位置,然后双击要插入的图片,如图14-11所示。

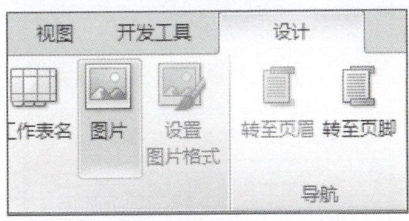

图14-10

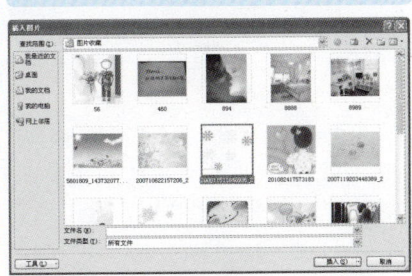

图14-11

➡ **步骤2**:设置图片格式

[1] 插入图片后,选中图片,在"设计"选项卡下的"页眉和页脚元素"选项组中单击"设置图片格式"按钮,如图14-12所示。

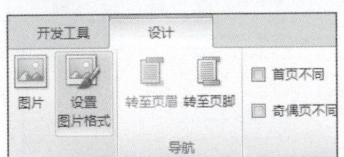

图14-12

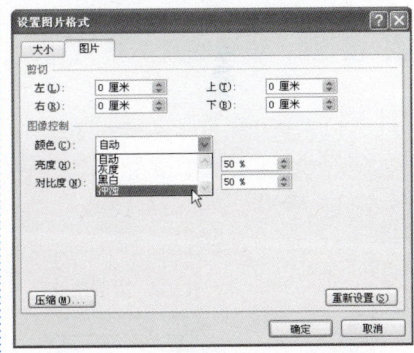

图14-13

[2] 打开"设置图片格式"对话框,在"图片"选项卡中设置图片的颜色为冲蚀效果,如图14-13所示。

[3] 完成设置后,单击"确定"按钮,返回到工作表中即可看到以图片作为表格水印的效果,如图14-14所示。

图14-14

➡ **步骤3**:插入标志图案

[1] 在"插入"选项卡下,单击"插图"选项组中"图片"按钮,如图14-15所示。

图14-15

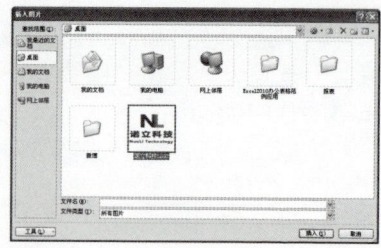

图14-16

② 弹出"插入图片"对话框,在"图片"文件夹中双击要插入的标志图案,如图14-16所示。

③ 插入标志图案后,拖动标志图案的大小,将标志图案移动到工作表中的适合位置,如图14-17所示。

图14-17

步骤4:设置图片的格式

① 右键单击插入的标志图案,在弹出的快捷菜单中单击"设置图片格式"命令,如图14-18所示。

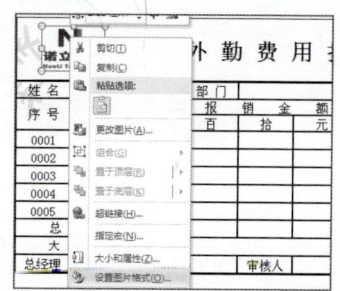

图14-18

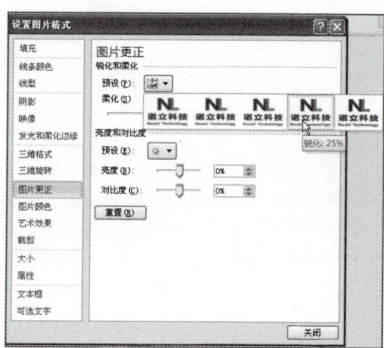

图14-19

② 弹出"设置图片格式"对话框,设置图片的锐化和柔化效果,如图14-19所示。

③ 继续在该对话框中设置图片的亮度和对比度,在"图片颜色"选项组中对图片的颜色饱和度、色调等参数进行设置,如图14-20所示。

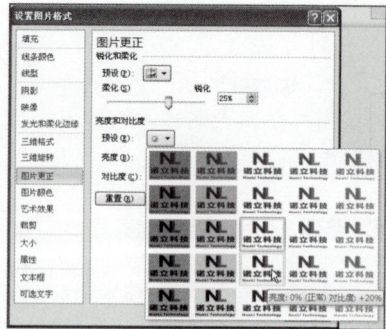

图14-20

④ 设置完成后，返回到工作表即可看到最终的效果，如图14-21所示。

图14-21

文件129 电话补助标准表

电话补助标准一般视企业规模大小及公司意愿而定。在Excel中可以制作电话补助标准表将其打印出来。

制作要点与设计效果图

- 设置打印区域
- 设置打印标题
- 调整打印顺序
- 打印工作表

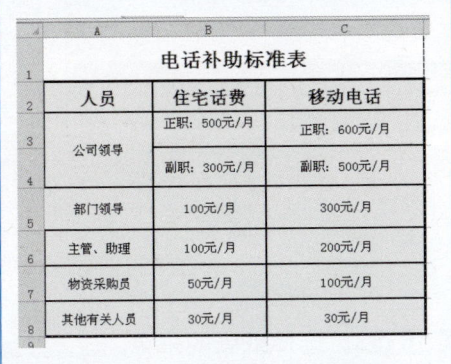

文件设计过程

步骤1：打开"页面设置"对话框

① 在"页面布局"选项卡下单击"页面设置"组中的对话框启动器，如图14-22所示。

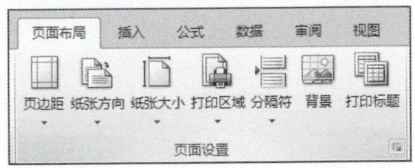

图14-22

② 打开"页面设置"对话框,在"工作表"选项卡下,单击"打印区域"文本框右侧的"折叠"按钮,引用单元格中的A1:C8单元格区域并单击"展开"按钮,如图14-23所示。

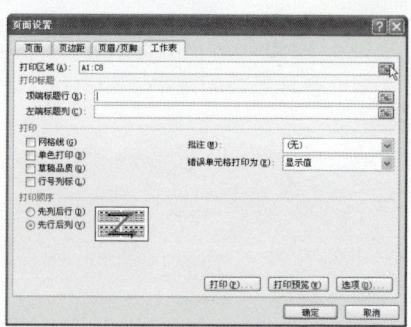

图14-23

步骤2:设置打印区域

① 返回到对话框中,单击"预端标题行"文本框右侧的"折叠"按钮,引用单元格中的第一行和第二行,然后单击"展开"按钮,如图14-24所示。

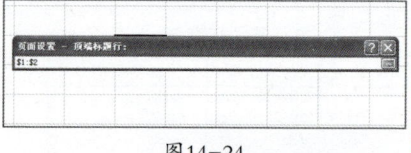

图14-24

② 返回到对话框中,单击"预端标题行"文本框右侧的"折叠"按钮,引用单元格中的第一行和第二行,然后单击"展开"按钮,如图14-25所示。

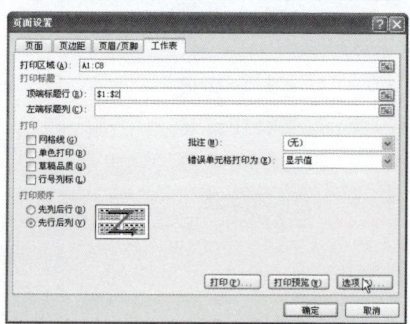

图14-25

步骤3:选择纸张的来源

① 在"布局"选项卡下的"方向"选项组中单击选中"横向"单选按钮,如图14-26所示。

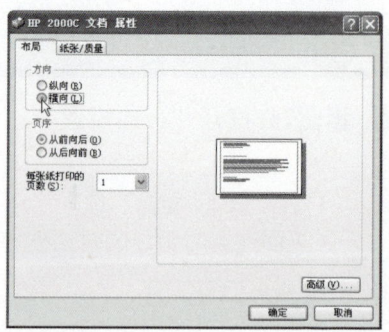

图14-26

第14章 费用报销管理

2 在"纸张/质量"选项卡下选中纸张来源,如图14-27所示。

3 单击"确定"按钮后在"打印顺序"选项组中单击选中"先行后列"单选按钮,如图14-28所示。

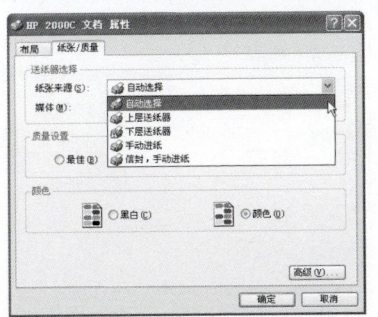

图14-27

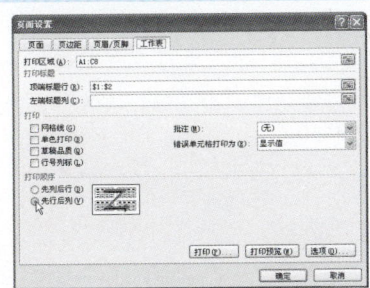

图14-28

步骤4:打印工作表

在"文件"菜单中单击"打印"命令,再单击"打印"按钮,即可打印工作表,如图14-29所示。

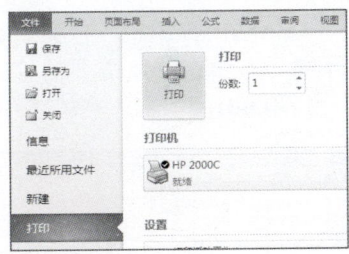

图14-29

文件130 月度电话报销费用统计表

月度电话报销费用统计表就是用来统计每个月公司员工电话费的报销情况。在Excel中通过设置将制作的月度电话报销费用统计表打印出来。

制作要点与设计效果图

- 打印预览
- 选择打印机
- 选择打印范围
- 选择打印内容
- 设置打印份数

月度电话报销费用统计表	
人员	报销话费
公司领导	正职:880元
	副职:860元
部门领导	800元
主管、助理	660元
物资采购员	1200元
其他有关人员	200元

文件设计过程

步骤1：打印预览

单击"文件"，在弹出的菜单中单击"打印"标签，在右侧的打印区域中可以预览打印效果，如图14-30所示。

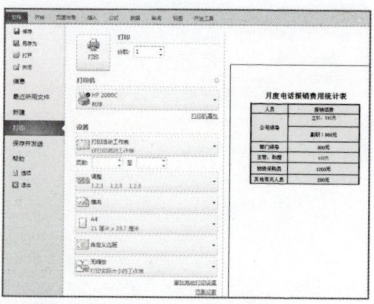

图14-30

步骤2：选择打印机和打印范围

[1] 单击"打印机"按钮，在展开的列表中选择所需要的打印机，如图14-31所示。

[2] 在"设置"组中选择要打印的范围，如图14-32所示。

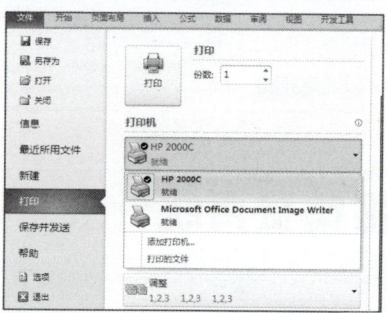

图14-31

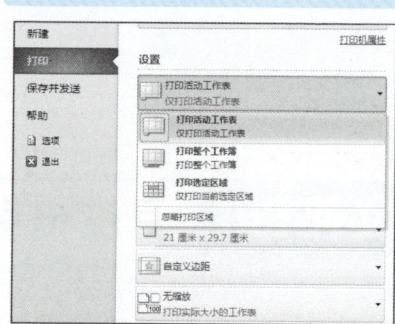

图14-32

步骤3：设置打印份数

在"份数"文本框中输入要打印的份数，单击"打印"按钮，如图14-33所示。

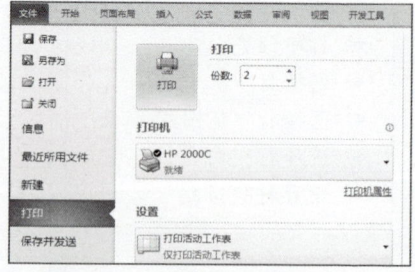

图14-33

第14章 费用报销管理

> **提　示：**
> 在"打印"选项卡下的"设置"组中用户还可以设置页面的方向，比如纵向、横向，在"页数"选项中，可以设置要打印的页数。

文件131　午餐补助费用报销单

企业给员工发放午餐补助，而对于补助的多少，则可以根据午餐费用的报销单来发放。

制作要点与设计效果图

- 创建表格
- 填充序列
- 共享工作簿

序号	姓名	职位	9月份出勤天数	午餐日补/元	合计
1	王荣	行政主管	28	7	196
2	周国菊	销售主管	28	7	196
3	葛丽	财务主管	28	7	196
4	王磊	销售助理	26	7	182
5	刘泰	人事主管	28	7	180
6	周礼	会计	28	7	180
7	陶莉莉	收款员	29	7	203
8	方航	收款员	28	7	196
9	朱小明	收款员	28	7	196
10	刘远程	收款员	28	7	196
11	陈发珍	收款员	28	7	196
12	何艳	收款员	28	7	196
13	李刚	收款员	28	7	196

文件设计过程

步骤1：创建表格

在工作表中输入表头、标识项以及相关文本，输入完成并进行相关格式设置，效果如图14-34所示。

序号	姓名	职位	9月份出勤天数	午餐日补/元	合计
	王荣	行政主管	28	7	196
	周国菊	销售主管	28	7	196
	葛丽	财务主管	28	7	196
	王磊	销售助理	26	7	182
	刘泰	人事主管	28	7	180
	周礼	会计	28	7	180
	陶莉莉	收款员	29	7	203
	方航	收款员	28	7	196
	朱小明	收款员	28	7	196

图14-34

步骤2：填充序列

1 在A3单元格中输入1，选中A3单元格利用填充柄，向下填充至A15单元格，如图14-35所示。

6		王磊	销售助理	26
7		刘泰	人事主管	28
8		周礼	会计	28
9		陶莉莉	收款员	29
10		方航	收款员	28
11		朱小明	收款员	28
12		刘远程	收款员	28
13		陈发珍	收款员	28
14		何艳	收款员	28
15		李刚	收款员	28

图14-35

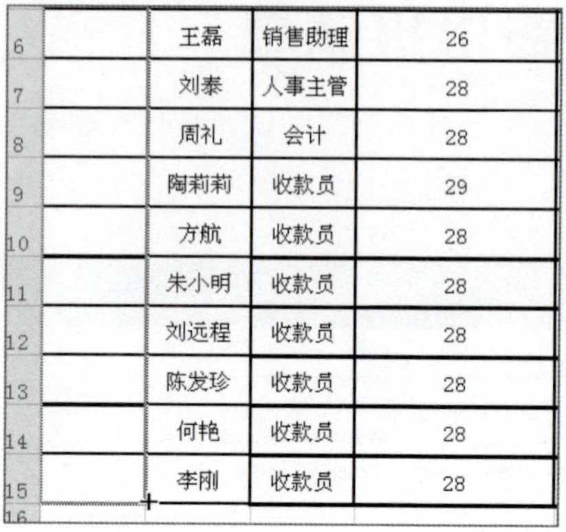

2 释放鼠标后，弹出快捷菜单，单击“填充序列”，如图14-36所示。

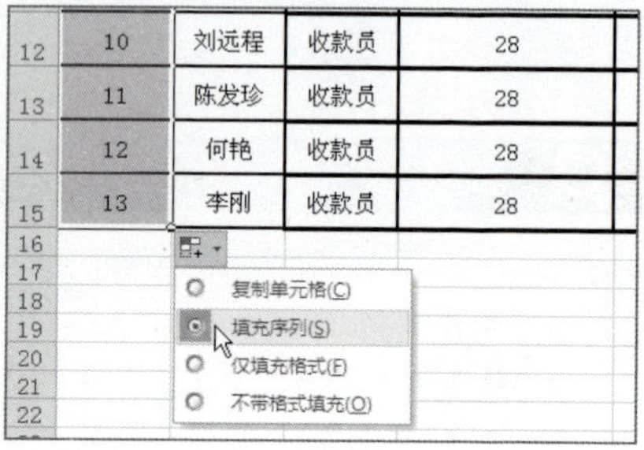

12	10	刘远程	收款员	28
13	11	陈发珍	收款员	28
14	12	何艳	收款员	28
15	13	李刚	收款员	28

图14-36

步骤3：共享工作簿

1 在“审阅”选项卡下，单击“更改”选项组中“共享工作簿”按钮，如图14-37所示。

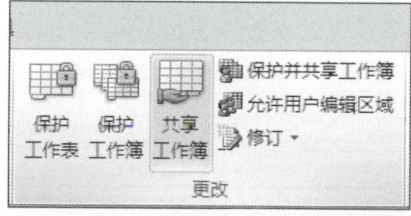

图14-37

2 打开“共享工作簿”对话框，在“编辑”选项卡下选中“允许多用户同时编辑，同时允许工作簿合并”复选框，然后单击“确定”按钮即可共享该工作簿，如图14-38所示。

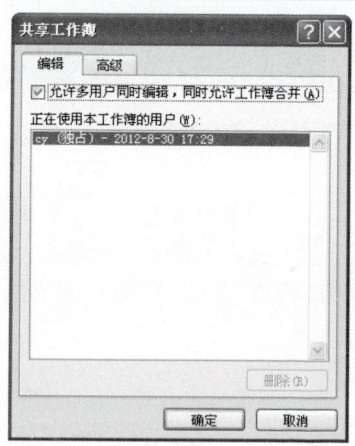

图14-38

第14章 费用报销管理

文件132 节日补助申请表

由于公司往往会组织一些活动让员工来参加，行政人员需要填写节日补助申请表来向公司申请一定的节日活动补助经费。

制作要点与设计效果图

- 套用单元格样式
- 设置边框样式
- 设置打印区域
- 调整纸张方向

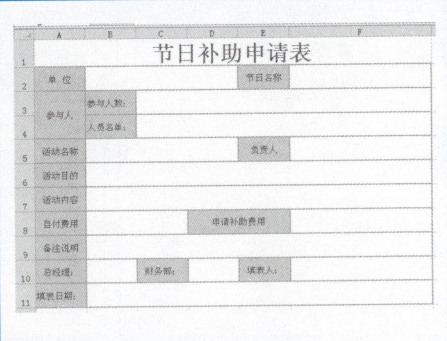

文件133 节日补助表

节日补助表是根据季节变动、节假日安排给员工发放一些补贴、过节费等制作的表格。

制作要点与设计效果图

- 设置对齐方式
- 设置边框
- 合并单元格
- 手动调整列宽

	A	B	C	D	E	F
1	节日补助表格					
2	制表单位	中能科技		制表日期	2012-10-2	
3	序号	姓名	员工编号	所属部门	发放金额（元）	签字
4	1	王荣	AD0001	人事部	280	
5	2	周国菊	AD0002	技术部	280	
6	3	葛丽	AD0003	行政部	280	
7	4	王磊	AD0004	销售部	280	
8	5	刘泰	AD0005	人事部	280	
9	6	周礼	AD0006	技术部	280	
10	7	陶莉莉	AD0007	销售部	280	

文件134 生日津贴表

企业为了使员工感受到企业的人文关怀，可以通过生日津贴表在员工过生日时为其提供生日津贴补助。

制作要点与设计效果图

- 自动填充数据
- 设置单元格样式
- 更改数据显示形式

序号	工号	姓名	生日日期	生日津贴	签名
			生日津贴表		
	单位名称（盖章）：			单位：元	
1	D001	王荣	八月七日	￥200	
2	D002	周国菊	二月十日	￥200	
3	D003	葛丽	五月二十日	￥200	
4	D004	王磊	三月四日	￥200	
5	D005	刘泰	四月八日	￥200	
6	D006	周礼	七月七日	￥200	

文件135 生活补助表

生活补助表格一般都会包括员工的姓名、性别、工号、补助金额。

制作要点与设计效果图

- 填充序列
- 套用表格样式
- 设置边框和底纹
- 设置数字格式

序号	姓名	性别	部门	饭卡卡号（工号）	补助金额（元）
		生活补助表格			
单位：中能科技					
001	方航	男	行政部	YSDX20100102	￥200.00
002	朱小明	男	行政部	YSDX20100104	￥200.00
003	刘远程	女	研发部	YSDX20100107	￥150.00
004	陈发珍	女	研发部	YSDX20100115	￥100.00
005	何艳	女	销售部	YSDX20100106	￥150.00
006	李刚	男	财务部	YSDX20100134	￥200.00
007	周礼	男	人事部	YSDX20100124	￥200.00
008	陶莉莉	女	后勤部	YSDX20100109	￥100.00

文件136 旅游津贴补助表

对员工的旅游津贴补助可以采用两种方式：一是采用实物的方式进行补助；二是采用货币的方式进行补助，这可以根据公司的规定或员工的意愿选择。

制作要点与设计效果图

- 设置字体
- 设置边框和底纹
- 调整行高和列宽

姓名	职位	所属部门	津贴补助
		旅游津贴补助表	
单位：		津贴来源：	
王荣	总经理		8000
周国菊	副总经理		600
葛丽	主管	技术部	2000
王磊	主管	人事部	2000
刘泰	主管	行政部	2000
周礼	主管	销售部	2000

读书笔记

第15章

员工福利管理

员工福利是薪酬体系的重要组成部分，是企业或其他组织以福利的形式提供给员工的报酬。福利是对员工生活的照顾，是组织为员工提供的除工资与奖金之外的一切物质待遇，是劳动的间接回报。

常见的员工福利管理文件有公司福利体系图、员工社会保险登记表、参加保险单位缴费基数、人数申报表、员工年度福利统计表等。

编号	文件名称	光盘中对应数据源	重要星级
文件137	公司福利体系图	素材文件\第15章\公司福利体系图.xls	★★★★
文件138	员工社会保险登记表	素材文件\第15章\员工社会保险登记表.xls	★★★
文件139	参加社会保险人员申报表	素材文件\第15章\参加社会保险人员申报表.xls	★★★
文件140	参保人员信息更正申报表	素材文件\第15章\参保人员信息更正申报表.xls	★★★★★
文件141	员工年度福利统计表	素材文件\第15章\员工年度福利统计表.xls	★★★★★
文件142	医疗费用申报表	素材文件\第15章\医疗费用申报表.xls	★★★
文件143	生育保险费用申报表	素材文件\第15章\生育保险费用申报表.xls	★★★★
文件144	失业保险申报表	素材文件\第15章\失业保险申报表.xls	★★★★
文件145	员工补交养老保险费用申请表	素材文件\第15章\员工补交养老保险费用申请表.xls\	★★★★
文件146	参加社会保险人员增减表	素材文件\第15章\参加社会保险人员增减表.xls	★★★★

文件137 公司福利体系图

公司福利体系图包括薪资、社会保险、奖金和公司福利几大块，我们可以使用SmartArt图形来表示公司的福利体系。

制作要点与设计效果图

- 插入SmartArt图形
- 输入文本
- 添加形状
- 更改颜色

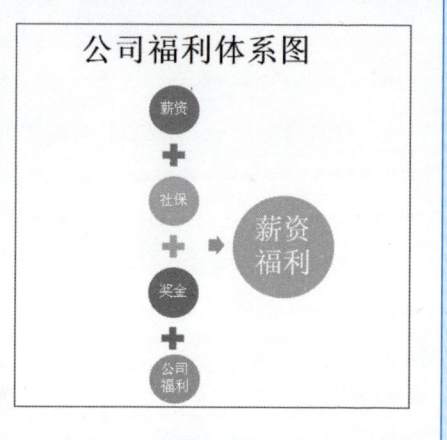

文件设计过程

步骤1：插入SmartArt图形

1 在"插入"选项卡下，单击"插图"选项组中"SmartArt"按钮，如图15-1所示。

2 弹出"选择SmartArt图形"对话框。单击"关系"选项，在右侧单击"垂直公式"图标，单击"确定"按钮，如图15-2所示。

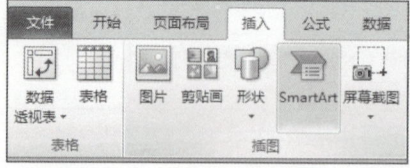

图15-1

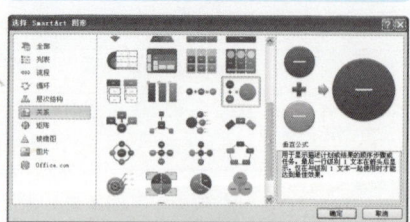

图15-2

第15章 员工福利管理

🔹 步骤2：添加文本

此时，在工作表中插入公式关系图，在其中输入需要的文本，如图15-3所示。

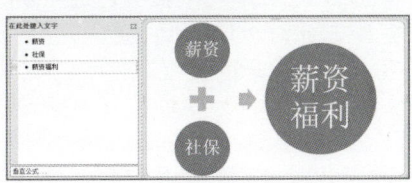

图15-3

🔹 步骤3：在选中形状前添加形状

1 选中含有"社保"文本的形状，在"SmartArt工具-设计"选项卡下，单击"添加形状"右侧下的三角按钮，在下拉菜单中单击"在后面添加形状"选项，如图15-4所示。

2 即在选定形状之前添加了形状，在"文本窗格"中输入相应的文本"奖金"，再用相同的方法添加"公司福利"形状，如图15-5所示。

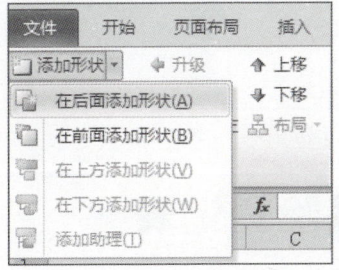

图15-4

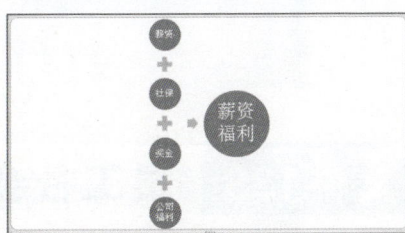

图15-5

🔹 步骤4：更改SmartArt图形颜色

1 选中SmartArt图形，切换至"SmartArt工具-设计"选项卡，在"SmartArt样式"选项组中单击"更改颜色"右侧的下三角按钮，在展开的列表中选择需要的颜色，如图15-6所示。

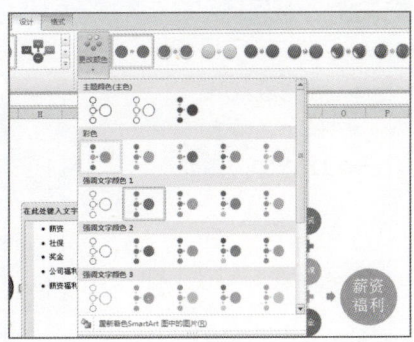

图15-6

②返回到工作表中,进一步完善,此时可以看到设置后的效果,如图15-7所示。

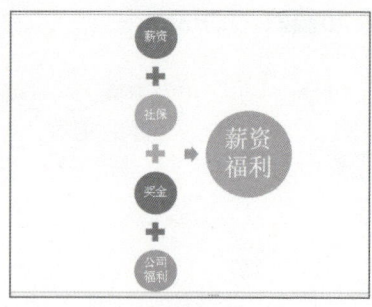

图15-7

步骤5：添加标题文本

单击"形状"按钮,从展开的下拉列表中单击"文本框"图标,在图形上绘制文本框,输入"公司福利体系图"标题文本,即完成公司福利体系图的制作,如图15-8所示。

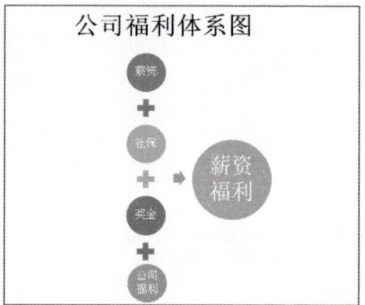

图15-8

文件138　员工社会保险登记表

员工社会保险登记表用于记录购买社保的员工信息、投保状态、缴纳金额。

制作要点与设计效果图

- 数据有效性
- 保护工作表
- DAYS360函数

员工社会保险登记表

投保状态	起保时间	停保时间	缴费月数	基本工资	个人缴费比例	单位缴费比例
投保中	2010年7月	2012年1月	18	￥1,200.00	8%	21%

文件设计过程

步骤1：单击"数据有效性"按钮

1 选中A3:A18单元格区域，在"数据"选项卡下，单击"数据有效性"按钮，如图15-9所示。

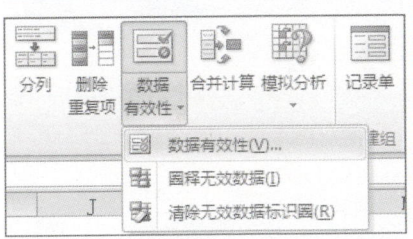

图15-9

2 弹出"数据有效性"对话框，在"设置"选项卡下，设置"允许"为"文本长度"选项，"数据"为"等于"选项，然后在"长度"文本框中输入9，如图15-10所示。

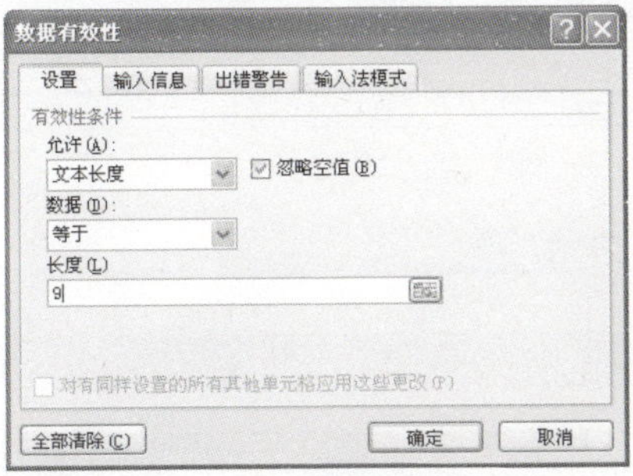

3 单击"出错警告"标签，在"标题"和"错误信息"文本框中输入出错警告文本，如图15-11所示。

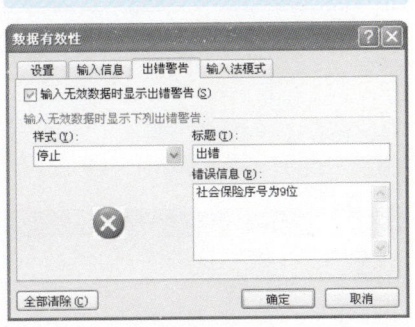

图15-11

4 设置完成后单击"确定"按钮，如果在A3单元格中输入位数小于或大于9的数据，则会弹出"出错"对话框进行提示，单击"取消"按钮，重新输入正确序号，如图15-12所示。

图15-12

图15-10

步骤2：设置基本工资的最低限制

1 选中H3:H18单元格区域，在"数据"选项卡下，单击"数据有效性"按钮，弹出"数据有效性"对话框，设置数据有效性条件为整数，且大于或等于1000，如图15-13所示。

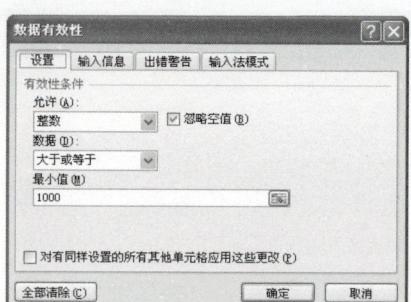

图15-13

2 单击"输入信息"标签，在"标题"和"输入信息"文本框中输入提示文本，如图15-14所示。

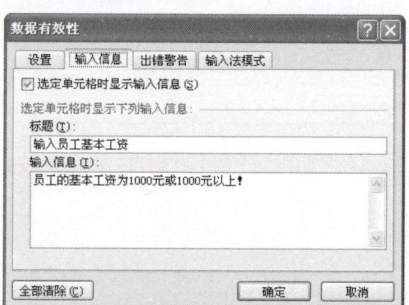

图15-14

3 单击"出错警告"标签，在"标题"和"错误信息"文本框中输入提示文本，如图15-15所示。

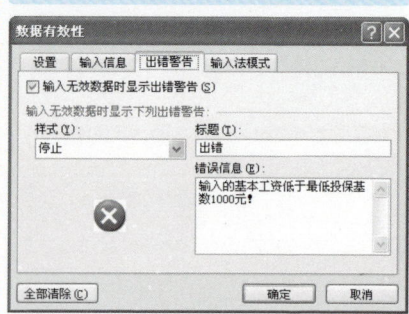

图15-15

4 设置完成后，单击"确定"按钮，在屏幕上显示选中单元格输入的提示文本，如图15-16所示。

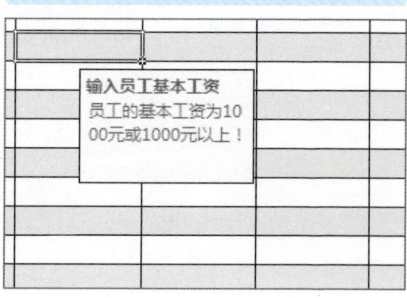

图15-16

步骤3：输入错误信息的警告提示

在H列输入基本工资数小于1000（比如800），将弹出"出错"对话框，并显示自定义的警告提示文本，单击"取消"按钮并重新输入正确的基本工资数，如图15-17所示。

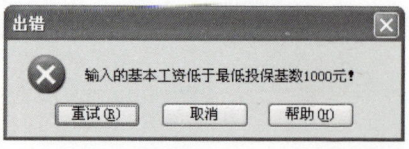

图15-17

步骤4：取消单元格锁定

1 右键单击A3:N18单元格区域，从弹出的快捷菜单中单击"设置单元格格式"命令,如图15-18所示。

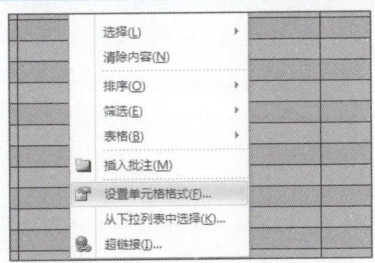

图15-18

②弹出"设置单元格格式"对话框,切换至"保护"选项卡

下,取消"锁定"复选框的选中状态,单击"确定"按钮,如图15-19所示。

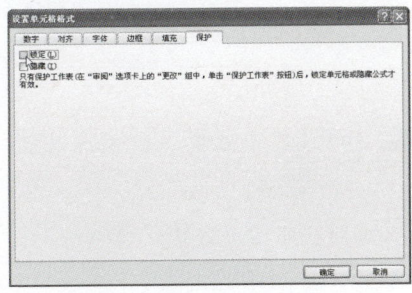

图15-19

步骤5:保护工作表

①切换至"审阅"选项卡下,单击"保护工作表"按钮,如图15-20所示。

"111111",单击"确定"按钮,如图15-21所示。

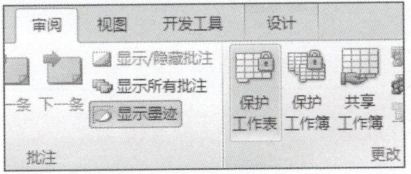

图15-20

②弹出"保护工作表"对话框,在"取消工作表保护时使用的密码"文本框中输入密码,如输入

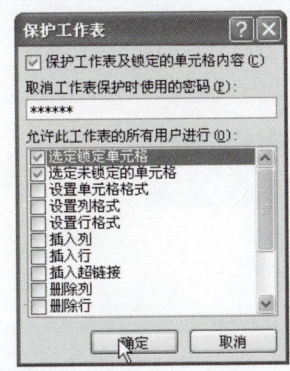

图15-21

步骤6:1输入确认密码

弹出"确认密码"对话框,在"重新输入密码"文本框中输入相同的密码,请输入"111111",单击"确定"按钮,如图15-22所示。

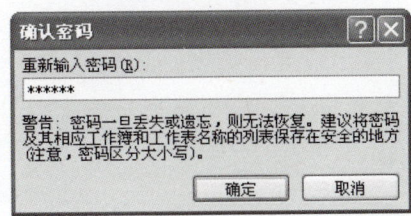

图15-22

步骤7：删除"姓名"文本

返回工作表中选中B8单元格,按下【Delete】键,将弹出Microsoft Excel 对话框,提示工作表处于被保护状态,无法更改,如图15-23所示。

图15-23

步骤8：输入员工社会保险登记信息

①选中G3单元格,在公式编辑栏中输入公式"=DAYS360(E3,F3,FALSE)/30",按回车键,即可计算缴费月数,如图15-24所示。

②再根据基本工资额计算个人缴费和单位缴费金额。此时完成了员工社会保险登记表的制作,如图15-25所示。

图15-24　　　　　　图15-25

文件139　参加社会保险人员申报表

参加社会保险人员申报表的内容包括:员工姓名、身份证号码、参保时间、月均工资、月缴费基数等项目。

制作要点与设计效果图

- 填充数据
- 设置允许用户编辑区域
- 保护工作表

第15章 员工福利管理

文件设计过程

步骤1：填充数据

1 在A4单元格中输入1，选中A4:A19单元格区域，在"开始"选项卡的"编辑"选项组中单击"填充"下拉按钮，在下拉菜单中单击"系列"选项，如图15-26所示。

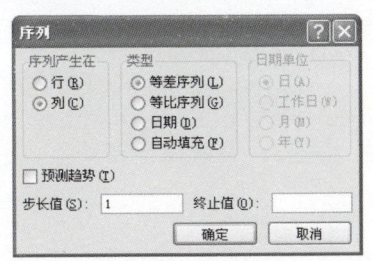

图15-27

3 此时在选定的单元格中填充等差序列数据，如图15-28所示。

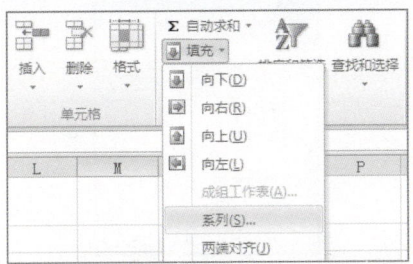

图15-26

2 弹出"序列"对话框，单击选中"列"单选按钮，单击选中"等差序列"单选按钮，在"步长值"文本框中输入"1"，单击"确定"按钮，如图15-27所示。

图15-28

步骤2：设置"允许用户编辑区域"

1 切换至"审阅"选项卡下，单击"更改"选项组中"允许用户编辑区域"按钮，如图15-29所示。

2 弹出"允许用户编辑区域"对话框，单击"新建"按钮，如图15-30所示。

图15-29

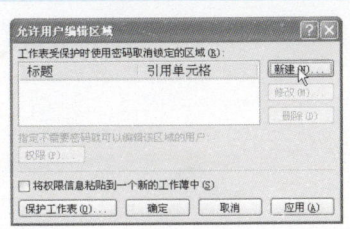

图15-30

③ 弹出"新区域"对话框，在"标题"文本框中输入"可编辑区"，在"引用单元格"文本框中输入"B4:G19"，单击"确定"按钮，如图15-31所示。

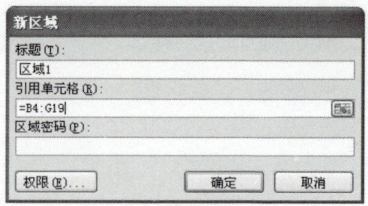

图15-31

步骤3：设置保护密码

① 返回"允许用户编辑区域"对话框，在列表框中显示了新建的区域名称及引用单元格地址，单击"保护工作表"按钮，如图15-32所示。

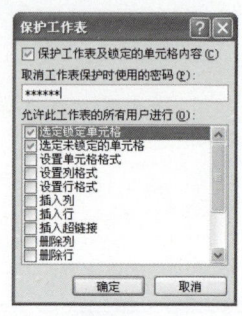

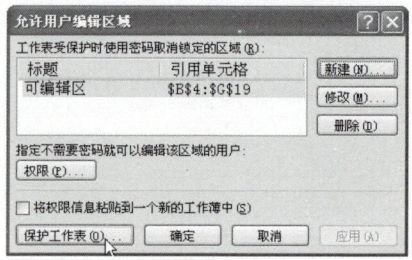

图15-32

② 弹出"保护工作表"对话框，在"取消工作表保护时使用的密码"文本框中输入密码，如输入"111111"，如图15-33所示。

图15-33

③ 单击"确定"按钮，弹出"确认密码"对话框，再次输入同一密码，单击"确定"按钮，如图15-34所示。

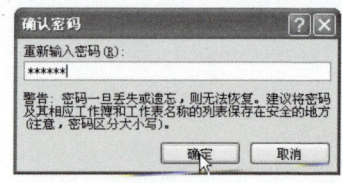

图15-34

步骤4：修改表格固定内容时弹出提示

返回工作表中，选中表格固定内容文本，如选中G3单元格，按下【Delete】键，弹出Microsoft Excel对话框，提示单元格受保护，无法修改，单击"确定"按钮，如图15-35所示。

图15-35

步骤5：在可编辑区域内输入文本

选中B4单元格，在其中输入员工姓名，如输入"王荣"，按下【Enter】键，则不会出现任何提示，表示该区域允许用户编辑。至此便完成了"参加单位缴费基数、人数申报表"的制作，如图15-36所示。

图15-36

文件140　参保人员信息更正申报表

参保人员信息更正申报表是员工参加社保后，由于某些原因出现填写错误的情况，需要员工填写一份申请更正信息的表格。

制作要点与设计效果图

- 设置单元格以文本格式
- 设置单元格对齐方式
- 以PDF形式发送文件

文件设计过程

步骤1：设置单元格格式

[1] 右键单击C4:C13单元格区域，打开"设置单元格格式"对话框，单击"文本"选项，如图15-37所示。

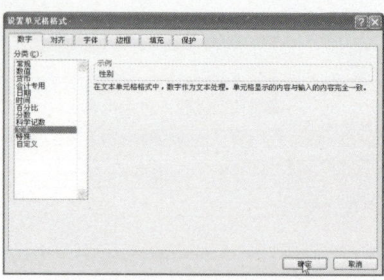

图15-37

如图15-38所示。

图15-38

②单击"确定"按钮后,根据实际情况在"参保人员信息更正申报表"中输入需要填写的信息,

步骤2:以PDF形式发送文件

①单击"文件"按钮,从弹出的菜单中单击"保存并发送"命令,单击"使用电子邮件发送"选项,然后单击"以PDF形式发送"选项,如图15-39所示。

②弹出邮件窗口,在其中输入收件人的邮箱地址,单击"发送"按钮,即可将文件以附件形式发送到收件人邮箱中,如图15-40所示。

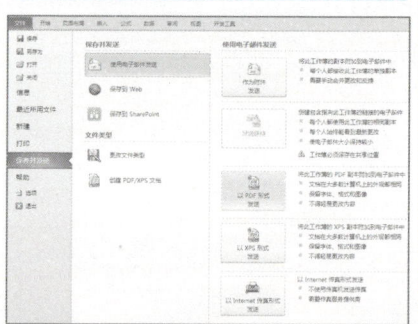

图15-39

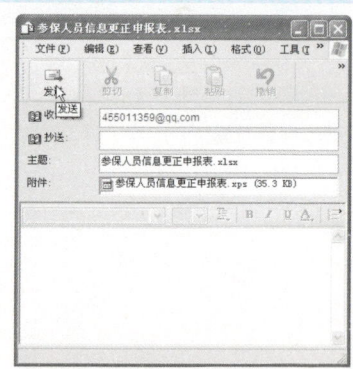

图15-40

文件141　员工年度福利统计表

员工年度福利统计表适用于统计每个员工一年领取的福利金额。

第15章 员工福利管理

制作要点与设计效果图

- 合并计算
- 创建超链接

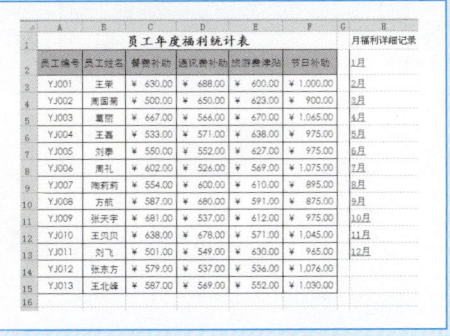

文件设计过程

步骤1：设置合并计算

[1] 在"年度总计"工作表中选中C3:F15单元格区域，如图15-41所示。

图15-41

[2] 切换至"数据"选项卡下，单击"数据工具"选项组中"合并计算"按钮，如图15-42所示。

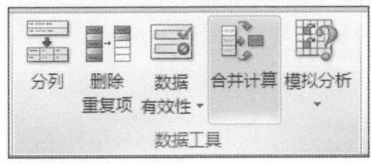

图15-42

[3] 弹出"合并计算"对话框，设置"函数"为"求和"，在"引用位置"文本框中选择"'1月'!$C$3:$F$15"，单击"添加"按钮，如图15-43所示。

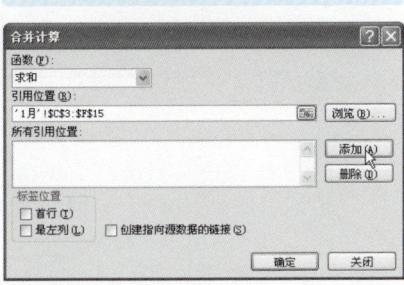

图15-43

[4] 用相同的方法添加"'2月'!$C$3:$F$15"、"'3月'!$C$3:$F$15"至"'4月'!$C$3:$F$15"引用位置，设置完成后，单击"确定"按钮，如图15-44所示。

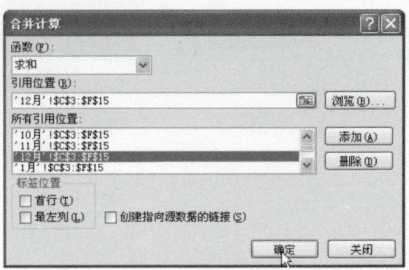

图15-44

5 返回“年度总计”工作表中，根据所引用位置的数据求和，计算出各项费用的合计金额，如图15-45所示。

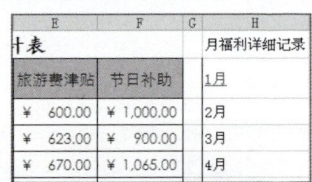

	A	B	C	D	E	F
1	员工年度福利统计表					
2	员工编号	员工姓名	餐费补助	通讯费补助	旅游费津贴	节日补助
3	YJ001	王荣	¥ 630.00	¥ 688.00	¥ 600.00	¥ 1,000.00
4	YJ002	周国菊	¥ 500.00	¥ 650.00	¥ 623.00	¥ 900.00
5	YJ003	葛丽	¥ 667.00	¥ 566.00	¥ 670.00	¥ 1,065.00
6	YJ004	王磊	¥ 533.00	¥ 571.00	¥ 638.00	¥ 975.00
7	YJ005	刘泰	¥ 550.00	¥ 552.00	¥ 627.00	¥ 975.00
8	YJ006	周礼	¥ 602.00	¥ 526.00	¥ 569.00	¥ 1,075.00
9	YJ007	陶莉莉	¥ 554.00	¥ 600.00	¥ 610.00	¥ 895.00
10	YJ008	方航	¥ 587.00	¥ 680.00	¥ 591.00	¥ 875.00
11	YJ009	张天宇	¥ 681.00	¥ 537.00	¥ 612.00	¥ 975.00
12	YJ010	王贝贝	¥ 638.00	¥ 678.00	¥ 571.00	¥ 1,045.00
13	YJ011	刘飞	¥ 501.00	¥ 549.00	¥ 630.00	¥ 965.00
14	YJ012	张东方	¥ 579.00	¥ 537.00	¥ 536.00	¥ 1,076.00
15	YJ013	王北峰	¥ 587.00	¥ 569.00	¥ 552.00	¥ 1,030.00

图15-45

步骤2：插入超链接

1 在“年度总计”工作表中的H列添加月份文本，选中H3单元格，切换至“插入”选项卡下，单击“超链接”按钮，如图15-46所示。

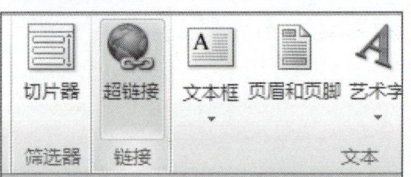

图15-46

2 弹出“插入超链接”对话框，单击“本文档中的位置”选项，单击“‘1月’”选项，设置完成后，单击“确定”按钮，如图15-47所示。

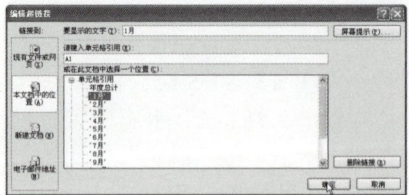

图15-47

3 选中单元格即插入了超链接，将鼠标置于文本上，将呈手形显示，如图15-48所示。

E	F	G	H
计表			月福利详细记录
旅游费津贴	节日补助		1月
¥ 600.00	¥ 1,000.00		2月
¥ 623.00	¥ 900.00		3月
¥ 670.00	¥ 1,065.00		4月

图15-48

4 用相同的方法为“2月”、“3月”添加超链接，并在每个工作表中添加返回“年度总计”工作表的“返回”超链接，如图15-49所示。

E	F	G	H	I
计表			月福利详细记录	
旅游费津贴	节日补助		1月	
¥ 600.00	¥ 1,000.00		2月	
¥ 623.00	¥ 900.00		3月	
¥ 670.00	¥ 1,065.00		4月	
¥ 638.00	¥ 975.00		5月	
¥ 627.00	¥ 975.00		6月	
¥ 569.00	¥ 1,075.00		7月	
¥ 610.00	¥ 895.00		8月	
¥ 591.00	¥ 875.00		9月	
¥ 612.00	¥ 975.00		10月	
¥ 571.00	¥ 1,045.00		11月	
¥ 630.00	¥ 965.00		12月	
¥ 536.00	¥ 1,076.00			

图15-49

步骤3：利用超链接切换工作表

1 若要进行工作表的切换，请单击超链接文本，如要切换到“2月”工作表中，单击“1月”超链接文本，如图15-50所示。

员工年度福利统计表

员工编号	员工姓名	餐费补助	通讯费补助	旅游费津贴	节日补助	月福利详细记录
YJ001	王荣	¥ 630.00	¥ 688.00	¥ 600.00	¥ 1,000.00	1月
YJ002	周国菊	¥ 500.00	¥ 650.00	¥ 623.00	¥ 900.00	2月
YJ003	葛丽	¥ 667.00	¥ 566.00	¥ 670.00	¥ 1,065.00	3月
YJ004	王磊	¥ 533.00	¥ 571.00	¥ 638.00	¥ 975.00	4月
YJ005	刘泰	¥ 550.00	¥ 552.00	¥ 627.00	¥ 975.00	5月
YJ006	周礼	¥ 602.00	¥ 526.00	¥ 569.00	¥ 1,075.00	6月
YJ007	陶莉莉	¥ 554.00	¥ 600.00	¥ 610.00	¥ 895.00	7月
YJ008	方航	¥ 587.00	¥ 680.00	¥ 591.00	¥ 875.00	8月
YJ009	张天宇	¥ 681.00	¥ 537.00	¥ 612.00	¥ 975.00	9月
YJ010	王贝贝	¥ 638.00	¥ 678.00	¥ 571.00	¥ 1,045.00	10月
YJ011	刘飞	¥ 501.00	¥ 549.00	¥ 630.00	¥ 965.00	11月
YJ012	张东方	¥ 579.00	¥ 537.00	¥ 536.00	¥ 1,076.00	12月
YJ013	王北峰	¥ 587.00	¥ 569.00	¥ 552.00	¥ 1,030.00	

图15-50

2 若要进行工作表的切换，请单击超链接文本，如要切换到“2月”工作表中，单击“1月”超链接文本，如图15-51所示。

员工年度福利统计表

员工编号	员工姓名	餐费补助	通讯费补助	旅游费津贴	节日补助	月福利详细记录
YJ001	王荣	¥ 630.00	¥ 688.00	¥ 600.00	¥ 1,000.00	1月
YJ002	周国菊	¥ 500.00	¥ 650.00	¥ 623.00	¥ 900.00	2月
YJ003	葛丽	¥ 667.00	¥ 566.00	¥ 670.00	¥ 1,065.00	3月
YJ004	王磊	¥ 533.00	¥ 571.00	¥ 638.00	¥ 975.00	4月
YJ005	刘泰	¥ 550.00	¥ 552.00	¥ 627.00	¥ 975.00	5月
YJ006	周礼	¥ 602.00	¥ 526.00	¥ 569.00	¥ 1,075.00	6月
YJ007	陶莉莉	¥ 554.00	¥ 600.00	¥ 610.00	¥ 895.00	7月
YJ008	方航	¥ 587.00	¥ 680.00	¥ 591.00	¥ 875.00	8月
YJ009	张天宇	¥ 681.00	¥ 537.00	¥ 612.00	¥ 975.00	9月
YJ010	王贝贝	¥ 638.00	¥ 678.00	¥ 571.00	¥ 1,045.00	10月
YJ011	刘飞	¥ 501.00	¥ 549.00	¥ 630.00	¥ 965.00	11月
YJ012	张东方	¥ 579.00	¥ 537.00	¥ 536.00	¥ 1,076.00	12月
YJ013	王北峰	¥ 587.00	¥ 569.00	¥ 552.00	¥ 1,030.00	

图15-51

3 即跳转到“2月”工作表中，如图15-52所示。

员工2月福利记录表　返回

员工编号	员工姓名	餐费补助	通讯费补助	旅游费津贴	节日补助
YJ001	王荣	¥ 80.00	¥ 47.00	¥ 70.00	¥ -
YJ002	周国菊	¥ 60.00	¥ 15.00	¥ 50.00	¥ -
YJ003	葛丽	¥ 70.00	¥ 62.00	¥ 60.00	¥ -
YJ004	王磊	¥ 50.00	¥ 32.00	¥ 60.00	¥ -
YJ005	刘泰	¥ 50.00	¥ 15.00	¥ 54.00	¥ -
YJ006	周礼	¥ 40.00	¥ 30.00	¥ 40.00	¥ -
YJ007	陶莉莉	¥ 56.00	¥ 25.00	¥ 30.00	¥ -
YJ008	方航	¥ 60.00	¥ 60.00	¥ 20.00	¥ -
YJ009	张天宇	¥ 52.00	¥ 12.00	¥ 15.00	¥ -
YJ010	王贝贝	¥ 54.00	¥ 98.00	¥ 52.00	¥ -
YJ011	刘飞	¥ 52.00	¥ 20.00	¥ 40.00	¥ -
YJ012	张东方	¥ 52.00	¥ 32.00	¥ 60.00	¥ -
YJ013	王北峰	¥ 53.00	¥ 15.00	¥ 50.00	¥ -

图15-52

文件142　医疗费用申报表

在申报表时要填写参保类型等数据，并需要准备医疗费用收费收据、医保卡或身份证复印件等相关材料。

制作要点与设计效果图

- 插入“□”符号
- 添加下画线
- 设置边框
- 绘制下画线

医疗费用申报表

申报单位：　　　　姓名：　　　　医保卡号：

参保类别	□公务员补助　□基本医疗保险　□住院保险　□特殊人群医疗		
人员类别	□ 在职　□ 退休　□其他：________		
费用类别 (门诊、住院)			
发票张数			
总金额			

提供资料：1、医疗费用收费收据；　2、费用清单；　3、门诊病历或出院小结复印件；

4、医保卡或身份证复印件；5、转院介绍信回执；6、化验单；7、其他相关资料

单位经办人（申报人）：______　联系电话：______　领取人：________

申报时间：________　领取时间：________

注：本表一式二份，由单位经办人（申报人）填写，谢谢合作。

Excel公司行政管理必须掌握的208个文件与108个函数

文件143　生育保险费用申报表

　　员工交纳生育保险费是指累计满1年以上并继续缴费的企业职工，在女职工分娩后，准备相关材料申请获得的津贴及营养费用。在申请时，需要填写相关的企业职业生育保险待遇申报表。

制作要点与设计效果图

- 设置字体
- 设置对齐方式
- 设置自动换行
- 合并单元格
- 设置边框

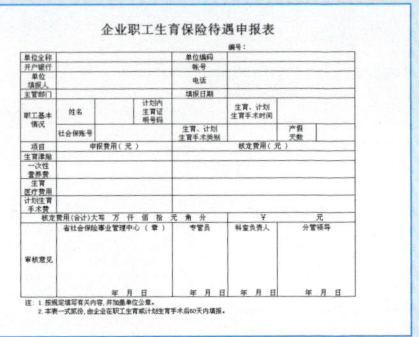

文件144　失业保险申报表

　　失业保险是指劳动者由于非本人原因暂时失去工作，致使收入中断而失去维持生计来源，并在重新寻找新的就业机会时，从国家或社会获得物质帮助以保障其基本生活保险制度。

制作要点与设计效果图

- 设置边框
- 调整行高和列宽
- 跨越合并单元格
- 输入以0字开头的数字
- 隐藏标题栏与编辑栏
- 全屏显示数据

文件145 员工补交养老保险费用申请表

员工补交养老保险费用申请表是当员工因某些原因中断养老保险交纳达到三个月时，想要继续缴纳保险费，则需要填写的表格。

制作要点与设计效果图

- 设置边框
- 合并单元格
- 设置自动换行
- 手动调整列宽
- 设置数字格式
- 设置单元格底端右对齐

员工补交养老保险费申请表

单位名称		单位编号		实有人数		已参保人数	
职工姓名		出生年月		职工性质		社会保险账号	
联系人		联系人电话					
补交理由		补交时间		月工资额		审核意见	
		年 月至 年 月		￥ -		经办人调查意见	
		年 月至 年 月		￥ -			
		年 月至 年 月		￥ -			
		年 月至 年 月		￥ -		科（组）长意见	
		年 月至 年 月		￥ -			
		年 月至 年 月		￥ -			
		年 月至 年 月		￥ -		处室（分局）领导意见	
		年 月至 年 月		￥ -			
		年 月至 年 月		￥ -			
		年 月至 年 月		￥ -		局领导意见	
	申请单位（盖章）	年 月至 年 月		￥ -			
	年 月 日	年 月至 年 月		￥ -			

文件146 参加社会保险人员增减表

参加社会保险人员增减表是记录单位人员发生增减变化的情况表。当单位人员发生增减变化时，相应的社会保险也需要作相应的更正。

制作要点与设计效果图

- 设置边框
- 填充序号
- 自动换行
- 调整列宽与行高

参加社会保险人员增减表

社会保障部门填写		
收单员		年 月 日
录入员		年 月 日
复核员		年 月 日

单位名称（章）： 单位编号：

本次增减人数：	企业养老	增		综合基本	增		住院补充	增		生育	增		失业	增	
		减			减			减			减			减	
	工伤	增		住院基本	增		门诊补助	增		子女	增		合计	增	
		减			减			减			减			减	

序号	人员增减		姓名	身份证号码	用工性质	户口性质	利手	职务	经费来源	参加工作时间	本次投保时间	缴费工资	参保险种								子女父母	是否独生子女	备注
																	医疗						
	增	减											企业养老	工伤	失业	生育	综合基本	住院基本	门诊补助	子女基本	姓名		
1																							
2																							
3																							
4																							
5																							
6																							
7																							
8																							
9																							
10																							

填表人： 联系电话： 社保确认（章）： 确认日期： 页码：
填表说明：

读书笔记

第16章 员工薪资管理

企业只有做好员工薪资管理，才能做好企业管理，在做好员工薪资管理前，要去了解企业管理模式。在现代企业人力资源管理中，薪酬管理是非常重要的内容，建立合理的有竞争力的薪酬体系，充分发挥薪资体系的积极作用，是一项非常重要的工作。

在实际工作中，常见的员工薪资管理文件有员工工资明细表、员工工资水平分布表、员工工资水平分布图、员工工资查询表、工资凭条表、员工季度资金表等。

编号	文件名称	光盘中对应数据源	重要星级
文件147	员工工资明细表	素材文件\第16章\员工工资明细表.xls	★★★★
文件148	员工工资查询表	素材文件\第16章\员工工资查询表.xls	★★★★★
文件149	员工工资水平分布表	素材文件\第16章\员工工资水平分布表.xls	★★★★★
文件150	员工工资水平分布图	素材文件\第16章\员工工资水平分布图.xls	★★★★
文件151	员工季度奖金表	素材文件\第16章\员工季度奖金表.xls	★★★★★
文件152	岗位薪酬结构表	素材文件\第16章\岗位薪酬结构表.xls	★★★★★
文件153	工资变更申请书	素材文件\第16章\工资变更申请书.xls	★★★★
文件154	员工银行账户转账表	素材文件\第16章\员工银行账户转账表.xls	★★★★

Excel公司行政管理必须掌握的208个文件与108个函数

文件147　员工工资明细表

员工工资明细表包括基本工资、岗位工资、奖金、补贴等金额，以及领取工资时要扣除的养老和请假扣款，从而计算出员工应发工资和实发工资金额。

🔍 制作要点与设计效果图

- 插入数据透视表
- 添加字段
- 添加计算字段

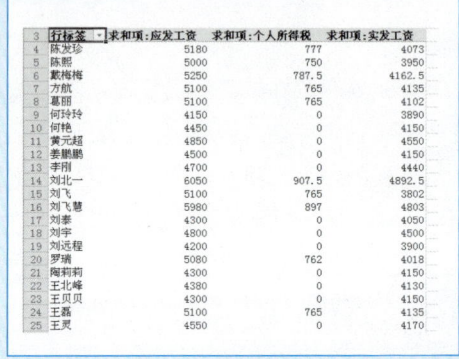

✚ 文件设计过程

步骤1：插入数据透视表

①在"插入"选项卡下，单击"插入"选项组中"数据透视表"下三角按钮，在下拉菜单中单击"数据透视表"选项，如图16-1所示。

②打开"创建数据透视表"对话框，在对话框中设置要分析的数据，以及数据透视表的放置，如图16-2所示。

图16-1

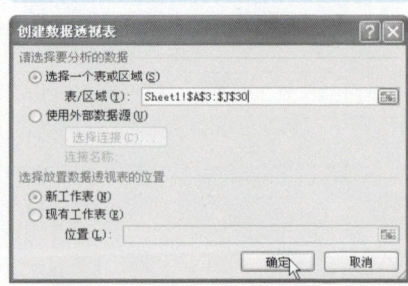

图16-2

第16章 员工薪资管理

③ 单击"确定"按钮,此时新建一个空白数据透视表,如图16-3所示。

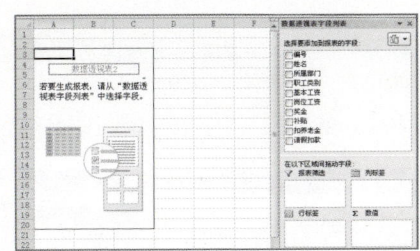

图16-3

步骤2：添加字段

在"数据透视表字段列表"窗格的"选择要添加到报表的字段"列表框中,选中"姓名"复选框,即可将该字段添加到数据透视表中,如图16-4所示。

图16-4

步骤3：添加计算字段

① 在"数据透视表工具-选项"选项卡下,在"计算"选项组中单击"域、项目和集"下拉按钮,在下拉菜单中单击"计算字段"选项,如图16-5所示。

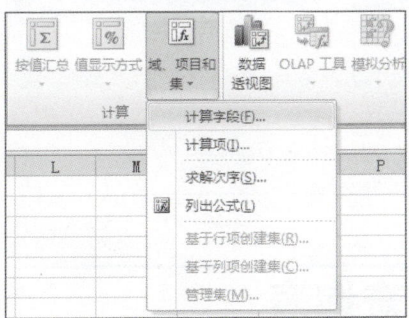

图16-5

② 打开"插入计算字段"对话框,在"名称"文本框中输入字段名称,在"字段"列表框中单击"基本工资"选项,单击"插入字段"按钮,如图16-6所示。

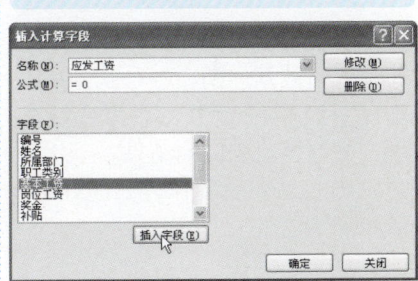

图16-6

③ 接着输入运算符"+",再插入"岗位工资"字段,用相同的方法插入字段得到"应发工资"的

计算公式为"=基本工资+岗位工资+补贴",单击"添加"按钮即可生成新的字段,如图16-7所示。

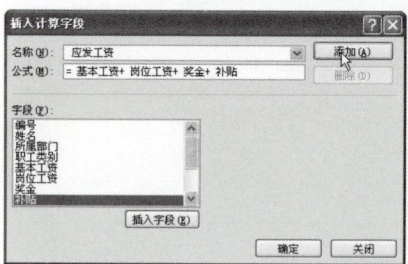

图16-7

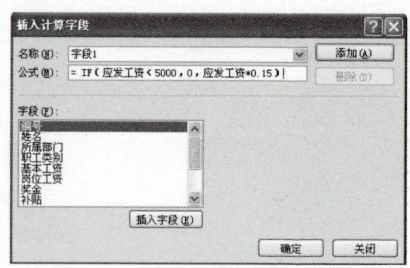

图16-8

④ 在"插入计算字段"对话框的"名称"文本框中输入"个人所得税",在"公式"文本框中输入"IF(应发工资<5000,0,应发工资*0.15)",单击"添加"按钮。其中0.15表示工资在5000元上交纳15%的所得税,如图16-8所示。

⑤ 在"名称"文本框中输入"实发工资",设置公式为"=应发工资-扣养老金-请假扣款-个人所得税",单击"添加"按钮,如图16-9所示。

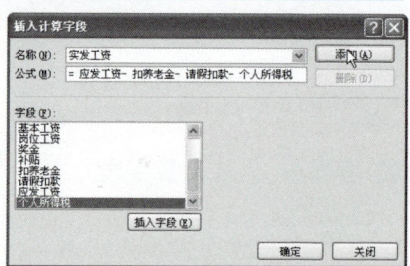

图16-9

步骤4:显示计算的应发工资、个人所得税、实发工资金额

设置完成后单击"确定"按钮,返回数据透视表中可以看到新增的计算字段显示在数据透视表中,并计算出相应的结果。至此完成工资明细表的制作,如图16-10所示。

行标签	求和项:应发工资	求和项:个人所得税	求和项:实发工资
陈发珍	5180	777	4073
陈熙	5000	750	3950
戴梅梅	5250	787.5	4162.5
方航	5100	765	4135
莫丽	5100	765	4102
何玲玲	4150	0	3890
何艳	4450	0	4160
贾元超	4850	0	4550
姜鹏鹏	4500	0	4150
李雨	4700	0	4440
刘北一	6050	907.5	4892.5
刘飞	5100	765	3802
刘飞慧	5980	897	4803
刘泰	4300	0	4050
刘宇	4800	0	4500
刘远程	4200	0	3900
罗琦	5080	762	4018

图16-10

文件148 员工工资查询表

创建员工工资查询表,只需要输入员工编号即可查看该员工的工资明细数据。

第16章 员工薪资管理

制作要点与设计效果图

- 插入函数
- 设置函数参数
- MATCH函数
- INDEX函数用
- 嵌套函数的应用

	A	B	C	D
1	员工工资查询表			
2	员工姓名	葛丽		
3	所属部门	生产部	职工类别	部长
4	基本工资	¥ 1,500.00	奖金	¥ 1,500.00
5	岗位工资	¥ 1,000.00	补贴	¥ 300.00
6	应发工资	¥ 4,300.00	请假扣款	¥ 100.00
7	扣养老金	¥ 150.00	实发工资	¥ 4,050.00

文件设计过程

步骤1：插入函数

[1] 新建Sheet2工作表，在其中创建"员工工资查询表"，并在B 2单元格中输入搜索条件，即"员工姓名"，如输入"王荣"，选中B 3单元格，在编辑栏中单击"插入函数"按钮，如图16-11所示。

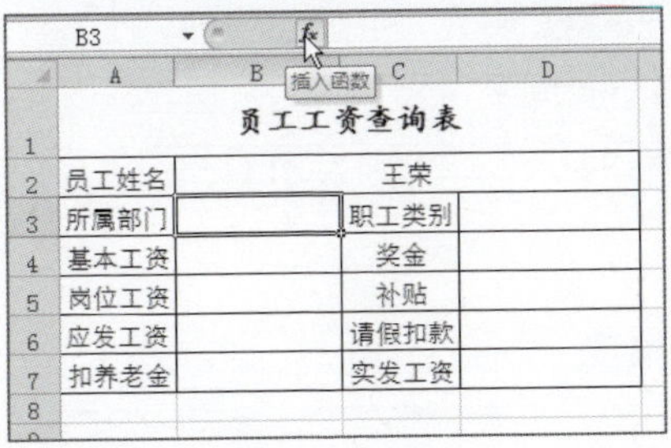

图16-11

[2] 弹出"插入函数"对话框，选择INDEX选项，单击"确定"按钮，如图16-12所示。

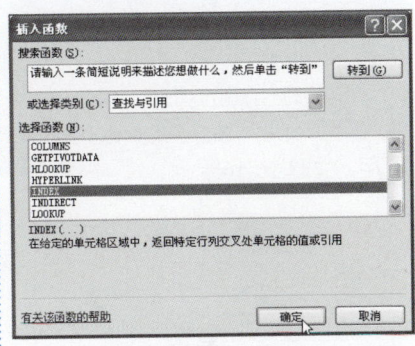

图16-12

[3] 弹出"选定参数"对话框，单击array,row_num,column_num选项，单击"确定"按钮，如图16-13所示。

图16-13

步骤2：设置函数参数

[1] 弹出"函数参数"对话框，设置Array为"Sheet1!B3:J34"，Row_num为"match(b2,sheet1!B3:B34,0)+2"，Column_num为"2"，单击"确定"按钮，如图16-14所示。

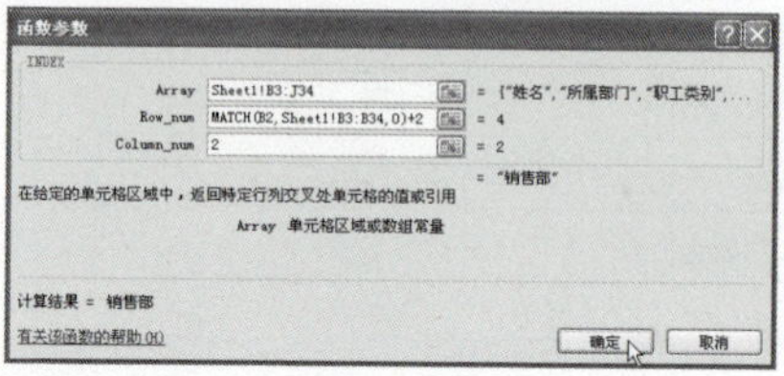

[2] 此时在B3单元格中显示了引用结果，在编辑栏中可以看到该公式的完整状态，如图16-15所示。

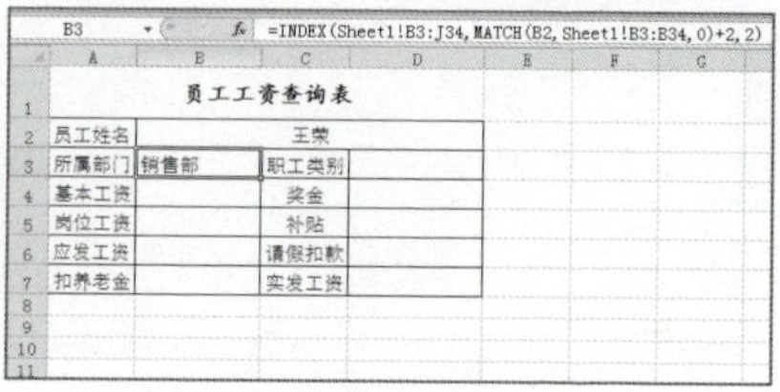

图16-14

图16-15

步骤3：修改公式的单元格引用方式

[1] 在编辑栏中，将光标插入公式中需要更改单元格引用方式的位置，按【F4】键，可进行相对、绝对和混合引用的切换，将公式中的部分单元格引用方式更改为绝对引用，如图16-16所示。

值，然后根据应发工资＝基本工资＋奖金＋岗位工资＋补贴计算应发工资，实发工资＝应发工资－请假扣款－扣养老院－个人所得税（超过5000元缴纳15％）计算，如图16-17所示。

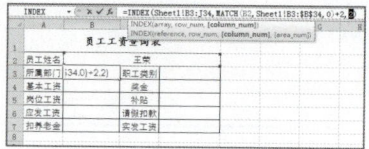

图16-16

[2] 复制公式并修改Column_num参数值，引用各字段对应的

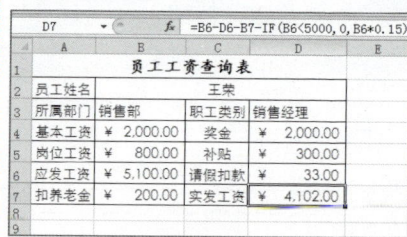

图16-17

步骤4：查询"孙晓斌"的工资情况

若要查看其他员工的工资明细，只需要在B2单元格中重新输入该员工的姓名，如输入"孙晓斌"，按【Enter】键即查找出该员工的基本工资、奖金、岗位工资等数据，如图16-18所示。

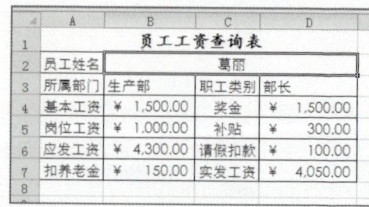

图16-18

文件149　员工工资水平分布表

在员工工资水平分布表中，可以通过Excel中的频数函数轻松找出工资水平分布规律。

制作要点与设计效果图

- 插入函数
- FREQUENCY函数
- 数组公式的应用

文件设计过程

步骤1：插入函数

1 在Sheet4工作表中的数据透视表右侧创建一个"员工工资水平分布表"表格，选中H4:H9单元格区域，如图16-19所示。

2 在"公式"选项卡下，单击"函数库"选项组中的"插入函数"按钮，如图16-20所示。

员工工资水平分布表		
根据工资水平分组	上限值	频数
3000元以下	3000	
3000元~3999元	3999	
4000元~4999元	4999	
5000元~5999元	5999	
6000元~9999元	9999	
15000元以下	15000	

图16-19

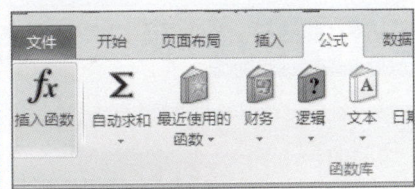

图16-20

步骤2：搜索函数

1 弹出"插入函数"对话框，在"搜索函数"文本框中输入frequency，单击"转到"按钮，如图16-21所示。

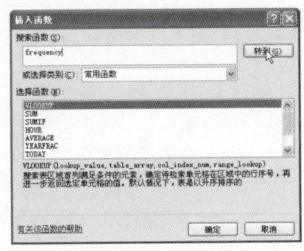

图16-21

[2] 系统自动将搜索到的相关函数显示在"选择函数"列表框中，双击FREQUENCY选项，如图16-22所示。

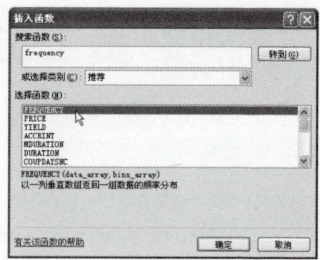

图16-22

步骤3：设置函数参数

[1] 弹出"函数参数"对话框，在Data_array文本框中输入"B4:B34"，在Bins_array文本框中输入"G4:G9"，如图16-23所示。

【Ctrl+Shift+Enter】组合键确认数组公式的输入，依次计算出各水平分段的频数，此时完成员工工资水平分布表的创建，如图16-24所示。

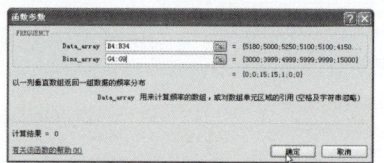

图16-23

[2] 函数参数设置完成后，按下

员工工资水平分布表		
根据工资水平分组	上限值	频数
3000元以下	3000	0
3000元~3999元	3999	0
4000元~4999元	4999	15
5000元~5999元	5999	15
6000元~9999元	9999	1
15000元以下	15000	0

图16-24

文件150　员工工资水平分布图

在Excel中可以利用直方图创建频率分布图，让分段频数更加清晰、易懂。

制作要点与设计效果图

- 加载数据分析工具
- 直方图分析
- 更改图表标题
- 删除图例
- 显示数据标签

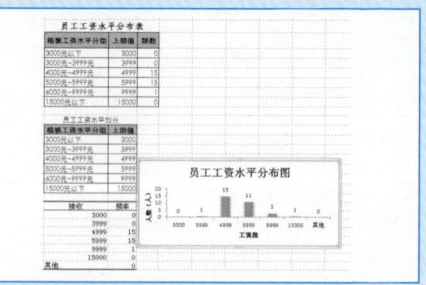

第16章 员工薪资管理

文件设计过程

步骤1：加载分析库工具

① 单击"文件"，在下拉列表中单击"选项"标签，如图16-25所示。

② 开始"Excel选项"对话框，单击"加载项"选项，然后单击"转到"按钮，如图16-26所示。

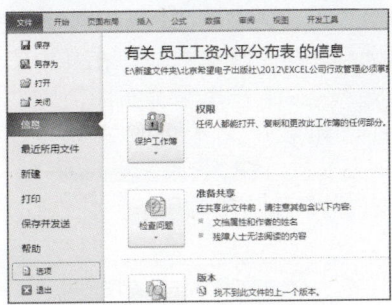

图16-25

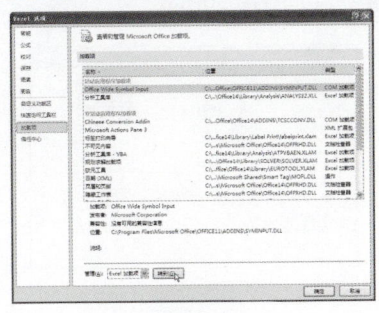

图16-26

步骤2：设置序列产生参数

① 弹出"加载宏"对话框，选中"分析工具库"复选框，单击"确定"按钮，将"数据分析"按钮添加到功能区中，如图16-27所示。

② 返回工作表中在F11:G18单元格区域中创建"员工工资水平划分"表格，然后在"数据"选项卡中，单击新增的"数据分析"按钮，如图16-28所示。

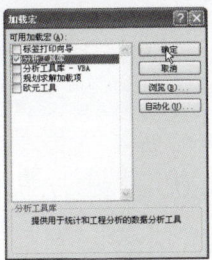

图16-27

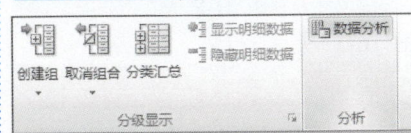

图16-28

步骤3：直方图分析

① 弹出"数据分析"对话框，单击"直方图"选项，单击"确定"按钮，如图16-29所示。

图16-29

2 弹出"直方图"对话框，设置"输入区域"为"＄B＄4:＄B＄34"，设置"接收区域"为"＄G＄13:＄G＄18"，设置"输出区域"为"＄F＄20"，选中"图表输出"复选框，然后单击"确定"按钮，如图16-30所示。

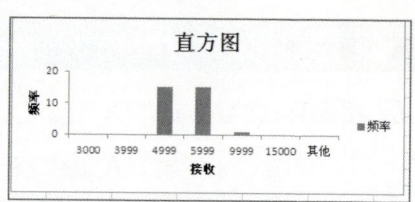

图16-31

4 双击"图表标题"文本，激活图表标题文本框，在其中输入"员工工资水平分布图"，并将"频率"文本更改为"人数（人）"，将"接收"更改为"工资段"，如图16-32所示。

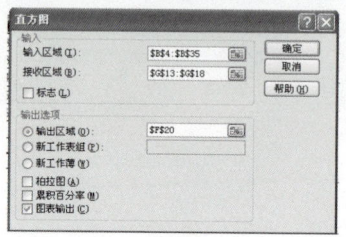

图16-30

3 返回工作表中，自动根据指定的参数计算出接收频率，并以此为依据创建相应的直方图，如图16-31所示。

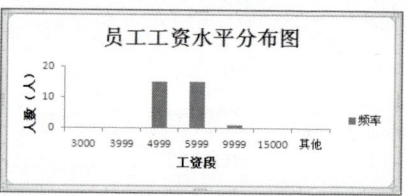

图16-32

步骤4：删除图例，显示数据标签

1 选中图表，切换到"图表工具－布局"选项卡下，单击"标签"选项组中"图例"按钮，在下拉菜单中单击"无"选项，如图16-33所示。

2 然后单击"数据标签"按钮，单击"数据标签外"选项，如图16-34所示。

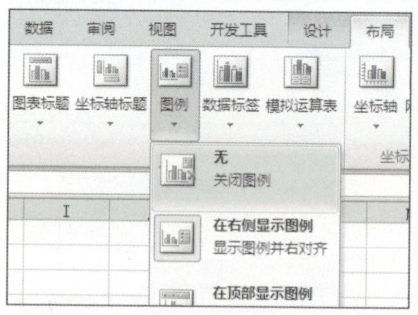

图16-33

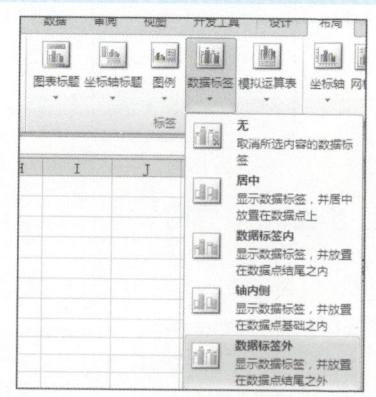

图16-34

3 此时，图表中的图例被清除，其在每个数据点上显示了相应的数据标签，如图16-35所示。

工具—设计"选项卡下，在"图表样式"库中选择适当的图表样式，快速格式化图表外观，完成员工工资水平分布图的制作，如图16-36所示。

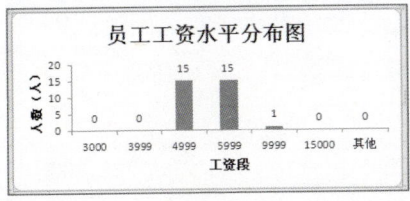

图16-35

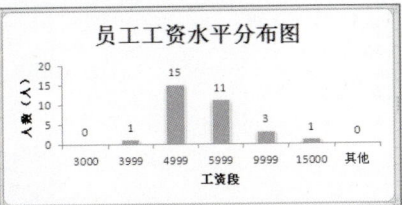

图16-36

4 选中图表，切换至"图表

文件151　员工季度奖金表

员工季度奖金表是企业根据员工一个季度的业绩、工作质量等级给予的工资补助。

制作要点与设计效果图

- 设置货币格式
- IF函数
- CHOOSE函数

员工季度奖金表

员工编号	员工姓名	季度业绩	业绩等级	奖金
YG001	周涛利	¥ 1,100,000.00	1	¥ 2,000.00
YG002	姜鹏鹏	¥ 780,000.00	1	¥ 2,000.00
YG003	朱小明	¥ 600,000.00	2	¥ 1,500.00
YG004	刘远程	¥ 400,000.00	3	¥ 1,000.00
YG005	陈发珍	¥ 450,000.00	3	¥ 1,000.00
YG006	何艳	¥ 300,000.00	3	¥ 1,000.00
YG007	李刚	¥ 580,000.00	2	¥ 1,500.00
YG008	戴梅梅	¥ 780,000.00	1	¥ 2,000.00
YG009	谢俊杰	¥ 600,000.00	2	¥ 1,500.00
YG010	何玲玲	¥ 600,000.00	2	¥ 1,500.00
YG011	罗端	¥ 480,000.00	3	¥ 1,000.00
YG012	谢丽利	¥ 300,000.00	3	¥ 1,000.00

文件152　岗位薪酬结构表

岗位薪酬结构表，由基本工资、岗位工资、加班费、奖金、统筹、公积金和房贴等组成。

制作要点与设计效果图

- 隐藏工作表中的零值
- 使用SUM函数
- 复制公式

（岗位薪酬结构表效果图）

文件153 工资变更申请书

当员工工作能力达到企业制定的评定标准后，员工可以向有关部门递交工资变更申请，要求上涨工资。在工资变更申请书中写明工资上涨的依据以及变更前后的工资数等。

制作要点与设计效果图

- 仅粘贴数值
- 插入方框符号
- 调整单元格边距

（工资变更申请表效果图）

文件154　员工银行账户转账表

采用银行转账的方式需要员工上交统一银行的账号，然后从工资表中提取实发工资额，进行转账发放。

制作要点与设计效果图

- 公式运算
- IF函数
- VLOOKUP函数

员工银行账户转账表

编号	姓名	银行账号	实发工资
1	王荣	6227 2515 6455 ××××	¥ 4,615.00
2	周国菊	6227 5235 2541 ××××	¥ 4,715.00
3	葛丽	6227 6526 5554 ××××	¥ 4,187.00
4	王磊	6227 7635 6588 ××××	¥ 4,220.00
5	刘泰	6227 9577 4585 ××××	¥ 4,150.00
6	周礼	6227 6285 4455 ××××	¥ 4,132.50
7	陶莉莉	6227 1545 2352 ××××	¥ 4,250.00
8	方航	6227 4755 1425 ××××	¥ 4,220.00
9	张天宇	6227 5555 4665 ××××	¥ 3,799.50
10	王贝贝	6227 6554 7554 ××××	¥ 4,250.00
11	刘飞	6227 5541 5552 ××××	¥ 3,887.00
12	张东方	6227 2365 8554 ××××	¥ 4,220.00
13	王北峰	6227 5587 4566 ××××	¥ 4,230.00
14	周涛利	6227 6887 7455 ××××	¥ 4,247.50
15	姜鹏鹏	6227 5269 9585 ××××	¥ 4,250.00
16	朱小明	6227 2635 6555 ××××	¥ 4,670.00
17	刘远程	6227 6859 5544 ××××	¥ 4,000.00

读书笔记

第17章
员工意见调查与统计

企业要了解员工对工作的态度及满意度,首先需要设计一张调查单,然后对调查结果进行统计与分析,找出最佳的解决方案。

为了搜集员工对各类议题的认知、态度、价值观,以及行为倾向与意见回馈,可以通过问卷对员工进行意见调查。以这些调查结果为依据,提出新的满足大部分员工要求的管理制度,从而降低员工的离职率,提高员工的工作积极性。

编号	文件名称	光盘中对应数据源	重要星级
文件155	员工意见调查单	素材文件\第17章\员工意见调查单.xls	★★★★
文件156	记录调查结果	素材文件\第17章\记录调查结果.xls	★★★★★
文件157	参与调查者年龄构成比图	素材文件\第17章\参与调查者年龄构成比图.xls	★★★★★
文件158	抽样分析员工对工作的满意度	素材文件\第17章\抽样分析员工对工作的满意度.xls	★★★★
文件159	年龄与关注面关系抽样回归分析	素材文件\第17章\年龄与关注面关系抽样回归分析.xls	★★★★
文件160	员工绩效考评标准意愿比图	素材文件\第17章\员工绩效考评标准意愿比图.xls	★★★★★
文件161	关注面与学历的相关性分析	素材文件\第17章\关注面与学历的相关性分析.xls	★★★★
文件162	学历与工作紧迫性相关性分析	素材文件\第17章\学历与工作紧迫性相关性分析.xls	★★★
文件163	有发展前途比重	素材文件\第17章\有发展前途比重.xls	★★★★
文件164	调查员工学历分布图	素材文件\第17章\调查员工学历分布图.xls	★★★★

文件155 员工意见调查单

在调查问卷中每个业务部门都有非常针对性的调查，下面为了反映员工对工作的热忱度等，可以针对员工工作态度进行问卷调查。

制作要点与设计效果图

- 绘制文本框
- 插入分组控件
- 插入选项按钮控件
- 插入框架控件
- 插入按钮控件
- 插入组合框控件

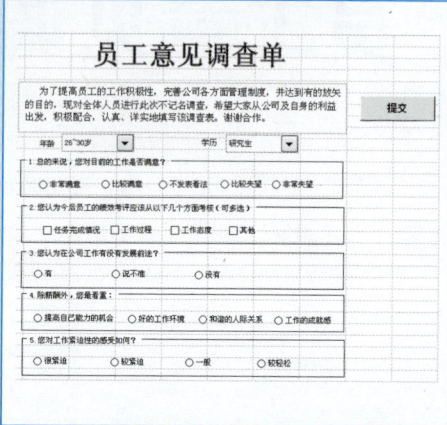

文件设计过程

步骤1：绘制文本框

1 在"插入"选项卡下，单击"文本"选项卡中"文本框"下三角按钮，在下拉菜单中单击"横排文本框"选项，然后在工作表中拖动绘制文本框，如图17-1所示。

2 拖至适当大小后，释放鼠标左键，在其中输入说明文本，并设置字体，如图17-2所示。

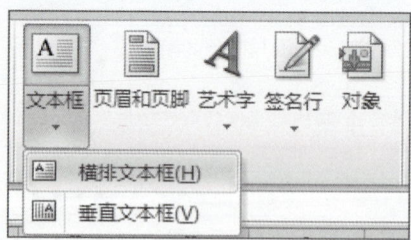

图17-1

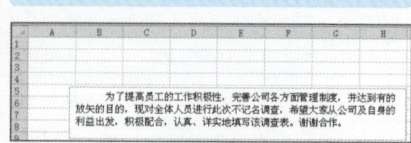

图17-2

步骤2：显示"开发工具"选项卡

打开"Excel选项"对话框，单击"自定义功能区"选项，在"自定义功能区"列表框选中"开发工具"复选框，单击"确定"按钮，如图17-3所示。

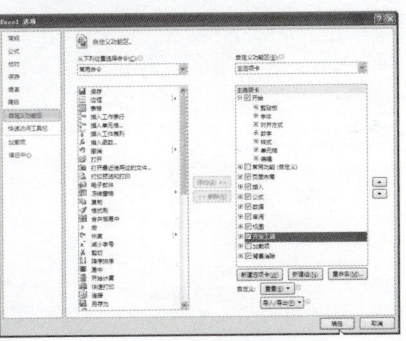

图17-3

步骤3：插入分组控件

1 切换至"开发工具"选项卡下，单击"控件"选项组中"插入"按钮，单击"分组框（窗体控件）"图标，如图17-4所示。

菜单中单击"编辑文字"命令，如图17-5所示。

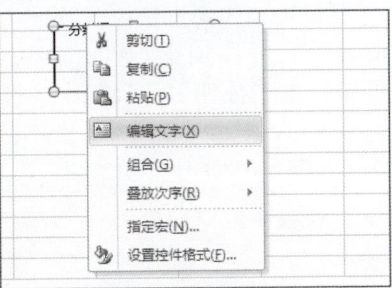

图17-5

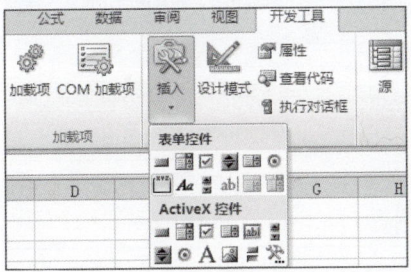

图17-4

2 在工作表中绘制框架控件并单击鼠标右键，从弹出的快捷

3 激活框架控件上的文本编辑区，重新输入标题文本，单击控件外的任意位置即可，如图17-6所示。

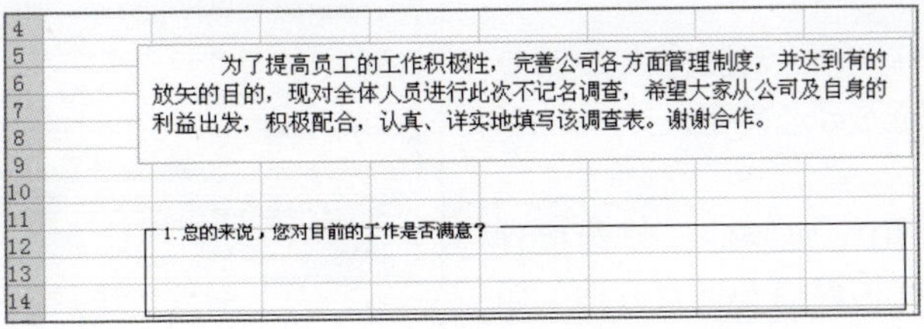

图17-6

步骤4：绘制选项按钮控件

[1] 单击"插入"按钮，单击"控件"选项组中"选项按钮（窗体控件）"图标，如图17-7所示。

[2] 在框架控件内绘制选项按钮控件，并输入可选文本，如图17-8所示。

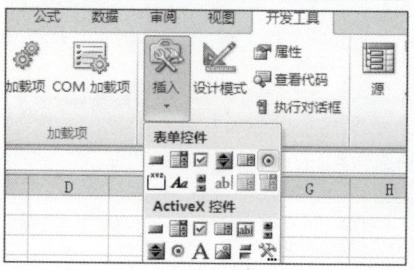

图17-7

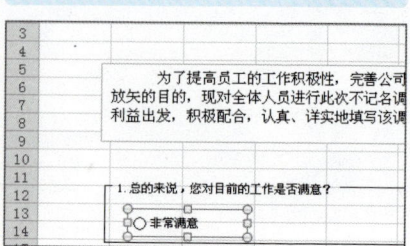

图17-8

步骤5：绘制复选控件

[1] 用相同的方法添加其他选项控件，并添加第2题的框架，再次单击"控件"选项组中"插入"按钮，单击"复选框（窗体控件）"图标，如图17-9所示。

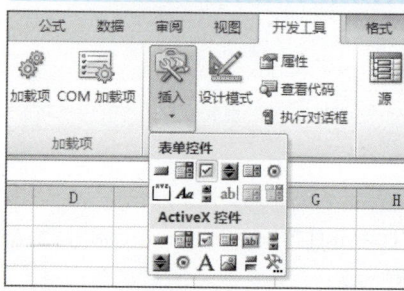

图17-9

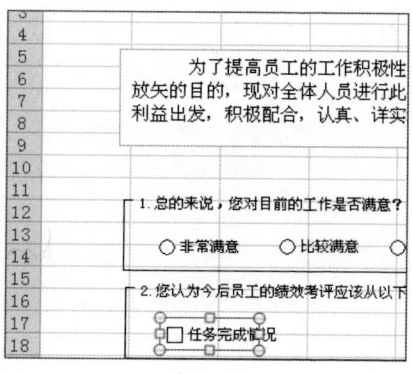

图17-10

[2] 然后在框架控件内绘制复选框，并输入可选文字，如图17-10所示。

[3] 利用框架控件、复选控件和选项按钮控件设计调查其他问题及答案选项，如图17-11所示。

图17-11

步骤6：绘制标签和组合框控件

1 单击“插入”按钮，单击“控件”选项组中“标签（窗体控件）”图标，在工作表中绘制并输入标签文本，如图17-12所示。

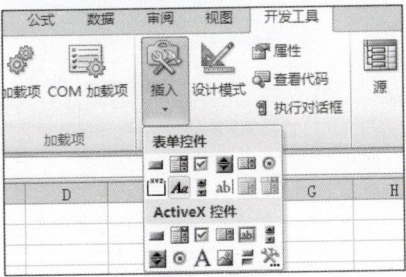

图17－12

2 再次单击“控件”选项组中“插入”按钮，单击“组合框（窗体控件）”图标，如图17-13所示。

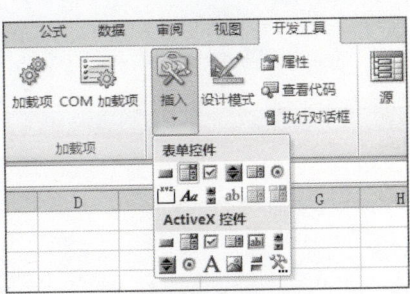

图17－13

3 在标签右侧绘制组合框控件，如图17-14所示。

图17－14

步骤7：设置控件格式

1 切换至Sheet2工作表中，在其中输入年龄的阶段值，如图17-15所示。

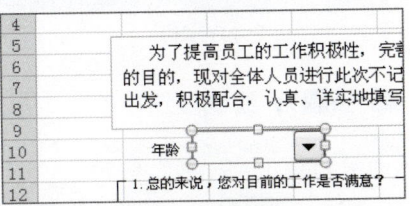

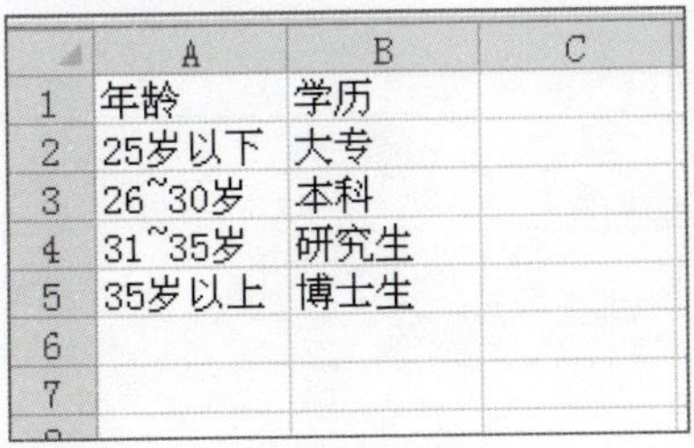

	A	B	C
1	年龄	学历	
2	25岁以下	大专	
3	26~30岁	本科	
4	31~35岁	研究生	
5	35岁以上	博士生	
6			
7			

图17－15

2 返回Sheet 1 工作表中，右键单击组合框控件，单击“设置控件格式”命令，如图17-16所示。

图17－16

步骤8：设置组合框选项值

1 弹出“设置控件格式”对话框，在“控制”选项卡下的“数据

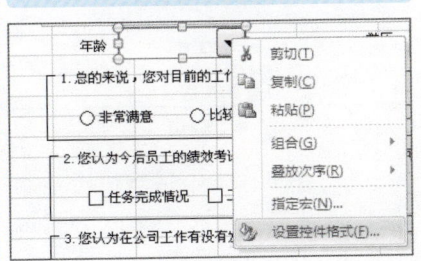

源区域"文本框中输入"Sheet2!$A$2:$A$5",单击"确定"按钮,如图17-17所示。

2 返回工作表中,单击组合框右侧的下三角按钮,单击要输入的选项值,如图17-18所示。

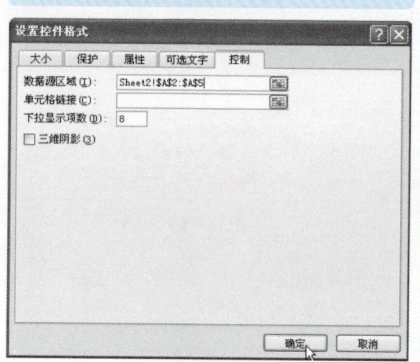

图17-17

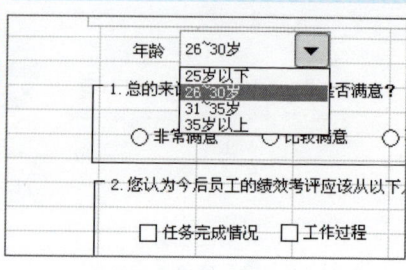

图17-18

步骤9:绘制按钮控件

1 单击"插入"按钮,单击"控件"选项组中"按钮(窗体控件)"选项,如图17-19所示。

员工意见调查单的设计与制作,如图17-21所示。

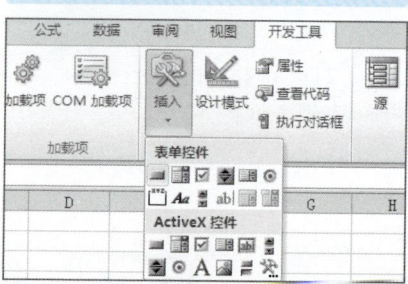

图17-19

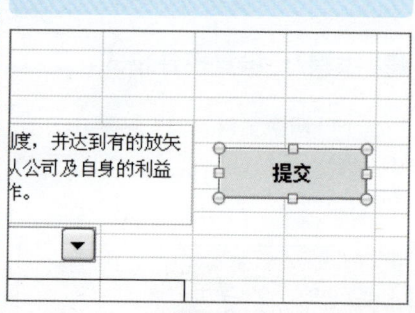

图17-20

2 在工作表中适当位置绘制控件,并将可选文字更改为"提交",并设置字体、字号,如图17-20所示。

3 在调查单上方,插入艺术字,输入"员工意见调查单",并根据需要调整字号大小,即完成

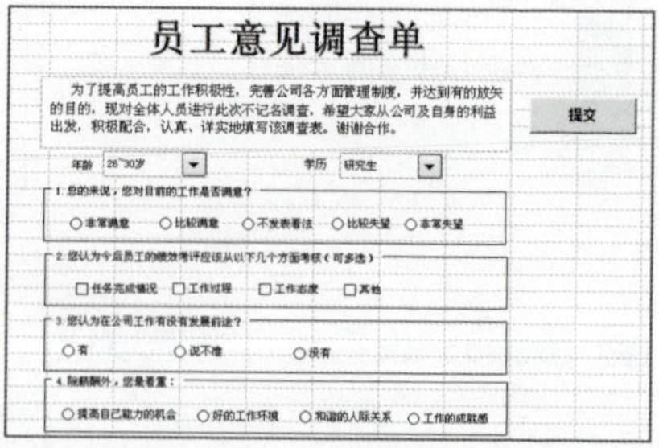

图17-21

第17章 员工意见调查与统计

文件156 记录调查结果

为了方便用户进行统计分析，设计好调查单后，可以直接在工作表中设置控件链接到的单元格保存被调查者选择的选项值代码，然后再利用VBA代码将选择的结果保存到独立的"调查结果记录表"中。

制作要点与设计效果图

- 设置控件格式
- 编写数据代码
- ROWS属性
- CurrentRegion属性
- COUNT方法的应用

文件设计过程

步骤1： 创建值预览区域表格

新建需要的工作表，然后在"调查单"工作表中创建"值预览区域"表格，如图17-22所示。

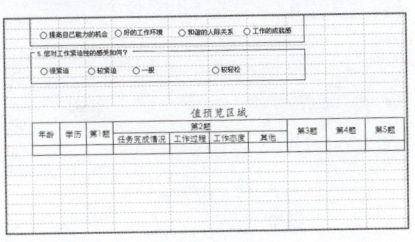

图17-22

步骤2： 创建调查结果记录表表头

在"调查单"工作表中选中B34:K36单元格区域，按下【Ctrl+C】组合键复制，切换至"调查结果记录表"，选中A1单元格，按下【Ctrl+V】组合键粘贴，如图17-23所示。

图17-23

步骤3：设置控件的单元格链接位置

① 右键单击"年龄"后的组合框控件，如图17-24所示。

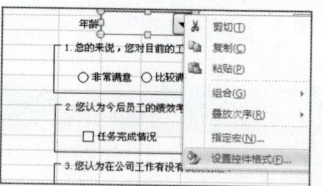

图17-24

② 单击"设置控件格式"命令。弹出"设置控件格式"对话框，在"单元格链接"文本框中输入"$B$36"，单击"确定"按钮，如图17-25所示。

③ 用相同的方法设置其他控件的单元格链接位置，然后选中控件，则在目标单元格中显示控件代码值，如图17-26所示。

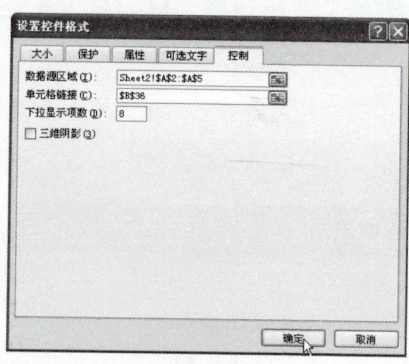

图17-25

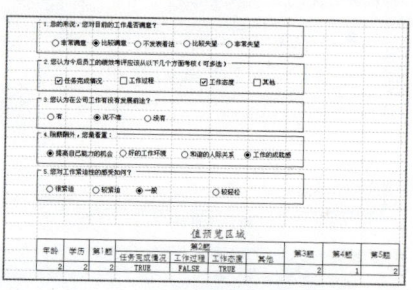

图17-26

步骤4：为按钮控件指定宏

① 右键单击"提交"按钮控件，单击"指定宏"命令，如图17-27所示。

② 弹出"指定宏"对话框，在"宏名"文本框中输入宏名称文本，单击"新建"按钮，如图17-28所示。

图17-27

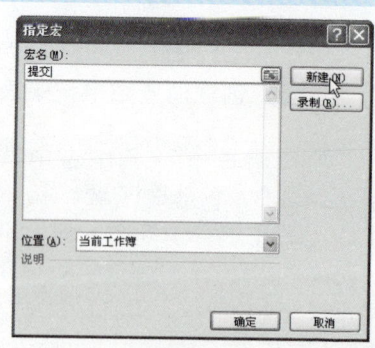

图17-28

步骤5：编写提交事件的代码

打开模块代码编写窗口，在其中输入“提交”按钮的事件代码，将“调查单”工作表中“值预览结果记录表”中的值追加到“记录调查结果”中，如图17-29所示。

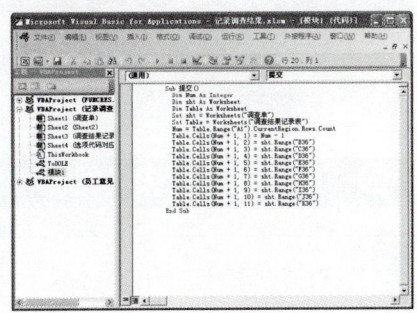

图17-29

步骤6：执行代码过程

返回Excel视图中，在“调查单”工作表中单击控件选择各题对应的选项值，然后单击“提交”按钮，如图17-30所示。

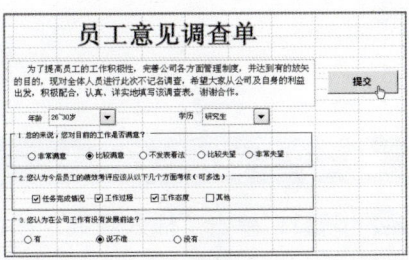

图17-30

步骤7：显示追加的调查结果记录

①单击“调查结果记录表”工作表标签，切换至该工作表下，在其中写入了刚才调查单中选择的选项值代码，可对应“选项代码对应表”表进行查看，如图17-31所示。

序号	年龄	学历	第1题	第2题				第3题	第4题	第5题
				任务完成情况	工作过程	工作态度	其他			
1	2	3	2	TRUE	FALSE	TRUE	FALSE	1	1	3

图17-31

②可以直接在“调查单”工作表中选择填写调查情况，系统会自动将调查结果记录在“调查结果记录表”中，如图17-32所示。

序号	年龄	学历	第1题	第2题				第3题	第4题	第5题
				任务完成情况	工作过程	工作态度	其他			
1	2	3	2	TRUE	FALSE	TRUE	FALSE	1	1	3
2	3	2	1	TRUE	TRUE	TRUE	FALSE	2	2	2
3	2	3	2	FALSE	FALSE	TRUE	TRUE	3	2	3
4	2	1	3	TRUE	TRUE	TRUE	TRUE	3	2	3
5	3	4	3	TRUE	TRUE	FALSE	TRUE	1	3	2
6	2	2	4	TRUE	TRUE	FALSE	TRUE	3	3	3
7	3	3	2	TRUE	FALSE	TRUE	TRUE	2	2	2
8	2	2	3	TRUE	TRUE	FALSE	TRUE	3	4	4
9	4	2	4	TRUE	TRUE	TRUE	TRUE	2	3	2
10	4	1	3	TRUE	FALSE	TRUE	TRUE	3	1	2
11	1	1	2	TRUE	TRUE	TRUE	TRUE	2	2	3
12	3	4	2	TRUE	FALSE	FALSE	TRUE	3	3	2
13	4	3	4	TRUE	TRUE	FALSE	TRUE	3	4	2
14	2	3	2	TRUE	TRUE	FALSE	TRUE	2	3	2
15	1	2	2	TRUE	FALSE	TRUE	TRUE	3	3	2
16	3	2	3	TRUE	TRUE	TRUE	TRUE	2	3	3
17	2	2	2	TRUE	FALSE	TRUE	TRUE	3	2	2
18	3	4	4	TRUE	TRUE	TRUE	TRUE	2	4	2
19	2	3	2	TRUE	TRUE	TRUE	TRUE	3	2	3
20	2	3	2	TRUE	TRUE	TRUE	TRUE	3	2	3
21	2	3	2	TRUE	FALSE	TRUE	TRUE	2	2	3
22	2	2	3	FALSE	TRUE	TRUE	TRUE	3	4	2
23	2	2	3	FALSE	TRUE	TRUE	TRUE	3	3	2
24	3	1	2	FALSE	FALSE	TRUE	FALSE	1	3	3
25	3	1	1	TRUE	FALSE	TRUE	FALSE	2	2	2
26	2	2	2	TRUE	TRUE	TRUE	FALSE	1	3	2
27	3	4	1	TRUE	FALSE	TRUE	FALSE	2	2	4
28	1	2	2	TRUE	FALSE	TRUE	FALSE	1	1	3
29	2	3	2	TRUE	TRUE	TRUE	FALSE	1	1	3

图17-32

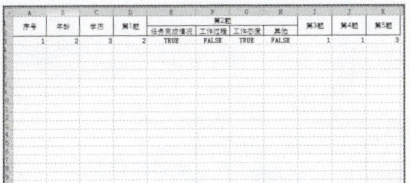

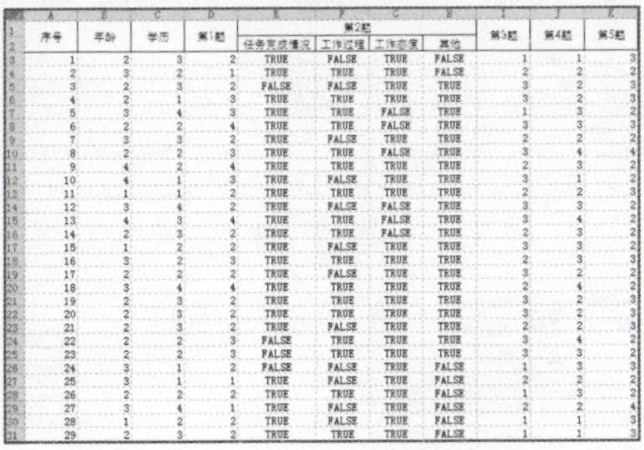

文件157 参与调查者年龄构成比图

统计一个参与者比较多的员工意见调查年龄分布比例，一般都会采取抽样分析的方式，从调查结果中抽取部分样本进行分析。

制作要点与设计效果图

- RAND函数
- CELLING函数
- 插入条形图
- 隐藏坐标轴
- 设置分类间距

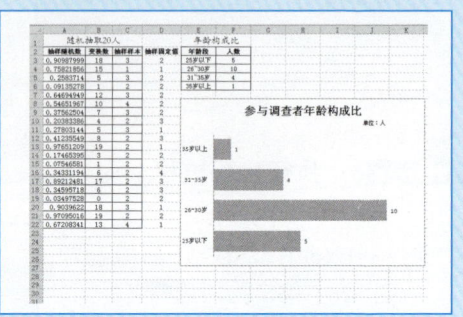

文件设计过程

步骤1：单击"插入函数"按钮

1 新建"参与调查者年龄构成比图"工作表，并在其中创建需要的表格，如图17-33所示。

2 选中A3:A22单元格区域。在"公式"选项卡下，单击"函数库"选项组中"插入函数"按钮，如图17-34所示。

图17-33

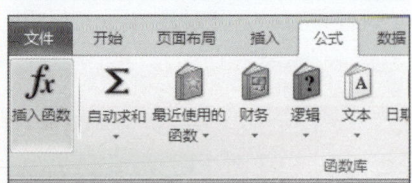

图17-34

步骤2：选择随机函数

1 弹出"插入函数"对话框，选择RAND选项，单击"确定"按钮，如图17-35所示。

第17章 员工意见调查与统计

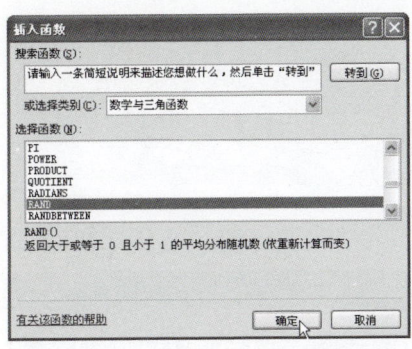

图17-35

2 弹出"函数参数"对话框,提示该函数不需要参数,按下【Ctrl+Shift+Enter】组合键,如图17-36所示。

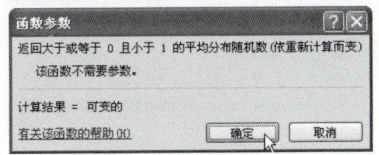

图17-36

步骤3:获取随机抽取数据序号

1 可以看到在目标单元格中显示了一组介于0和1之间的随机分布数据。有了这组数据可以乘以抽取基数20得到数据相应位置的序号,如图17-37所示。

	A	B	C
1	随机抽取20人		
2	抽样随机数	变换数	抽样样本
3	0.66130274		
4	0.15551603		
5	0.27967451		
6	0.18444478		
7	0.05081503		
8	0.79986445		
9	0.32217532		

图17-37

2 选中B3:B22单元格,在其中输入"=TRUNC(A3*20)",按下【Ctrl+Enter】组合键,如图17-38所示。

	A	B	C	D
1	随机抽取20人			
2	抽样随机数	变换数	抽样样本	
3	0.95389199	19		
4	0.7845622	15		
5	0.25862696	5		
6	0.58285562	11		
7	0.26383469	5		
8	0.86957599	17		
9	0.32636223	6		
10	0.56822746	11		
11	0.58197273	11		

图17-38

步骤4:根据变换数字引用抽取值

1 选中C3:C22单元格区域,在"公式"选项卡下单击"函数库"选项组中的"插入函数"按钮,如图17-39所示。

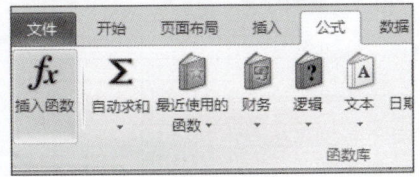

图17-39

②弹出"插入函数"对话框,选择INDEX选项,如图17-40所示。

③弹出"选定参数"对话框,选择第二种参数组合方式,单击"确定"按钮,如图17-41所示。

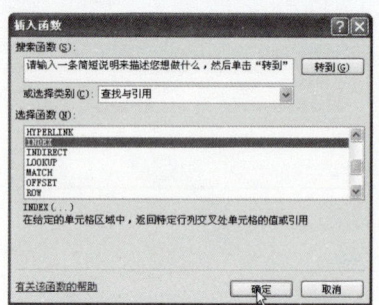

图17-40

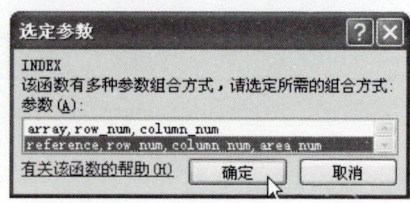

图17-41

步骤5:设置函数参数

弹出"函数参数"对话框,设置Reference为"调查结果记录表!B3:B42,Row_num为"B3:B22",设置完成后按下【Ctrl+Shift+Enter】组合键,如图17-42所示。

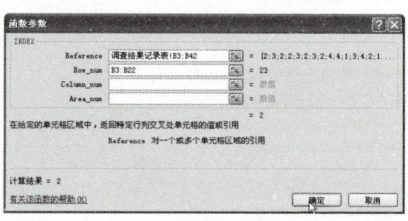

图17-42

步骤6:统计各年龄段人数

①此时获得抽出的数据,该数据随着工作表的计算不停变化,因此在分析前,可利用复制、粘贴功能,将其复制为数字,如图17-43所示。

②再用COUNTIF函数按条件进行计数,如图17-44所示。

第17章 员工意见调查与统计

➡ 步骤7：创建条形图

1 选中E2:F6单元格区域，在"插入"选项卡下，单击"图表"选项组中"条形图"下拉按钮，在下拉菜单中单击"簇状条形图"图标，如图17-45所示。

2 创建出默认的条形图，如图17-46所示。

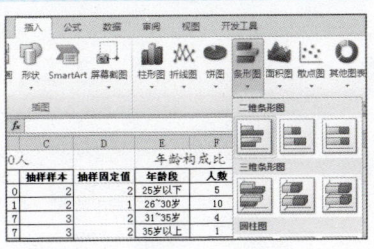

图17-45

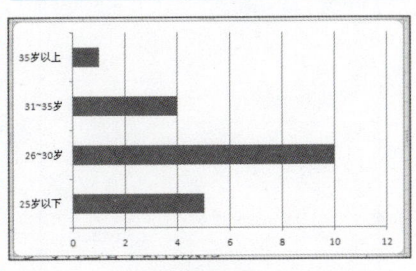

图17-46

➡ 步骤8：隐藏主要横坐标轴

选中图表，在"图表工具-布局"选项卡下，单击"坐标轴"按钮，单击"主要横坐标轴>无"选项，如图17-47所示。

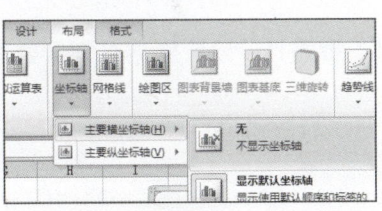

图17-47

➡ 步骤9：隐藏坐标轴主要刻度线类型

1 右键单击主要纵坐标轴，从弹出的快捷菜单中单击"设置坐标轴格式"命令，如图17-48所示。

对话框，设置"主要刻度线类型"为"无"，如图17-49所示。

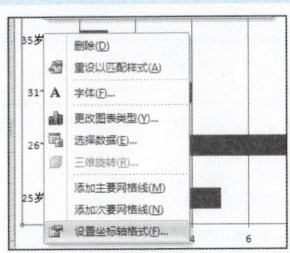

图17-48

2 弹出"设置坐标轴格式"

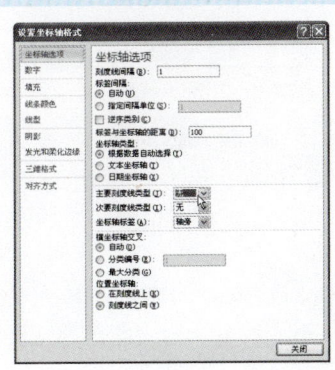

图17-49

步骤10：隐藏坐标轴线条及网络线

1 单击"线条颜色"选项，单击选中"无线条"单选按钮，关闭对话框，如图17-50所示。

2 单击"网格线"按钮，单击"主要纵网格线＞无"选项，隐藏图表中的网络线，如图17-51所示。

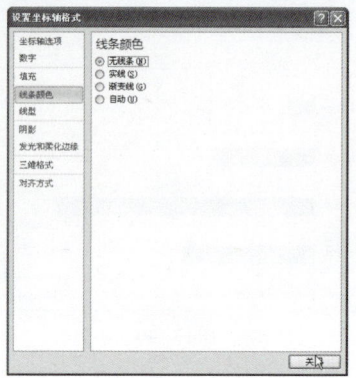

图17-50

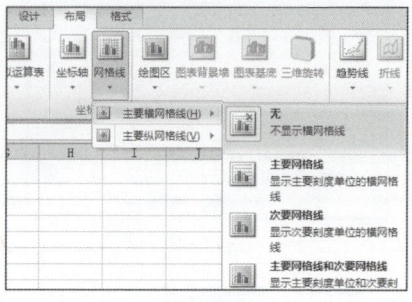

图17-51

步骤11：设置数据系列分类间距

1 右键单击数据系列，从弹出的快捷菜单中单击"设置数据系列格式"命令，如图17-52所示。

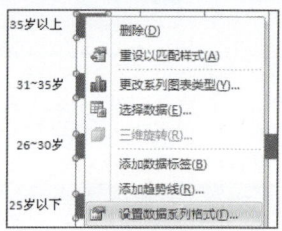

图17-52

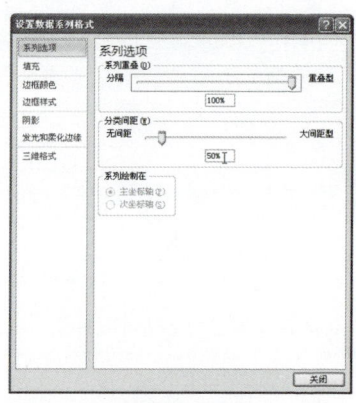

图17-53

2 弹出"设置数据系列格式"对话框，设置"分类间距"为"52%"，关闭对话框，如图17-53所示。

3 接着对图表进一步完善，即可得到参与调查者年龄构成比图的最终结果，如图17-54所示。

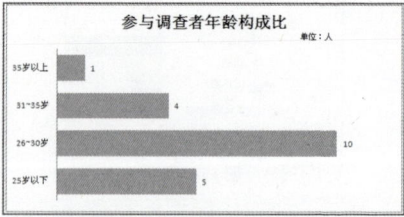

图17-54

第17章 员工意见调查与统计

文件158 抽样分析员工对工作的满意度

Excel还专门提供了抽样工具,快速从总体中抽取需要的样本进行分析。

制作要点与设计效果图

- 抽样工具的应用
- 创建饼图
- 设置数据标签显示形式
- COUNTIF函数

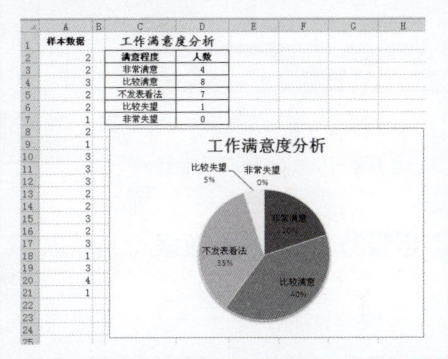

文件设计过程

步骤1:创建抽样分析模型

① 创建"工作满意度抽样分析"工作表,创建描述分析表格,如图17-55所示。

② 在"数据"选项卡下,单击"分析"选项组中"数据分析"按钮,如图17-56所示。

	A	B	C	D
1	样本数据		工作满意度分析	
2			满意程度	人数
3			非常满意	
4			比较满意	
5			不发表看法	
6			比较失望	
7			非常失望	

图17-55

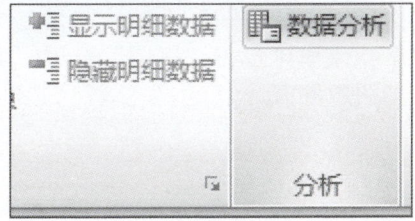

图17-56

步骤2：设置抽样参数

①弹出“数据分析”对话框，双击“抽样”选项，如图17-57所示。

图17-57

②弹出“抽样”对话框，根据需要设置的输入区域、随机样本数和输出区域，如图17-58所示。

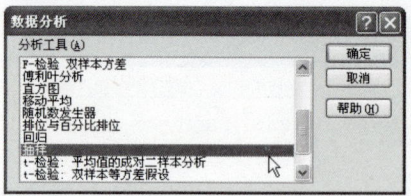

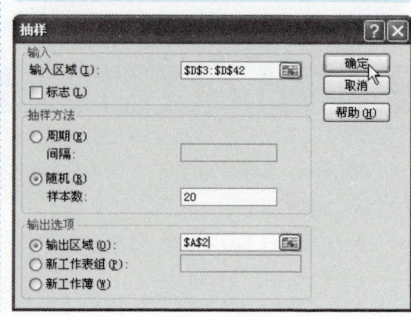

图17-58

步骤3：统计抽样数据

设置完成后，单击“确定”按钮，在指定区域中显示抽样数据，然后修改单元格中的公式，统计出各答案选项的人数，如图17-59所示。

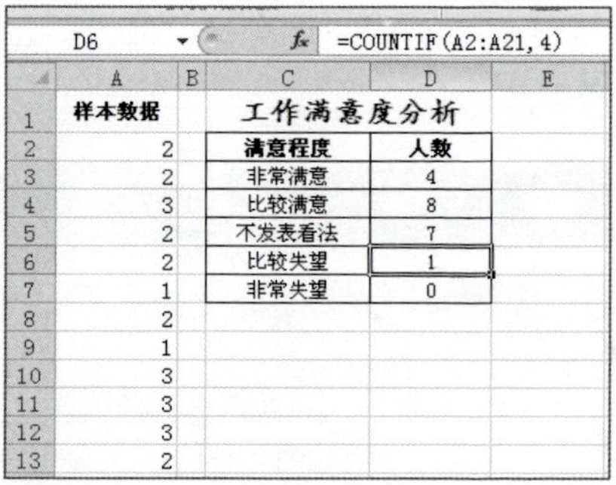

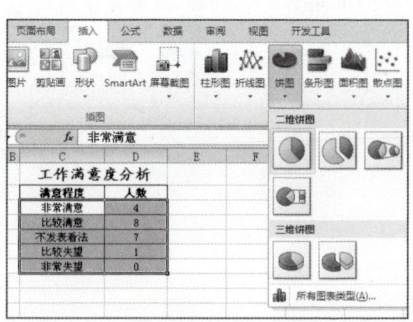

	A	B	C	D	E
1	样本数据		工作满意度分析		
2	2		满意程度	人数	
3	2		非常满意	4	
4	3		比较满意	8	
5	2		不发表看法	7	
6	2		比较失望	1	
7	1		非常失望	0	
8	2				
9	1				
10	3				
11	3				
12	3				
13	2				

图17-59

步骤4：创建图表

①选中C2:D7单元格区域，在“插入”选项卡下，单击“图表”选项组中“饼图”下拉按钮，在下拉菜单中单击“饼图”选项，如图17-60所示。

图17-60

第17章 员工意见调查与统计

[2] 根据选定数据创建默认饼图，在图表标题栏中输入标题文本，如图17-61所示。

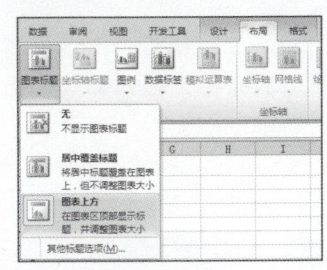

图17-62

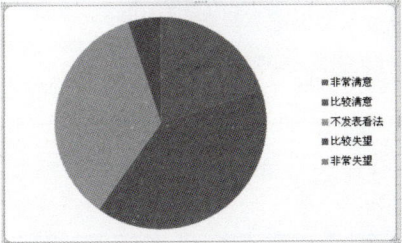

图17-61

[3] 在"图表工具-布局"选项卡下，单击"标签"选项组中"图表标题"下拉按钮，在下拉菜单中选择"图表上方"选项，如图17-62所示。

[4] 在图表标题栏中输入标题文本，如图17-63所示。

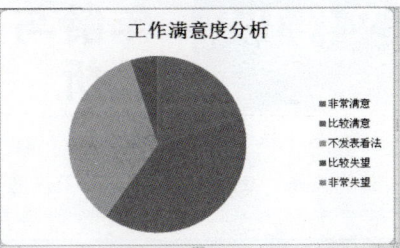

图17-63

步骤5：添加数据标签

[1] 切换至"图表工具-布局"选项卡，单击"标签"选项组中"数据标签"按钮，单击"其他数据标签选项"命令，如图17-64所示。

[2] 弹出"设置数据标签格式"对话框，在"标签包括"选项组中，选中"类别名称"、"百分比"和"显示引导线"复选框，如图17-65所示。

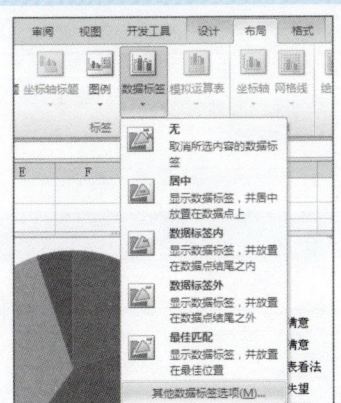

图17-64

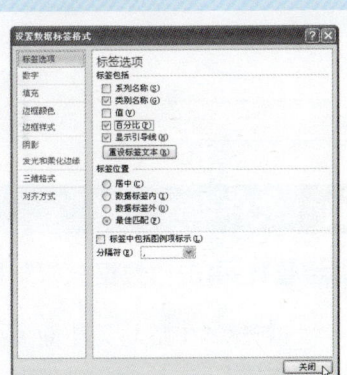

图17-65

③ 关闭对话框，然后设置各数据点填充色，得到最终分析饼图，如图17-66所示。

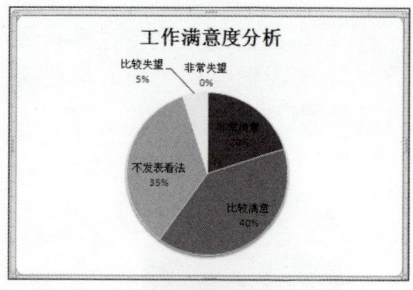

图17-66

文件159　年龄与关注面关系抽样回归分析

通过员工意见调查单，可以借助抽样回归分析来找出年龄与关注方面的关系，更好地提高员工工作效率。

制作要点与设计效果图

- 抽样工具的使用
- 回归分析工具的使用
- 使用INDEX函数

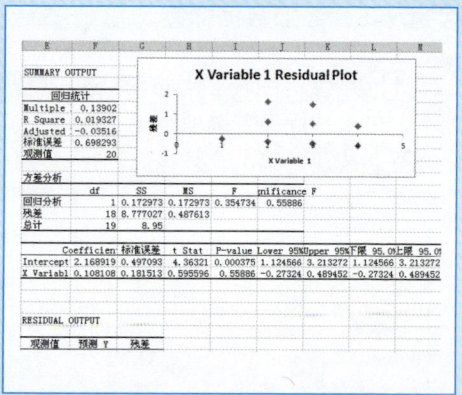

文件设计过程

步骤1：单击"数据分析"按钮

① 新建"年龄与关注面关系分析"工作表，在其中创建需要的表格，如图17-67所示。

第17章 员工意见调查与统计

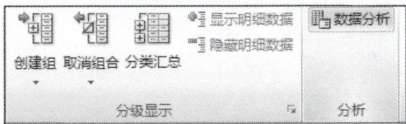

图17-67　　　　　　　　　图17-68

2 在"数据"选项卡下，单击"分析"选项组中"数据分析"按钮，如图17-68所示。

> **提　示：**
> 回归分析是确定两种或两种以上变数间相互依赖的定量关系的一种统计分析方法。按涉及自变量的多少，可分为一元回归分析和多元回归分析；可以根据判断系数Adjusted的值判断两者之间是否存在回归关系，由方差分析检验结果中的F显著值判断解释能力的强弱。

步骤2：设置抽样参数

1 弹出"数据分析"对话框，双击"抽样"选项，如图17-69所示。

2 弹出"抽样"对话框，设置输入区域、随机样本数和输出区域，如图17-70所示。

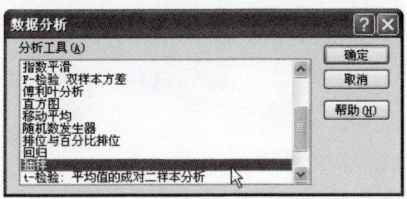

图17-69　　　　　　　　　图17-70

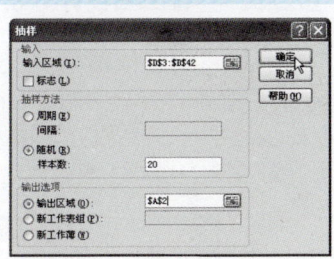

步骤3：引用抽样数据并启动回归分析功能

1 使用INDEX函数根据抽样序号引用相应的选项结果，如图17-71所示。

图17-71

② 然后打开"数据分析"对话框，双击"回归"选项，如图17-72所示。

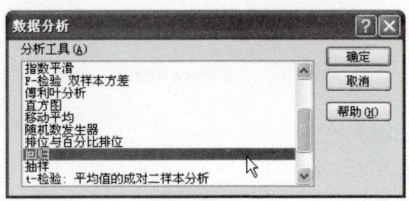

图17-72

步骤4：设置回归分析参数

弹出"回归"对话框，设置Y值和X值的输入区域，选中"置信度"复选框，在其后输入"95"，设置输出区域，选中"残差"和"残差图"复选框，单击"确定"按钮即可得到回归分析数据，如图17-73所示。

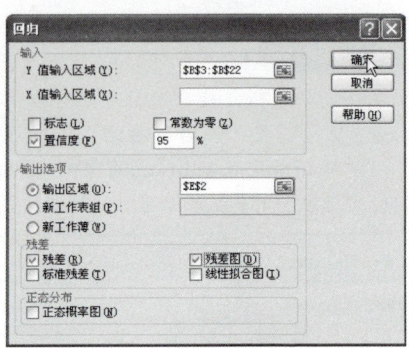

图17-73

步骤5：查看回归统计分析数据和残差图

显示回归统计数据和残差图，从该结果报表中得知，判断系数Adjusted的值为0.03516，两者之间不存在回归关系（判断系数的绝对值越接近1，表示回归关系成立，用户才能使用回归分析工具分析两组数据的关系，如图17-74所示。

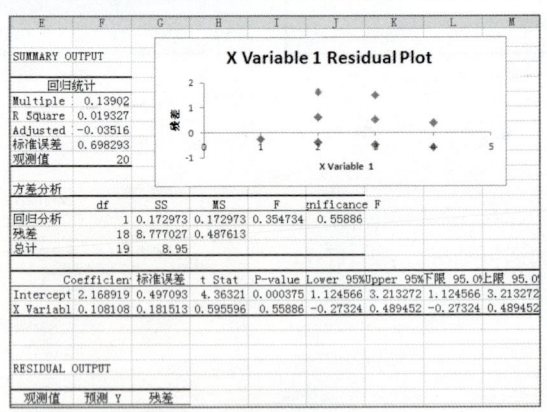

图17-74

文件160 员工绩效考评标准意愿比图

绩效考评是指考评对照工作目标或绩效标准，采用的一定考评方法，这个评定标准一般从工作任务完成情况、职责履行程度等方面制定。

制作要点与设计效果图

- COUNTIF函数
- 创建条形图
- 设置条形逆序类别显示

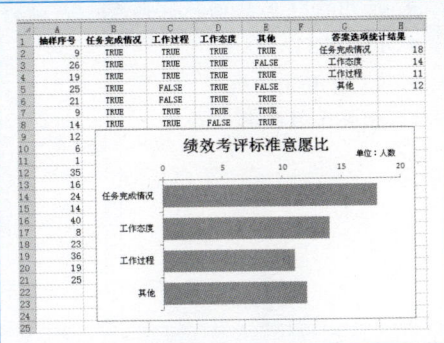

文件161 关注面与学历的相关性分析

在Excel中可以利用相关系数进行判断关注面与员工的学历是否相关。

制作要点与设计效果图

- 使用抽样工具抽取数据
- 根据相关系数判断相关

Excel公司行政管理必须掌握的208个文件与108个函数

文件162　学历与工作紧迫性相关性分析

若想了解此次调查中，工作紧迫性与学历是否相关，可以使用相关系数来判断，这里使用CORREL函数来计算相关系数。

 制作要点与设计效果图

- 使用抽样工具抽取数据
- INDEX函数
- CORREL函数
- 相关系数的判断条件

抽样序号	学历	工作紧迫性		相关系数	0.048685
14	3	2			
34	2	4			
26	2	2			
10	1	2			
32	2	3			
2	2	2			
21	3	3			
17	2	2			
8	2	4			
25	1	2			
29	3	3			
12	4	2			
9	2	2			
27	4	4			
38	1	4			
22	2	2			
13	3	2			
12	4	2			

文件163　有发展前途比重

在调查时，可能会涉及一些对自己在公司有无发展的看法，然后人事部门根据调查统计结果，对其进行抽样分析，得到员工对自己在公司发展前途的看法比重。

制作要点与设计效果图

- 创建三维饼图
- 应用图表布局
- 应用图表样式

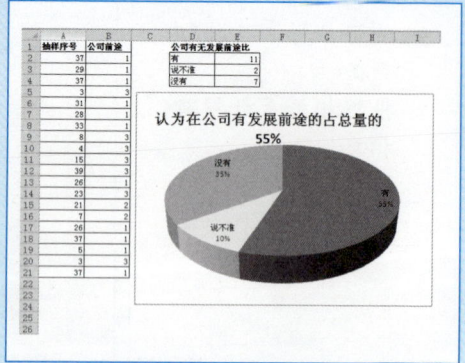

第17章 员工意见调查与统计

文件164 调查员工学历分布图

在分析员工意见时，可以根据员工学历来了解不同教育程度的员工对公司有何种要求，可以有针对性地了解员工情况。

制作要点与设计效果图

- 抽样分析工具的使用
- 创建柱形图
- 隐藏纵坐标轴及网络线
- 添加文本框

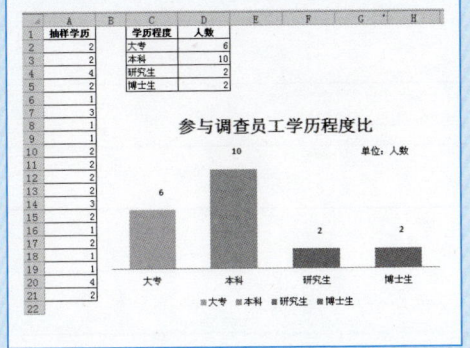

读书笔记

第18章 公司领导日程管理

日程管理就是将每天的工作和事务安排在日期中,并做一个有效的记录,方便管理日常的工作和事务,达到工作备忘的目的。同时也具有对员工日常工作进行指导、监督的作用。

一般说的公司领导日程安排,是指总经理、经理级别领导的日程安排管理。他们在企业管理中有着至关重要的地位,因为他们必须对企业成员的决定和行为最终负责,领导一个企业、一个部门,确定一个企业或部门的发展方向和经营目标,并根据目标调整经营机制,所以合理地安排工作日程,能帮助他们更好、更轻松地完成工作。

编号	文件名称	光盘中对应数据源	重要星级
文件165	领导的日程安排表	素材文件\第18章\领导的日程安排表.xls	★★★★
文件166	领导预约记录表	素材文件\第18章\领导预约记录表.xls	★★★★★
文件167	日程检查表	素材文件\第18章\日程检查表.xls	★★★★
文件168	领导预约变更记录表	素材文件\第18章\领导预约变更记录表.xls	★★★★★
文件169	客户接洽记录表	素材文件\第18章\客户接洽记录表.xls	★★★
文件170	年度行事历决定会议表	素材文件\第18章\年度行事历决定会议表.xls	★★★★★
文件171	上司、部属休假掌握表	素材文件\第18章\上司、部属休假掌握表.xls	★★★★
文件172	文件督办通知单	素材文件\第18章\文件督办通知单.xls	★★

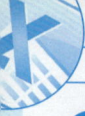

文件165 领导的日程安排表

领导的日程安排表是秘书根据任务的紧急程度，以优化顺序来排列的，使领导的工作安排得井井有条。

制作要点与设计效果图

- 插入超链接
- 保护工作表
- 隐藏工作表标签

日期	时间	地点	任务项目
2012-9-15	8:30	3楼会议大厅	高级经理讨论会
	10:00	办公室	接待来访客户
	12:10	餐厅	接洽业务
	16:00	天雨大厦	拜访合作伙伴
	18:00	华平酒店	商务酒会

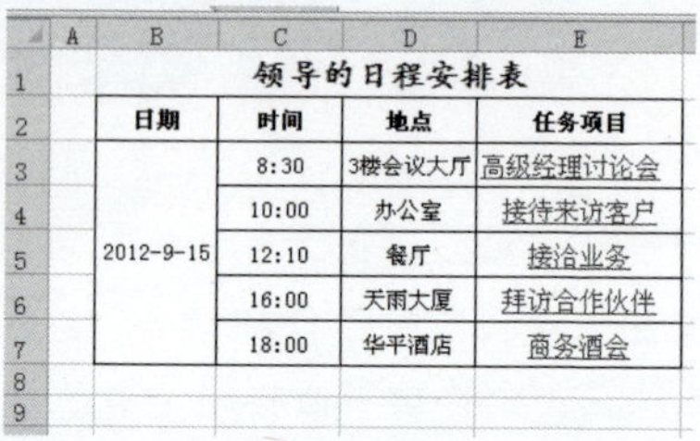

文件设计过程

步骤1：插入超链接

1 单击“日程安排表”工作标签，选中E3单元格，换至“插入”选项卡下，单击“链接”选项组中“超链接”按钮，如图18-1所示。

日期	时间	地点	任务项目
2012-9-15	8:30	3楼会议大厅	高级经理讨论会
	10:00	办公室	接待来访客户
	12:10	餐厅	接洽业务
	16:00	天雨大厦	拜访合作伙伴
	18:00	华平酒店	商务酒会

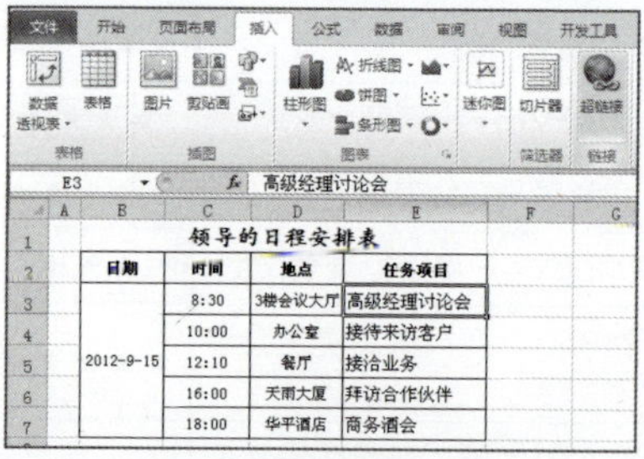

图18-1

2 弹出“编辑超链接”对话框，单击“本文档中的位置”图标，双击“高级经理讨论会”选项，如图18-2所示。

图18-2

3 添加超链接后，超链接文本均使用默认的超链接样式，即蓝色文本带下画线样式。在各工作表中添加返回“日程安排表”的超链接文本，如图18-3所示。

日期	时间	地点	任务项目
2012-9-15	8:30	3楼会议大厅	高级经理讨论会
	10:00	办公室	接待来访客户
	12:10	餐厅	接洽业务
	16:00	天雨大厦	拜访合作伙伴
	18:00	华平酒店	商务酒会

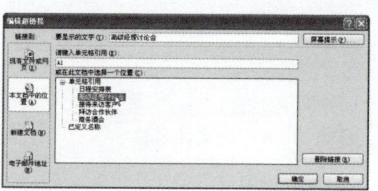

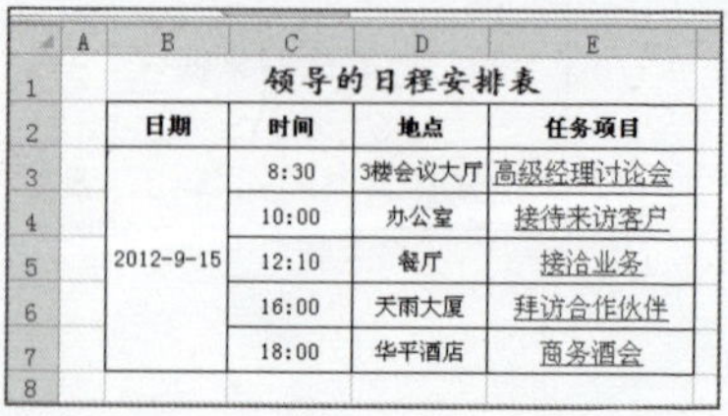

图18-3

第18章 公司领导日程管理

步骤2：隐藏工作表标签

1 单击"文件"按钮，单击"选项按钮"按钮，如图18-4所示。

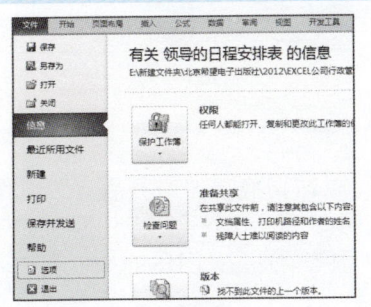

图18-4

2 弹出"Excel选项"对话框，单击"高级"选项，取消"显示工作表标签"复选框的选中状态，单击"确定"按钮，即可将当前工作簿中的所有工作表标签隐藏，如图18-5所示。

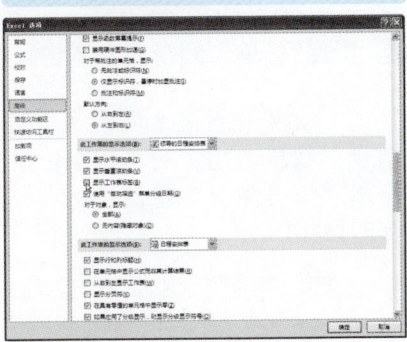

图18-5

步骤3：保护工作表

1 切换至"审阅"选项卡下，单击"更改"选项组中"保护工作表"按钮，如图18-6所示。

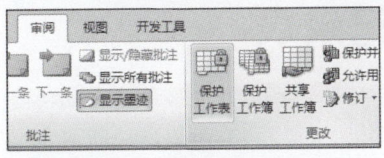

图18-6

2 弹出"保护工作表"对话框，选中"保护工作表及锁定的单元格内容"复选框，在文本框中输入保护密码，如"111111"，单击"确定"按钮，如图18-7所示。

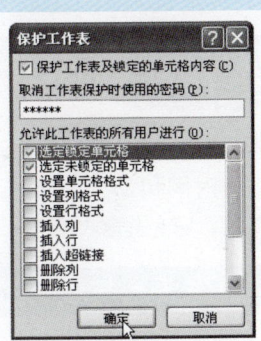

图18-7

步骤4：确认保护密码并查看超链接内容

1 弹出"确认密码"对话框，在文本框中再次输入密码"111111"，如图18-8所示。

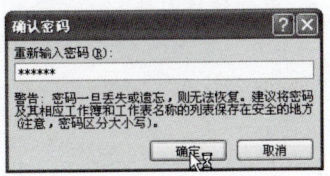

图18-9

② 单击"确定"按钮,即将"日程安排表"工作表保护起来了,如图18-9所示。

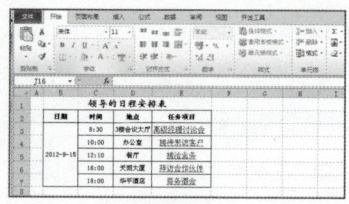

图18-9

步骤5：单击超链接文本进行跳转

① 如果想看某个项目的详细信息,请单击相应的超链接,如单击"商务酒会"超链接文本,如图18-10所示。

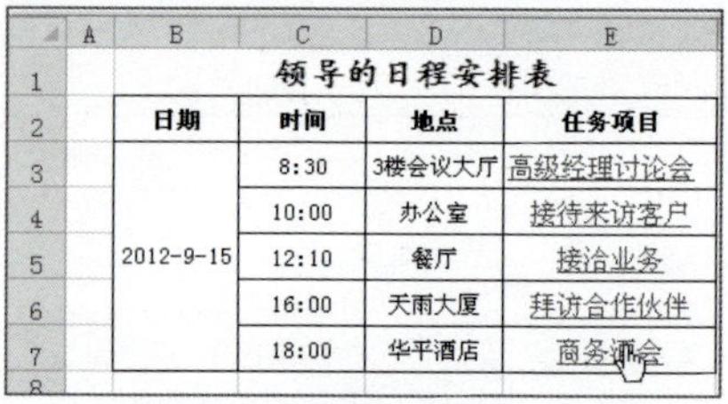

② 切换至"商务酒会"工作表中,显示出该会讨论主题、参与人数等信息,如图18-11所示。

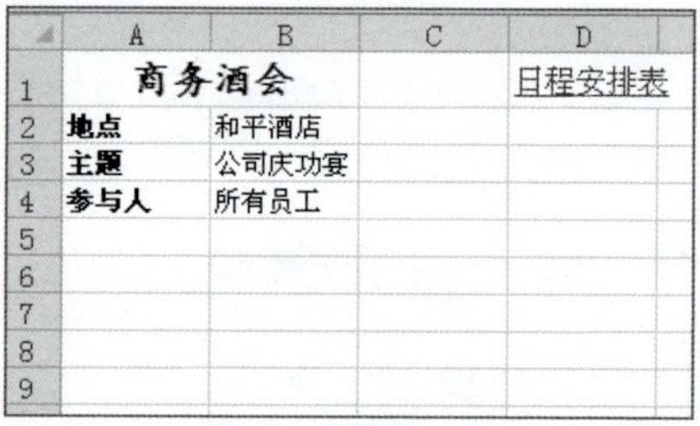

图18-10

图18-11

文件166 领导预约记录表

领导预约记录表常常用来记录预定拜访时间,方便被拜访者和自己合理安排时间和工作,避免出现工作安排上的冲突或是要拜访的对象不在等情况,它也是领导工作安排的依据。

制作要点与设计效果图

- 插入对象
- 编辑Word对象
- 更改链接图标

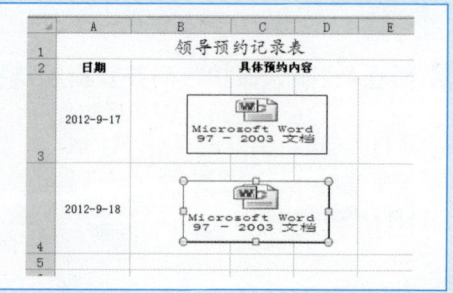

文件设计过程

步骤1：单击“对象”按钮

1 单击“插入”选项卡下的“文本”选项组中“对象”按钮，如图18-12所示。

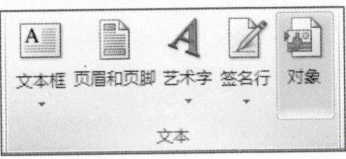

图18-12

2 弹出“对象”对话框，切换至“由文件创建”选项卡下，单击“浏览”按钮，如图18-13所示。

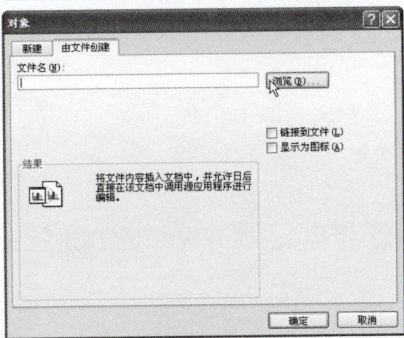

图18-13

步骤2：选择导入文件

1 弹出“浏览”对话框，选择需要导入的Word文件，单击“插入”按钮，如图18-14所示。

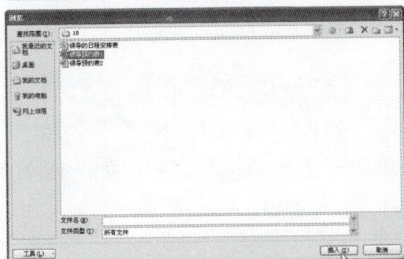

图18-14

2 返回“对象”对话框中，选中“链接到文件”复选框，点击“确定”按钮，如图18-15所示。

图18-15

3 此时，在相关工作表中插入了Word文件对象，并显示了其中的内容，如图18-16所示。

领导预约记录表

具体预约内容

领导预约表

日期：2012年9月17日

序号	客户姓名	所属单位	联系方式	预约时间	预约内容	备注
1	王荣	万达资讯	13825628×××	8:30	商谈合作	
2	周国菊	叶氏资讯	13847895×××	9:50	商谈加盟	
3	周淳	佳美资讯	13936522×××	11:40	进餐	
4	夏慧	函行风下	15025648×××	14:20	商谈订单	
5	王乾宇	图文资讯	13665855×××	15:30	鉴定合同	
6	刘露	百盛科技	15968564×××	17:20	进餐	

图18-16

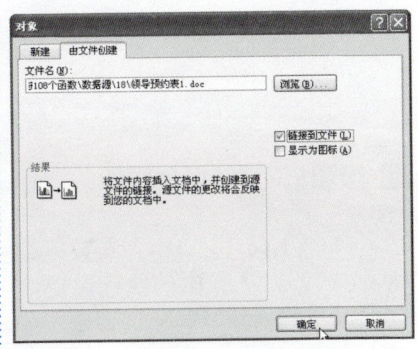

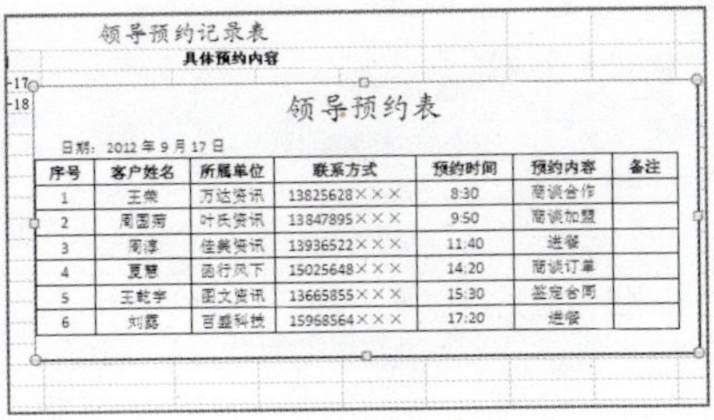

步骤3：单击"编辑"命令

右键单击Word对象，从弹出的快捷菜单中单击"文档对象>编辑"命令，如图18-17所示。

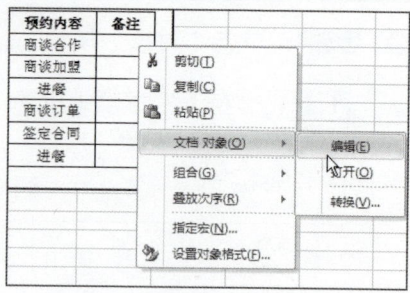

图18-17

步骤4：打开Word窗口进行编辑

自动启动Word 2010，并打开该对象文件，用户即可在其中修改表格数据，如图18-18所示。

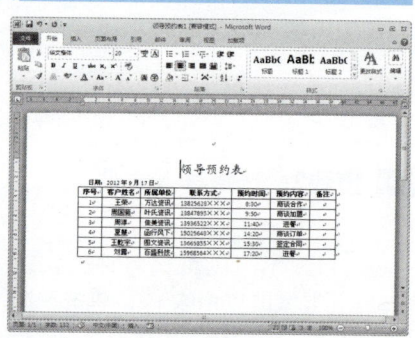

图18-18

步骤5：文档对象转换

① 在Excel窗口中，右键单击Word对象，从弹出的快捷菜单中单击"文档对象>转换"命令，如图18-19所示。

② 弹出"类型转换"对话框，选中"显示为图标"复选框，单击"更改图标"按钮，如图18-20所示。

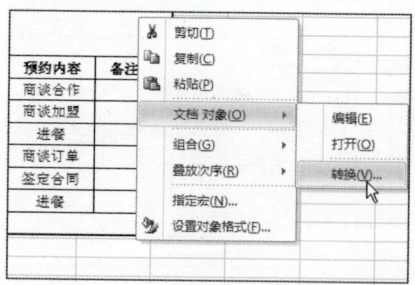

图18-19

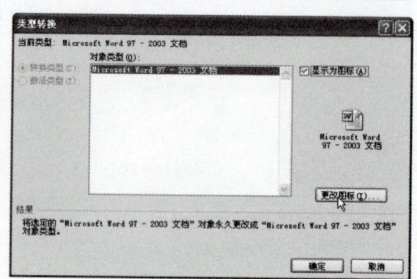

图18-20

步骤6：选择图标样式

1 弹出"更改图标"对话框，在"图标"列表框中选择需要的图标，单击"确定"按钮，如图18-21所示。

2 返回工作表时Word对象即显示为图标，拖动控制点可以调整图标大小，如图18-22所示。

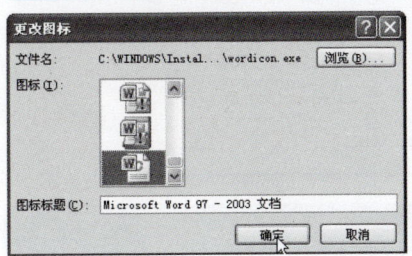

图18-21

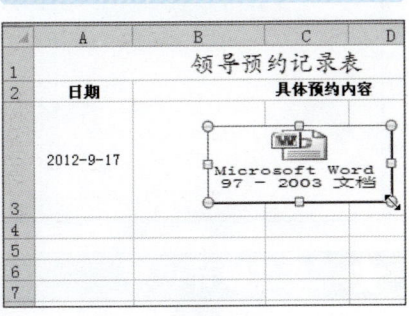

图18-22

步骤7：导入领导预约表2.docx文件

拖至适当大小后，释放鼠标即可，然后用相同的方法导入2012年9月18日的领导预约表，即完成了领导预约记录表的制作，如图18-23所示。

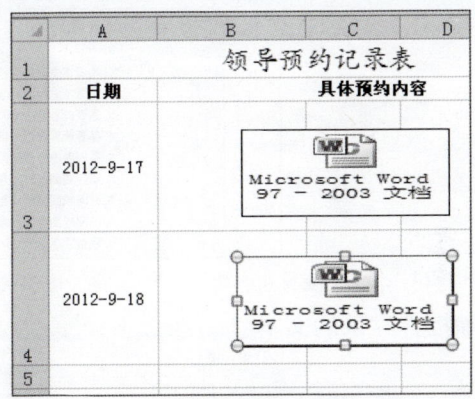

图18-23

文件167　日程检查表

日程检查表一般是以条列式问题呈现的，如果安排好可以在前面打勾，没有则应重新考虑如何安排才更合理。

制作要点与设计效果图

- 插入复选框
- 设置打印区域
- 预览打印效果

文件设计过程

步骤1：绘制复选控件

[1] 切换至"开发工具"选项卡下单击"插入"按钮，在"控件"选项组中单击"复选框（窗体控件）"图标，如图18-24所示。

[2] 在题目前方绘制复选框控件，如图18-25所示。

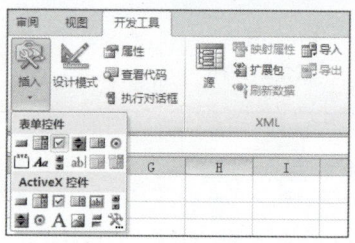

图18-24

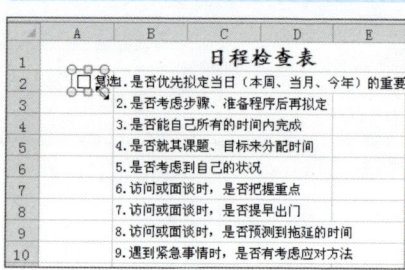

图18-25

步骤2：消除控件默认的文本

[1] 右键单击筛选框控件，从弹出的快捷菜单中单击"编辑文字"命令，如图18-26所示。

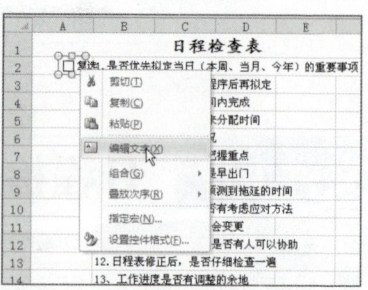

图18-26

第18章 公司领导日程管理

②激活编辑框，按下【Delete】键删除控件默认文本，如图18-27所示。

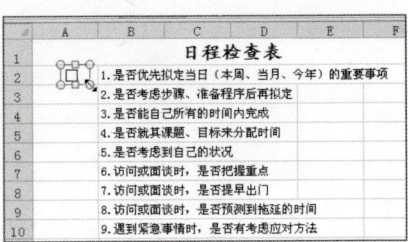

图18-27

步骤3：复制复选框控件

①选中复选框控件，单击鼠标右键，在弹出的快捷菜单中单击"复制"选项，如图18-28所示。

②多次单击"粘贴"按钮，共复制出14个复选框控件，将复选框移至每个题目前方，如图18-29所示。

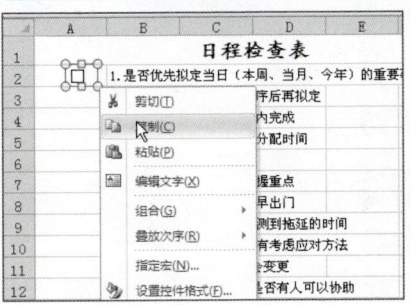

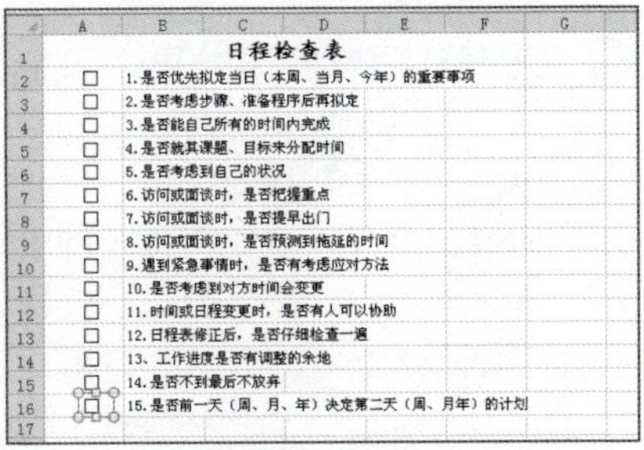

图18-28

图18-29

步骤4：让复选框控件右对齐

①按住【Ctrl】键，选中所有复选框控件，单击"绘图工具-格式"选项卡下的"对齐"按钮，单击"右对齐"选项，如图18-30所示。

②此时选中的复选框以右边框对齐方式显示，如图18-31所示。

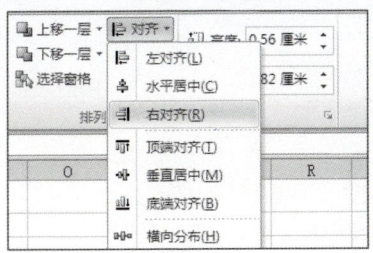

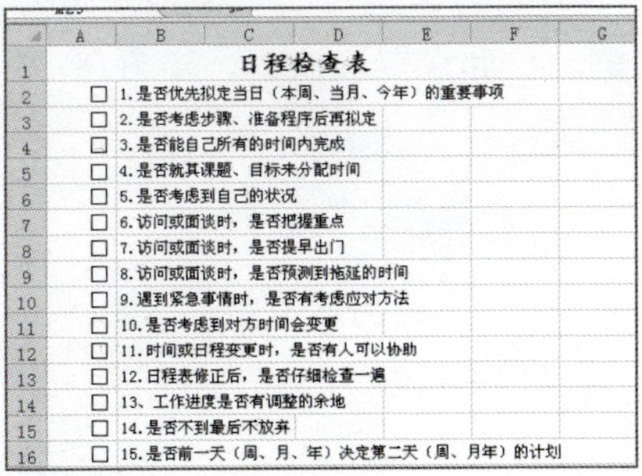

图18-30

图18-31

步骤5：设置打印区域

1 选中A1:F16单元格区域，切换至"页面布局"选项卡下，单击"打印区域"按钮，在下拉菜单中单击"设置打印区域"选项，如图18-32所示。

2 此时选中区域的外边框添加了虚线，用于表示虚线内为打印区域，如图18-33所示。

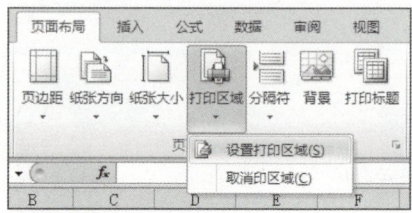

图18-32

图18-33

步骤6：预览打印效果

单击"文件"按钮，单击"打印"命令，进入"打印"选项面板中，在右侧预览中可以查看表格打印在纸张上的效果，如图18-34所示。

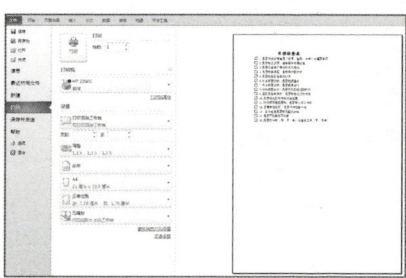

图18-34

步骤7：调整表格在纸张上显示的位置

1 单击"设置"选项组下方的"页面设置"按钮，如图18-35所示。

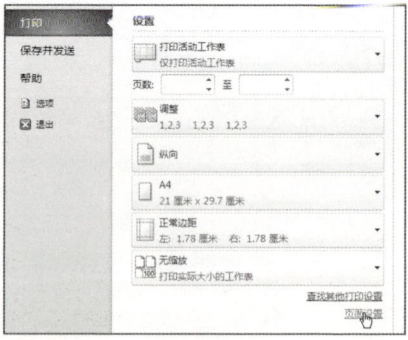

图18-35

第18章 公司领导日程管理

2 弹出"页面设置"对话框,在"页边距"选项卡下,选中"水平"和"垂直"复选框,单击"确定"按钮,如图18-36所示。

3 返回"打印"选项面板中,可以看到表格此时位于纸张的正中间,如果对打印效果满意,单击"打印"按钮即可,如图18-37所示。

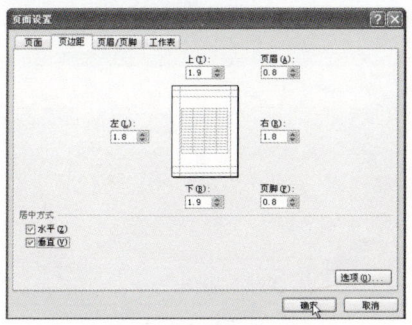

图18-36

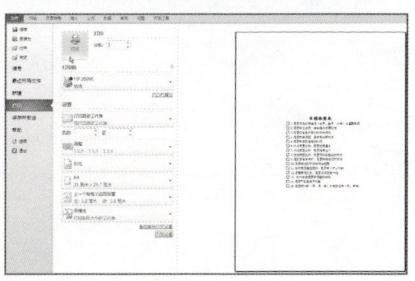

图18-37

文件168 领导预约变更记录表

秘书常常会使用记事本等常用工具先作记录,过后再加以整理。下面介绍如何将记事本记录的预约变更信息导入Excel工作表中。

 制作要点与设计效果图

- 导入文本文件
- 设置底纹与边框样式
- 填充序号

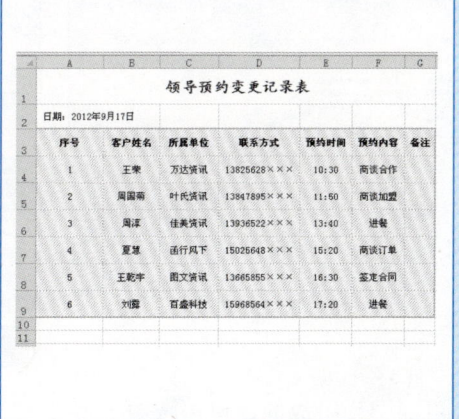

文件设计过程

步骤1：导入的文本文件

① 切换至"数据"选项卡，单击"获取外部数据"选项组中"自文本"按钮，如图18-38所示。

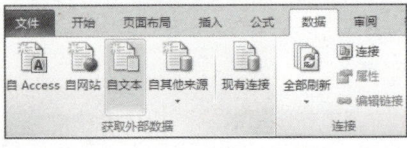

图18-38

② 弹出"导入文本文件"对话框，选择需要导入的文本文件，点击"导入"按钮，如图18-39所示。

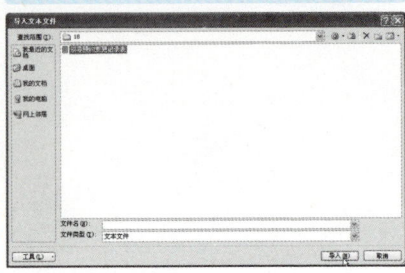

图18-39

步骤2：选择最合适的文件类型

① 弹出"文本导入向导-第1步，共3步"对话框，单击选中"分隔符号"单选按钮，单击"下一步"按钮，如图18-40所示。

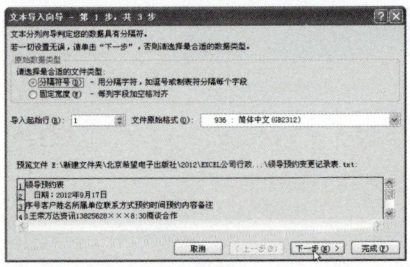

图18-40

② 进入"文本导入向导-第2步，共3步"界面，选中"Tab键"单选框，单击"下一步"按钮，如图18-41所示。

③ 进入"文本导入向导-第3步，共3步"界面，单击选中"常规"单选按钮，单击"完成"按钮，如图18-42所示。

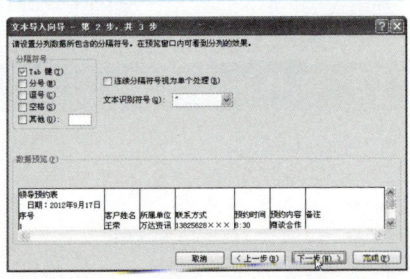

图18-41

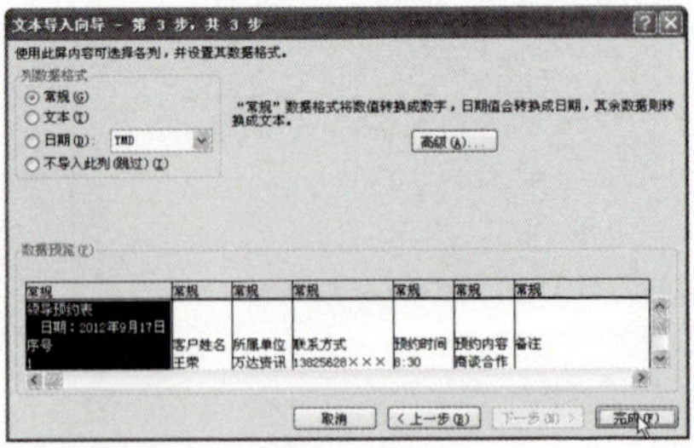

图18-42

步骤3：选择数据的放置位置

1 弹出"导入数据"对话框，单击选中按钮，在文本框中输入"=Sheet!$A$1"，单击"确定"按钮，如图18-43所示。

2 此时文本文件中的数据以空格分隔导入工作表中，如图18-44所示。

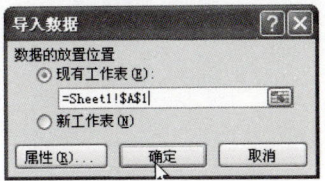

图18-43

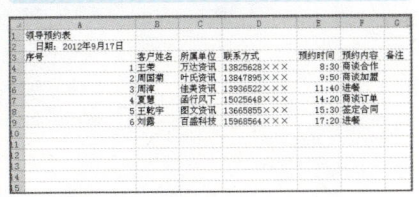

图18-44

步骤4：设置单元格格式

1 合并A1:G1单元格区域，并设置字体、字号，将表格正文字号设置为10磅，A3:G3单元格文本加粗显示，如图18-45所示。

3 设置外边框线条样式为浅绿色粗实线，如图18-47所示。

图18-45

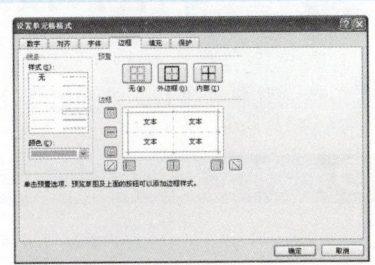

图18-47

2 右键单击A3:G9单元格区域打开"设置单元格格式"对话框，设置内部边框为浅绿色虚线，如图18-46所示。

4 切换至"填充"选项卡下，设置颜色为淡蓝色，图案为细对角线条纹，单击"确定"按钮，如图18-48所示。

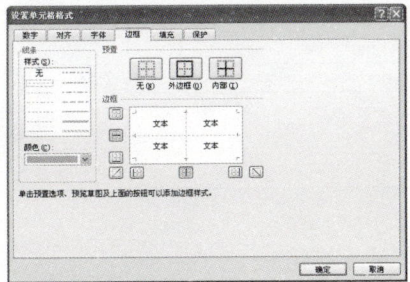

图18-46

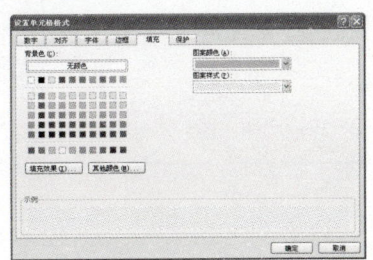

图18-48

⑤ 返回工作表中，此时选中单元格以指定样式与底纹填充，进一步完善，得到领导预约变更记录表，如图18-49所示。

	A	B	C	D	E	F	G
1			领导预约变更记录表				
2	日期：2012年9月17日						
3	序号	客户姓名	所属单位	联系方式	预约时间	预约内容	备注
4	1	王荣	万达资讯	13825628×××	10:30	商谈合作	
5	2	周国菊	叶氏资讯	13847895×××	11:50	商谈加盟	
6	3	周淳	佳美资讯	13936522×××	13:40	进餐	
7	4	夏慧	函行风下	15025648×××	15:20	商谈订单	
8	5	王乾宇	图文资讯	13665855×××	16:30	签定合同	
9	6	刘露	百盛科技	15968564×××	17:20	进餐	

图18-49

文件169　客户接洽记录表

客户接洽记录表详细记录客户的基本资料、认知途径、客户评价、客户意向和初步推荐、洽谈记录等数据。

制作要点与设计效果图

- 插入单选按钮
- 设置多个控件对齐
- 精确调整控件大小

第18章　公司领导日程管理

文件170　个人指示·命令确认表

个人指示·命令确认表是用于记录指定人员的姓名、指示命令的内容、日期、执行情况以及有无问题等情况，用于确认工作内容及是否能完成等信息。

🔍 制作要点与设计效果图

- 插入符号
- 设置日期格式
- 插入控件

个人指示·命令确认表						
姓名	月/日	确认	指示·命令的内容	执行情况	问题	
					有	无
王荣	9月14日	√	投标	正在执行	☐	☑
葛丽	9月15日	√	商谈合作事宜	正在执行	☐	☑
周淳	9月17日	√	客户跟踪	正在执行	☑	☐
杨荣伟	9月18日	√	客户跟踪	正在执行	☐	☑
					☐	☐
					☐	☐
					☐	☐
					☐	☐
[问题注意事项]						

文件171　上司、部属休假掌握表

上司、部属休假掌握表用于记录休假领导或员工的状况，为员工重新申请休假提供便利。

🔍 制作要点与设计效果图

- 设置图片背景
- 设置边框样式
- TODAY函数

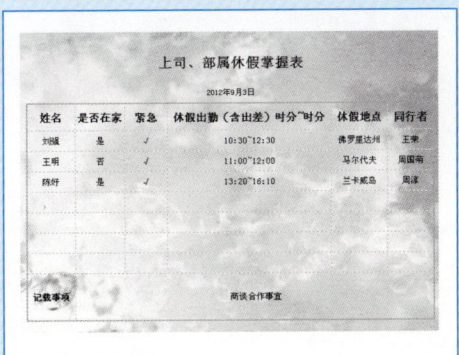

文件172 文件督办通知单

文件督办通知单主要用来向督办部门指明执行单位、执行情况等信息。

制作要点与设计效果图

- 设置文本底端对齐
- 绘制文本框
- 插入艺术字
- 添更改艺术字形状

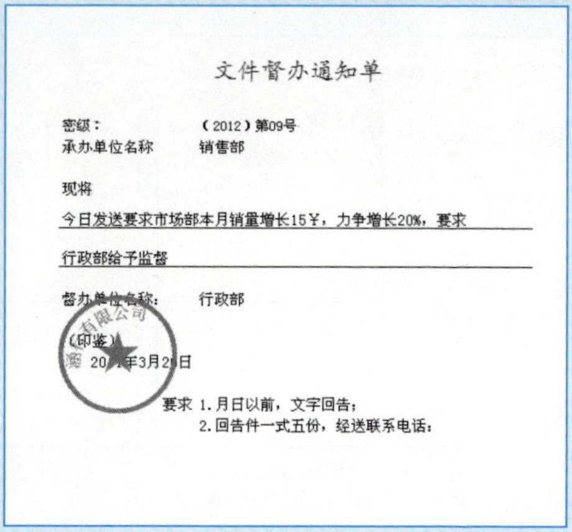

文件督办通知单

密级：　　　　（2012）第09号
承办单位名称　　销售部
现将
今日发送要求市场部本月销量增长15¥，力争增长20%，要求
行政部给予监督
督办单位名称：　　行政部

（印鉴）
20××年3月2×日

要求 1.月日以前，文字回告；
　　　2.回告件一式五份，经送联系电话：

第19章

会议管理

会议管理体系是企业战略执行的重要保障工具。会议管理体系，是要解决企业管理层，特别是领导层对公司经营决策的执行问题，从而避免在经营决策分析中"拍脑袋、拍桌子、拍大腿"等随意行为。会议管理体系，既是一些成果，如一些文档，也是一个过程，如富有成效的沟通和碰撞。

这里介绍10个会议管理的文件，如会议室使用申请表、会议室使用登记表、会议议程安排表、会议出席记录表、会议记录表、会议纪要等。

编号	文件名称	光盘中对应数据源	重要星级
文件173	会议室使用申请表	素材文件\第19章\会议室使用申请表.xls	★★★★
文件174	会议室使用登记表	素材文件\第19章\会议室使用登记表.xls	★★★★
文件175	会议议程安排表	素材文件\第19章\会议议程安排表.xls	★★★★
文件176	会议出席记录表	素材文件\第19章\会议出席记录表.xls	★★★★★
文件177	会议记录表	素材文件\第19章\会议记录表.xls	★★★★★
文件178	会议纪要	素材文件\第19章\会议纪要.xls	★★★★
文件179	月份经营会议表	素材文件\第19章\月份经营会议表.xls	★★★★
文件180	部门经营会议表	素材文件\第19章\部门经营会议表.xls	★★★★
文件181	员工提案评定表	素材文件\第19章\员工提案评定表.xls	★★★
文件182	年度行事判定会议表	素材文件\第19章\年度行事判定会议表.xls	★★★

文件173 会议室使用申请表

会议室使用申请表主要包括申请部门、会议名称、会议地点、借用时间等。

制作要点与设计效果图

- 插入页眉
- 设置页眉文本格式
- 插入当前时间
- 插入页脚

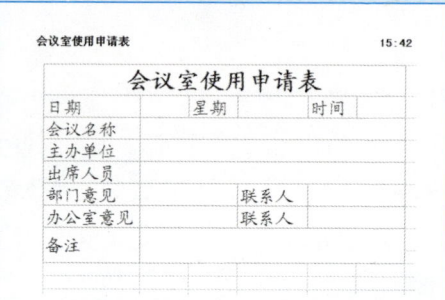

文件设计过程

步骤1：打开"页眉设置"对话框

1 在"页面布局"选项卡下，单击"页面设置"选项组中的对话框启动器，如图19-1所示。

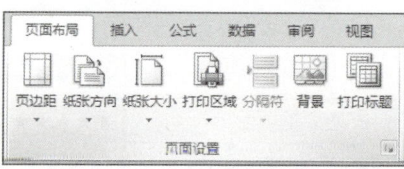

图19-1

2 打开"页面设置"对话框，在"页眉/页脚"选项卡下单击"自定义页眉"按钮，如图19-2所示。

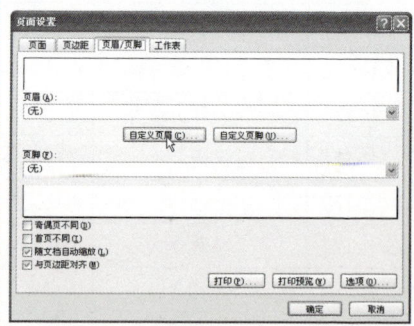

图19-2

步骤2：设置文本格式

1 在"左"文本框中输入页眉内容，单击"格式文本"按钮，如图19-3所示。

第19章　会议管理

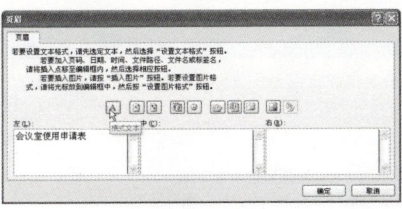

图19-3

2 设置文本的字体、字形、大小，单击"确定"按钮确认设置，如图19-4所示。

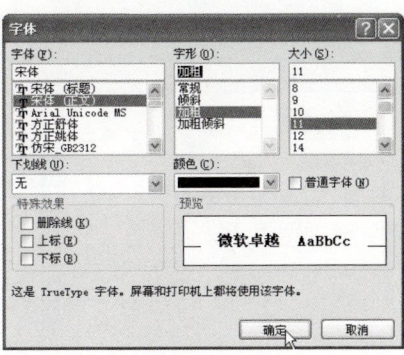

图19-4

步骤3：插入时间

1 在"中"文本框中插入时间，单击"确定"按钮确认页眉设置，如图19-5所示。

2 单击"自定义页脚"按钮，如图19-6所示。

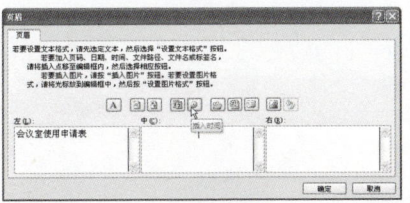

图19-5

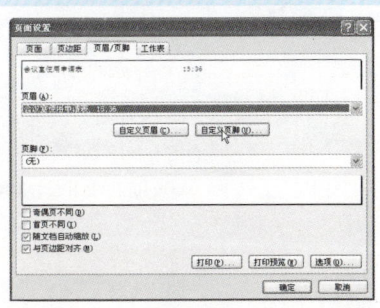

图19-6

步骤4：设置页脚

在"右"文本框中插入日期，单击"确定"按钮确认页脚设置，如图19-7所示。

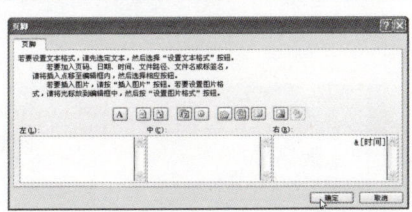

图19-7

文件174　会议室使用登记表

会议室使用登记，是为了事先安排好会议室的使用，避免不同部门开会的冲突。

Excel公司行政管理必须掌握的208个文件与108个函数

制作要点与设计效果图

- 设置页边距
- 设置页面大小
- 设置页面方向
- 设置居中方式
- 打印预览

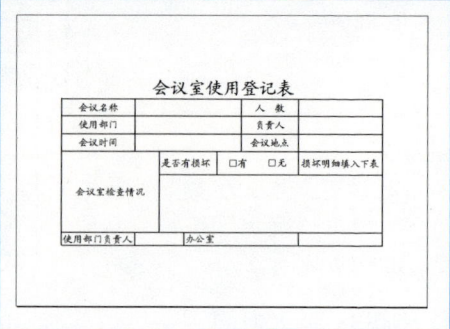

文件设计过程

步骤1：设置页边距

1 单击"页面布局"选项卡"页面设置"选项组中的"页边距"按钮，在展开的下拉列表中单击"自定义边距"选项，如图19-8所示。

2 打开"页面设置"对话框，在"页边距"选项卡下即可对页面的边距进行设置，单击"确定"按钮，如图19-9所示。

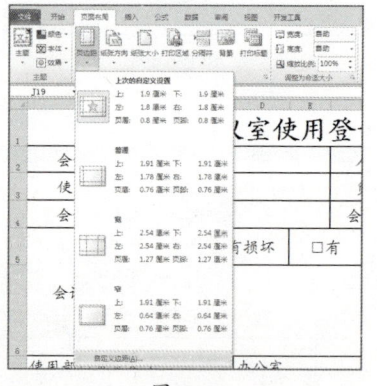

图19-8

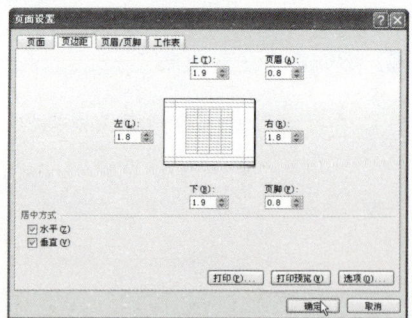

图19-9

步骤2：设置纸张方向和大小

1 单击"页面布局"选项卡下"页面设置"组中的"纸张方向"下拉按钮，在展开的下拉列表框中选择"横向"命令，如图19-10所示。

第19章 会议管理

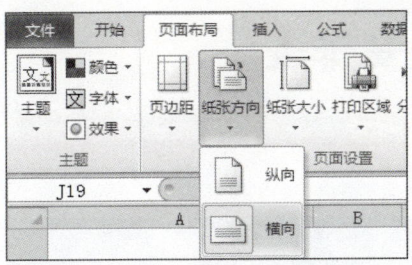

图19-10

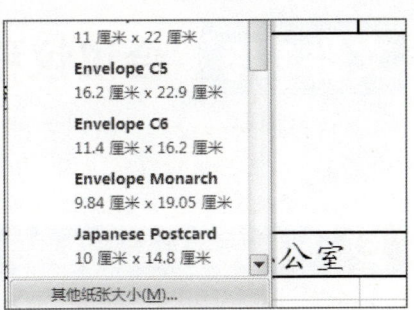

图19-11

②单击"页面布局"选项卡下"页面设置"组中的"纸张大小"下拉按钮，在展开的下拉列表中单击"其他纸张大小"选项，如图19-11所示。

③打开"页面设置"对话框，在"页面"选项卡下的"纸张大小"下拉表中，选择纸张大小，如图19-12所示。

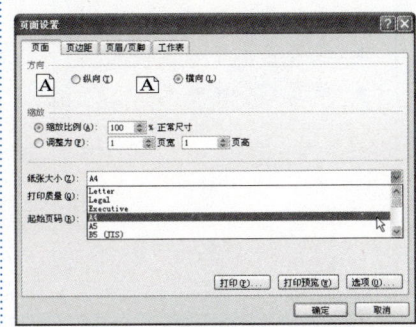

图19-12

步骤3：打印预览

①切换至"页边距"选项卡，在"居中方式"组中选中"水平"和"垂直"复选框，如图19-13所示。

②单击"打印预览"按钮，即可预览设置后的效果，如图19-14所示。

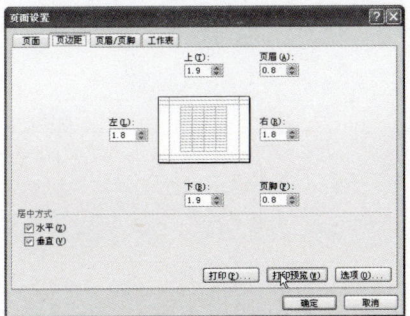

图19-13

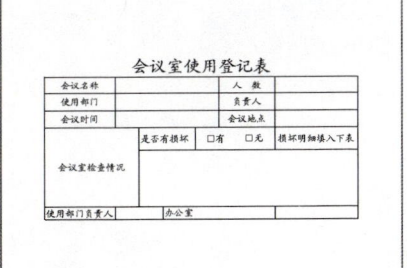

图19-14

文件175 会议议程安排表

合理地对会议议程进行安排，可以让会议在有条不紊的情况下进行。

制作要点与设计效果图

- 插入艺术字
- 更改艺术字样式
- 设置艺术字字体格式
- 设置艺术字效果

文件设计过程

步骤1：选择艺术字样式

① 在"插入"选项卡中单击"文本"选项组中"艺术字"下拉按钮，在展开的库中选择需要的艺术字样式，如图19-15所示。

② 在艺术字编辑框中输入需要的艺术字内容，如图19-16所示。

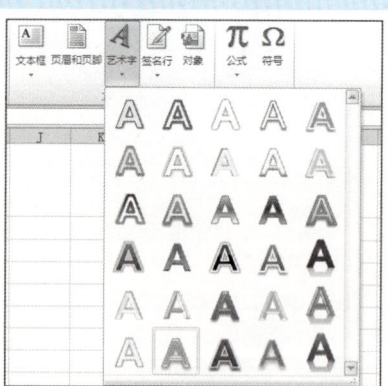

图19-15

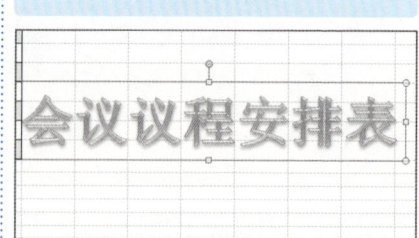

图19-16

步骤2：设置艺术字样式

1 切换至"绘图工具-格式"选项卡下，单击"艺术字样式"组中的"快翻"按钮，在展开的库中选择需要的艺术字样式，如图19-17所示。

2 该艺术字即应用了更改后的艺术字样式，如图19-18所示。

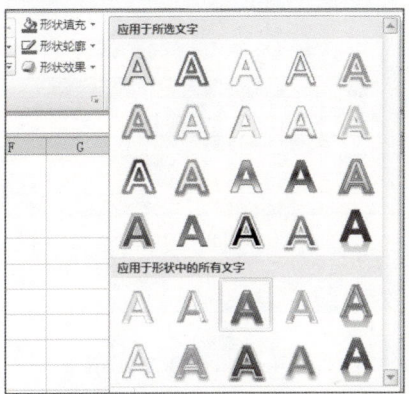

图19-17

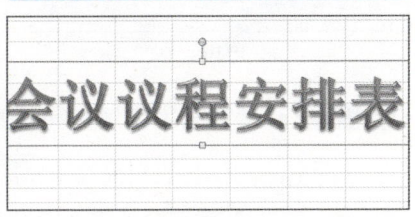

图19-18

步骤3：更改字体样式

1 选中该艺术字，在"字体"组中的"字体"下拉表中选择艺术字字体。如图19-19所示。

2 在"字体"组中的"字号"下拉列表中选择艺术字字号大小，如图19-20所示。

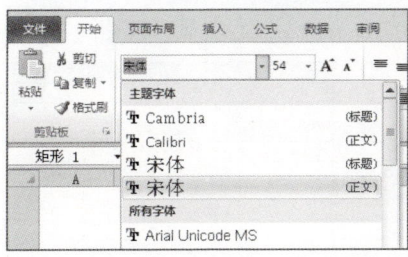

图19-19

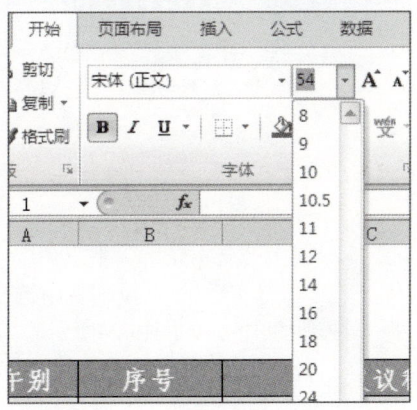

图19-20

步骤4：移动位置

1️⃣ 将鼠标指印移至艺术字文本框的边框任意位置处，当指针变成十字箭头形状时按住鼠标左键不放并进行拖动，如图19-21所示。

2️⃣ 拖到目标位置后释放鼠标，此时可以看到艺术字的位置已经更改了，并调整单元格高度，如图19-22所示。

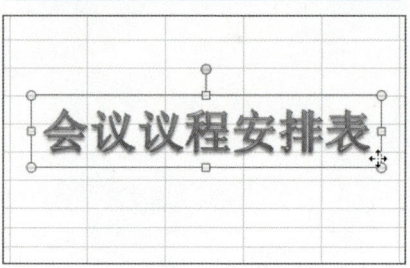

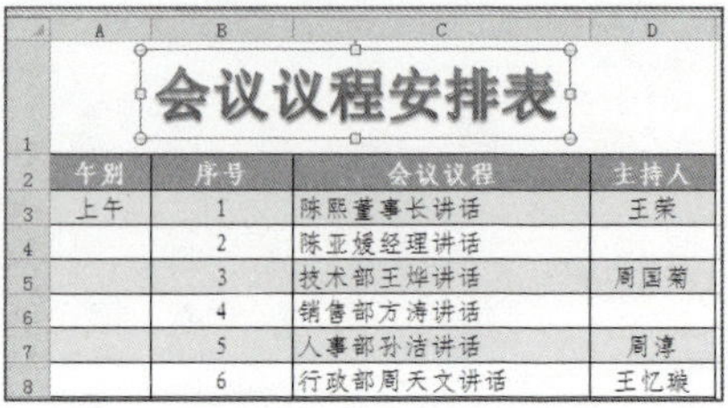

图19-21　　　　　　　　图19-22

步骤5：设置艺术字填充和轮廓效果

1️⃣ 在"艺术字样式"组中单击"文本填充"下三角按钮，在展开的下拉列表中选择一种填充颜色，如图19-23所示。

本轮廓颜色，如图19-25所示。

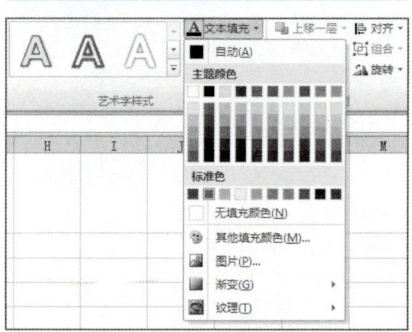

图19-23

2️⃣ 单击"文本轮廓"下三角按钮，在"文本轮廓"下拉列表中选择一种轮廓颜色，如图19-24所示。

3️⃣ 此时可以看到所选择的艺术字已经应用了设置文本填充和文

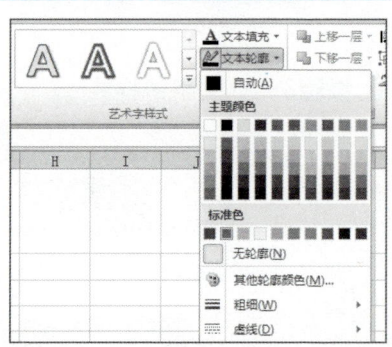

图19-24

图19-25

第19章 会议管理

文件176 会议出席记录表

会议出席记录表内容一般包括：时间、参会人员、出席情况和备注（其中出席情况包括签到、迟到、请假、缺席）等。

制作要点与设计效果图

- 修订
- 突出显示修订
- 设置修订选项
- 接受修订

文件设计过程

步骤1：打开"突出显示修订"对话框

[1] 切换至"审阅"选项卡，在"更改"组中单击"修订"按钮，在展开的下拉列表中单击"突出显示修订"选项，如图19-26所示。

[2] 打开"突出显示修订"对话框，在对话框中选中"编辑时跟踪修订信息，同时共享工作簿"复选框，单击"确定"按钮，如图19-27所示。

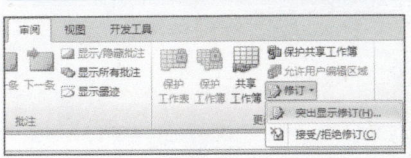

图19-26

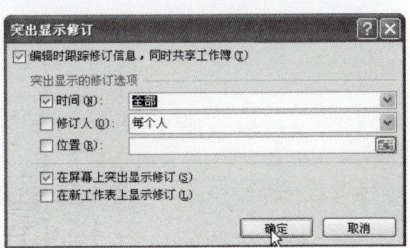

图19-27

步骤2：显示跟踪修订

返回到工作表中，在工作表中进行修改，然后按【Enter】键确认修改，将鼠标移动至修改后的单元格中，此时将显示出修订框以及修订的内容，如图19-28所示。

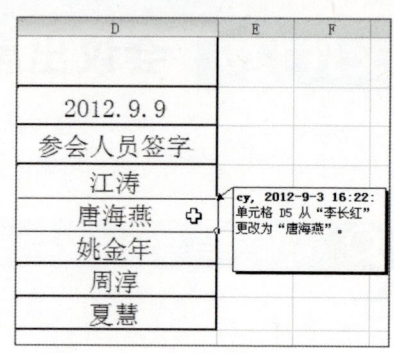

图19-28

步骤3：打开"接受或拒绝修订"对话框

[1] 切换至"审阅"选项卡，在"更改"组中单击"修订"按钮，在展开的下拉列表中单击"接受/拒绝修订选项，如图19-29所示。

[2] 在弹出的对话框中选中"时间"复选框，单击"确定"按钮，如图19-30所示。

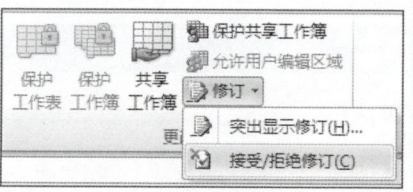

图19-29

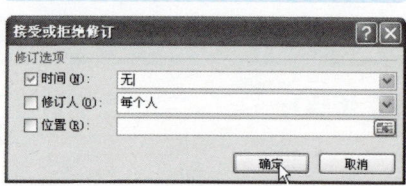

图19-30

步骤4：接受或拒绝修订

如果用户接受修订，则单击"接受"按钮即可；如果用户"拒绝"修订，则单击"拒绝"按钮即可。

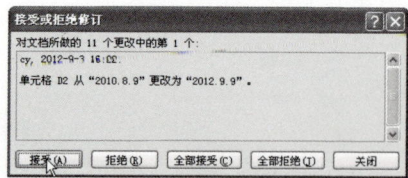

图19-31

> **提 示：**
>
> 使用修订可以在每次保存工作簿时记录工作簿修订的详细信息，如果不想保存，则可以在"突出显示修订"对话框中取消"编辑跟踪修订信息，同时共享工作簿"复选框的选中状态。

第19章 会议管理

文件177 会议记录表

会议记录表是会议记录人员根据会议具体内容认真、如实填写的一份表格,它能够帮助与会人员及时了解和总结会议情况。

制作要点与设计效果图

- 共享工作簿
- 设置保存修订记录天数
- 保护共享工作簿
- 取消共享工作的保护

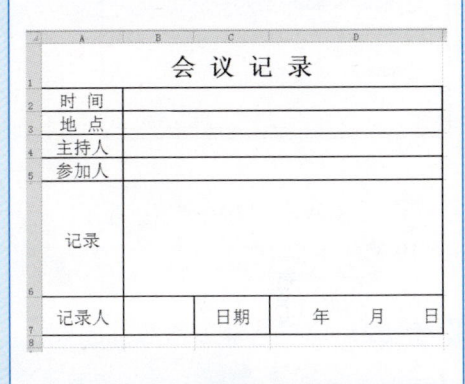

文件设计过程

步骤1:共享工作簿

[1] 切换至"审阅"选项卡,在"更改"组中单击"共享工作簿",如图19-32所示。

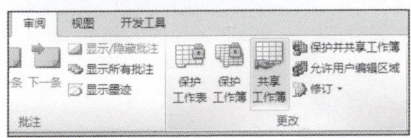

图19-32

[2] 在"编辑"选项卡下选中"允许多用户同时编辑,同时允许工作簿合并"复选框,如图19-33所示。

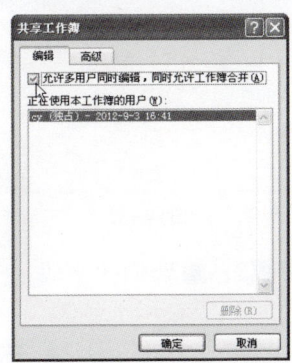

图19-33

[3] 在"高级"选项卡下对修订保存天数进行设置,如图19-34所示。

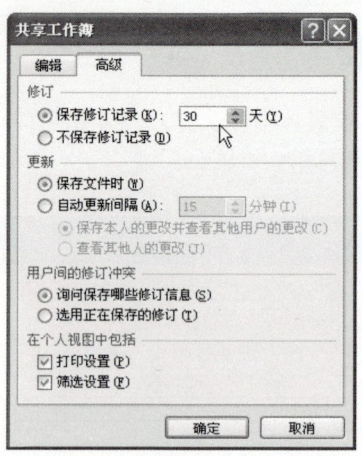

图19-34

[4] 单击两次"确定"按钮，如图19-35所示。

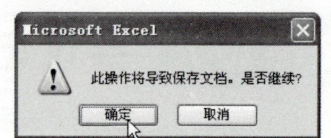

图19-35

[5] 返回到工作表中，此时可以看到标题栏的后面显示了"共享"字样，表示该工作簿已经共享了，如图19-36所示。

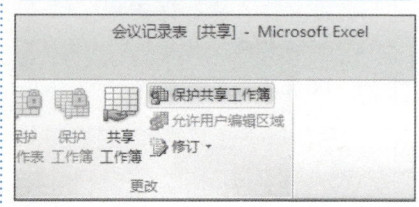

图19-36

步骤2：保护共享工作簿

[1] 共享工作簿后，在"审阅"选项卡下，单击"更改"组中的"保护并共享工作簿"按钮，如图19-37所示。

[2] 打开"保护共享工作簿"，选中"以跟踪修订方式共享"复选框，在"密码"文本框中输入密码，如图19-38所示。

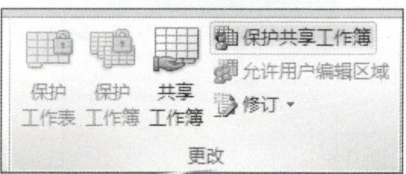

图19-37

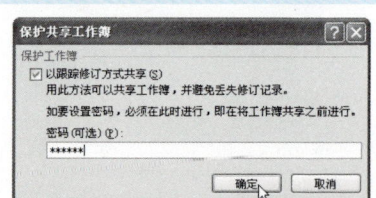

图19-38

步骤3：重新输入密码

在"确认密码"对话框中重新输入密码，单击"确定"按钮，如图19-39所示。

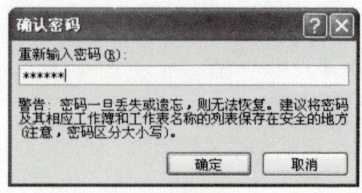

图19-39

步骤4：取消共享保护

1 保护共享工作簿后，工作表便不能随意更改了。若要重新编辑共享工作簿，需要在"更改"组中单击"撤销对共享工作簿的保护"按钮，如图19-40所示。

2 输入保护密码，然后单击"确定"按钮，如图19-41所示。

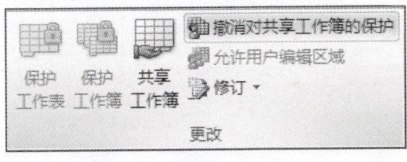

图19-40

图19-41

文件178 会议纪要

会议纪要是记载和传达会议情况和议定事项使用的一种行政公文。会议议定事项是本单位、本地区、本系统开展工作的依据。

制作要点与设计效果图

- 插入文件名
- 插入当前日期
- 插入当前文件路径

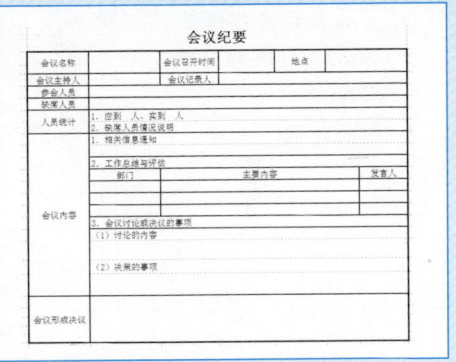

文件179 月份经营会议表

一些公司往往在每月月初对本月的经营情况作一个说明，并对上个月遗留下来的问题作一个总结，从而更好地完成本月的经营目标。

制作要点与设计效果图

- 设置形状填充
- 设置填充
- 更改艺术字样式

文件180 部门经营会议表

为了保证部门经营计划及全面预算管理工作的有机统一和顺利进行，充分发挥部门经营计划在公司生产经营工作及会议预算管理中的统筹作用，为此制作部门经营会议表。

制作要点与设计效果图

- 突出显示修订位置
- 设置工作簿的修改日期
- 接受修改

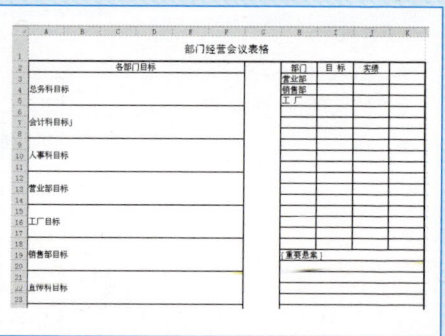

文件181 员工提案评定表

通过评定员工的提案，可以引导和鼓励员工积极主动地提出并实施任何有利改善公司经营活动的革新建议、改进意见、发明创造等，从而获得更多的有形效果和无形效果，持续改善管理水平。

第19章 会议管理

 制作要点与设计效果图

- 添加页面背景
- 设置打印区域
- 设置工作表选项

文件182 年度行事判定会议表

年度行事判定会议表包括举行日期、内容预算、单位承办人以及联络方式等。

 制作要点与设计效果图

- 添加边框
- 设置页边距
- 设置页面大小
- 设置打印区域

读书笔记

第20章

文件管理

　　文件管理其实就是对部门收到、发送的文件进行记录、归档、统计，对重要文件加密、保护等操作，让日后查阅文件既方便又快捷。

　　日常工作中常见的文件管理包括收发文件登记、资料借阅登记、资料销毁申请、销毁文件列表、重要文件加密保护和共享等。

编号	文件名称	光盘中对应数据源	重要星级
文件183	收发文件登记簿	素材文件\第20章\收发文件登记簿.xls	★★★★
文件184	加密重要文件	素材文件\第20章\加密重要文件.xls	★★★★★
文件185	以邮件发送文件	素材文件\第20章\以邮件发送文件.xls	★★★★
文件186	文件的共享与保护	素材文件\第20章\文件的共享与保护.xls	★★★★
文件187	资料销毁申请表	素材文件\第20章\资料销毁申请表.xls	★★★★
文件188	销毁文件列表	素材文件\第20章\销毁文件列表.xls	★★★★★
文件189	归档的文件表	素材文件\第20章\归档的文件表.xls	★★★
文件190	整理的文件表	素材文件\第20章\整理的文件表.xls	★★★★

Excel公司行政管理必须掌握的208个文件与108个函数

文件183　收发文件登记簿

收文包括文件、电报、信函、内部刊物、资料、其他文字资料等。而发文则正好相反。有效地登记收发文件，能帮助本企业管理相关文件。

制作要点与设计效果图

- 设置日期格式
- COUNTA函数

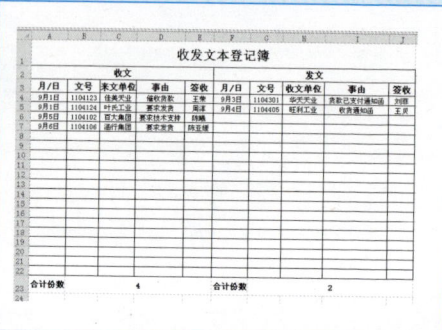

文件设计过程

步骤1：设置日期显示格式

1 选中A4:A22和F4:F22单元格区域，打开"设置单元格格式"对话框，单击"日期"选项，在"类型"列表框中单击"3月14日"选项，如图20-1所示。

2 单击"确定"按钮，返回工作表中，选中单元格中的日期数据则以指定类型显示，如图20-2所示。

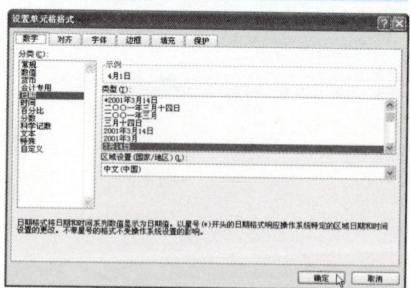

图20-1　　　　　　　　　图20-2

步骤2：COUNTA函数

1 选中B23单元格，在公式编辑栏输入公式"=COUNTA(B4:B22)"，按回车键，即可统计出收文记录数据，如图20-3所示。

2 选中G23单元格，在公式编辑栏输入公式"=COUNTA(G4:G22)"，按回车键，即可统计出的发文记录数据，如图20-4所示。

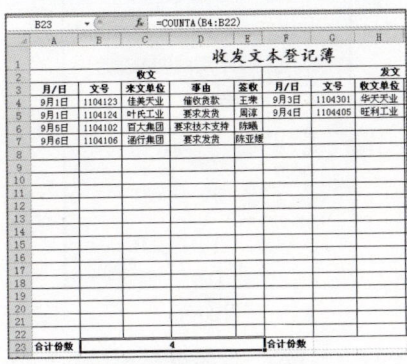

图20-3

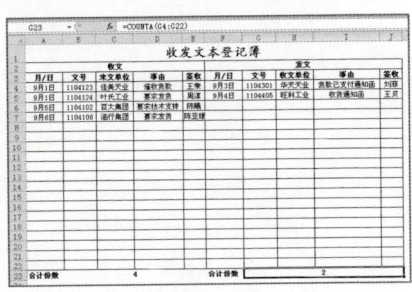

图20-4

文件184　加密重要文件

合理地对会议议程进行安排，可以让会议在有条不紊的情况下进行。

制作要点与设计效果图

- 保护工作表
- 为工作簿加密

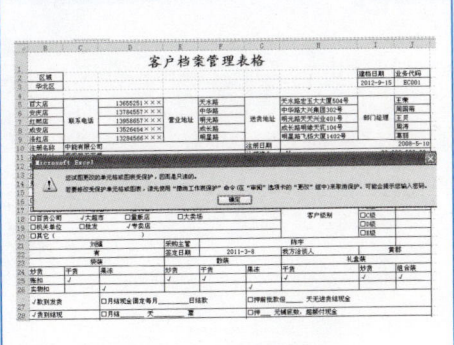

Excel公司行政管理必须掌握的208个文件与108个函数

文件设计过程

步骤1：保护工作表

[1] 切换至"审阅"选项卡下，单击"更改"选项组中"保护工作表"按钮，如图20-5所示。

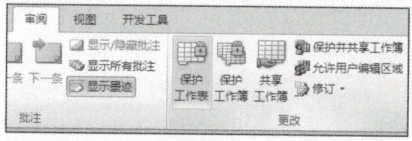

图20-5

[2] 弹出"保护工作表"对话框，在"取消工作表保护时使用的密码"文本框输入密码文本，如输入"123456"，单击"确定"按钮，如图20-6所示。

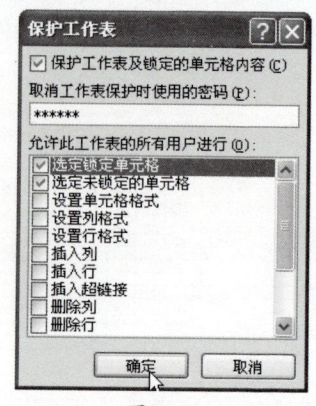

图20-6

[3] 弹出"确认密码"对话框，再次输入密码文本，单击"确定"按钮，如图20-7所示。

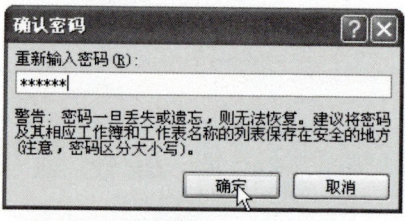

图20-7

[4] 此时若要编辑或修改工作表中的数据，将弹出Microsoft Excel对话框进行提示，然后单击"确定"按钮，如图20-8所示。

图20-8

步骤24：为工作簿加密

[1] 单击"文件"按钮，在下拉列表中单击"信息"命令，在右侧单击"保护工作簿"按钮，从展开的下拉列表中单击"用密码进行加密"选项，如图20-9所示。

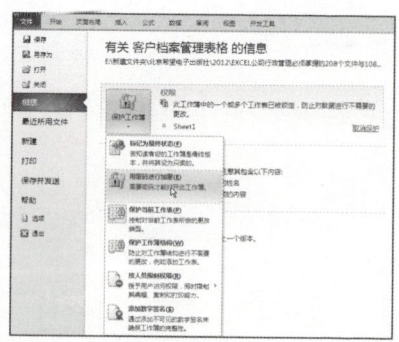

图20-9

② 弹出"加密文档"对话框，在"密码"文本框中输入密码文本，如"111111"，单击"确定"按钮，即完成工作簿的加密，当关闭工作簿再次打开时，就需要输入正确的密码才能进入，如图20-10所示。

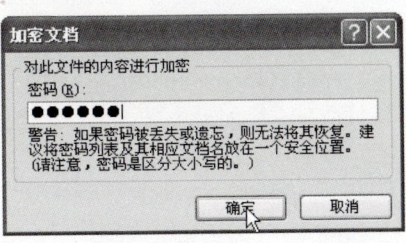

图20-10

文件185 以邮件发送文件

用邮件发送文件方便又快捷，还大大提高了企业信息的传递速度。

制作要点与设计效果图

- 创建工作簿
- 刷新数据透视表
- 以邮件发送文件

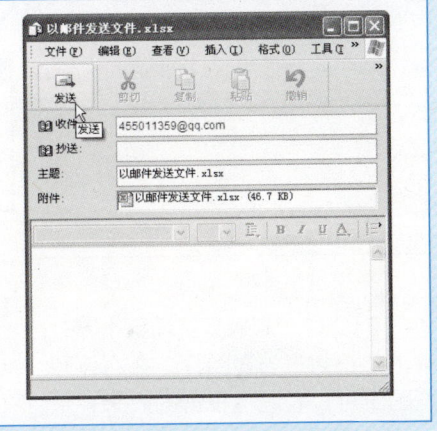

文件设计过程

步骤1： 打开"突出显示修订"对话框

① 切换至"审阅"选项卡，在"更改"组中单击"修订"按钮，在展开的下拉列表中单击"突出显示修订"选项，如图20-11所示。

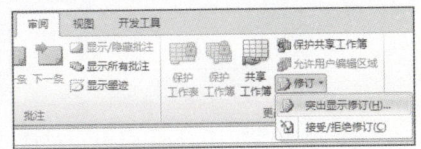

图20-11

2 打开"突出显示修订"对话框,在对话框中选中"编辑时跟踪修订信息,同时共享工作簿"复选框,单击"确定"按钮,如图20-12所示。

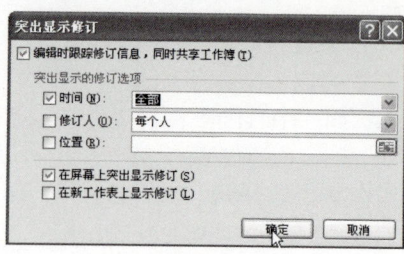

图20-12

步骤2：根据模板创建工作簿

1 单击"文件"按钮,从弹出的菜单中单击"新建"命令,在"Office.com模板"选项组中单击"报表"图标,如图20-13所示。

图20-13

2 进入"报表"选项组下方,单击"销售报告"图标,在右侧预览区中可查看销售报告的效果,单击"下载"按钮,如图20-14所示。

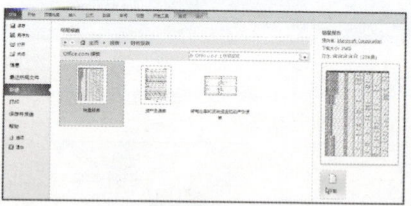

图20-14

3 弹出"正在下载模板"对话框,显示下载进度,如图20-15所示。

提 示：

如果以前创建过该类文件工作簿,在"新建"选项面板中单击"根据现有内容新建"图标,选择作为模板的文件,然后单击"新建"按钮即可创建。

图20-15

4 此时以指定模板为基础创建了销售报告表,其中包括"源数据"、"按产品"、"按产品-客户"和"按筛选的产品-客户"工作表,如图20-16所示。

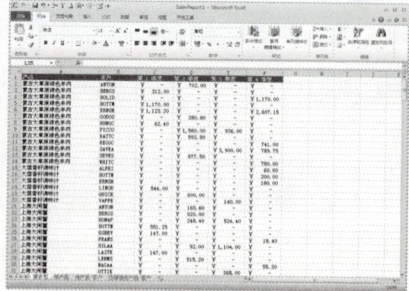

图20-16

步骤3：更改工作表中的数据

根据实际情况，录入产品名称、客户名称以及各个季度的销售额，如图20-17所示。

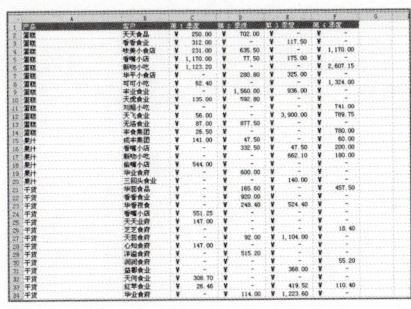

图20-17

步骤4：刷新数据透视表

[1] 单击"按产品"工作表标签，切换至该工作表中，在"数据透视表工具-选项"选项卡下，单击"刷新"下三角按钮，单击"全部刷新"按钮，如图20-18所示。

[2] 此时工作簿中所有数据透视表中的数据均根据源数据进行了相应的调整，如"按产品"工作表中的数据更改为录入数据的汇总，如图20-19所示。

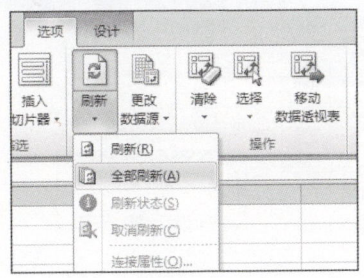

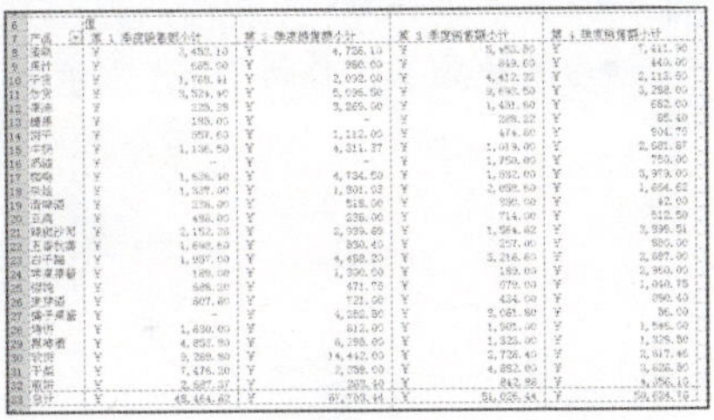

图20-18

图20-19

步骤5：以邮件发送文件

[1] 完成销售报告的制作后，单击"文件"按钮，从弹出的菜单中单击"保存并发送"命令，单击"使用电子邮件发送"选项，单击"作为附件发送"按钮，如图20-20所示。

图20-20

② 进入"邮件（HTML）"窗口，在"收件人"文本框中输入收件人的邮箱地址，单击"发送"按钮，即可将邮件发送到对方邮箱中，如图20-21所示。

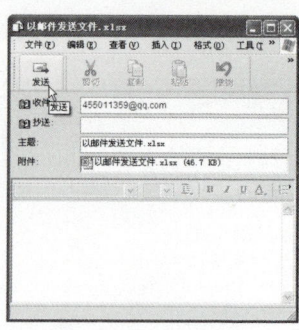

图20-21

文件186 文件的共享与保护

为了方便员工查看各部门员工的出勤情况，可以制作各部门出勤情况统计表，将其放置在网络中共享。

制作要点与设计效果图

- 设置允许用户编辑区域
- 共享工作簿
- 保护共享工作簿

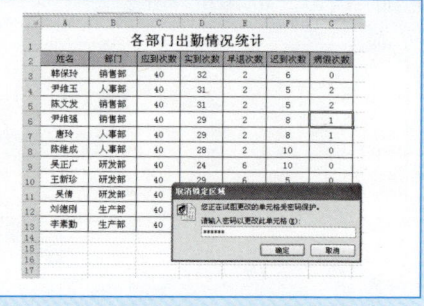

文件设计过程

步骤1： 设置允许用户编辑区域

① 选中C3:G113单元格区域，切换至"审阅"选项卡下，单击"更改"选项组中"允许用户编辑区域"按钮，如图20-22所示。

图20-22

[2] 弹出"允许用户编辑区域"对话框,单击"新建"按钮,如图20-23所示。

[3] 打开"新区域"对话框,在对话框中设置标题、引用单元格和区域密码,单击"确定"按钮如图20-24所示。

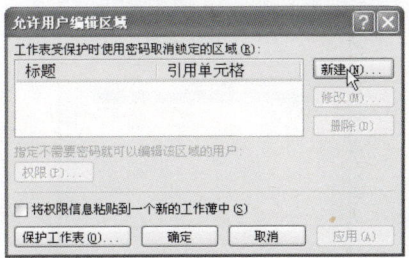

图20-23

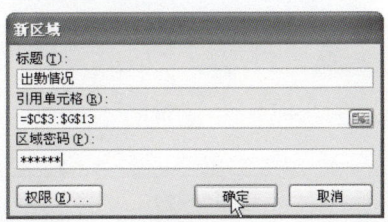

图20-24

步骤2:输入确认密码并新建其他区域

[1] 弹出"确认密码"对话框,再次输入密码,单击"确定"按钮,如图20-25所示。

[2] 用相同的方法建立其他可编辑区域,单击"保护工作表"按钮,如图20-26所示。

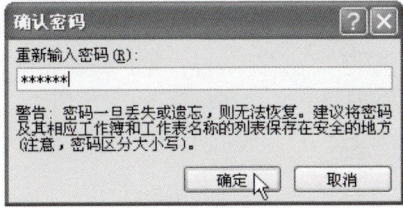

图20-25

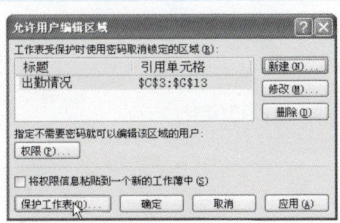

图20-26

步骤3:保护工表作

[1] 弹出"保护工作表"对话框,输入保护密码"111111",如图20-27所示。

[2] 单击"确定"按钮,弹出"确认密码"对话框,再次输入密码,单击"确定"按钮,如图20-28所示。

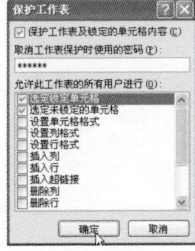

图20-27

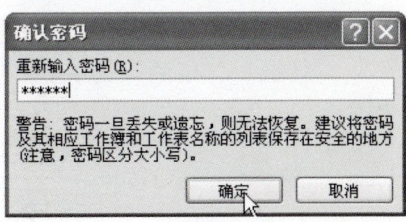

图20-28

步骤4：共享工作簿

1 切换至"审阅"选项卡下，单击"更改"选项组中"共享工作簿"按钮，如图20-29所示。

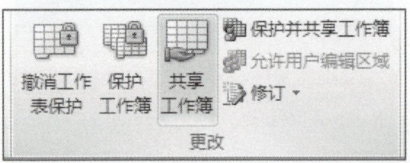

图20-29

2 弹出"共享工作簿"对话框，选中"允许多用户同时编辑，同时允许工作簿合并"复选框，单击"确定"按钮，如图20-30所示。

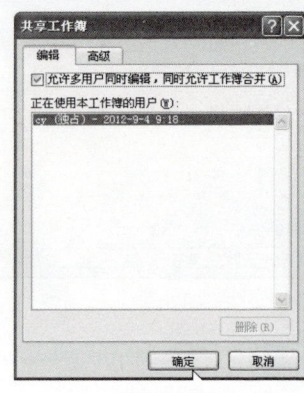

图20-30

步骤5：确认工作簿共享

1 弹出Microsoft Excel对话框，提示保存文档，单击"确定"按钮，如图20-31所示。

2 此时工作簿的标题栏中显示了"共享"字样，用户只需将其保存到已共享在局域网中的任意一个文件夹下即可使多个用户同时访问并修改，如图20-32所示。

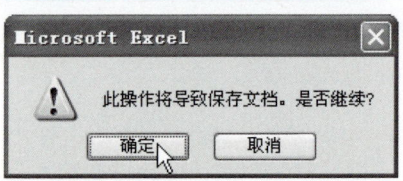

图20-31

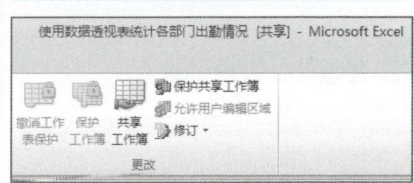

图20-32

步骤6：确认工作簿共享

1 切换至"审阅"选项卡，单击"更改"选项组中"保护共享工作簿"按钮，如图20-33所示。

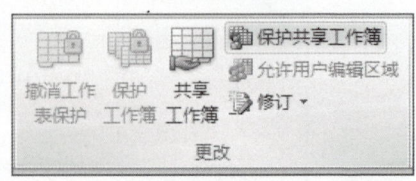

图20-33

2 弹出“保护共享工作簿”对话框，选中“以跟踪修订方式共享”复选框，单击“确定”按钮，如图20-34所示。

图20-34

3 此时“保护共享工作簿”名称更改为“撤销对共享工作簿的保护”且用户对工作簿所做的修改都将以修订形式显示，如图20-35所示。

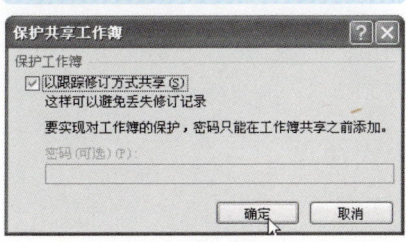

图20-35

步骤7：编辑工作表

1 在共享工作簿后，如在G6单元格输入数据，弹出“取消锁定区域”对话框，输入密码文本，然后单击“确定”按钮，即可在该区域内输入相关数据，如图20-36所示。

图20-36

2 即可在该区域内输入相关数据，如图20-37所示。

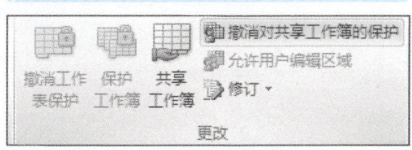

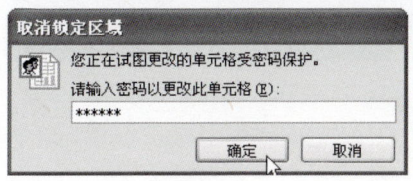

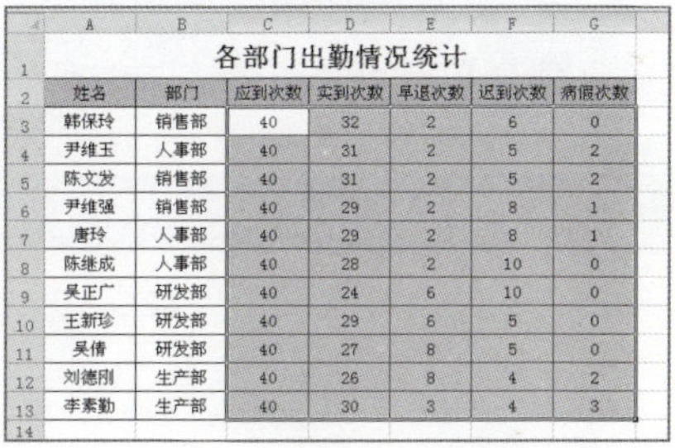

各部门出勤情况统计

姓名	部门	应到次数	实到次数	早退次数	迟到次数	病假次数
韩保玲	销售部	40	32	2	6	0
尹维玉	人事部	40	31	2	5	2
陈文发	销售部	40	31	2	5	2
尹维强	销售部	40	29	2	8	1
唐玲	人事部	40	29	2	8	1
陈继成	人事部	40	28	2	10	0
吴正广	研发部	40	24	6	10	0
王新珍	研发部	40	29	6	5	0
吴倩	研发部	40	27	8	5	0
刘德刚	生产部	40	26	8	4	2
李素勤	生产部	40	30	3	4	3

图20-37

文件187 资料销毁申请表

为避免出现泄密问题销毁的资料、种类公文必须由办公室统一负责，且必须给出书面的销毁早班，以免个人因任何理由，以任何方式擅自销毁资料。

Excel公司行政管理必须掌握的208个文件与108个函数

制作要点与设计效果图

- 隐藏网络线
- 预览打印效果
- 页面设置
- 打印工作表

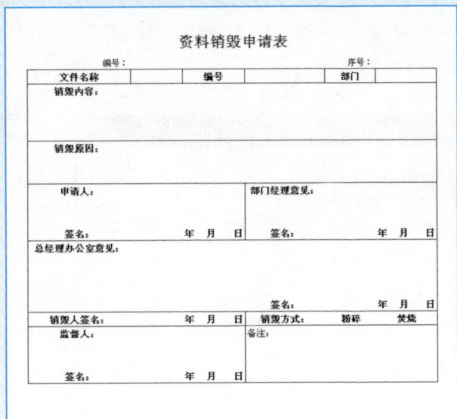

文件188 销毁文件列表

销毁文件列表用于存放销毁文件的名称、编号、份数、销毁日期等，方便日后文件查询时，对销毁文件有清晰的了解。

制作要点与设计效果图

- 套用表格样式
- 添加双下画线

文件189　归档的文件表

在分类归档文件后，会制作一个相应的表格进行统计。

制作要点与设计效果图

- 排序
- 创建分类汇总
- 隐藏与显示明细数据

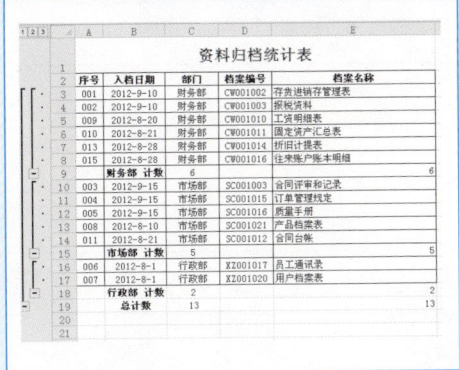

文件190　整理的文件表

在Excel中按时间查询文件，还可以使用组合命令与SUBTOTAL函数来分类统计。

制作要点与设计效果图

- 分组数据
- SUBTOTAL函数
- 隐藏分级显示

读书笔记

第 21 章

公司安全卫生管理

为了确保公司员工的安全,用人单位及主管部门应当坚持"安全第一、预防为主"的原则,采取有效措施,不断改善劳动条件和工作环境,依法保障劳动者在生产过程中的安全与健康。

本章介绍常见的文件管理包括外来人员进出登记表、清洁工作安排表、安全工作检查表、意外事故报告表、安全管理实施计划表等。

编号	文件名称	光盘中对应数据源	重要星级
文件191	外来人员进出登记表	素材文件\第21章\外来人员进出登记表.xls	★★★★
文件192	清洁工作安排表	素材文件\第21章\清洁工作安排表.xls	★★★★★
文件193	安全工作检查表	素材文件\第21章\安全工作检查表.xls	★★★★★
文件194	意外事故报告表	素材文件\第21章\意外事故报告表.xls	★★★★
文件195	安全管理实施计划表	素材文件\第21章\安全管理实施计划表.xls	★★★★★
文件196	工伤事故报告表	素材文件\第21章\工伤事故报告表.xls	★★★★
文件197	安全隐患整改通知单	素材文件\第21章\安全隐患整改通知单.xls	★★★★
文件198	事故调查报告表	素材文件\第21章\事故调查报告表.xls	★★★★
文件199	卫生区域划分表	素材文件\第21章\卫生区域划分表.xls	★★★★
文件200	赔偿处理调查报告书	素材文件\第21章\赔偿处理调查报告书.xls	★★

文件191 外来人员进出登记表

外来人员进出登记表包括来访时间、来访人姓名、有效证件号码、来访事由、离开时间等。

制作要点与设计效果图

- 设置数据有效性
- 限定文本长度
- 设置错误提示信息
- 圈释无效数据

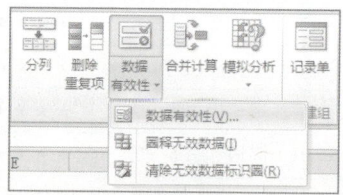

文件设计过程

步骤1：设置数据有效性

1 选中D3:D10单元格区域，切换至"数据"选项卡，在"数据工具"组中单击"数据有效性"下拉按钮，在下拉菜单中选择"数据有效性"命令，如图21-1所示。

图21-1

2 打开"数据有效性"对话框，在"设置"选项卡下单击"允许"右侧的下三角按钮，在展开的下拉列表中单击"文本长度"选项，如图21-2所示。

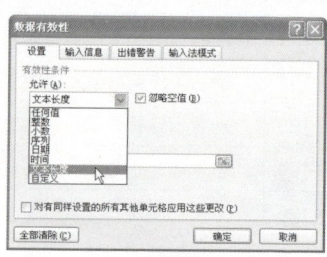

图21-2

3 在"数据"下拉列表中单击"等于"选项，如图21-3所示。

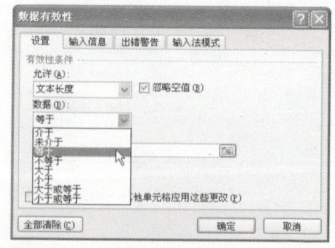

图21-3

第21章 公司安全卫生管理

④ 在"长度"文本框中输入要限制的文本长度,这里输入"18",如图21-4所示。

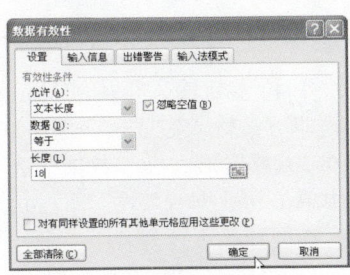

图21-4

步骤2:设置文本长度

① 单击"输入信息"标签,在"标题"和"输入信息"文本框中分别输入对应的提示信息,如图21-5所示。

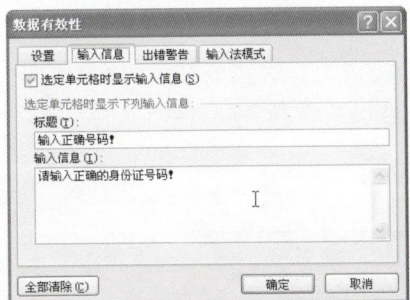

图21-5

② 切换至"出错警告"选项卡,在"标题"和"错误信息"文本框中分别输入对应的信息,单击"确定"按钮,如图21-6所示。

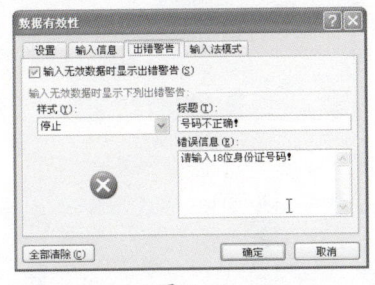

图21-6

③ 返回到工作表中,此时可以看到所选择的单元格边缘显示了设置的输入信息,如图21-7所示。

图21-7

步骤3:输入错误码

在D5单元格中输入身份证号码,当输入的文本长度不正确时,将弹出提示对话框,单击"取消"按钮,如图21-8所示。

图21-8

步骤4：圈释错误数据

1 再重新输入正确的身份证号码即可，输入完成后，选中D3:D10单元格区域，在“数据”选项卡中单击“数据有效性”下三角按钮，在展开的下拉列表中单击“圈释无效数据”选项，如图21-9所示。

图21-9

2 此时，不符合数据有效性的单元格已经被圈释出来了，如图21-10所示。

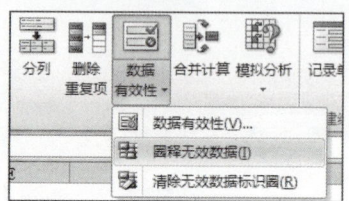

来访人姓名	有效证件号码	来访事由	离开时间
王荣	311428196310302×××	面试	10点25分
周国菊	232102196910313×××	送货	9点38分
葛丽	371428198100308×××	找人	10点19分
陶莉莉	370281197811113×××	面试	12点34分
王磊	370282197806118×××	面试	11点30分
周宇航	210302198412012×××	面试	10点12分
王宇诺	311322198307132×××	送货	14点18分
吴佩	31132219430732×××	面试	16点18分

图21-10

步骤5：清除无效数据标识圈

1 再次单击“数据有效性”下三角按钮，在展开的下拉列表中单击“消除无效数据标识圈”选项，如图21-11所示。

图21-11

2 此时被圈释单元格的标识圈已经被清除了，如图21-12所示。

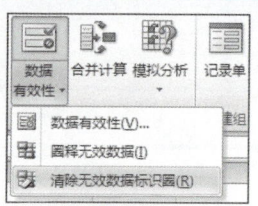

序号	来访时间	来访人姓名	有效证件号码	来访事由	离开时间
1	9月3日9点10分	王荣	311428196310302×××	面试	10点25分
2	9月3日9点25分	周国菊	232102196910313×××	送货	9点38分
3	9月4日10点10分	葛丽	371428198100308×××	找人	10点19分
4	9月4日10点23分	陶莉莉	370281197811113×××	面试	12点34分
5	9月5日9点32分	王磊	370282197806118×××	面试	11点30分
6	9月6日9点12分	周宇航	210302198412012×××	面试	10点12分
7	9月6日14点10分	王宇诺	311322198307132×××	送货	14点18分
8	9月7日15点55分	吴佩	31132219430732×××	面试	16点18分

图21-12

步骤6：显示最终效果

在其中输入正确的身份证号码后即可完成工作表的编辑，如图21-13所示。

外来人员进出登记表

序号	来访时间	来访人姓名	有效证件号码	来访事由	离开时间
1	9月3日9点10分	王荣	311428196310302×××	面试	10点25分
2	9月3日9点25分	周国菊	232102196910313×××	送货	9点38分
3	9月4日10点10分	葛丽	371428198100308×××	找人	10点19分
4	9月4日10点23分	陶莉莉	370281197811113×××	面试	12点34分
5	9月5日9点32分	王磊	370282197806118×××	面试	11点30分
6	9月6日9点12分	周宇航	210302198412012×××	面试	10点12分
7	9月6日14点10分	王宇诺	311322198307132×××	送货	14点18分
8	9月7日15点55分	吴佩	31132219430732×××	面试	16点18分

图21-13

文件192 清洁工作安排表

为了让员工十分清楚地知道自己清洁时间和范围，在Excel中可以创建清洁工作安排表。

制作要点与设计效果图

- 填充序列
- 套用单元格格式
- 新建批注
- 编辑批注
- 显示全部批注

清洁工作安排表

序号	区域 星期	办公区	员工休闲区	客户等待区
1	星期一	王荣	王伟	白家国
2	星期二	周国菊	姚言	王涛
3	星期三	葛丽	谢娟娟	黄岩
4	星期四	王磊	周伟	周涛
5	星期五	陶莉莉	韩燕	刘丽文

文件设计过程

步骤1：创建表格

打开工作簿，在“清洁工作安排表”工作表中输入相关文本，并进行适当设置，如图21-14所示。

清洁工作安排表

序号	区域 星期	办公区	员工休闲区	客户等待区
	星期一	王荣	王伟	白家国
	星期二	周国菊	姚言	王涛
	星期三	葛丽	谢娟娟	黄岩
	星期四	王磊	周伟	周涛
	星期五	陶莉莉	韩燕	刘丽文

图21-14

步骤2：填充序列

1 在A1单元格中输入1，选中A1单元格利用填充柄，向下填充至A20单元格，如图21-15所示。

清洁工作安

序号	区域 星期	办公区
1	星期一	王荣
	星期二	周国菊
	星期三	葛丽
	星期四	王磊
	星期五	陶莉莉

图21-15

[2] 单击"填充选项"按钮,单击"填充序列"选项,如图21-16所示。

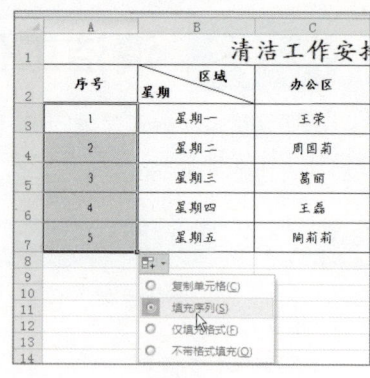

图21-16

步骤3：套用单元格样式

[1] 选择A2:E7单元格区域,单击"开始"选项卡下"样式"选项组中"套用表格格式"下拉按钮,在下拉列表中选择需要应用的表格样式,如图21-17所示。

[2] 打开"套用表格式"对话框,单击"确定"按钮。此时表格中所选单元格应用了选定的表格样式,如图21-18所示。

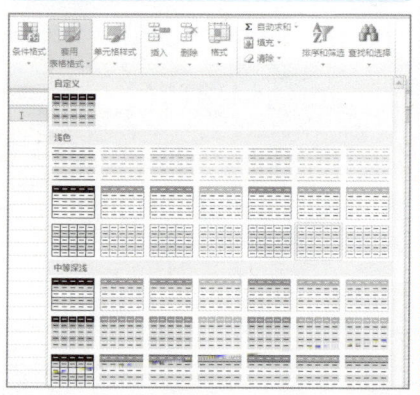

图21-17

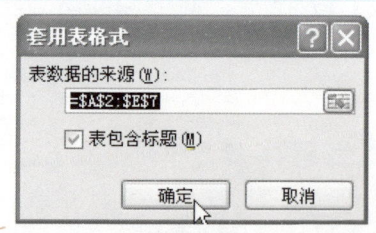

图21-18

步骤4：将表格转换为普通区域

[1] 选中表格,在"表格工具-设计"选项卡下,单击"转换为区域"按钮,如图21-19所示。

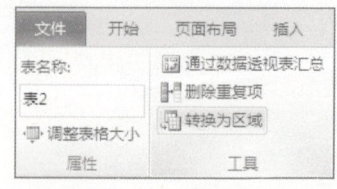

图21-19

2 弹出“Microsoft Excel”对话框进行询问，单击“是”按钮，如图21-20所示。

图21-20

3 进一步完善，即可完成清洁工作安排表的设置，如图21-21所示。

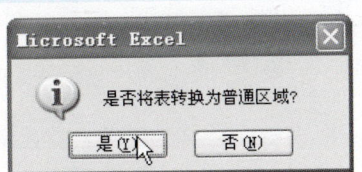

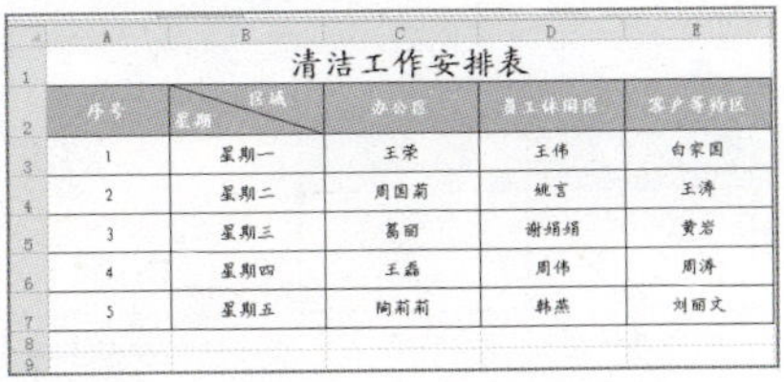

清洁工作安排表

序号	区域/星期	办公区	员工休闲区	客户等待区
1	星期一	王荣	王伟	白家国
2	星期二	周国菊	姚言	王涛
3	星期三	葛丽	谢娟娟	黄岩
4	星期四	王鑫	周伟	周涛
5	星期五	陶莉莉	韩燕	刘丽文

图21-21

步骤5：新建批注

1 选中C3单元格，切换至“审阅”选项卡，在“批注”组中单击“新建批注”按钮，如图21-22所示。

图21-22

2 此时在C3单元格边缘出现了批注框，在其中显示了用户名称以及闪烁的光标，直接输入需要的批注内容即可，如图21-23所示。

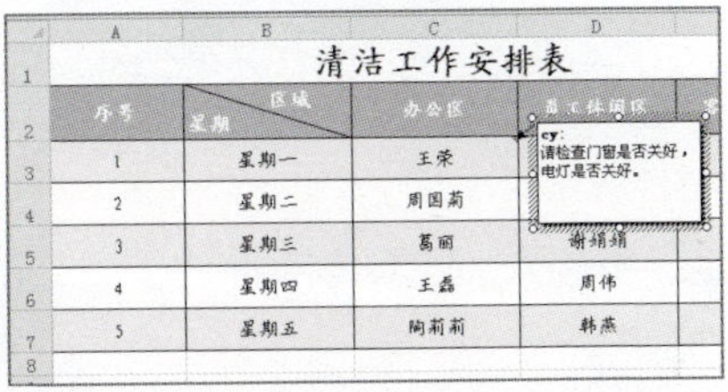

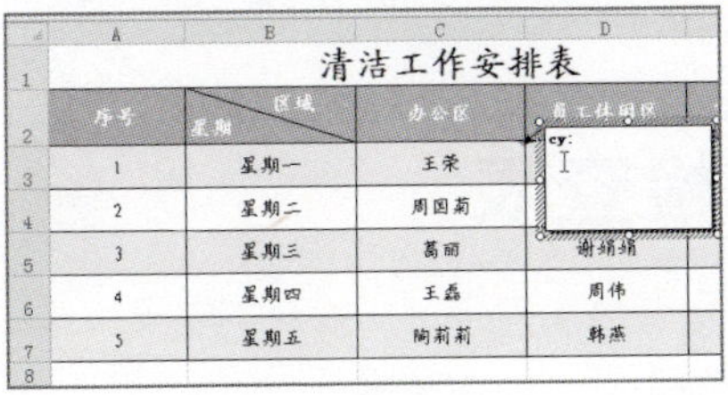

清洁工作安排表

序号	区域/星期	办公区	员工休闲区
1	星期一	王荣	
2	星期二	周国菊	
3	星期三	葛丽	谢娟娟
4	星期四	王鑫	周伟
5	星期五	陶莉莉	韩燕

图21-23

3 直接输入需要的批注内容即可，如图21-24所示。

清洁工作安排表

序号	区域/星期	办公区	员工休闲区
1	星期一	王荣	
2	星期二	周国菊	
3	星期三	葛丽	谢娟娟
4	星期四	王鑫	周伟
5	星期五	陶莉莉	韩燕

图21-24

4 单击批注框以外的任意位置即可确认批注内容的输入，指向批注单元格即可显示该批注内容，如图21-25所示。

清洁工作安排表

序号	区域/星期	办公区	员工休闲区
1	星期一	王荣	
2	星期二	周国菊	
3	星期三	葛丽	谢娟娟
4	星期四	王鑫	周伟
5	星期五	陶莉莉	韩燕

图21-25

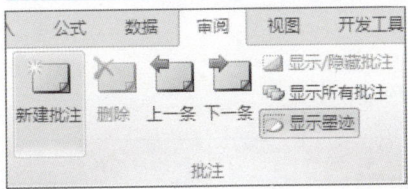

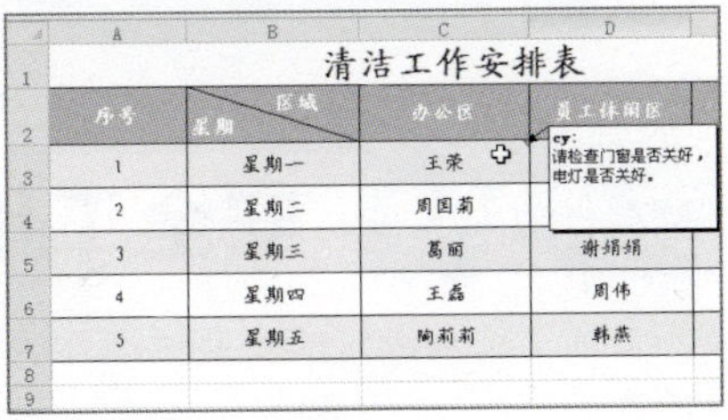

步骤6：单击"编辑批注"按钮

①按照相同的方法为E6单元格添加批注信息，如图21-26所示。

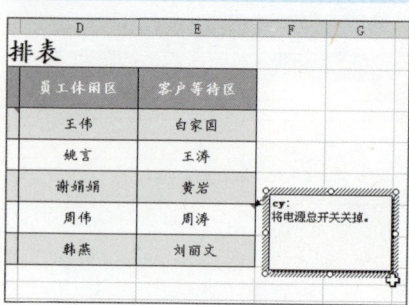

图21-26

②选中C3单元格，在"批注"组中单击"编辑批注"按钮，如图21-27所示。

③此时该单元格中的批注呈可编辑状态，直接对批注内容进行编辑即可，如图21-28所示。

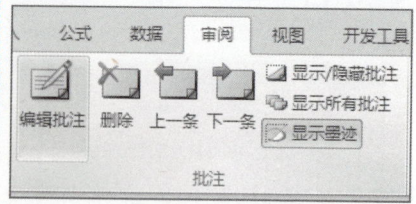

图21-27

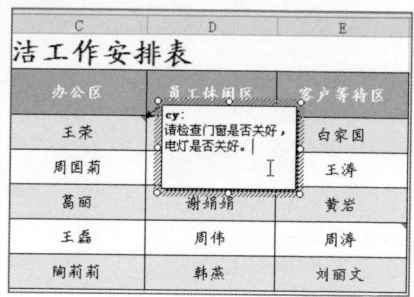

图21-28

步骤7：显示全部批注

在"批注"组中单击"显示所有批注"按钮即可将工作表中的所有批注全部显示出来，如图21-29所示。

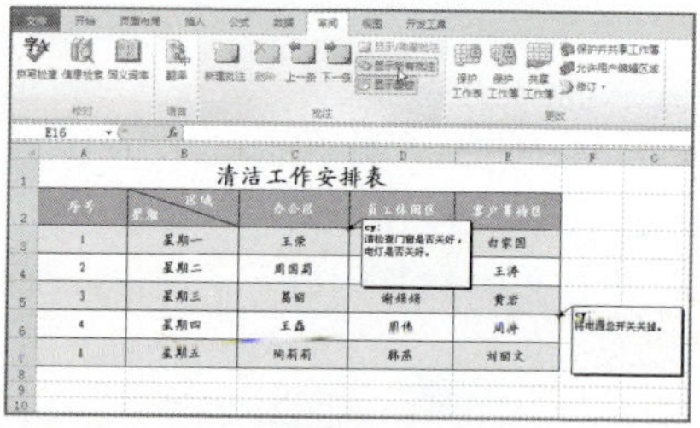

图21-29

文件193 安全工作检查表

为了建立良好的安全生产环境，需要落实安全工作检查。安全工作检查是一项综合性的安全生产管理措施。

第21章　公司安全卫生管理

制作要点与设计效果图

- 检查文档
- 检查辅助功能
- 标记为最终状态

文件设计过程

步骤1：创建表格

打开工作簿，在"安全工作检查表"工作表中输入相关文本，并进行适当设置，如图21-30所示。

图21-30

步骤2：检查文档

[1] 单击"文件"按钮，在右侧的选项面板中单击"检查问题"按钮，在展开的下拉列表中单击"检查文档"选项，如图21-31所示。

[2] 弹出"文档检查器"对话框，选中要检查的复选框，单击"检查"按钮，如图21-32所示。

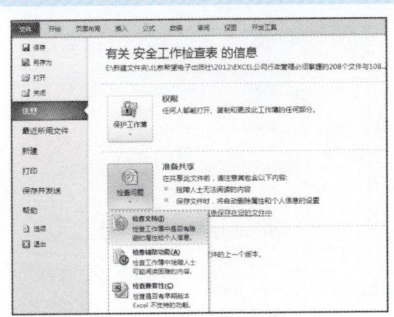

图21-31

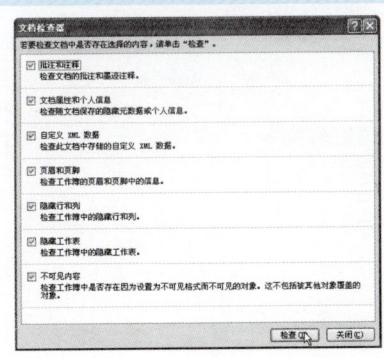

图21-32

3 检查完成后单击"立即删除"按钮删除文档的属性和个人信息，如图21-33所示。

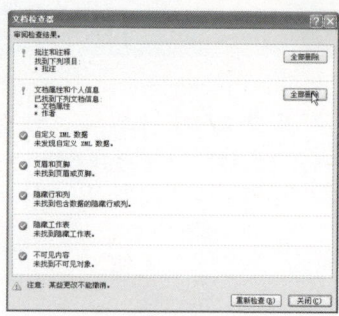

图21-33

步骤3：检查辅助功能

1 单击"关闭"按钮，如图21-34所示。

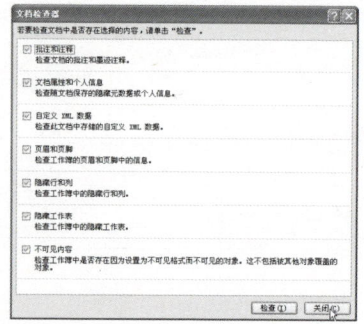

图21-34

2 单击"文件"按钮，在右侧的选项面板中单击"检查问题"按钮，在展开的下拉列表中单击"检查辅助功能"选项，如图21-35所示。

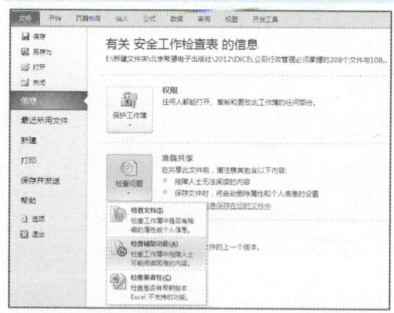

图21-35

3 返回到工作表中，在右侧窗格中打开"辅助功能检查器"任务窗格，该窗格中显示了检查结果，如图21-36所示。

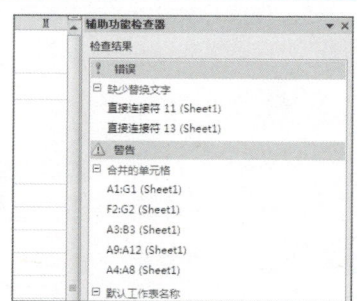

图21-36

4 单击特定问题，以查看"附加信息"以及可用于修复或修订文件内容的步骤，如图21-37所示。

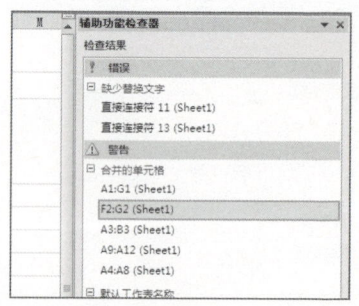

图21-37

第21章 公司安全卫生管理

步骤4：标记为最终状态

[1] 单击"保护工作簿"按钮，在展开的下拉列表中单击"标记为最终状态"选项，如图21-28所示。

[2] 弹出对话框，单击"确定"按钮，如图21-39所示。

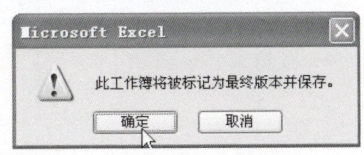

图21-39

[3] 弹出提示对话框，单击"确定"按钮，将此文档标记为最终状态，如图21-40所示。

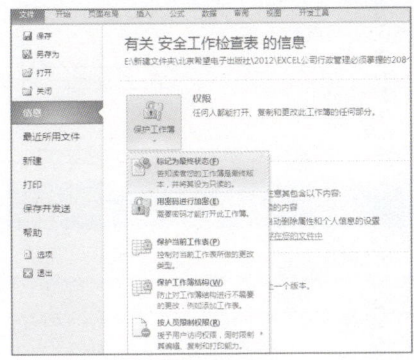

图21-38

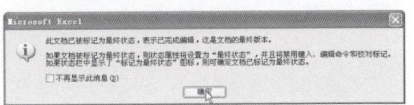

图21-40

步骤5：显示标记状态

切换到"开始"选项卡，在选项卡下即可看到标记的提示栏，且文档已经变成了只读模式式，如图21-41所示。

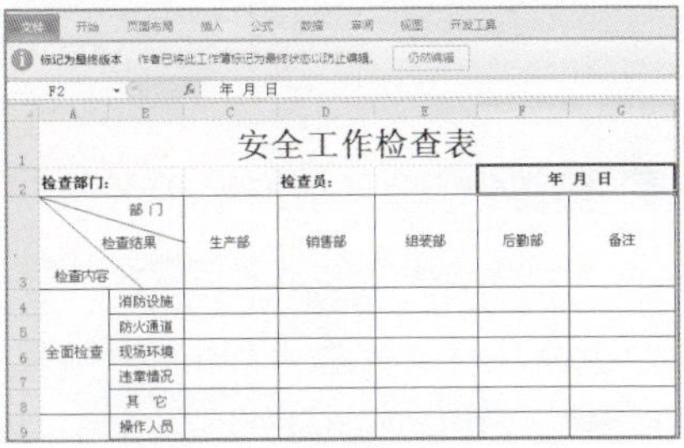

图21-41

文件194　意外事故报告表

意外事故报告表是用来记录生产经营单位在生产经营活动中突然发生的有害人身安全和健康的意外事件。

Excel公司行政管理必须掌握的208个文件与108个函数

制作要点与设计效果图

- 设置用户编辑区域
- 撤销工作表保护
- 保护工作簿结构
- 撤销工作簿保护

文件设计过程

步骤1：创建表格

打开工作簿，在"安全工作检查表"工作表中输入相关文本，并进行适当设置，如图21-42所示。

图21-42

步骤2：设置用户编辑区域

[1] 单击"审阅"选项卡，在"更改"组中单击"允许用户编辑区域"按钮，如图21-43所示。

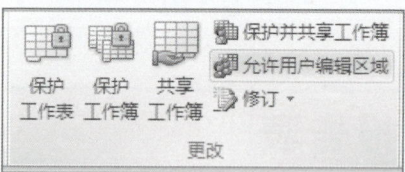

图21-43

[2] 在"允许用户编辑区域"对话框中单击"新建"按钮，如图21-44所示。

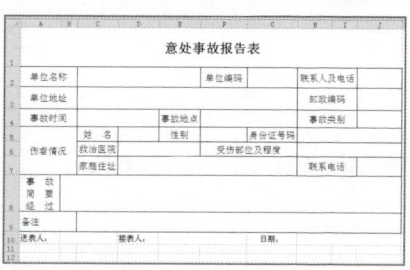

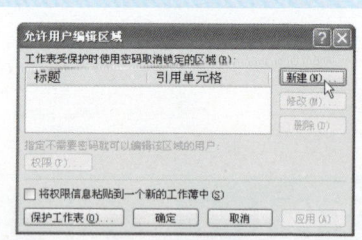

图21-44

[3] 弹出"新区域"对话框，在"引用单元格"文本框中输入"=C8"，在"区域密码"文本框

第21章 公司安全卫生管理

中输入密码，如图21-45所示。

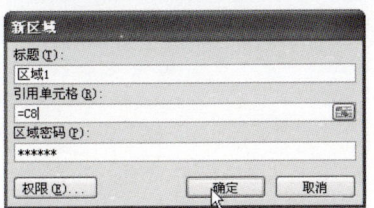

图21-45

[4] 重新输入密码，如图21-46所示。

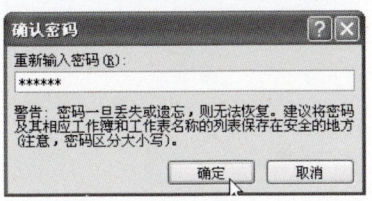

图21-46

[5] 返回到"允许用户编辑区域"对话框中，单击"权限"按钮，如图21-47所示。

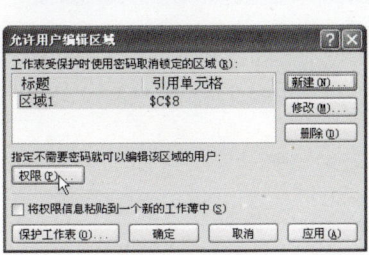

图21-47

[6] 在弹出的对话框中单击"添加"按钮，如图21-48所示。

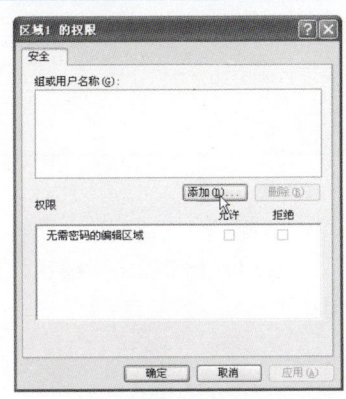

图21-48

步骤3：选择用户和组

[1] 弹出"选择用户或组"对话框，单击"高级"按钮，如图21-49所示。

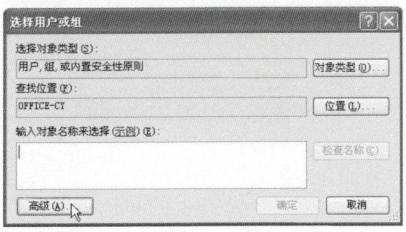

图21-49

[2] 在弹出的对话框中单击"立即查找"按钮，如图21-50所示。

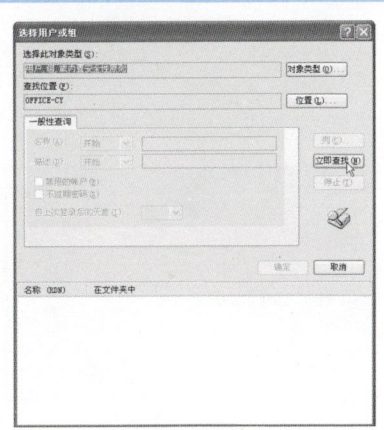

图21-50

[3] 在下面的列表中选择查找

到的用户和组,然后单击"确定"按钮,如图21-51所示。

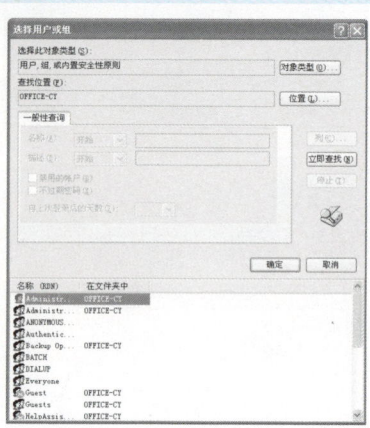

图21-51

[4] 返回到"选择用户或组"对话框中,单击"确定"按钮,如图21-52所示。

[5] 返回到"区域1的权限"对话框,单击"确定"按钮,如

图21-53所示。

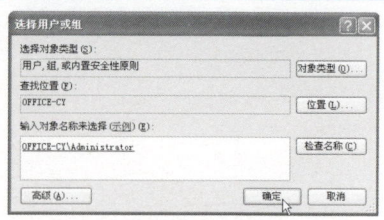

图21-52

图21-53

步骤4:保护工作表

[1] 返回到"允许用户编辑区域"对话框,单击"保护工作表"按钮,如图21-54所示。

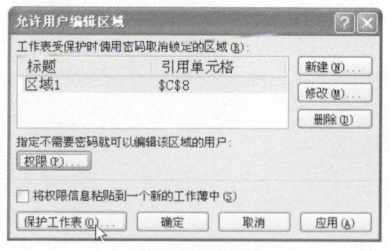

图21-54

[2] 弹出"保护工作表"对话框,在"取消工作表保护时使用的

密码"文本框中输入密码,然后单击"确定"按钮,如图21-55所示。

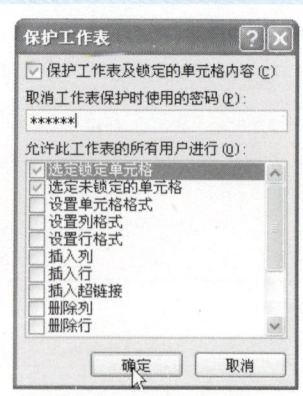

图21-55

③ 弹出"确认密码"对话框,重新输入密码,如图21-56所示。

④ 如果用户试图在设置外的区域编辑,则会弹出提示对话框,提示用户该单元格或图表受保护,需要撤销工作表保护才能编辑。单击"确定"按钮,如图21-57所示。

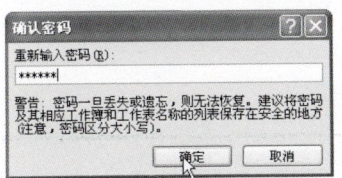

图21-56

图21-57

步骤5:撤销工作表保护

① 在"审阅"选项卡下,单击"更改"选项组中"撤销工作表保护"按钮,如图21-58所示。

② 弹出"撤销工作表保护"对话框,在"密码"文本框中输入正确的密码,单击"确定"按钮,如图21-59所示。

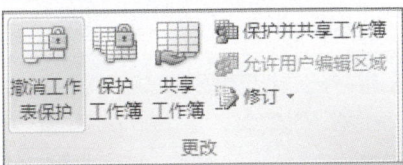

图21-58

图21-59

步骤6:保护工作簿

① 在"审阅"选项卡中单击"更改"选项组中单击"保护工作簿"按钮,如图21-60所示。

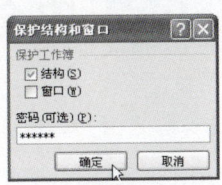

图21-61

③ 弹出"确认密码"对话框,在"重新输入密码"文本框中输入密码,单击"确定"按钮,如图21-62所示。

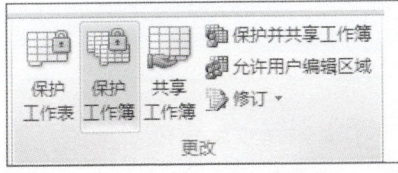

图21-60

② 弹出"保护结构和窗口"对话框,在"密码"文本框中输入密码,单击"确定"按钮,如图21-61所示。

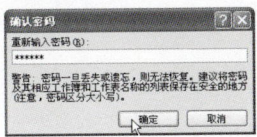

图21-62

4 右键单击"Sheet1"工作表标签，可以看到插入、删除、重命名等命令呈灰色状态，表示该工表簿结构已经被保护，如图21-63所示。

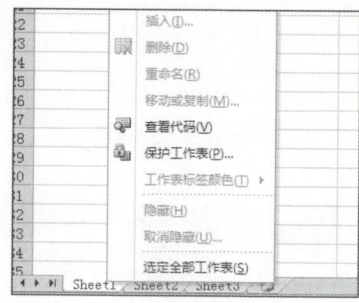

图21-63

步骤7：撤销工作簿保护

1 在"审阅"选项卡下，单击"更改"选项组中的"保护工作簿"按钮，如图21-64所示。

2 弹出"撤销工作簿保护"对话框，在"密码"文本框中输入密码后单击"确定"按钮即可撤销对工作簿的保护，如图21-65所示。

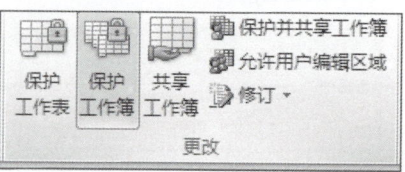

图21-64

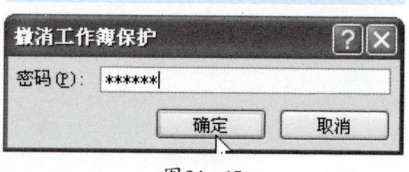

图21-65

文件195 安全管理实施计划表

安全管理实施计划表是指根据对企业外部环境与内部条件的分析，提出在未来一定时期内要实施的内容以及相关责任负责人的表格。

制作要点与设计效果图

- 设置保护密码
- 打开所保护的文档

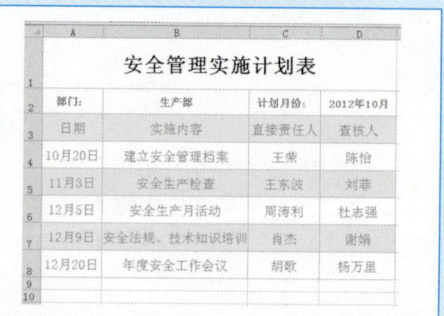

第21章 公司安全卫生管理

★ 文件设计过程

➡ 步骤1：创建表格

打开工作簿，在"安全工作检查表"工作表中输入相关文本，并进行适当设置，如图21-66所示。

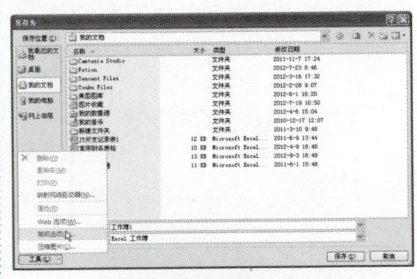

图21-66

➡ 步骤2：设置保护密码

[1] 单击"文件"按钮，在弹出的菜单中单击"另存为"按钮，如图21-67所示。

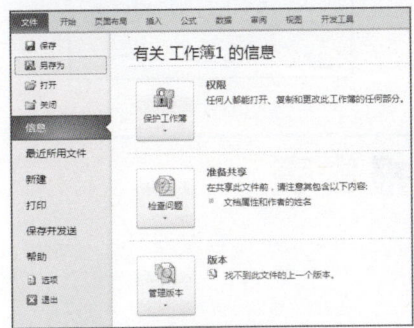

图21-67

图21-68

[2] 打开"Excel选项"对话框，单击"工具"右侧的下三角按钮，在展开的列表中单击"常规选项"命令，如图21-68所示。

[3] 弹出"常规选项"对话框，输入打开权限和修改权限密码，单击"确定"按钮，如图21-69所示。

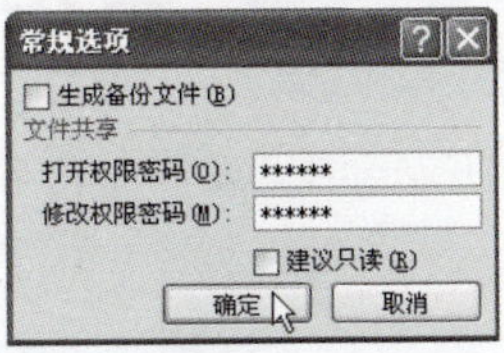

图21-69

[4] 打开对话框，重新输入密码，单击"确定"按钮，如图21-70所示。

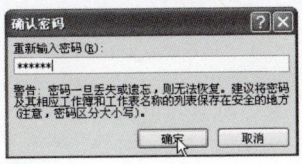

图21-70

步骤3：保存文档

1 在"重新输入修改权限密码"文本框中输入密码，单击"确定"按钮，如图21-71所示。

2 单击"保存"按钮，如图21-72所示。

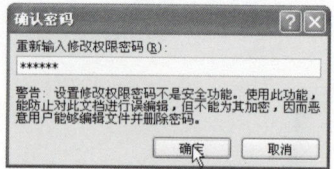

图21-71

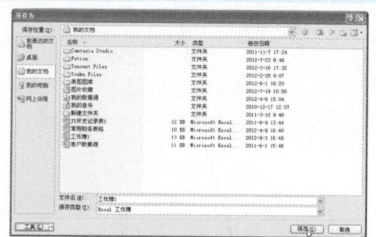

图21-72

步骤4：打开设置了密码的工作簿

1 打开工作簿，在"密码"文本框中输入密码，然后单击"确定"按钮，如图21-73所示。

2 继续输入密码，单击"确定"按钮，即可打开受保护的工作簿，如图21-74所示。

图21-73

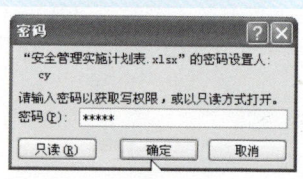

图21-74

文件196　工伤事故报告表

在Excel中可以创建工伤事故报告表，用人单位应当在24小时内写出书面报告，报上述各部门。

制作要点与设计效果图

- 设置边框
- 合并单元格
- 隐藏网络线

	工伤事故报告表			
报告人姓名		性别		联系电话
用人单位				
事故发生时间		发生地点		受伤害人数
受伤害者姓名	1、	2、	3、	4、	5、
报告时间		报告形式		受理人
事故发生经过和原因				
备注				

第21章 公司安全卫生管理

文件197 安全隐患整改通知单

安全隐患，是指在生产经营活动中存在的可能导致不安全事件或事故发生地物的危险状态、人的不安全行为和管理上的缺陷。

制作要点与设计效果图

- 设置允许编辑区域
- 设置修改权限
- 保护工作表
- 设置保护工作表

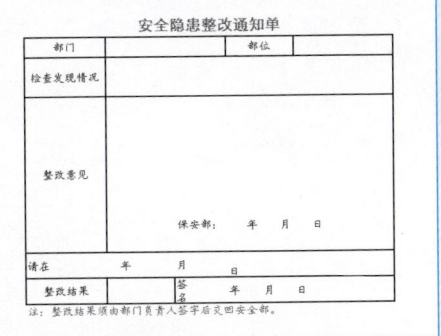

文件198 事故调查报告表

事故调查报告表主要包括事故单位的基本情况、事故发生的时间和地点、事故涉及的人员及其他情况、事故发生的过程、破坏的程度、人员伤亡及经济损失情况等。

制作要点与设计效果图

- 设置单元格格式
- 自动换行

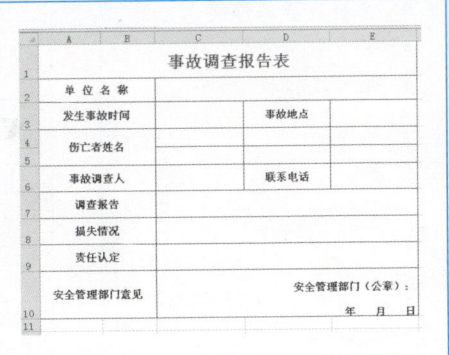

文件199 卫生区域划分表

卫生区域划分表是对办公楼公共卫生区域作一些划分,以保证公共区域的清洁。

制作要点与设计效果图

- 设置边框和底纹
- 保护共享工作簿
- 突出显示修订
- 拒绝或接收修订

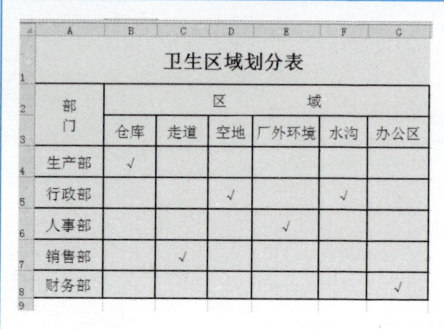

文件200 赔偿处理调查报告书

赔偿处理调查报告书,主要包括发生事宜、发生日期、赔偿申请人、赔偿时间、经过、情形、损失、原因等。

制作要点与设计效果图

- 保护共享工作簿
- 突出显示修订
- 拒绝或接收修订

第22章 公司车辆管理

　　车辆管理对企业而言，应道包括车辆档案管理、驾驶员档案管理、驾驶员行车技术安全管理、车辆定位管理、行车管理、加油管理、维修管理和费用管理等几大方面，目的在于保证车辆安全行驶，提高车辆使用效率。

　　日常工作中常见的文件管理包括车辆资料表、车位月保统计表、油库存月报表、车辆费用支出月报表等。

编号	文件名称	光盘中对应数据源	重要星级
文件201	车辆资料表	素材文件\第22章\车辆资料表.xls	★★★
文件202	车位月保统计表	素材文件\第22章\车位月保统计表.xls	★★★★★
文件203	车辆费用支出月报表	素材文件\第22章\车辆费用支出月报表.xls	★★★★
文件204	车辆费用支出月报表	素材文件\第22章\车辆费用支出月报表.xls	★★★★★
文件205	车辆租借申请表	素材文件\第22章\车辆租借申请表.xls	★★★★
文件206	汽车驾驶日报表	素材文件\第22章\汽车驾驶日报表.xls	★★★★★
文件207	车辆作业检点表	素材文件\第22章\车辆作业检点表.xls	★★★★
文件208	车辆使用状况报表分析	素材文件\第22章\车辆使用状况报表分析.xls	★★★★

文件201 车辆资料表

车辆资料表一般包括记录车辆的车牌号码、车型、发动机号码、车架号码、所属部门、车主姓名等。

制作要点与设计效果图

- 设置条件格式
- 设置边框
- 保护工作表

文件设计过程

步骤1：输入文本

新建工作簿，在Sheet1工作表中输入车辆资料相关文本，如图22-1所示。

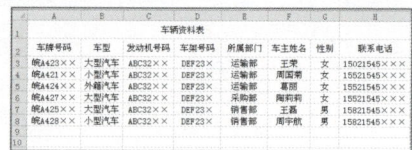

图22-1

步骤2：设置条件格式

①选中A3:G8单元格区域，在"样式"组中单击"条件格式"按钮，单击"新建规则"选项，如图22-2所示。

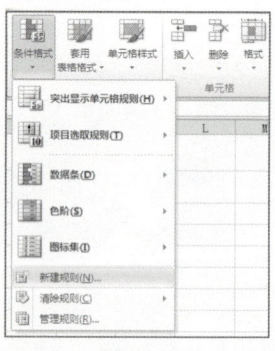

图22-2

2 弹出“新建格式规则”对话框，选择“使用公式确定要设置格式的单元格”选项，如图22-3所示。

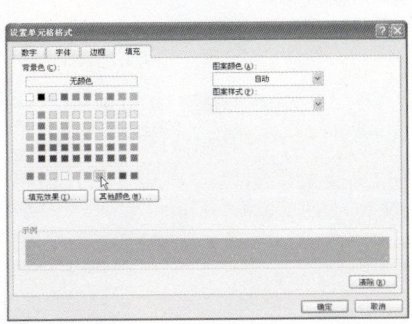

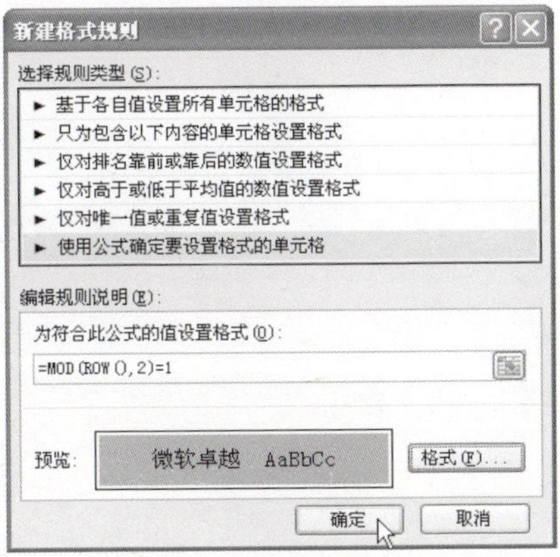

图22-3

3 在“为符合此公式的值设置格式”文本框中输入“=MOD(ROW(),2)=1”，单击“格式”按钮，如图22-4所示。

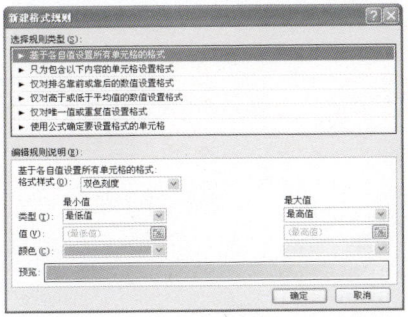

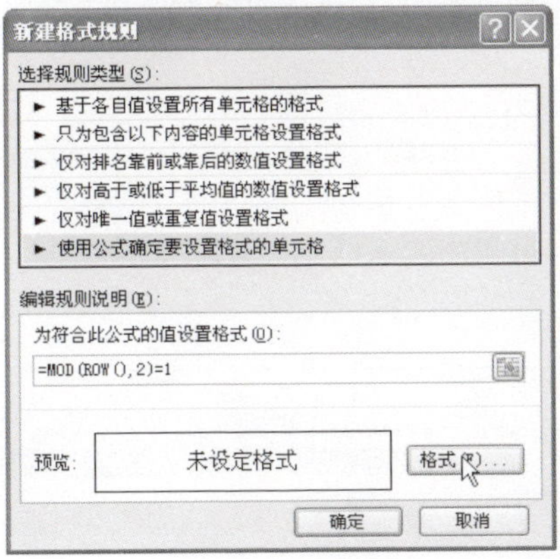

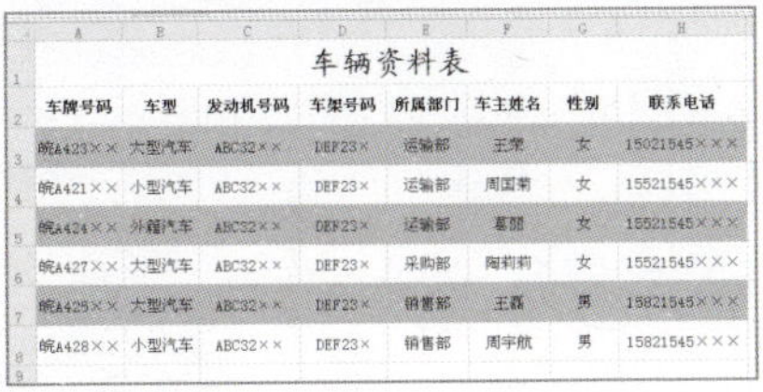

图22-4

4 打开“设置单元格格式”对话框，在“填充”选项卡，选择一种填充颜色，完成设置后单击“确定”按钮，如图22-5所示。

图22-5

5 返回到“新建格式规则”对话框，确认设置后单击“确定”按钮，如图22-6所示。

图22-6

6 返回到工作表中，即可看到选中的单元格区域已经隔行填充了底纹颜色，如图22-7所示。

车辆资料表

车牌号码	车型	发动机号码	车架号码	所属部门	车主姓名	性别	联系电话
皖A423××	大型汽车	ABC32××	DEF23×	运输部	王荣	女	15021545×××
皖A421××	小型汽车	ABC32××	DEF23×	运输部	周国菊	女	15521545×××
皖A424××	外籍汽车	ABC32××	DEF23×	运输部	慕丽	女	15521545×××
皖A427××	大型汽车	ABC32××	DEF23×	采购部	陶莉莉	女	15521545×××
皖A425××	大型汽车	ABC32××	DEF23×	销售部	王磊	男	15821545×××
皖A428××	小型汽车	ABC32××	DEF23×	销售部	周宇航	男	15821545×××

图22-7

步骤3：设置边框

1 右键单击选中的单元格区域，即A2:H8单元格区域，在弹出的快捷菜单中单击"设置单元格格式"命令，如图22-8所示。

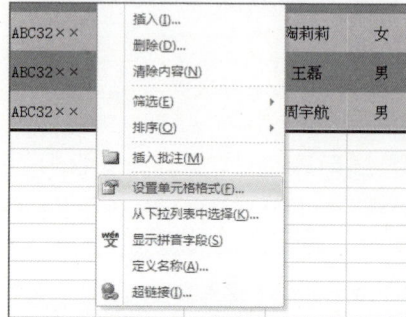

图22-8

2 打开"设置单元格格式"对话框，在"边框"选项卡的"颜色"下拉列表中选择边框颜色，如图22-9所示。

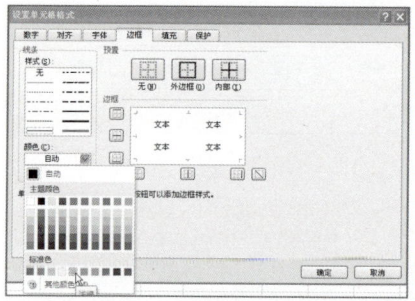

图22-9

3 在"线条"列表框中选择一种边框线条，如图22-10所示。

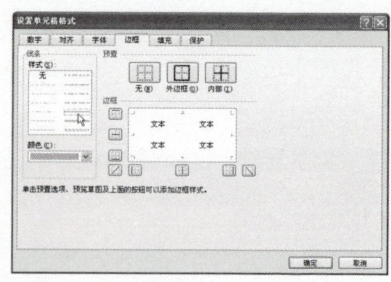

图22-10

4 在"预置"组中单击"外边框"和"内部"按钮，如图22-11所示。

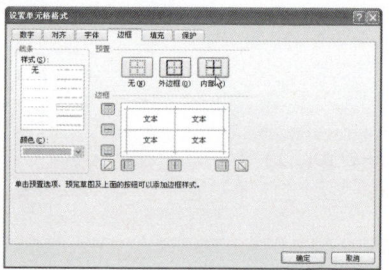

图22-11

5 设置单元格格式后，单击"确定"按钮，返回到工作表中即可看到设置后的单元格边框效果，如图22-12所示。

图22-12

步骤4：保护工作表

1 切换至"审阅"选项卡，在"更改"组中单击"保护工作表"按钮，如图22-13所示。

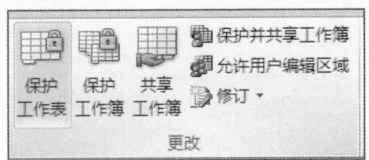

图22-13

②打开"保护工作表"对话框，在文本框中输入保护工作表密码，选中设置单元格格式"复选框，如图22-14所示。

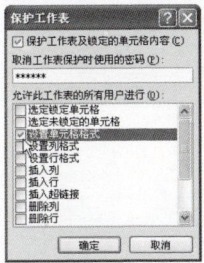

图22-14

③单击"确定"按钮后，在"重新输入密码"文本框中输入密码，单击"确定"按钮，如图22-15所示。

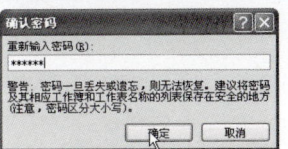

图22-15

④右键单击工作表，在弹出的快捷菜单中可发现有些命令呈灰色显示，即无法执行该命令，如图22-16所示。

图22-16

文件202　车位月保统计表

合理地对会议议程进行安排，可以让会议在有条不紊的情况下进行。

 制作要点与设计效果图

- 排列
- 创建分类汇总
- 嵌套分类汇总
- 分组显示

车位月保统计表							
编号	车型类别	车牌号	车主	所属部门	月保期	指定车位	月保费（元）
CH123	小型轿车	鄂A12×××	王雯	行政部	6个月	001	300
CH132	两厢轿车	鄂A12×××	周国菊	运输部	9个月	031	300
CH130	宽车	鄂A12×××	葛丽	运输部	6个月	024	500
CH131	卡车	鄂A12×××	陶莉莉	采购部	4个月	019	500
CH126	三厢轿车	鄂A12×××	王磊	销售部	6个月	012	300
CH124	卡车	鄂A12×××	周宇航	销售部	5个月	006	400
CH125	卡车	鄂A12×××	王宇清	销售部	8个月	008	500
CH127	卡车	鄂A12×××	吴聪	采购部	12个月	035	400
CH128	卡车	鄂A12×××	徐琪琪	采购部	6个月	006	400
CH129	宽车	鄂A12×××	王翠	采购部	7个月	032	500

Excel公司行政管理必须掌握的208个文件与108个函数

文件设计过程

步骤1：排列数据

1 选中月保费（元）所在列的任意单元格，切换至"数据"选项卡，在"排序和筛选"组中单击"升序"按钮，如图22-17所示。

为字段，对该列的数据进行了排序，如图22-18所示。

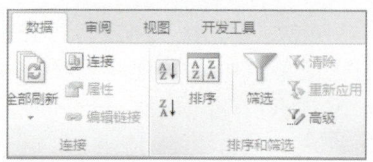

图22-17

月周期	指定车位	月保费（元）
6个月	001	300
6个月	031	300
6个月	012	300
5个月	004	400
12个月	035	400
8个月	006	400
6个月	024	500
4个月	009	500
6个月	008	500
7个月	032	500

2 返回到工作表中，工作表中的数据已经以"月保费（元）"

图22-18

步骤2：选中排序关键字

1 单击"数据"选项卡，在"排序和筛选"组中单击"排序"按钮，如图22-19所示。

3 单击"次序"下三角按钮，在展开的下拉列表中单击"自定义序列"选项，如图22-21所示。

图22-19

2 弹出"排序"对话框，单击"主要关键字"下三角按钮。在展开的下拉列表是单击"所属部门"选项，如图22-20所示。

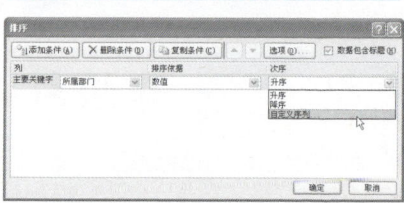

图22-21

4 在"输入序列"文本框中输入"行政部 运输部 销售部 采购部"，输入排序序列后，单击"添加"按钮，如图22-22所示。

5 再单击"确定"按钮，返回到"排序"对话框中单击"确定"按钮，如图22-23所示。

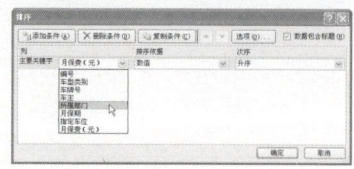

图22-20

第22章 公司车辆管理

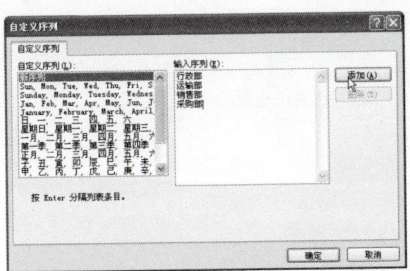

图22-22

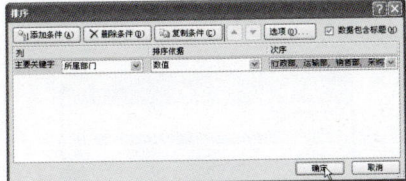

图22-23

6 此时返回到工作表中，可以看到工作表中的数据已经按照自定义的序列对所属部门进行了排序，如图22-24所示。

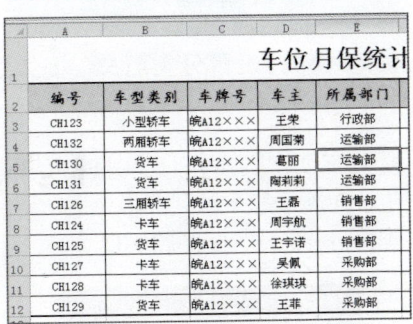

图22-24

步骤3：套用单元格格式

1 选择A2:H12单元格区域，单击"开始"选项卡"样式"选项组中的"套用单元格格式"下拉按钮，在下拉菜单中选择一个合适的格式，如图22-25所示。

换为区域"按钮，如图22-27所示。

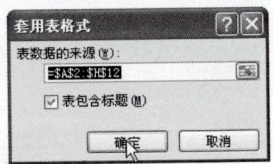

图22-26

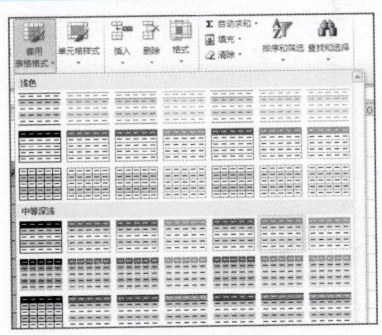

图22-25

2 在弹出的菜单中单击"确定"按钮，如图22-26所示。

3 切换至"表格工具-设计"选项卡下，在"工具"组中单击"转

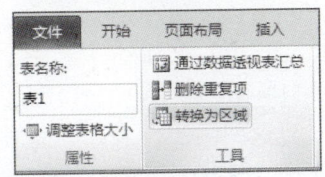

图22-27

4 在弹出的提示对话框中单击"是"按钮，如图22-28所示。

图22-28

[5] 单击"数据"选项卡,在"分级显示"组中单击"分类汇总"按钮,如图22-29所示。

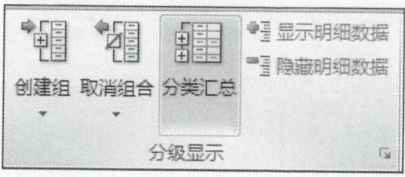

图22-29

步骤4:设置分类汇总

[1] 弹出"分类汇总"对话框,单击"分类字段"下三角按钮,在展开的下拉列表中单击"所属部门"选项,如图22-30所示。

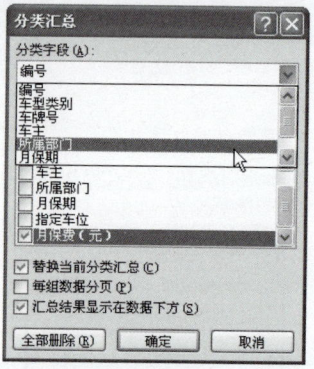

图22-30

[2] 选中"月报费(元)"复选框,然后单击"确定"按钮,如图22-31所示。

[3] 返回到工作表中,此时可以看到已经以"所属部门"为字段,对各所属部门的月保费进行了汇总,如图22-32所示。

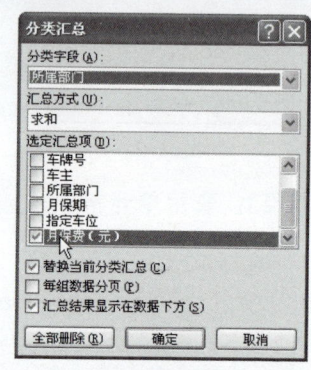

图22-31

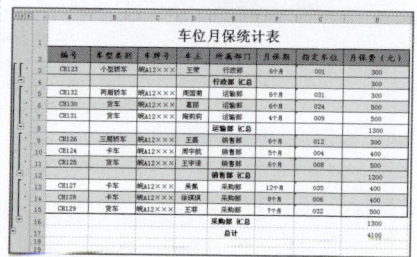

图22-32

步骤5:进行嵌套汇总

[1] 如果还需对其他字段进行汇总,则可以再次单击"分类汇总"按钮,如图22-33所示。

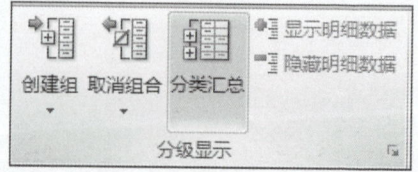

图22-33

2 设置分类字段为“车型类别”，汇总方式为“求和”，选定汇总项为“月保费”，取消“替换当前分类汇总”复选框的选中状态，单击“确定”按钮，如图22-34所示。

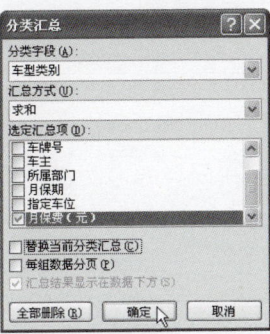

图22-34

3 此时返回到工作表中，可以看到创建了两级分类汇总，如图22-35所示。

车位月保统计表

编号	车型类别	车牌号	车主	所属部门	月保期	指定车位	月保费（元）
CH123	小型轿车	皖A12×××	王棠	行政部	6个月	001	300
	小型轿车 汇总						300
				行政部 汇总			300
CH132	两厢轿车	皖A12×××	周国菊	运输部	6个月	031	300
	两厢轿车 汇总						300
CH130	货车	皖A12×××	葛丽	运输部	6个月	024	500
CH131	货车	皖A12×××	陶莉莉	运输部	4个月	009	500
	货车 汇总						1000
				运输部 汇总			1300
CH126	三厢轿车	皖A12×××	王磊	销售部	6个月	012	300
	三厢轿车 汇总						300
CH124	卡车	皖A12×××	周宇航	销售部	5个月	004	400
	卡车 汇总						400
CH125	货车	皖A12×××	王宇诺	销售部	6个月	008	500
	货车 汇总						500
				销售部 汇总			1200
CH127	卡车	皖A12×××	吴佩	采购部	12个月	035	400
CH128	卡车	皖A12×××	徐琪琪	采购部	8个月	006	400
	卡车 汇总						800
CH129	货车	皖A12×××	王菲	采购部	7个月	032	500

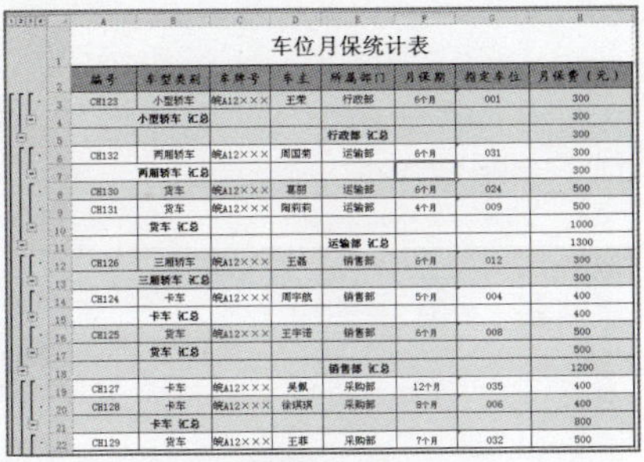

图22-35

4 创建分类汇总后，在表格左侧将出现一组数字按钮，单击其数字按钮，即可以不同的级别显示数据的汇总结果，如图22-36所示。

车位月保统计表

编号	车型类别	车牌号	车主	所属部门	月保期	指定车位	月保费（元）
	小型轿车 汇总						300
				行政部 汇总			300
	两厢轿车 汇总						300
	货车 汇总						1000
				运输部 汇总			1300
	三厢轿车 汇总						300
	卡车 汇总						400
	货车 汇总						500
				销售部 汇总			1200
	卡车 汇总						800

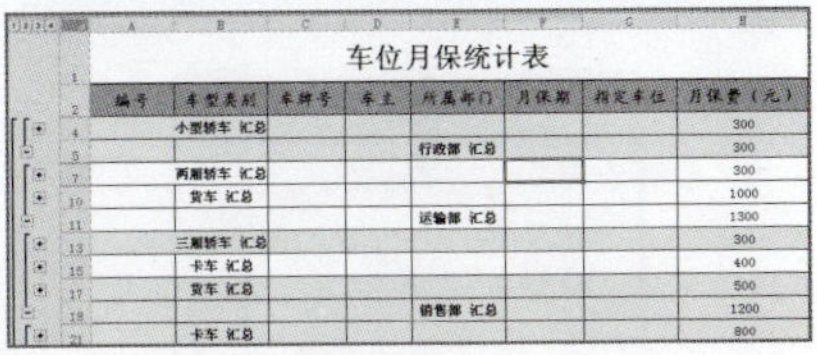

图22-36

步骤6：删除汇总数据

继续在“分级显示”组中单击“分类汇总”按钮，在弹出的“分类汇总”对话框中单击“全部删除”按钮即可删除汇总后的数据，如图22-37所示。

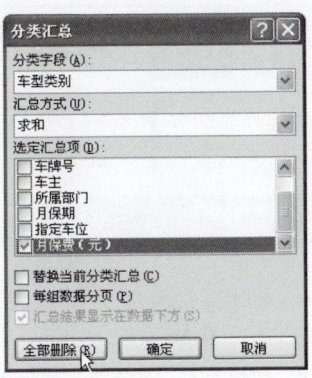

图22-37

步骤7：创建组

1 选定A4:H6单元格区域，单击“数据”选项卡下“分级显示”选

项组中的“创建组”下三角按钮，在展开的列表中单击“创建组”选项，如图22-38所示。

图22-38

2 打开“创建组”对话框，选中“行”单选按钮，单击“确定”按钮，如图22-39所示。

图22-39

3 此时返回到工作表中，可以看到所选择的行已经创建为一个组，如图22-40所示。

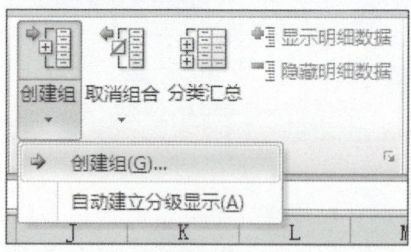

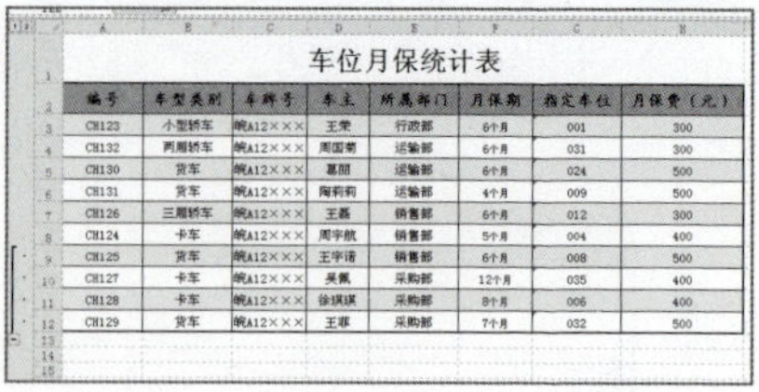

车位月保统计表

编号	车型类别	车牌号	车主	所属部门	月保期	指定车位	月保费（元）
CH123	小型轿车	皖A12×××	王荣	行政部	6个月	001	300
CH132	两厢轿车	皖A12×××	周国菊	运输部	6个月	031	300
CH130	货车	皖A12×××	葛丽	运输部	6个月	024	500
CH131	货车	皖A12×××	陶莉莉	运输部	4个月	009	500
CH126	三厢轿车	皖A12×××	王磊	销售部	6个月	012	300
CH124	卡车	皖A12×××	周宇航	销售部	5个月	004	400
CH125	货车	皖A12×××	王宇诺	销售部	6个月	008	500
CH127	卡车	皖A12×××	吴佩	采购部	12个月	035	400
CH128	卡车	皖A12×××	徐琪琪	采购部	8个月	006	400
CH129	货车	皖A12×××	王菲	采购部	7个月	032	500

图22-40

4 用同样的方法，为工作表中的其他数据创建组，如图22-41所示。

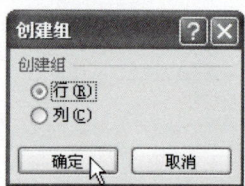

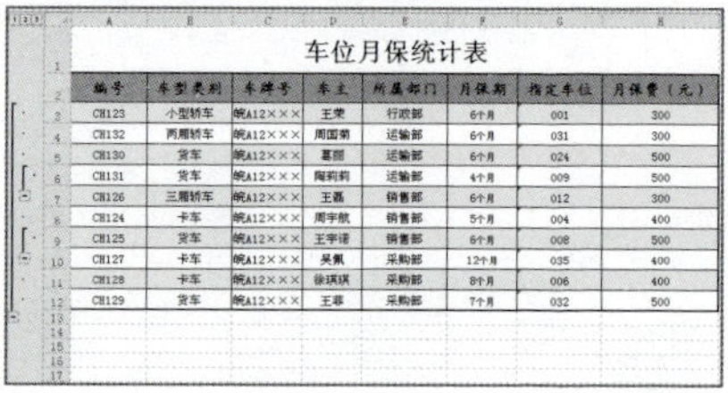

车位月保统计表

编号	车型类别	车牌号	车主	所属部门	月保期	指定车位	月保费（元）
CH123	小型轿车	皖A12×××	王荣	行政部	6个月	001	300
CH132	两厢轿车	皖A12×××	周国菊	运输部	6个月	031	300
CH130	货车	皖A12×××	葛丽	运输部	6个月	024	500
CH131	货车	皖A12×××	陶莉莉	运输部	4个月	009	500
CH126	三厢轿车	皖A12×××	王磊	销售部	6个月	012	300
CH124	卡车	皖A12×××	周宇航	销售部	5个月	004	400
CH125	货车	皖A12×××	王宇诺	销售部	6个月	008	500
CH127	卡车	皖A12×××	吴佩	采购部	12个月	035	400
CH128	卡车	皖A12×××	徐琪琪	采购部	8个月	006	400
CH129	货车	皖A12×××	王菲	采购部	7个月	032	500

图22-41

文件203 油料库存月报表

油料库存报表记录了当月公司所购油料的详细情况，如购买油料类型、购买数量，以及当月所发油量和当月库存的油量。

制作要点与设计效果图

- 创建条形图
- 添加图表标题
- 切换行列
- 设置图表区格式

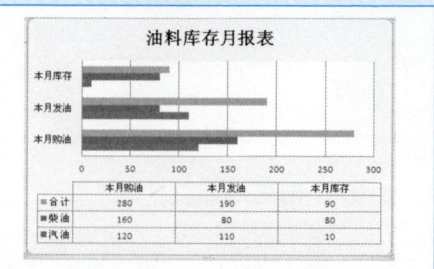

文件设计过程

步骤1：创建条形图

①选中A2:D5单元格区域，切换至"插入"选项卡，在"图表"组中单击"条形图"按钮，在展开的库中选择"簇状条形图"样式，如图22-42所示。

②此时，即可根据对应的工作表数据创建簇状条形图，如图22-43所示。

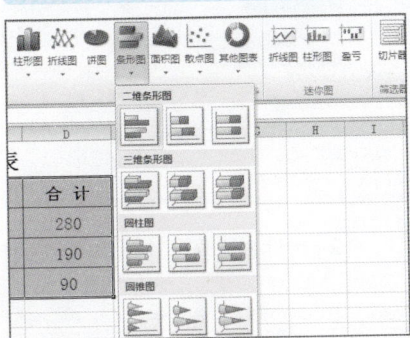

图22-42

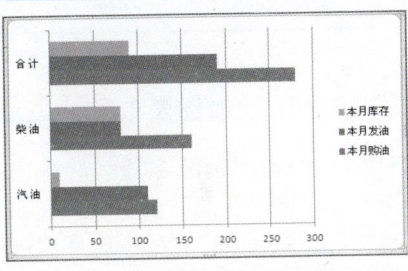

图22-43

步骤2：添加图表标题

①切换至"图表工具-布局"选项卡，在"标签"组中单击"图表标题"按钮，在展开的库中单击"图表上方"命令，如图22-44所示。

②然后修改图表的标题为"油料库存月报表"，如图22-45所示。

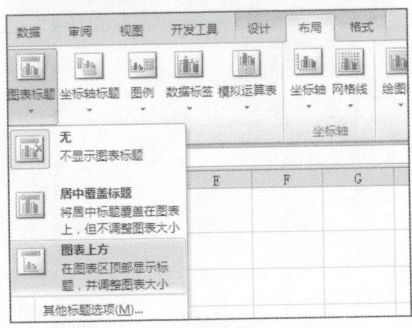

图22-44

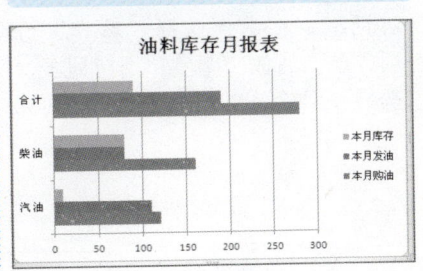

图22-45

步骤3：切换行/列

1 切换至"图表工具-设计"选项卡，在"数据"组中单击"切换行/列"按钮，如图22-46所示。

2 返回到工作表中，即可看到图表的行/列已经被更换了，如图22-47所示。

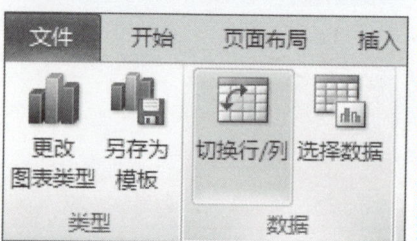

图22-46

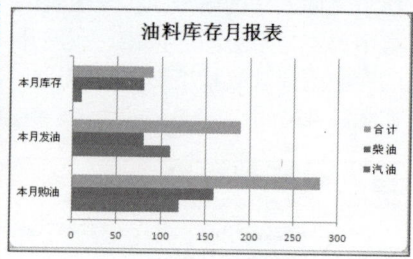

图22-47

步骤4：更改图表布局

1 在"图表工具-设计"选项卡下的"图表布局"组中单击快翻按钮，在展开的样式库中选择"布局5"样式，如图22-48所示。

2 此时在工作表中，即可看到更改布局后的效果，如图22-49所示。

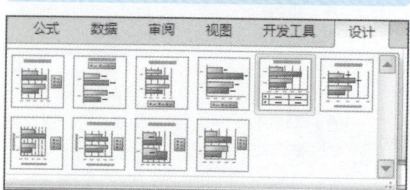

图22-48

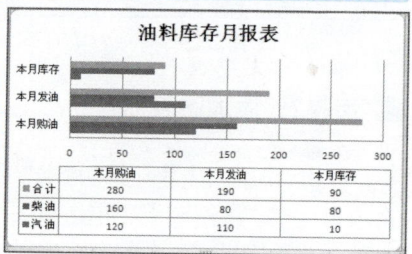

图22-49

步骤5：设置图表区格式

1 打开"设置图表区格式"对话框，在右侧选择"填充"选项，单击右侧"颜色"下拉列表，选择一种合适的样式，如图22-50所示。

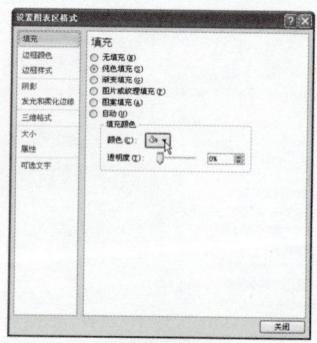

图22-50

第22章 公司车辆管理

② 单击"确定"按钮,回到工作表,进一步完善,得到最好效果,如图22-51所示。

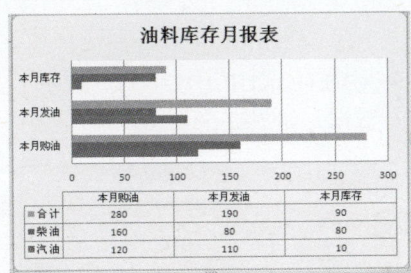

图22-51

文件204 车辆费用支出月报表

车辆费用支出月报表记录保险费、修理费保养费、过路(桥)费、汽油费等,在Excel中可以根据上半年车辆花费来了解车辆费用支出情况。

制作要点与设计效果图

- VLOOKUP函数
- 创建饼图
- 添加组合框控件
- 设置控件值

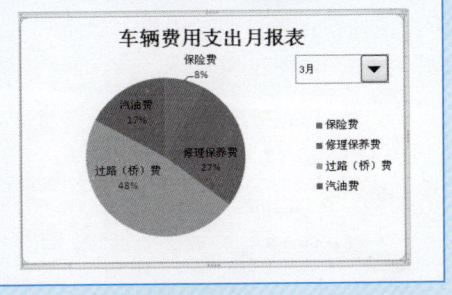

文件设计过程

步骤1:创建图表的源数据

① 在工作表中创建"车辆费用支出月报表"表格,如图22-52所示。

月份	保险费	修理保养费	过路(桥)费	汽油费
1月	¥190.00	¥360.00	¥208.00	¥350.00
2月	¥145.00	¥155.00	¥208.00	¥350.00
3月	¥60.00	¥208.00	¥360.00	¥130.00
4月	¥80.00	¥60.00	¥88.00	¥180.00
5月	¥97.00	¥27.00	¥192.00	¥260.00
6月	¥103.00	¥95.00	¥362.00	¥370.00

图22-52

② 在A10单元格输入"1",使用VLOOKUP函数引用对应序号行数据,如图22-53所示。

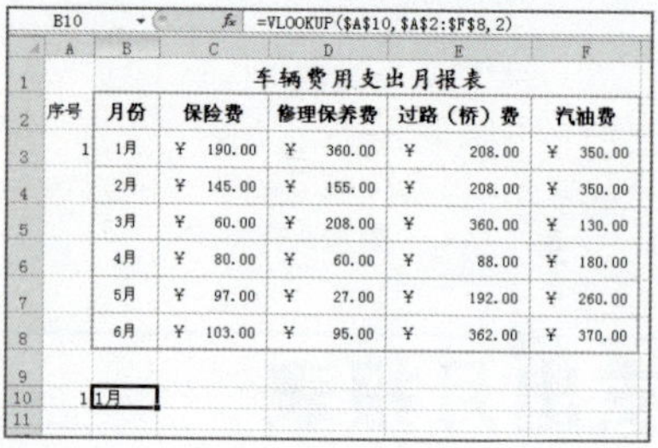

③ 接着使用VLOOKUP函数完成引用对应行数据,如图22-54所示。

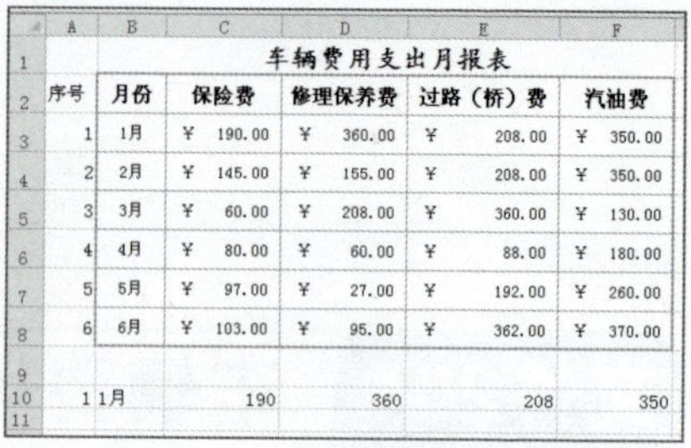

图22-53

图22-55

步骤2:创建饼图

① 选中B2:F2单元格区域,按下【Ctrl】键选择B10:F10单元格区域,切换至"插入"选项卡下,在"图表"选项组中单击"饼图"下拉按钮,在下拉菜单中单击"饼图"选项,如图22-56所示。

② 此时根据选中数据创建了默认的饼图,如图22-57所示。

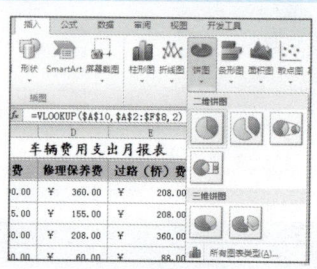

图22-56

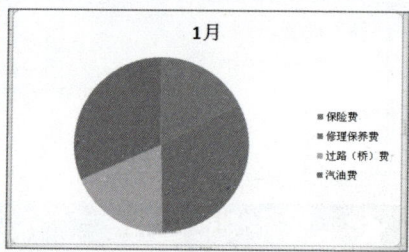

图22-57

步骤3:设置图表标题

将图表标题更改为"车辆费用支出月报表"文本,如图22-58所示。

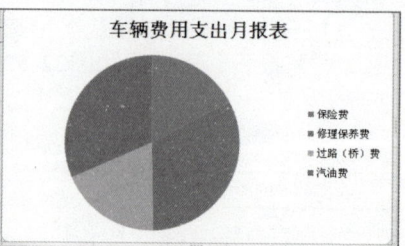

图22-58

步骤4：设置数据标签格式

①在"图表工具-布局"选项卡下，单击"标签"选项组中"数据标签"下拉按钮，在下拉菜单中选择"其他数据标签选项"，如图22-59所示。

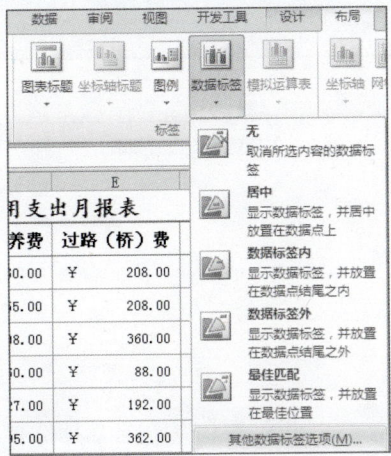

图22-59

②弹出"设置数据标签格式"对话框，选中"类别名称"、"百分比"和"显示引导线"复选框，如图22-60所示。

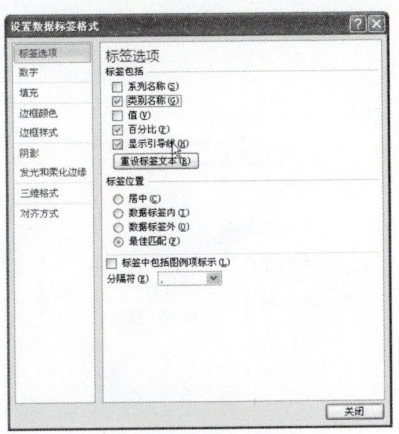

图22-60

③关闭对话框，可以看到在饼图中显示了类别名称和百分比标签，如图22-61所示。

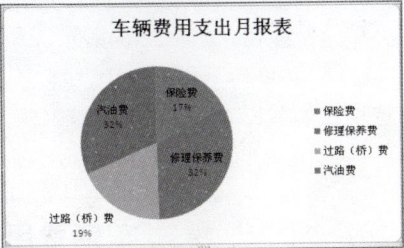

图22-61

步骤5：绘制组合框控件

①切换至"开发工具"选项卡下，在"控件"选项组中单击"插入"按钮，单击"组合框（窗体控件）"图标，如图22-62所示。

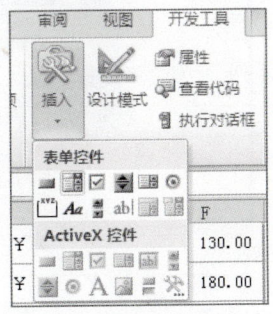

图22-62

2 右键单击组合框控件，单击"设置控件格式"命令，如图22-63所示。

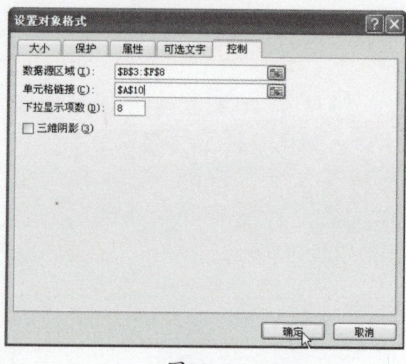

图22-64

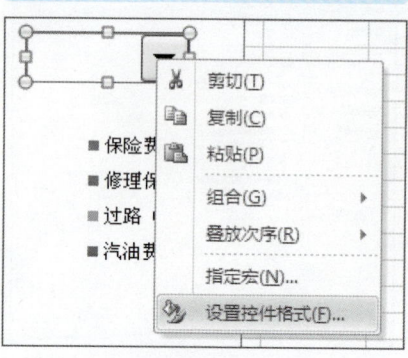

图22-63

3 弹出"设置对象格式"对话框，设置数据源区域为$B$3:$B$8，单元格链接为$A$10，选中"三维阴影"复选框，单击"确定"按钮，如图22-64所示。

4 在控件下拉列表中选择3月选项，如图22-65所示。

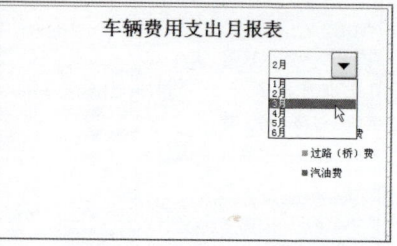

图22-65

5 此时饼图将显示2月份各项车辆费用支出比例，如图22-66所示。

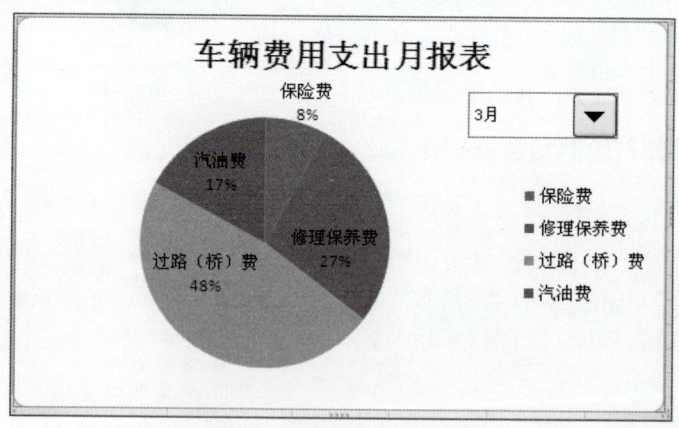

图22-66

第22章 公司车辆管理

文件205 车辆租借申请表

当员工外出需要用车时，首先得向有关部门递申请，报告此次外出的人数、用车时间、目的地、用车事由等情况，再由企业判断是否租借车辆。

制作要点与设计效果图

- 设置字体格式
- 设置边框

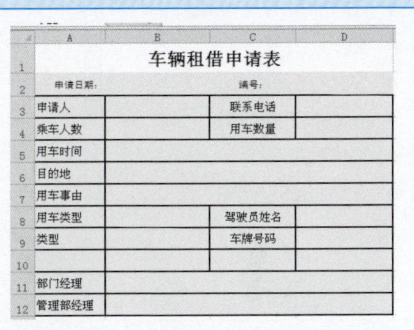

文件206 汽车驾驶日报表

汽车驾驶日报表是记录车辆检查事项、仪表指数数据，以及使用车辆的情况和汽油消耗费用等数据的表格。

制作要点与设计效果图

- 插入控件
- 对齐多个控件
- 设置公式

Excel公司行政管理必须掌握的208个文件与108个函数

文件207　车辆作业检点表

车辆作业检点表是用于记录一周内车辆的洗车记录、加油记录、车况记录和修护记录数据的表格。

制作要点与设计效果图

- 自动填充星期数
- SUM函数
- YEAR函数
- MONTH函数
- DAY函数
- TODAY函数

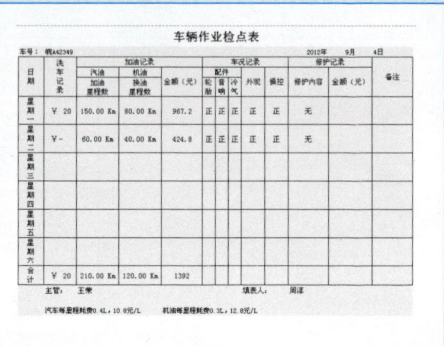

文件208　车辆使用状况报表分析

车辆使用状况报表包括车辆类别、驾驶员、行驶里程、汽油费、保养修理、事故次数等。

制作要点与设计效果图

- 自动求和
- 创建条形图
- 调整图例显示位置
- 设置数据系列格式

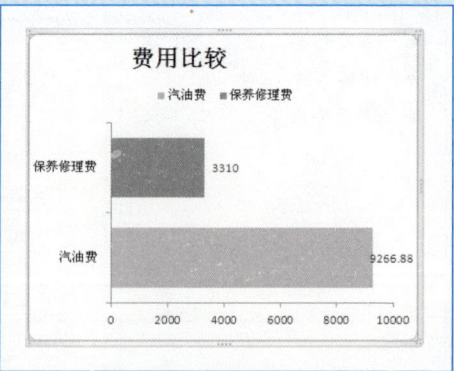

第23章

函数在员工档案管理中的应用

函数1 判断员工身份证号码位数（LEN、TRUE函数）

判断员工身份证号码位数是否正确，可以使用TRUE函数来实现。

①选中F2单元格，在公式编辑栏中输入公式：=IF(OR(LEN(B2)=15,LEN(B2)=18),TRUE,FALSE)，按回车键即可判断输入的员工身份证号码位数是否正确。如果正确，显示为“TRUE”；反之，显示为“FALSE”，如图23-1所示。

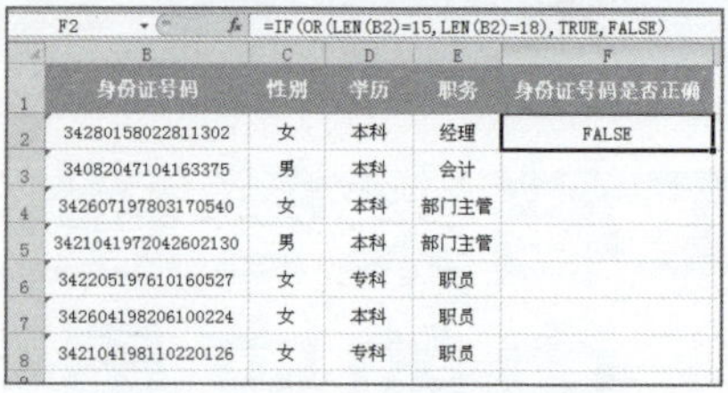

F2 =IF(OR(LEN(B2)=15,LEN(B2)=18),TRUE,FALSE)

身份证号码	性别	学历	职务	身份证号码是否正确
342801580228113O2	女	本科	经理	FALSE
34082047104163375	男	本科	会计	
342607197803170540	女	本科	部门主管	
3421041972042602130	男	本科	部门主管	
342205197610160527	女	专科	职员	
342604198206100224	女	本科	职员	
342104198110220126	女	专科	职员	

图23-1

②将光标移到F2单元格的右下角，光标变成十字形状后，按住鼠标左键向下拖动进行公式填充，即可判断其他输入的员工身份证号码位数是否正确，如图23-2所示。

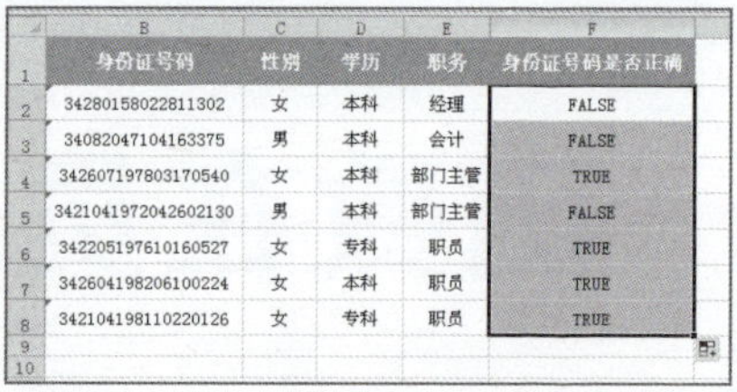

身份证号码	性别	学历	职务	身份证号码是否正确
34280158022811302	女	本科	经理	FALSE
34082047104163375	男	本科	会计	FALSE
342607197803170540	女	本科	部门主管	TRUE
3421041972042602130	男	本科	部门主管	FALSE
342205197610160527	女	专科	职员	TRUE
342604198206100224	女	本科	职员	TRUE
342104198110220126	女	专科	职员	TRUE

图23-2

函数2 查找员工职务和工龄（VLOOKUP、FALSE函数）

在使用VLOOKUP进行数据查找时，配合FALSE进行精确查找。

①选中C11单元格，在公式编辑栏中输入公式：=VLOOKUP(B11,A2:F8,4,FALSE)，按回车键根据员工姓名精确查找出对应的员工职务，如图23-3所示。

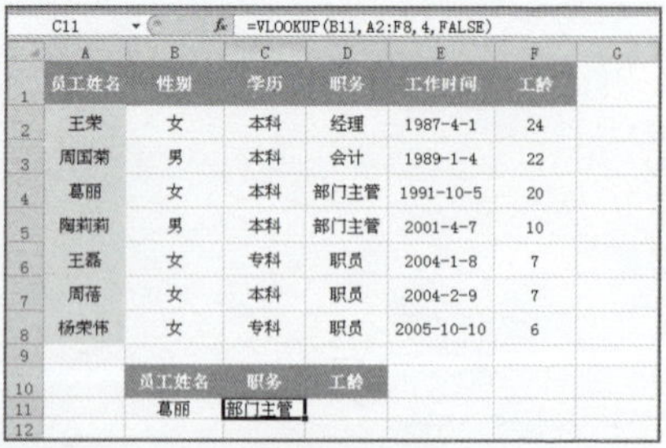

C11 =VLOOKUP(B11,A2:F8,4,FALSE)

员工姓名	性别	学历	职务	工作时间	工龄
王荣	女	本科	经理	1987-4-1	24
周国菊	男	本科	会计	1989-1-4	22
葛丽	女	本科	部门主管	1991-10-5	20
陶莉莉	男	本科	部门主管	2001-4-7	10
王磊	女	专科	职员	2004-1-8	7
周蓓	女	本科	职员	2004-2-9	7
杨荣伟	女	专科	职员	2005-10-10	6

员工姓名	职务	工龄
葛丽	部门主管	

图23-3

第23章 函数在员工档案管理中的应用

2 选中D11单元格，在公式编辑栏中输入公式：=VLOOKUP(B11,A2:F8,6,FALSE)，按回车键根据员工姓名精确查找出对应的员工工龄，如图23-4所示。

图23-4

函数3 计算员工虚岁年龄（DATEDIF、TODAY函数）

要计算员工虚岁年龄，可以使用DATEDIF函数配合TODAY函数来实现。

1 选中D2单元格，在公式编辑栏中输入公式：=DATEDIF(B2,TODAY(),"Y")，按回车键即可根据员工的出生日期得到员工虚岁年龄，如图23-5所示。

图23-5

2 将光标移到D2单元格的右下角，光标变成十字形状后，按住鼠标左键向下拖动进行公式填充，即可根据其他员工的出生日期得到员工虚岁年龄，如图23-6所示。

3 选中"年龄"列函数返回的日期值，重新设置其单元格格式

为"常规"格式，即可以根据出生日期返回员工年龄，如图23-7所示。

图23-6

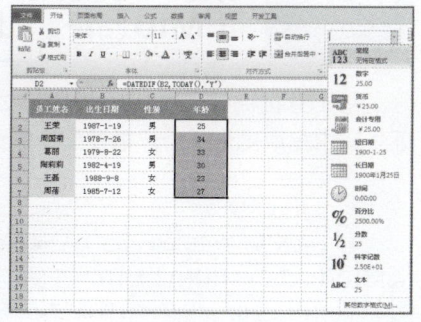

图23-7

函数4　计算出员工年龄（YEAR、TODAY函数）

当得知员工的出生日期之后，使用YEAR与TODAY函数可以计算出员工年龄。

1 选中E2单元格，在公式编辑栏中输入公式：=YEAR(TODAY())-YEAR(C2)，按回车键返回日期值，如图23-8所示。

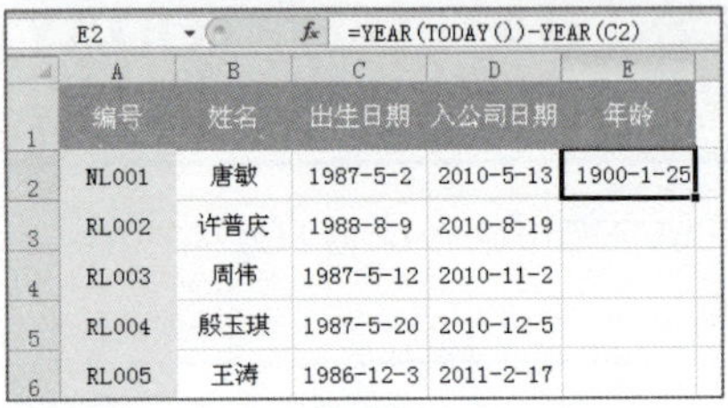

图23-8

2 将光标移到E2单元格的右下角，光标变成十字形状后，按住鼠标左键向下拖动进行公式填充，如图23-9所示。

3 选中"年龄"列函数返回的日期值，重新设置其单元格格式为"常规"格式，即可以根据出生日期返回员工年龄，如图23-10所示。

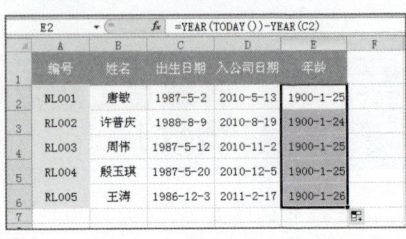

图23-9

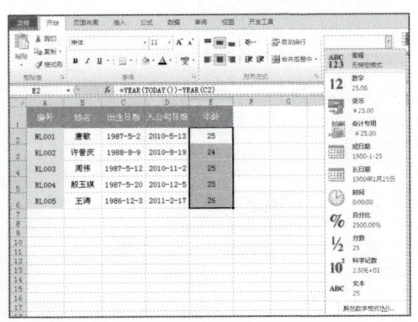

图23-10

函数5　从员工身份证号码中提取出生年份（MID、IF、LEN函数）

由于身份证号码有15位和18位之分，因此要使用MID函数可以从身份证号码中提取出生年份，需要配合IF函数与LEN函数来实现。

1 选中C2单元格，在公式编辑栏中输入公式：=IF(LEN(B2)=15,"19"&MID(B2,7,2),MID(B2,7,4))，按回车键即可从身份证号码中提取员工"王荣"的出生年份，如图23-11所示。

第23章　函数在员工档案管理中的应用

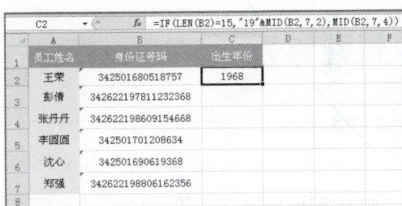

图23-11

2 将光标移到C2单元格的右下角，光标变成十字形状后，按住鼠标左键向下拖动进行公式填充，即可从员工身份证号码中提取所有员工的出生年份，如图23-12所示。

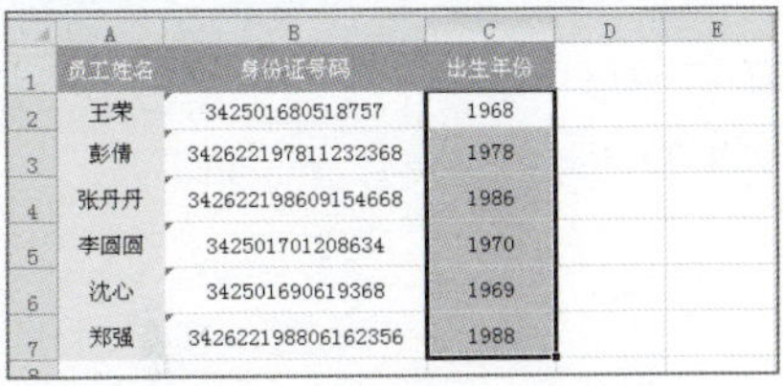

图23-12

函数6　从身份证号码中提取完整的出生日期（MID、IF、LEN、CONCATENATE函数）

从身份证号码中可以提取完整的出生日期，但需要配合多个函数来实现，分别是IF函数、LEN函数、CONCATENATE函数和MID函来。

1 选中C2单元格，在公式编辑栏中输入公式：=IF(LEN(B2)=15,CONCATENATE("19",MID(B2,7,2),"年",MID(B2,9,2),"月",MID(B2,11,2),"日"),CONCATENATE(MID(B2,7,4),"年",MID(B2,11,2),"月",MID(B2,13,2),"日"))，按回车键即可从身份证号码中提取员工"王荣"的出生日期，如图23-13所示。

2 将光标移到C2单元格的右下角，光标变成十字形状后，按住鼠标左键向下拖动进行公式填充，即可从员工身份证号码中提取所有员工的完整出生日期，如图23-14所示。

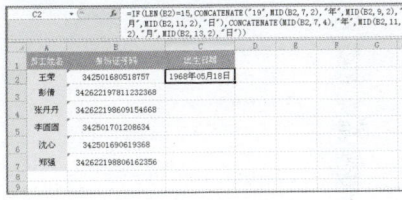

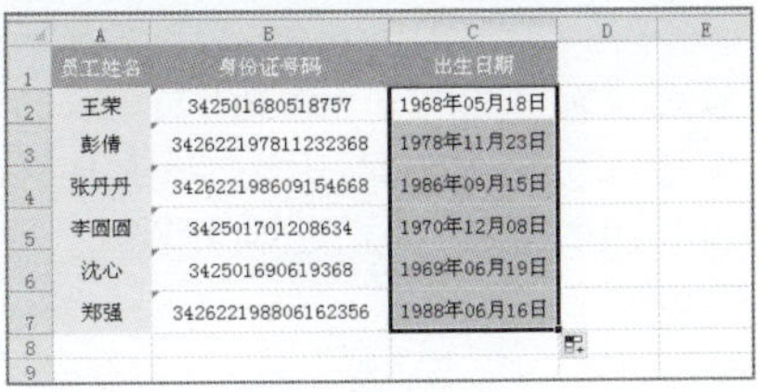

图23-13

图23-14

函数7 从身份证号码中判别性别（MID、IF、LEN、MOD函数）

每个人的身份证号码都包含性别信息，要想从身份证号码中返回性别，同样也需要配合多个函数来实现，分别是IF函数、LEN函数、MOD函数和MID函数。具体操作如下。

1 选中D2单元格，在公式编辑栏中输入公式：=IF(LEN(B2)=15,IF(MOD(MID(B2,15,1),2)=1,"男","女"),IF(MOD(MID(B2,17,1),2)=1,"男","女"))，按回车键即可从身份证号码中获取员工"王荣"的性别，如图23-15所示。

2 将光标移到D2单元格的右下角，光标变成十字形状后，按住鼠标左键向下拖动进行公式填充，即可从员工身份证号码中获取所有员工的性别，如图23-16所示。

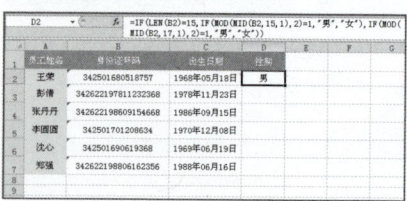

图23-15

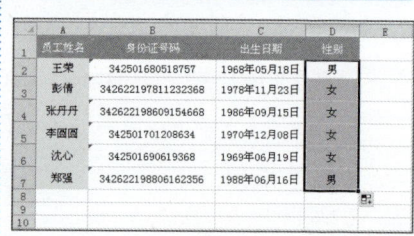

图23-16

函数8 验证员工身份证号码的位数（LEN函数）

目前身份使用的身份证号码一般为15位和18位，为了检验表格中身份证号码的位数，可以用LEN函数来实现。

1 选中C2单元格，在公式编辑栏中输入公式：=LEN(B2)，按回车键即可检验出第一位人员的身份证号码的位数，如图23-17所示。

图23-17

2 将光标移到C2单元格的右下角，光标变成十字形状后，按住鼠标左键向下拖动进行公式填充，即可检验出其他人员的身份证号码的位数，如图23-18所示。

C2　=LEN(B2)

	A	B	C	D
1	员工姓名	身份证号码	位数	
2	王荣	342501680518757	15	
3	彭倩	342622197811232368	18	
4	张丹丹	342622198609154668	18	
5	李圆圆	342501701208634	15	
6	沈心	342501690619368	15	
7	郑强	342622198806162356	18	
8				

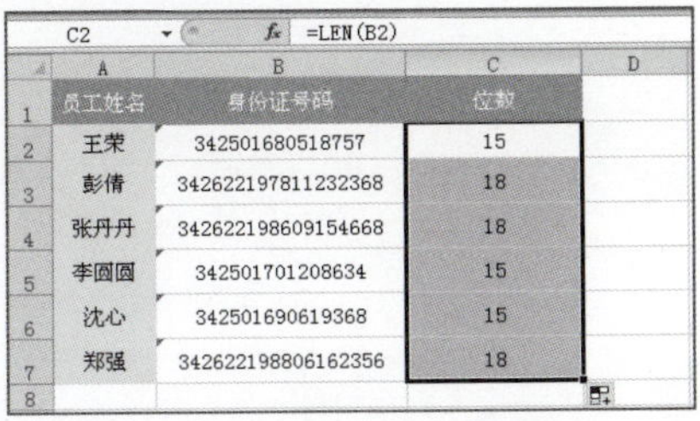

图23−18

函数9　根据员工姓名自动提取其姓（LEN函数）

在员工信息管理报表中，根据员工姓名自动提取其姓。

1 选中B2单元格，在公式编辑栏中输入公式：=LEFTB(A2,2)，按回车键即可根据员工“王荣”姓名提取出“姓”为“王”，如图23-19所示。

B2　=LEFTB(A2, 2)

	A	B	C	D	E
1	员工姓名	姓	名		
2	王荣	王			
3	彭倩				
4	张丹丹				
5	李圆圆				
6	沈心				
7	郑强				

图23−19

2 将光标移到B2单元格的右下角，光标变成十字形状后，按住鼠标左键向下拖动进行公式填充，即可快速提取其他员工姓，如图23-20所示。

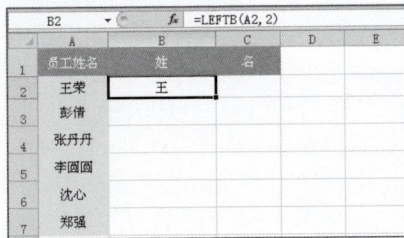

B2　=LEFTB(A2, 2)

	A	B	C	D	E
1	员工姓名	姓	名		
2	王荣	王			
3	彭倩	彭			
4	张丹丹	张			
5	李圆圆	李			
6	沈心	沈			
7	郑强	郑			
8					

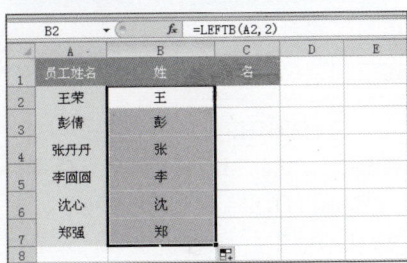

图23−20

函数10　统计出男性或女性员工的人数（COUNTIF函数）

在员工基本信息报表中，根据员工性别统计出男性或女性员的人数。

1 选中C10单元格，在编辑栏中输入公式：=COUNTIF(B2:B8,"男")，按回车键即可统计出男性员工人数为“2”，如图23-21所示。

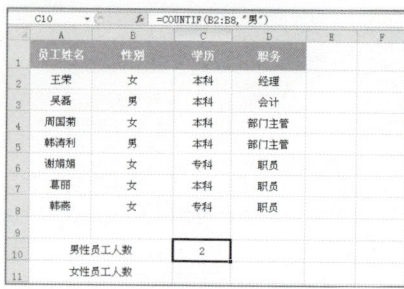

图23-21

② 选中C11单元格，在编辑栏中输入公式：=COUNTIF(B2:B10,"女")，按回车键即可统计出女性员工人数为"5"，如图23-22所示。

图23-22

函数11　员工生日到期提醒（DAY、MONTH、TODAY、YEAR、IF函数）

通过Excel函数可以设置员工生日自动提醒，不过生日的不提醒，让繁琐的工作变得智能化。

① 选中H3单元格，在编辑栏中输入公式：=IF(TODAY()=DATE(YEAR(TODAY()),MONTH(E3),DAY(E3)),"生日到期","")，按下回车键，如果有当天的员工生日，则会显示"生日到期"，如果不是，则不显示任何值，如图23-23所示。

② 将光标移到H3单元格的右下角，光标变成十字形状后，按住鼠标左键向下拖动进行公式填充，完成所有员工生日自动提醒的设置，如图23-24所示。

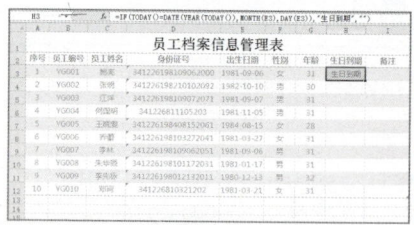

图23-23

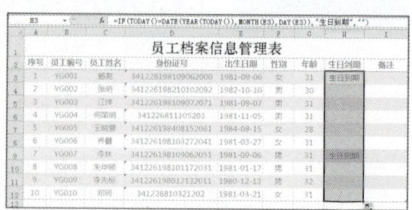

图23-24

函数12 员工合同到期提醒（DAY、MONTH、TODAY、YEAR、IF函数）

企业员工合同到期，企业需要考虑是否与员工续签合同。为了方便在诸多的信息中查看到合同到期的员工，同样可以设置合同到期提醒。

1 选中J3单元格，在编辑栏中输入公式：=IF(H3="3年",IF(TODAY()=DATE(YEAR(D3)+3,MONTH(D3),DAY(D3)),"合同到期",""),"")，按下回车键，则会得到相应的返回结果，如图23-25所示。

2 将光标移到J3单元格的右下角，光标变成十字形状后，按住鼠标左键向下拖动进行公式填充，完成所有员工合同到期自动提醒的设置，如图23-26所示。

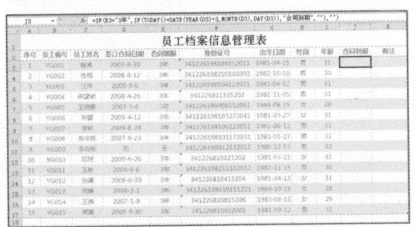

图23-25

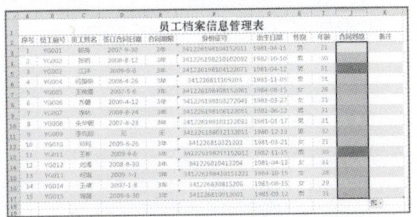

图23-26

函数13 根据员工年龄判断是否退休（OR、AND函数）

对员工信息进行统计记录后，需要根据年龄判断职工退休与否，这里可以使用OR结合AND函数来实现。

1 选中D2单元格，在公式编辑栏中输入公式：=OR(AND(B2="男",C2>60), AND(B2="女",C2>55))，按回车键即可根据第1位职工的年龄判断其是否退休，如果是，显示TRUE；反之，则FALSE，如图23-27所示。

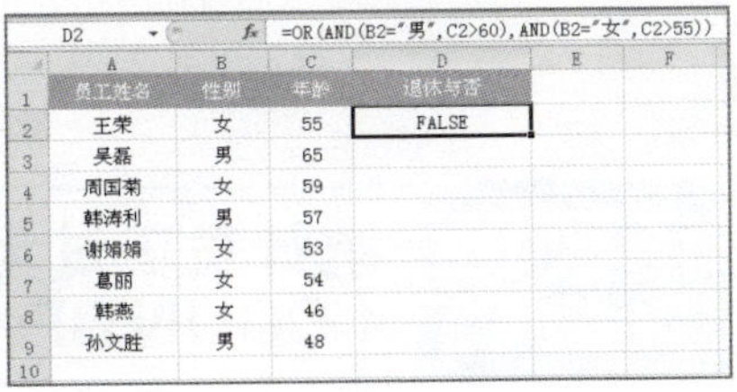

图23-27

2 将光标移到D2单元格的右下角，光标变成十字形状后，按住鼠标左键向下拖动进行公式填充，即可快速判断其他职工是否退休，如图23-28所示。

员工姓名	性别	年龄	退休与否
王荣	女	55	FALSE
吴磊	男	65	TRUE
周国菊	女	59	TRUE
韩涛利	男	57	FALSE
谢娟娟	女	53	FALSE
葛丽	女	54	FALSE
韩燕	女	46	FALSE
孙文胜	男	48	FALSE

图23-28

函数14 根据职工性别和职务判断退休年龄（OR、IF函数）

某公司规定，男职工退休年龄为60岁，女职工退休年龄为55岁，如果是领导班子成员（总经理和副总经理），退休年龄可以延迟5岁，如何根据职工性别和职务判断退休年龄？

1 选中E2单元格，在公式编辑栏中输入公式：=IF(C2="男",60,55)+IF(OR(D2="总经理",D2="副总经理"),5,0)，按回车键即可计算出第一个人员的退休年龄，如图23-29所示。

E2 =IF(C2="男",60,55)+IF(OR(D2="总经理",D2="副总经理"),5,0)

序号	姓名	性别	职务	退休年龄
1	王荣	女	总经理	60
2	吴磊	男	副总经理	
3	周国菊	女	部门经理	
4	韩涛利	男	人资经理	
5	谢娟娟	女	副总经理	
6	葛丽	女	文员	
7	韩燕	女	财务经理	
8	孙胜	男	销售员	

图23-29

2 将光标移到E2单元格的右下角，光标变成十字形状后，按住鼠标左键向下拖动进行公式填充，即可快速计算出其他人员的退休年龄，如图23-30所示。

序号	姓名	性别	职务	退休年龄
1	王荣	女	总经理	60
2	吴磊	男	副总经理	65
3	周国菊	女	部门经理	55
4	韩涛利	男	人资经理	60
5	谢娟娟	女	副总经理	60
6	葛丽	女	文员	55
7	韩燕	女	财务经理	55
8	孙胜	男	销售员	60

图23-30

函数15 统计员工试用期到期的人数（COUNTIF、IF、TODAY函数）

计算员工试用期已到期的人数，其中试用期为2个月，即60天。

选中F2单元格，在公式编辑栏中输入公式：=COUNTIF(C2:C10,"<"&TODAY()-60)，按回车键即可统计员工试用期到期的人数，如图23-31所示。

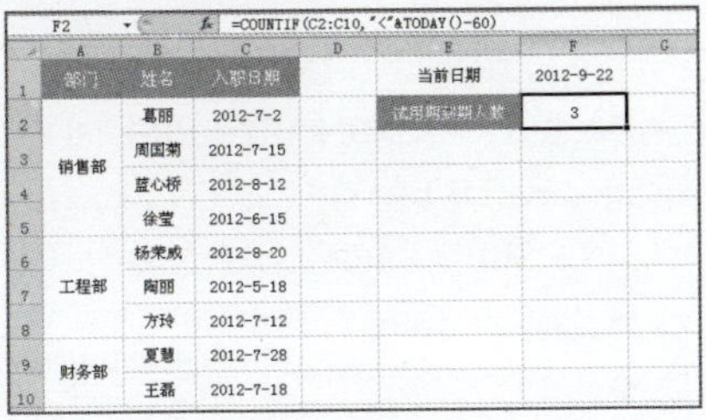

F2　=COUNTIF(C2:C10,"<"&TODAY()-60)

	A	B	C	D	E	F	G
1	部门	姓名	入职日期		当前日期	2012-9-22	
2	销售部	葛丽	2012-7-2		试用期到期人数	3	
3		周国菊	2012-7-15				
4		蓝心桥	2012-8-12				
5		徐莹	2012-6-15				
6	工程部	杨荣威	2012-8-20				
7		陶丽	2012-5-18				
8		方玲	2012-7-12				
9	财务部	夏慧	2012-7-28				
10		王磊	2012-7-18				

图23-31

函数16　统计出指定部门、指定职务的员工人数（SUMPRODUCT函数）

若要在档案中统计出指定部门、指定职务的员工人数，可以使用SUMPRODUCT函数来实现。

1 选中G5单元格，在公式编辑栏中输入公式：=SUMPRODUCT(($B$2:$B$12=E5)*($C$2:$C$12=F5))，按回车键即可从档案中统计出所属部门为“业务部”且职务为“职员”的人数，如图23-32所示。

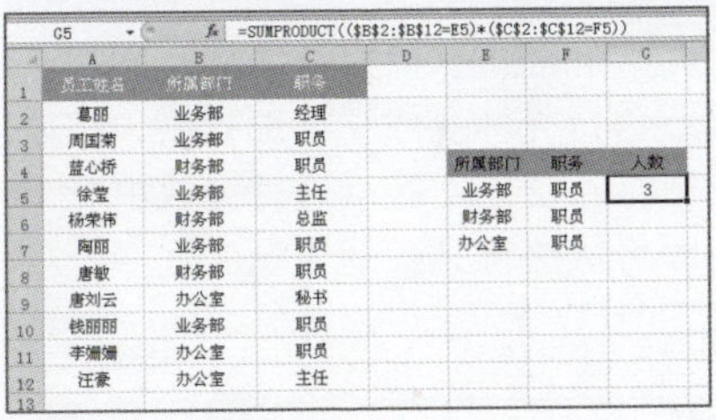

G5　=SUMPRODUCT(($B$2:$B$12=E5)*($C$2:$C$12=F5))

	A	B	C	D	E	F	G
1	员工姓名	所属部门	职务				
2	葛丽	业务部	经理				
3	周国菊	业务部	职员				
4	蓝心桥	财务部	职员		所属部门	职务	人数
5	徐莹	业务部	主任		业务部	职员	3
6	杨荣伟	财务部	总监		财务部	职员	
7	陶丽	业务部	职员		办公室	职员	
8	唐敏	财务部	职员				
9	唐刘云	办公室	秘书				
10	钱丽丽	业务部	职员				
11	李姗姗	办公室	职员				
12	汪豪	办公室	主任				
13							

图23-32

2 将光标移到G5单元格的右下角，光标变成十字形状后，按住鼠标左键向下拖动进行公式填充，即可快速统计出指定部门、指定职务的员工人数，如图23-33所示。

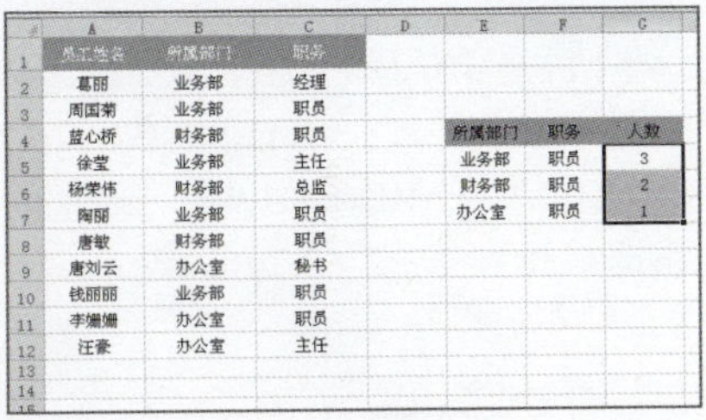

	A	B	C	D	E	F	G
1	员工姓名	所属部门	职务				
2	葛丽	业务部	经理				
3	周国菊	业务部	职员				
4	蓝心桥	财务部	职员		所属部门	职务	人数
5	徐莹	业务部	主任		业务部	职员	3
6	杨荣伟	财务部	总监		财务部	职员	2
7	陶丽	业务部	职员		办公室	职员	1
8	唐敏	财务部	职员				
9	唐刘云	办公室	秘书				
10	钱丽丽	业务部	职员				
11	李姗姗	办公室	职员				
12	汪豪	办公室	主任				
13							
14							

图23-33

函数17　计算生产部门人数和运输部门人数（SUM、NOT、ISERR、FIND函数）

返回生产部门人数和运输部门人数。

1 选中F2单元格，在公式编辑栏中输入公式：=SUM(NOT(ISERR(FIND("车间", B2:B12)))*C2:D12)，按"Ctrl+ Shift+Enter"组合键，即可计算出生产部的人数，如图23-34所示。

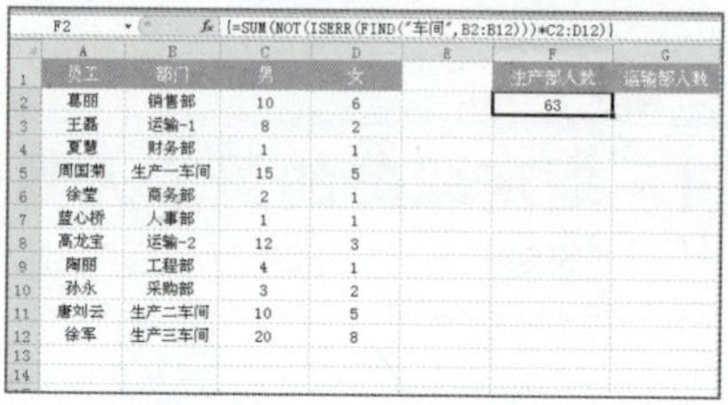

F2 {=SUM(NOT(ISERR(FIND("车间",B2:B12)))*C2:D12)}

员工	部门	男	女		生产部人数	运输部人数
葛丽	销售部	10	6		63	
王磊	运输-1	8	2			
夏慧	财务部	1	1			
周国菊	生产一车间	15	5			
徐莹	商务部	2	1			
蓝心桥	人事部	1	1			
高龙宝	运输-2	12	3			
陶丽	工程部	4	1			
孙永	采购部	3	2			
唐刘云	生产二车间	10	5			
徐军	生产三车间	20	8			

图23-34

2 选中G2单元格，在公式编辑栏中输入公式：=SUM(NOT (ISERR(FIND("运输", B2:B12)))*C2:D12)，按"Ctrl+ Shift+Enter"组合键，即可计算出运输部的人数，如图23-35所示。

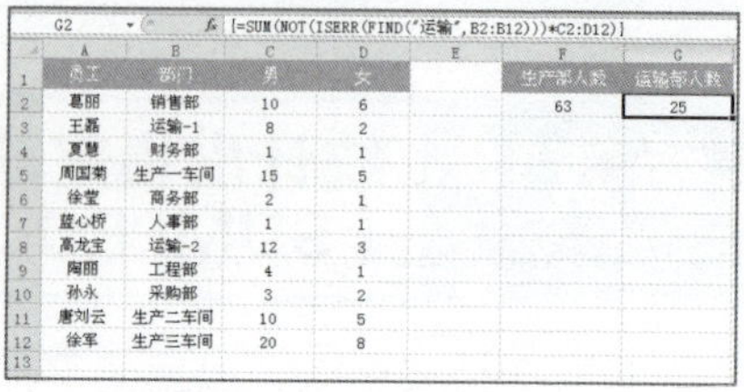

G2 {=SUM(NOT(ISERR(FIND("运输",B2:B12)))*C2:D12)}

员工	部门	男	女		生产部人数	运输部人数
葛丽	销售部	10	6		63	25
王磊	运输-1	8	2			
夏慧	财务部	1	1			
周国菊	生产一车间	15	5			
徐莹	商务部	2	1			
蓝心桥	人事部	1	1			
高龙宝	运输-2	12	3			
陶丽	工程部	4	1			
孙永	采购部	3	2			
唐刘云	生产二车间	10	5			
徐军	生产三车间	20	8			

图23-35

函数18 从员工E-mail地址中提取账号（MID、IF、LEN函数）

由于E-mail地址有位数之分，因此要使用MID函数从地址中提取账号需要配合IF函数与LEN函数来实现。

1 选中C2单元格，在公式编辑栏中输入公式：=IF(LEN(B2)=16, MID(B2,1,7),MID(B2,1,4))，按回车键即可得到第一位人员的账号，如图23-36所示。

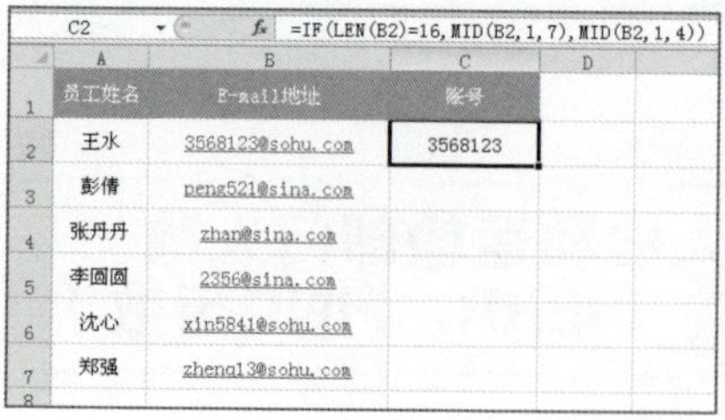

C2 =IF(LEN(B2)=16,MID(B2,1,7),MID(B2,1,4))

员工姓名	E-mail地址	账号
王水	3568123@sohu.com	3568123
彭倩	peng521@sina.com	
张丹丹	zhan@sina.com	
李圆圆	2356@sina.com	
沈心	xin5841@sohu.com	
郑强	zhenq13@sohu.com	

图23-36

2 将光标移到C2单元格的右下角，光标变成十字形状后，按住鼠标左键向下拖动进行公式填充，即可快速得到其他人员的账号，如图23-37所示。

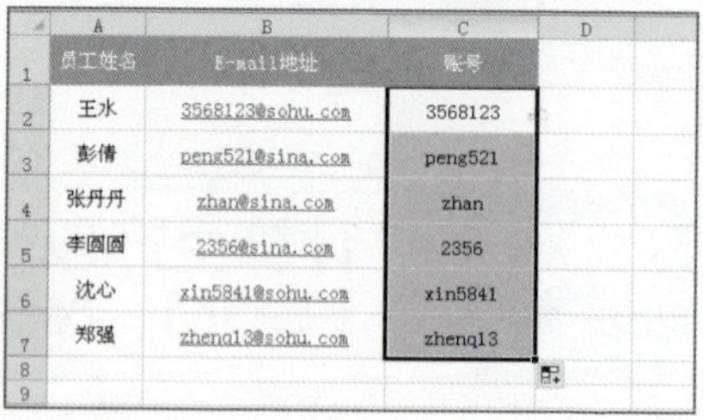

员工姓名	E-mail地址	账号
王水	3568123@sohu.com	3568123
彭倩	peng521@sina.com	peng521
张丹丹	zhan@sina.com	zhan
李圆圆	2356@sina.com	2356
沈心	xin5841@sohu.com	xin5841
郑强	zhenq13@sohu.com	zhenq13

图23-37

函数19　根据员工代码返回部门名称（IF、LEN函数）

当用户需要知道部门代码对应的具体部门时，可以使用IF函数来实现。有时候，如果我们想提取单元格里第几个字符时，通常会用LEFT函数来实现。

1 选中D2单元格，在公式编辑栏中输入公式：=IF(LEFT(A2，,4)="TC01","技术部",IF(LEFT(A2,4)="TC02","工程部",IF(LEFT(A2,4)="TC03", "财务部",""))),按回车键即可根据部门代码得出相应的部门名称，如图23-38所示。

D2　=IF(LEFT(A2,4)="TC01","技术部",IF(LEFT(A2,4)="TC02","工程部",IF(LEFT(A2,4)="TC03","财务部","")))

部门代码	员工姓名	职位	部门名称
TC01	周国菊	经理	技术部
TC03	蓝心桥	职员	
TC02	徐莹	主管	
TC03	杨荣伟	职员	
TC01	江大河	职员	

图23-38

2 将光标移到D2单元格的右下角，光标变成十字形状后，按住鼠标左键向下拖动进行公式填充，即可得出其他员工所属的部门名称，如图23-39所示。

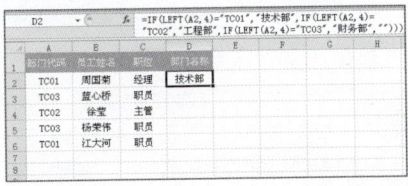

部门代码	员工姓名	职位	部门名称
TC01	周国菊	经理	技术部
TC03	蓝心桥	职员	财务部
TC02	徐莹	主管	工程部
TC03	杨荣伟	职员	财务部
TC01	江大河	职员	技术部

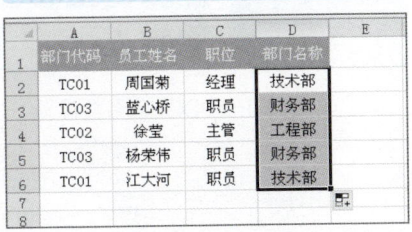

图23-39

函数20　汇总车间女性人数（SUMIFS函数）

利用公式汇总车间女性人数。

选中E2单元格，在公式编辑栏中输入公式：=SUMIFS(C2:C11,A2:A11,"*车间",B2:B11,"女"),按回车键即可返回车间女性人数，如图23-40所示。

E2　=SUMIFS(C2:C11,A2:A11,"*车间",B2:B11,"女")

部门	性别	人数		车间女性统计
销售部	女	6		17
销售部	男	12		
财务部	女	2		
财务部	男	1		
生产一车间	女	2		
生产一车间	男	28		
运输部	男	13		
运输部	女	2		
生产二车间	女	15		
生产三车间	男	18		

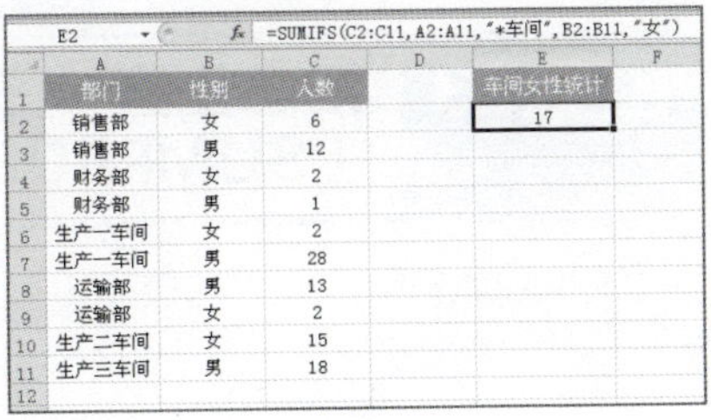

图23-40

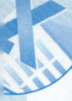

函数21 计算车间男性与女性员工的差（SUM、SUMIFS函数）

利用公式计算车间男性与女性员工的差。

选中E2单元格，在公式编辑栏中输入公式：=SUM(SUMIFS(C2:C11,B2:B11,{"女","男"},A2:A11,"*车间")*{-1,1})，按回车键即可返回车间男性与女性员工的差，如图23-41所示。

E2 =SUM(SUMIFS(C2:C11,B2:B11,{"女","男"},A2:A11,"*车间")*{-1,1})

部门	性别	人数		男性与女性员工人数的差
销售部	女	6		29
销售部	男	12		
财务部	女	2		
财务部	男	1		
生产一车间	女	2		
生产一车间	男	28		
运输部	男	13		
运输部	女	2		
生产二车间	女	15		
生产三车间	男	18		

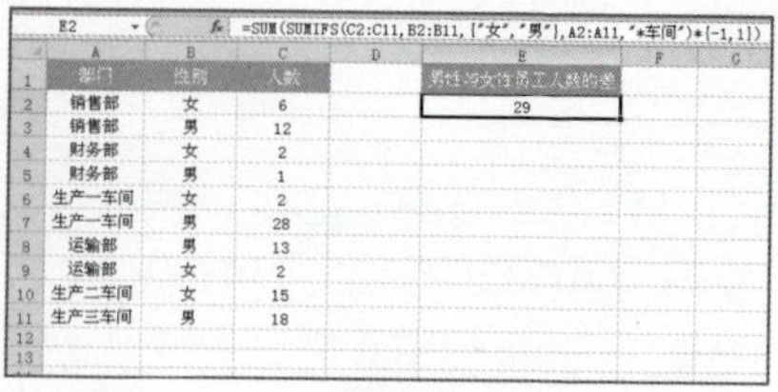

图23-41

函数22 计算员工参保人数（SUMPRODUCT函数）

利用SUMPRODUCT函数设置公式计算员工参保人数。

选中F2单元格，在公式编辑栏中输入公式：=SUMPRODUCT((D2:D12="是")*1)，按回车键即可计算员工参保人数，如图23-42所示。

F2 =SUMPRODUCT((D2:D12="是")*1)

员工	部门	性别	参保		参保人数
葛丽	销售部	女	是		6
王磊	运输-1	男	否		
夏慧	财务部	女	是		
周国菊	生产一车间	女	否		
徐莹	商务部	女	是		
蓝心桥	人事部	男	否		
高龙宝	运输-2	男	是		
陶丽	工程部	女	否		
孙永	采购部	男	是		
唐刘云	生产二车间	女	否		
徐军	生产三车间	男	是		

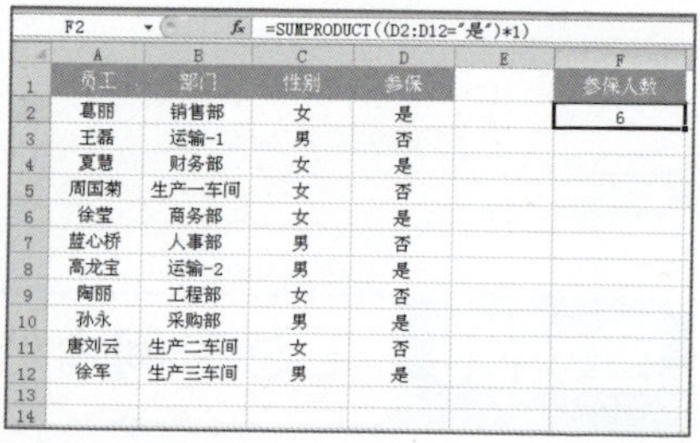

图23-42

函数23 汇总生产一车间男性参保人数（SUMPRODUCT函数）

利用SUMPRODUCT函数设置公式汇总生产一车间男性参保人数。

选中F2单元格，在公式编辑栏中输入公式：=SUMPRODUCT((B2:

B12&C2:C12&D2:D12="生产一车间男是")*1)，按回车键即可汇总生产一车间男性参保人数，如图23-43所示。

F2　=SUMPRODUCT((B2:B12&C2:C12&D2:D12="生产一车间男是")*1)

员工	部门	性别	参保		生产一车间男性参保人数
葛丽	生产一车间	女	是		1
王磊	生产二车间	男	否		
夏慧	生产三车间	女	是		
周国菊	生产一车间	女	否		
徐莹	生产二车间	女	是		
蓝心桥	生产一车间	男	是		
高龙宝	生产二车间	男	是		
陶丽	生产一车间	女	否		
孙永	生产三车间	男	是		
唐刘云	生产一车间	女	否		
徐军	生产二车间	男	是		

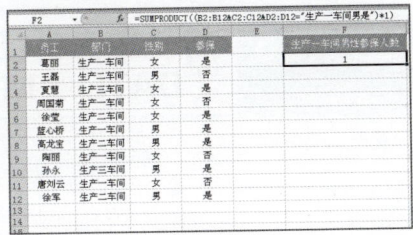

图23-43

函数24　根据员工身份证统计男性人数（SUM、MOD、LEFT、RIGHT函数）

利用RIGHT函数提取15位身份证号码的右边一位数和18位身份证号码的右边两位数，再用LEFT函数取左边一位数。

选中D2单元格，在公式编辑栏中输入公式：=SUM(MOD(LEFT(RIGHT(B2:B8,1+(LEN(B2:B8)=18))),2))，按【Ctrl+Shift+Enter】组合键，即可根据员工身份证统计男性人数，如图23-44所示。

D2　{=SUM(MOD(LEFT(RIGHT(B2:B8,1+(LEN(B2:B8)=18))),2))}

员工姓名	身份证号码		男性人数
王荣	342501680518757		3
彭倩	342622197811232368		
张丹丹	342622198609154668		
李圆圆	342501701208634		
沈心	342501690619366		
郑强	342622198806162356		
王宝磊	340822198811231810		

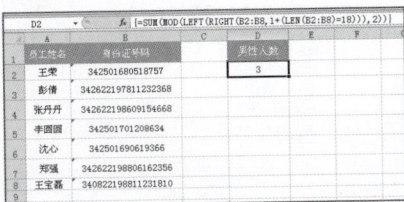

图23-44

函数25　计算女员工最大年龄（MAX函数）

本来利用MAX函数设置公式计算女员工最大年龄。

选中E2单元格，在公式编辑栏中输入公式：=MAX((B2:B12="女")*C2:C12)，按【Ctrl+Shift+Enter】组合键，即可计算女员工最大年龄，如图23-45所示。

E2　{=MAX((B2:B12="女")*C2:C12)}

员工	性别	年龄		女员工最大年龄
葛丽	女	27		38
王磊	男	24		
夏慧	女	25		
周国菊	女	26		
徐莹	女	25		
蓝心桥	男	30		
高龙宝	男	27		
陶丽	女	38		
孙永	男	42		
唐刘云	女	34		
徐军	男	37		

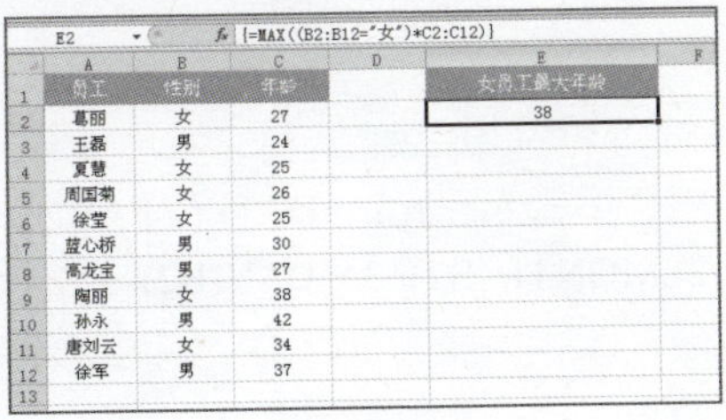

图23-45

函数26 将员工身份证号码转换为出生日期序号（DATE、MID、LEN函数）

根据员工身份证号码提取其中的出生年月日，并转换为日期值，不能以文本的形式存在，可以通过下面设置公式来实现。

1 选中C2单元格，在公式编辑栏中输入公式：=DATE(MID(B2,7,2+(LEN(B2)=18)*2),MID(B2,9+(LEN(B2)=18)*2,2),MID(B2,11+(LEN(B2)=18)*2,2))，按回车键即可将第一位员工身份证号码转换为出生日期序号，如图23-46所示。

C2 =DATE(MID(B2,7,2+(LEN(B2)=18)*2),MID(B2,9+(LEN(B2)=18)*2,2),MID(B2,11+(LEN(B2)=18)*2,2))

	A	B	C	D	E	F
1	员工姓名	身份证号码	出生日期序列号			
2	王荣	342501680518757	1968-5-18			
3	彭倩	342622197811232368				
4	张丹丹	342622198609154668				
5	李圆圆	342501701208634				
6	沈心	342501690619366				
7	郑强	342622198806162356				
8	王宝磊	340822198811231810				
9						

图23-46

2 将光标移到C2单元格的右下角，光标变成十字形状后，按住鼠标左键向下拖动进行公式填充，即可将其他员工身份证号码转换为出生日期序号，如图23-47所示。

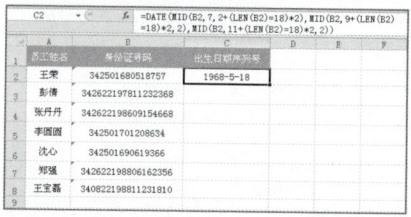

	A	B	C	D
1	员工姓名	身份证号码	出生日期序列号	
2	王荣	342501680518757	1968-5-18	
3	彭倩	342622197811232368	1978-11-23	
4	张丹丹	342622198609154668	1986-9-15	
5	李圆圆	342501701208634	1970-12-8	
6	沈心	342501690619366	1969-6-19	
7	郑强	342622198806162356	1988-6-16	
8	王宝磊	340822198811231810	1988-11-23	
9				
10				

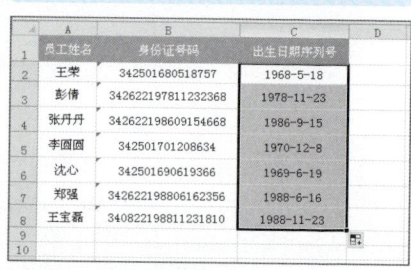

图23-47

函数27 计算员工转正时间（DATE、YEAR、MONTH、DAY函数）

公司规定，员工进公司三个月试用期，每月从16日开始计算，到下月15日算一个月，如果本月16日之前进公司，那么到下个月15日就算一个月，如果本月15日之后进厂，那么从下个月16日才开始计算，现在需要统计每个员工的转正日期。

1 选中C2单元格，在公式编辑栏中输入公式：=DATE(YEAR(B2),MONTH(B2)+3+(DAY(B2)>15),16)，按回车键即可将第一位员工的转正日期，如图23-48所示。

C2 =DATE(YEAR(B2),MONTH(B2)+3+(DAY(B2)>15),16)

	A	B	C	D	E	F
1	员工姓名	进公司日期	转正日期			
2	王荣	2012-8-18	2012-12-16			
3	彭倩	2012-8-12				
4	张丹丹	2012-9-2				
5	李圆圆	2012-9-9				
6	沈心	2012-8-19				
7	郑强	2012-8-16				
8	王宝磊	2012-9-12				
9						

图23-48

第23章 函数在员工档案管理中的应用

② 将光标移到C2单元格的右下角,光标变成十字形状后,按住鼠标左键向下拖动进行公式填充,即可将其他员工的转正日期计算出来,如图23-49所示。

图23-49

函数28 提示员工合同续约(TEXT、EDATE、TODAY函数)

不同员工签的合同时间不一样,现在需要利用公式计算合同是否过期,以及到期前10天提示"即将到期"。

① 选中D2单元格,在公式编辑栏中输入公式:=TEXT(EDATE(B2,C2*12)-TODAY(),"[<0]合同过期;[<=10]即将到期;;"),按回车键如果离合同到期日超过10天则显示空白,如果在10天内则显示"即将到期",如果已经超过合同的到期日,则显示"合同过期",如图23-50所示。

② 将光标移到D2单元格的右下角,光标变成十字形状后,按住鼠标左键向下拖动进行公式填充,即可将提示其他员工合同续约,如图23-51所示。

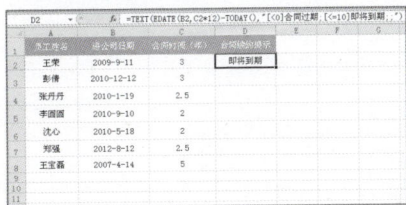

图23-50

图23-51

函数29 计算员工可休假天数(MIN、IF、DATEDIF、TODAY函数)

公司规定,员工工作时间在6个月以内可享有带薪假3天,工作时间半

Excel公司行政管理必须掌握的208个文件与108个函数

年到1年者可享有带薪假5天，然后每增加一年加2天休假时间，上限为15天。现在需要计算每个员工的休假天数。

1 选中C2单元格，在公式编辑栏中输入公式：=MIN(IF(DATEDIF(B2,TODAY(),"M")<6,0,IF(DATEDIF(B2,TODAY(),"M")<=12,3,3+2*(DATEDIF(B2,TODAY(),"Y")))),15)，按回车键，即可计算第一位员工可休假天数，如图23-52所示。

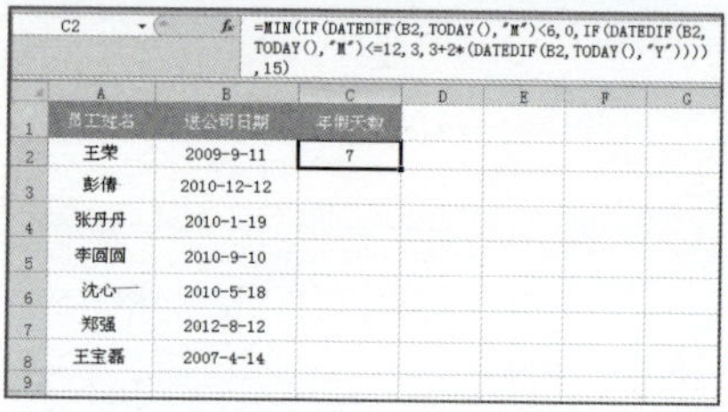

2 将光标移到D2单元格的右下角，光标变成十字形状后，按住鼠标左键向下拖动进行公式填充，即可将提示其他员工可休假天数，如图23-53所示。

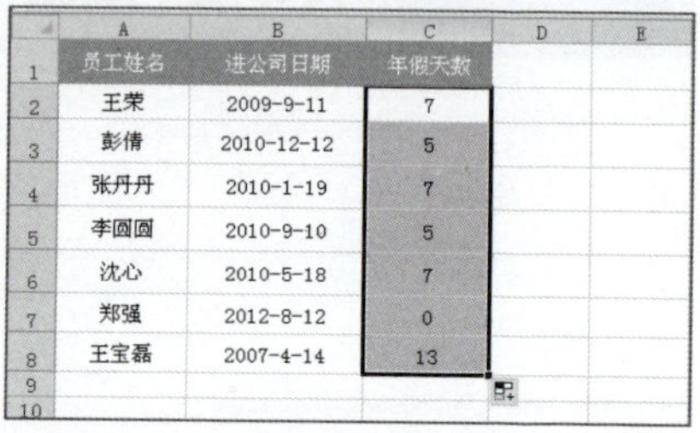

图23-52

图23-53

函数30　根据员工姓名查找身份证号码（LOOKUP）

工作表中A列是姓名，B列是员工身份证号码，资料以姓名升序排列。现在需要查找姓名对应的身份证号码。

选中F4单元格，在公式编辑栏中输入公式：=LOOKUP(F2,A2:A9,B2:B9)，按回车键，即可根据员工姓名查找身份证号码，如图23-54所示。

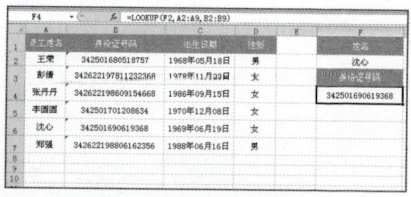

图23-54

函数31　计算生产部人数和非生产部人数（SUM、NOT、ISERR、FIND函数）

利用公式计算生产部人数和非生产部人数。

1 选中F2单元格，在公式编辑栏中输入公式：=SUM(NOT(ISERR(FIND("车间",B2:B12)))*C2:D12)，按【Ctrl+Shift+Enter】组合键，即可计算出生产部的人数，如图23-55所示。

F2 {=SUM(NOT(ISERR(FIND("车间",B2:B12)))*C2:D12)}

	A	B	C	D	E	F	G
1	员工	部门	男	女		生产部人数	运输部人数
2	葛丽	销售部	10	6		63	
3	王磊	运输-1	8	2			
4	夏慧	财务部	1	1			
5	周国菊	生产一车间	15	5			
6	徐莹	商务部	2	1			
7	蓝心桥	人事部	1	1			
8	高龙宝	运输-2	12	3			
9	陶丽	工程部	4	1			
10	孙永	采购部	3	2			
11	唐刘云	生产二车间	10	5			
12	徐军	生产三车间	20	8			
13							
14							

图23-55

2 选中G2单元格，在公式编辑栏中输入公式：=SUM((ISERR(FIND("车间",B2:B12)))*C2:D12)，按【Ctrl+Shift+Enter】组合键，即可计算出生产部人数，如图23-56所示。

G2 {=SUM((ISERR(FIND("车间",B2:B12)))*C2:D12)}

	A	B	C	D	E	F	G
1	员工	部门	男	女		生产部人数	运输部人数
2	葛丽	销售部	10	6		63	58
3	王磊	运输-1	8	2			
4	夏慧	财务部	1	1			
5	周国菊	生产一车间	15	5			
6	徐莹	商务部	2	1			
7	蓝心桥	人事部	1	1			
8	高龙宝	运输-2	12	3			
9	陶丽	工程部	4	1			
10	孙永	采购部	3	2			
11	唐刘云	生产二车间	10	5			
12	徐军	生产三车间	20	8			
13							
14							

图23-56

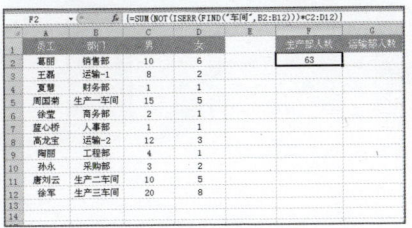

函数32 根据员工身份证号码汇总男、女员工人数（SUM、ISODD、ISEVEN、MID函数）

根据员工身份证号码，利用函数设置公式汇总男、女员工人数。

1 选中F2单元格，在公式编辑栏中输入公式：=SUM(--ISODD(MID(B2:B13,15,3)))，按【Ctrl+Shift+Enter】组合键，即可根据员工身份证号码汇总男员工人数，如图23-57所示。

F2 {=SUM(--ISODD(MID(B2:B13,15,3)))}

	A	B	C	D	E	F	G
1	员工姓名	身份证号码	出生日期	性别		男员工人数	
2	王荣	342501680518757	1968年05月18日	男		4	
3	彭倩	342622197811232368	1978年11月23日	女		女员工人数	
4	张丹丹	342622198609154668	1986年09月15日	女			
5	李圆圆	342501701208634	1970年12月08日	女			
6	沈心	342501690619368	1969年06月19日	女			
7	郑强	342622198806162356	1988年06月16日	男			
8	唐刘云	342501880518758	1988年05月18日	女			
9	钱丽丽	356122197211232368	1972年11月23日	女			
10	李姗姗	230022198509154668	1985年09月15日	女			
11	汪豪	342501701208631	1970年12月08日	男			
12	吴梅	342501706193688	1970年61月93日	女			
13	杨荣伟	342622198806162356	1988年06月16日	男			
14							

图23-57

2 选中F4单元格，在公式编辑栏中输入公式：=SUM(--ISEVEN(MID(B2:B13,15,3)))，按【Ctrl+Shift+Enter】组合键，即可根据员工身份证号码汇总女员工人数，如图23-58所示。

F4 {=SUM(--ISEVEN(MID(B2:B13,15,3)))}

	A	B	C	D	E	F	G
1	员工姓名	身份证号码	出生日期	性别		男员工人数	
2	王荣	342501680518757	1968年05月18日	男		4	
3	彭倩	342622197811232368	1978年11月23日	女		女员工人数	
4	张丹丹	342622198609154668	1986年09月15日	女		8	
5	李圆圆	342501701208634	1970年12月08日	女			
6	沈心	342501690619368	1969年06月19日	女			
7	郑强	342622198806162356	1988年06月16日	男			
8	唐刘云	342501880518758	1988年05月18日	女			
9	钱丽丽	356122197211232368	1972年11月23日	女			
10	李姗姗	230022198509154668	1985年09月15日	女			
11	汪豪	342501701208631	1970年12月08日	男			
12	吴梅	342501706193688	1970年61月93日	女			
13	杨荣伟	342622198806162356	1988年06月16日	男			
14							

图23-58

函数33　计算出员工工龄（YEAR、MID函数）

当得知员工进入公司的日期后，使用YEAR和ODAY函数可以计算出员工工龄。

1 选中E2单元格，在公式编辑栏中输入公式：=YEAR(TODAY())-YEAR(D2)，按回车键返回日期值，如图23-59所示。

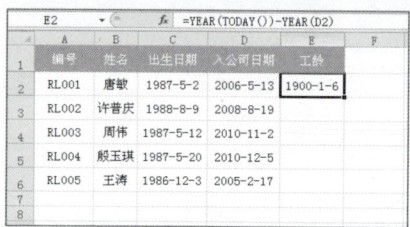

图23-59

2 将光标移到E2单元格的右下角，光标变成十字形状后，按住鼠标左键向下拖动进行公式填充，即可返回其他日期值，如图23-60所示。

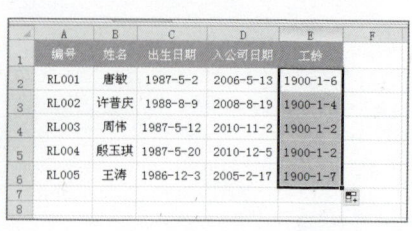

图23-60

3 选中"工龄"列函数返回的日期值，设置其单元格格式为"常规"，即可以根据入公司日期返回员工工龄，如图23-61所示。

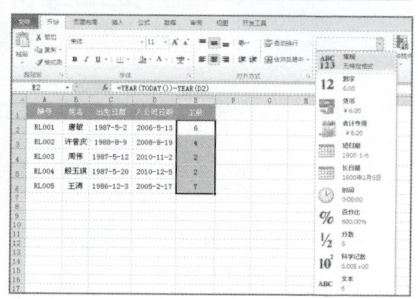

图23-61

函数34　计算年假占全年工作日的百分比（NETWORKDAYS函数）

当企业员工在休年假时，可以根据休假的起始日、结束日来计算休假日期占全年工作日的百分比。

1 选中D2单元格，在公式编辑栏中输入公式：=NETWORKDAYS(B2,C2)/NETWORKDAYS("2012-01-01","2013-01-01")，按回车键即可计算出第一位员工休假天数占全年工作日的百分比，如图23-62所示。

D2 =NETWORKDAYS(B2,C2)/NETWORKDAYS("2012-01-01","2013-01-01")

姓名	假期起始日	假期结算日	占全年工作日的百分比
葛丽	2012-1-10	2012-1-25	4.58%
夏慧	2012-2-10	2012-2-22	
张伟	2012-5-15	2012-6-10	
周伟	2012-9-10	2012-9-17	
殷玉琪	2012-5-16	2012-5-21	
王涛	2012-9-1	2012-9-7	

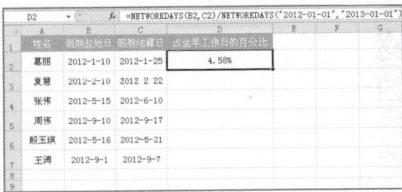

图23-62

2 将光标移到D2单元格的右下角，光标变成十字形状后，按住鼠标左键向下拖动进行公式填充，即可计算出其他员工休年假天数占全年工作日的百分比，如图23-63所示。

姓名	假期起始日	假期结算日	占全年工作日的百分比
葛丽	2012-1-10	2012-1-25	4.58%
夏慧	2012-2-10	2012-2-22	3.44%
张伟	2012-5-15	2012-6-10	7.25%
周伟	2012-9-10	2012-9-17	2.29%
殷玉琪	2012-5-16	2012-5-21	1.53%
王涛	2012-9-1	2012-9-7	1.91%

图23-63

函数35 求25岁以上男性人数（SUMPRODUCT函数）

利用SUMPRODUCT函数设置公式求25岁以上男性人数。

选中F2单元格，在公式编辑栏中输入公式：=SUMPRODUCT((C2:C10="男")*1,(D2:D10>25)*1)，按回车键即可求出25岁以上男性人数，如图23-64所示。

F2 =SUMPRODUCT((C2:C10="男")*1,(D2:D10>25)*1)

员工	部门	性别	年龄		25以上男性人数
葛丽	销售部	女	28		3
王磊	销售部	男	45		
夏慧	财务部	女	29		
徐莹	商务部	女	20		
蓝心桥	人事部	男	23		
高龙宝	销售部	男	22		
陶丽	工程部	女	27		
孙永	采购部	男	35		
徐军	销售部	男	28		

图23-64

函数36 汇总销售部男性参保人数（SUMPRODUCT函数）

利用SUMPRODUCT函数设置公式汇总销售部男性参保人数。

选中E2单元格，在公式编辑栏中输入公式：=SUMPRODUCT((B2:B12&C2:C12&D2:D12="销售部男是")*1)，按回车键即可汇总销售部男性参保人数，如图23-65所示。

F2 =SUMPRODUCT((B2:B12&C2:C12&D2:D12="销售部男是")*1)

员工	部门	性别	参保		销售部男性参保人数
葛丽	销售部	女	是		2
王磊	销售部	男	否		
夏慧	财务部	女	是		
周国菊	销售部	女	否		
徐莹	商务部	女	是		
蓝心桥	人事部	男	否		
高龙宝	销售部	男	是		
陶丽	工程部	女	否		
孙永	采购部	男	是		
唐刘云	销售部	女	否		
徐军	销售部	男	是		

图23-65

读书笔记

第24章
函数在员工考评中的应用

函数37 计算员工工作品行考核总分（SUM函数）

在对员工进行工作品行考核后，作为行政主管人员可以对员工的各项考核成绩进行合计。

1 选中J2单元格，在公式编辑栏中输入公式：=SUM(B2:I2)，按回车键即可计算出第一位员工工作品行考核总分，如图24-1所示。

J2 =SUM(B2:I2)

员工姓名	工作积极性	工作热情	责任感	纪律性	积极学习	忠诚公司	财务廉净	工作服从	得分合计
董丽	9	7.5	8.5	7.5	8.5	7.5	8.5	8	65
王磊	8.5	9.5	9	7.5	7.5	6.5	8.5	9.5	
夏慧	8.5	7.5	8.5	7.5	7.5	8.5	7.5	9	
周国菊	9	9	7.5	8.5	8.5	8.5	7.5	8.5	
徐莹	8	8.5	8.5	8.5	8.5	8.5	8.5	8.5	
蓝心桥	8.5	8.5	8.5	9.5	9	7.5	7.5	9	
高龙宝	7.5	7.5	7.5	8.5	7.5	8.5	7.5	9.5	
陶丽	8	8.5	8.5	8	8.5	8	8.5	8.5	
孙永	8.5	9	7.5	7.5	7.5	7.5	9	8.5	
唐刘云	7.5	7.5	7.5	8.5	8.5	7.5	9.5	7.5	
徐军	8.5	8	8.5	9	7.5	6.5	6.5	8.5	
陈怡	8.5	6	7.5	8	6.5	7.5	8.5	8.5	

图24-1

2 将光标移到J2单元格的右下角，光标变成十字形状后，按住鼠标左键向下拖动进行公式填充，即可判断其他员工的员工工作品行考核总分，如图24-2所示。

员工姓名	工作积极性	工作热情	责任感	纪律性	积极学习	忠诚公司	财务廉净	工作服从	得分合计
董丽	9	7.5	8.5	7.5	8.5	7.5	8.5	8	65
王磊	8.5	9.5	9	7.5	7.5	6.5	8.5	9.5	66.5
夏慧	8.5	7.5	8.5	7.5	7.5	8.5	7.5	9	64.5
周国菊	9	9	7.5	8.5	8.5	8.5	7.5	8.5	67
徐莹	8	8.5	8.5	8.5	8.5	8.5	8.5	8.5	67.5
蓝心桥	8.5	8.5	8.5	9.5	9	7.5	7.5	9	68
高龙宝	7.5	7.5	7.5	8.5	7.5	8.5	7.5	9.5	64
陶丽	8	8.5	8.5	8	8.5	8	8.5	8.5	66.5
孙永	8.5	9	7.5	7.5	7.5	7.5	9	8.5	65
唐刘云	7.5	7.5	7.5	8.5	8.5	7.5	9.5	7.5	64
徐军	8.5	8	8.5	9	7.5	6.5	6.5	8.5	63
陈怡	8.5	6	7.5	8	6.5	7.5	8.5	8.5	61

图24-2

函数38 对员工的技能考核进行星级评定（IF函数）

在对员工进行技能考核后，作为主管人员可以对员工的考核成绩进行星级评定，例如，如果平均成绩>=80，评定为☆☆☆☆；如果平均成绩>=70，评定为☆☆☆；如果平均成绩>=60,评定为☆☆。

1 选中F2单元格，在公式编辑栏中输入公式：=IF(E2>=80,"☆☆☆☆",IF(E2>=70,"☆☆☆",IF(E2>=60,"☆☆")))，按回车键即可根据员工的平均成绩对考核星级进行判断，如图24-3所示。

F2 =IF(E2>=80,"☆☆☆☆",IF(E2>=70,"☆☆☆",IF(E2>=60,"☆☆")))

员工姓名	答卷考核	操作考核	面试考核	平均成绩	考核星级
王荣	87	76	80	81	☆☆☆☆
吴磊	65	76	66	69	
周国菊	65	55	63	61	
韩涛利	68	70	75	71	
谢娟娟	50	65	71	62	

图24-3

2 将光标移到F2单元格的右下角，光标变成十字形状后，按住鼠标左键向下拖动进行公式填充，即可判断其他员工的考核星级，如图24-4所示。

员工姓名	答卷考核	操作考核	面试考核	平均成绩	考核星级
王荣	87	76	80	81	☆☆☆☆
吴磊	65	76	66	69	☆☆
周国菊	65	55	63	61	☆☆
韩涛利	68	70	75	71	☆☆☆
谢娟娟	50	65	71	62	☆☆

图24-4

函数39　考评员工成绩是否达标（IF函数）

公司主管对员工进行技能考核后，根据结果可以对员工进行综合考评，即每位员工的平均成绩是否都达到60分以上，这时可以用IF函数来实现。

1 选中F2单元格，在公式编辑栏中输入公式：=IF(E2>60,"达标","没有达标")，按回车键即可根据员工的平均成绩进行综合考评，如图24-5所示。

2 将光标移到F2单元格的右下角，光标变成十字形状后，按住鼠标左键向下拖动进行公式填充，即可考评出其他员工的成绩，如图24-6所示。

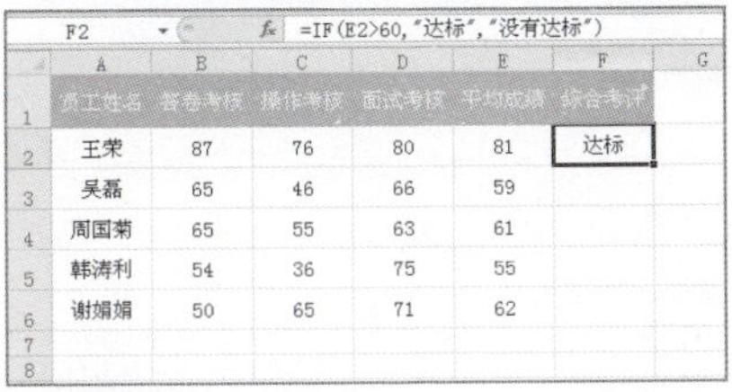
F2　=IF(E2>60,"达标","没有达标")

员工姓名	答卷考核	操作考核	面试考核	平均成绩	综合考评
王荣	87	76	80	81	达标
吴磊	65	46	66	59	
周国菊	65	55	63	61	
韩涛利	54	36	75	55	
谢娟娟	50	65	71	62	

图24－5

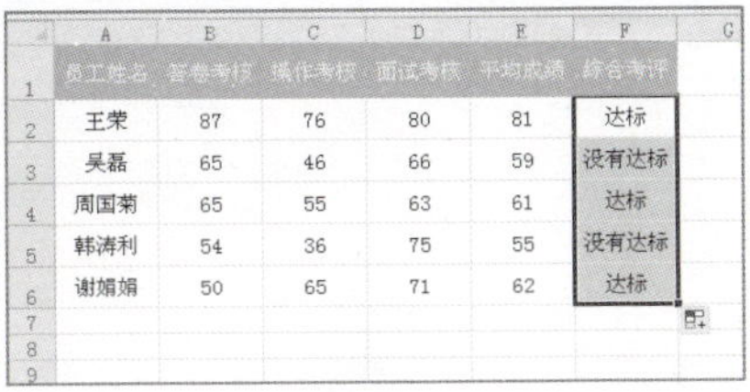

员工姓名	答卷考核	操作考核	面试考核	平均成绩	综合考评
王荣	87	76	80	81	达标
吴磊	65	46	66	59	没有达标
周国菊	65	55	63	61	达标
韩涛利	54	36	75	55	没有达标
谢娟娟	50	65	71	62	达标

图24－6

函数40　对员工考核成绩进行综合评定（OR、AND函数）

在对员工成绩考核后，考评哪些员工3门技能的考核是否全部达标或平均成绩是否达标，这时可以使用OR函数配合AND函数来实现。

1 选中F2单元格，在公式编辑栏中输入公式：=OR(AND(B2>=60,C2>=60,D2>=60),E2>=60)，按回车键即可根据员工3门技能考核来判断是否全部达标或平均成绩是否达标，如果两者中有一项达标的显示为“TRUE"；均不达标的显示为“FALSE"，如图24-7所示。

2 将光标移到F2单元格的右下角，光标变成十字形状后，按住鼠标左键向下拖动进行公式填充，即可显示其他员工的综合评定结果，如图24-8所示。

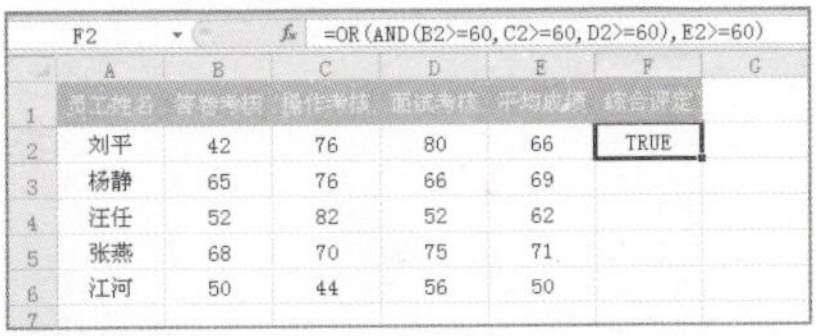
F2　=OR(AND(B2>=60,C2>=60,D2>=60),E2>=60)

员工姓名	答卷考核	操作考核	面试考核	平均成绩	综合评定
刘平	42	76	80	66	TRUE
杨静	65	76	66	69	
汪任	52	82	52	62	
张燕	68	70	75	71	
江河	50	44	56	50	

图24－7

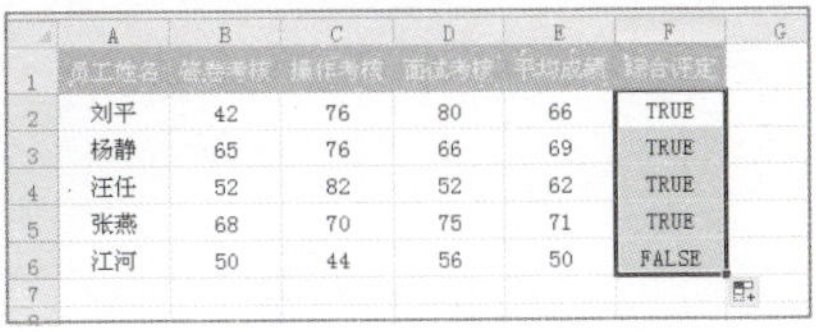

员工姓名	答卷考核	操作考核	面试考核	平均成绩	综合评定
刘平	42	76	80	66	TRUE
杨静	65	76	66	69	TRUE
汪任	52	82	52	62	TRUE
张燕	68	70	75	71	TRUE
江河	50	44	56	50	FALSE

图24－8

函数41　计算每位员工的总考核成绩（SUM函数）

统计完成所有员工各门培训考核成绩后，可以使用函数来计算每位员工的总考核成绩。

① 选中J4单元格，在公式编辑栏中输入公式：=SUM(D4:I4)，按回车键，即可计算出第一位员工的总考核成绩，如图24-9所示。

② 将光标移动J4单元格右下角，当光标变成十字形状后，按住鼠标左键向下拖动，进行公式填充，即可计算出其他员工的总考核成绩，如图24-10所示。

图24-9

图24-10

函数42　计算每位员工的平均考核成绩（AVERAGE函数）

统计完成所有员工各门培训考核成绩后，可以使用函数来计算每位员工的平均考核成绩。

① 选中K4单元格，在公式编辑栏中输入公式：=AVERAGE(D4:I4)，按回车键，即可计算出第一位员工的平均考核成绩，如图24-11所示。

图24-11

第24章 函数在员工考评中的应用

② 将光标移动K4单元格右下角，当光标变成十字形状后，按住鼠标左键向下拖动，进行公式填充，即可计算出其他员工的平均考核成绩，如图24-12所示。

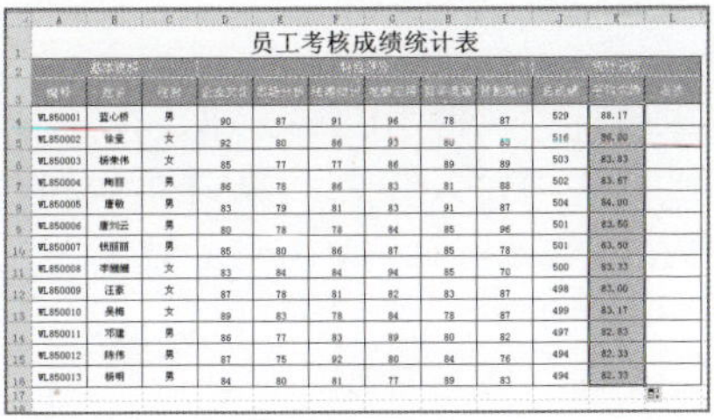

图24-12

函数43　对员工考核成绩进行名次排名（RANK函数）

统计出每位新进员工的培训考核总成绩，就可以使用RANK函数求得每位员工考核成绩在所有员工培训考核成绩的名次排名。

① 选中L4单元格，在公式编辑栏中输入公式：=RANK(J4,$J$4:$J$16)，按回车键，即可计算出第一位员工的总考核成绩在所有员工总考核成绩的名次排名，如图24-13所示。

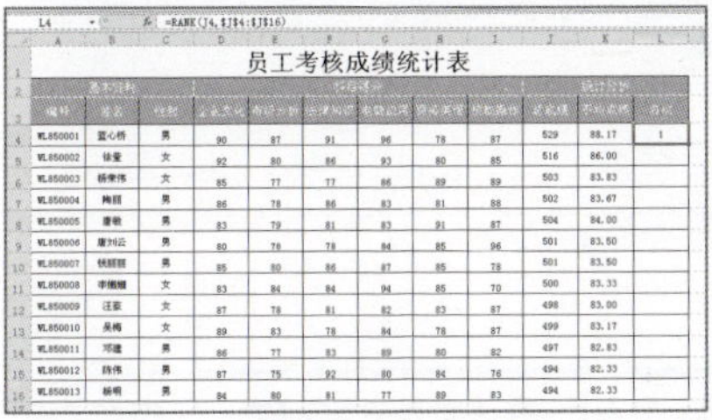

② 将光标移动L4单元格右下角，当光标变成十字形状后，按住鼠标左键向下拖动，进行公式填充，即可计算出其他员工的总考核成绩在所有员工总考核成绩的名次排名，如图24-14所示。

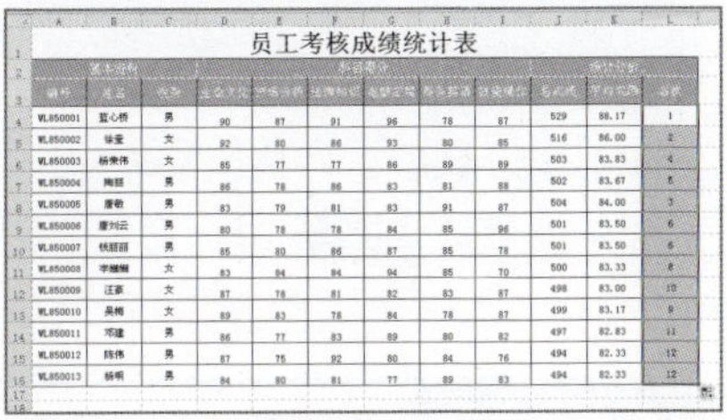

图24-13

图24-14

函数44　同时满足多个条件求员工考核平均成绩（AVERAGE、IF函数）

假设表格中统计了员工的考核的分数。现在利用AVERAGE函数统计出每组中不包含0值的平均成绩。

在工作表中输入数据并建立好求解标识。选中E4单元格,在公式编辑栏中输入公式:=AVERAGE(IF(($A$2:$A$11=1)*(C$2:C$11<>0),C$2:C$11)),按"Ctrl+Shift+Enter"组合键,即可计算出"1"组不包括0值的平均分数,如图24-15所示。

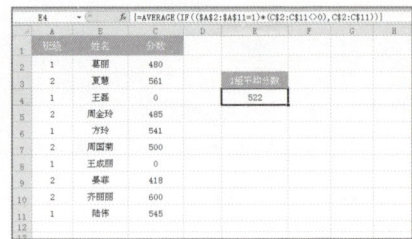

图24-15

函数45 隔列来计算各员工的平均考核成绩(AVERAGE、IF、MOD、COLUMN函数)

公司对员工全年的工作能力和表现进行考核,在全年员工考核统计报表中,通过隔列来计算各员工的平均考核成绩。

选中R2单元格,在公式编辑栏中输入公式:=AVERAGE(IF(MOD(COLUMN($B2:$Q2),4)=0,IF($B2:$Q2>0,$B2:$Q2))),按"Ctrl+Shift+Enter"组合键,即可计算出第一位员工的月平均成绩,将光标移到R2单元格的右下角,光标变成十字形状后,按住鼠标左键向下拖动进行公式填充,即可计算出其他员工的月平均成绩,如图24-16所示。

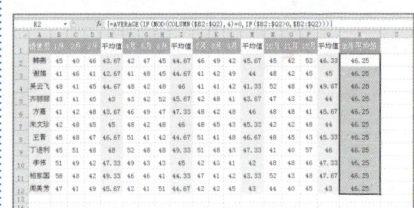

图24-16

函数46 使用"★"为考评结果标明等级(REPT函数)

若要对销售量用"★"标明等级,可以使用REPT函数来实现。

[1] 选中C3单元格,在公式编辑栏中输入公式:=IF(B3<5,REPT($C$1,3),IF(B3<10,REPT($C$1,5),REPT($C$1,8))),按回车键即可根据B3单元格中的销售额自动返回指定数目的"★"号,如图24-17所示。

姓名	销售额（万元）	等级
		★
王水	4.6	★★★
彭倩	9.15	
张丹丹	14.2	
李圆圆	13.7	
沈心	7.8	
郑强	6.3	

图24-17

2 将光标移到C3单元格的右下角，光标变成十字形状后，按住鼠标左键向下拖动进行公式填充，即可根据B列中的销售额自动返回指定数目的“★"号，如图24-18所示。

姓名	销售额（万元）	等级
		★
王水	4.6	★★★
彭倩	9.15	★★★★★
张丹丹	14.2	★★★★★★★★
李圆圆	13.7	★★★★★★★★
沈心	7.8	★★★★★
郑强	6.3	★★★★★

图24-18

函数47　考评销售员的销售等级（CHOOSE、IF函数）

在产品销售统计报表中，考评销售员的销售等级。约定当总销售额大于200000时，销售等级为“四等销售员"；当总销售量在180000~200000时，销售等级为“三等销售员"；当总销售量在150000~180000时，销售等级为“二等销售员"；当总销售量小于150000时，销售等级为“一等销售员"。

1 选中E2单元格，在公式编辑栏中输入公式：=CHOOSE(IF(D2>200000,1,IF(D2>=180000,2,IF(D2>=150000,3,4))),"四等销售员","三等销售员","二等销售员","一等销售员")，按回车键即可评定销售员“王涛"等级为“二等销售员"，如图24-19所示。

销售员	销售量	销售单价	销售金额	销售等级
王荣	817	210	171570	二等销售员
吴磊	921	210	193410	
葛丽	886	210	186060	
唐刘云	1008	210	211680	
晏菲	635	210	133350	
方玲	978	210	205380	

图24-19

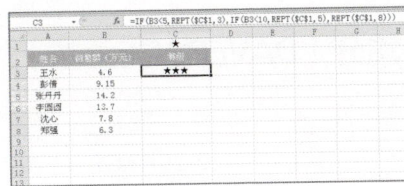

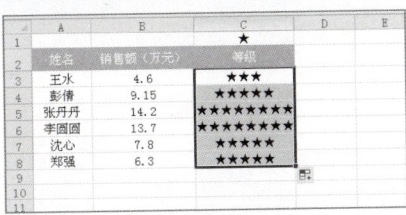

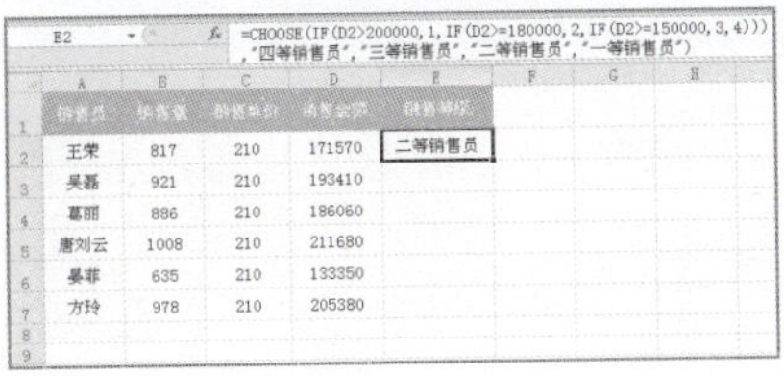

2 将光标移到E2单元格的右下角，光标变成十字形状后，按住鼠标左键向下拖动进行公式填充，即可判断其他销售员的等级，如图24-20所示。

销售员	销售量	销售单价	销售金额	销售等级
王荣	817	210	171570	二等销售员
吴磊	921	210	193410	三等销售员
葛丽	886	210	186060	三等销售员
唐刘云	1008	210	211680	四等销售员
晏菲	635	210	133350	一等销售员
方玲	978	210	205380	四等销售员

图24-20

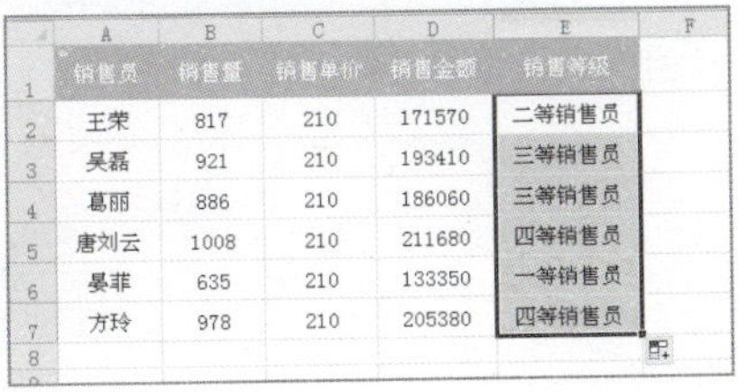

函数48 统计特定考评平均分（DAVERAGE函数）

在统计了各部门员工各考核成绩（为方便显示，只列举部分记录），现在要统计某一特定部门指定考核的平均分，可以使用DAVERAGE函数来实现。

1 在A11:A12单元格区域中设置条件，其中包括列标识，部门名称为“财务部"，如图24-21所示。

班级	员工姓名	答卷考核	操作考核	面试考核
业务部	葛丽	60	59	62
业务部	周国菊	56	73	60
财务部	蓝心桥	62	59	69
业务部	徐莹	63	60	60
财务部	杨荣伟	59	59	60
业务部	陶丽	62	60	97
财务部	唐敏	94	62	60
办公室	唐刘云	80	97	58
班级	平均分（面试考核）			
财务部				

图24-21

2 选中B12单元格，在公式编辑栏中输入公式：=DAVERAGE(A1:E9,5,A11:A12)，按回车键即可统计出部门为“财务部"的面试考核平均分，如图24-22所示。

B12 =DAVERAGE(A1:E9,5,A11:A12)

班级	员工姓名	答卷考核	操作考核	面试考核
业务部	葛丽	60	59	62
业务部	周国菊	56	73	60
财务部	蓝心桥	62	59	69
业务部	徐莹	63	60	60
财务部	杨荣伟	59	59	60
业务部	陶丽	62	60	97
财务部	唐敏	94	62	60
办公室	唐刘云	80	97	58
班级	平均分（面试考核）			
财务部	63			

图24-22

函数49 根据员工的销售量进行业绩考核（IF函数）

对员工本月的销售量进行统计后，作为主管人员可以对员工的销量业绩进行考核。

1 选中F2单元格，在公式编辑栏中输入公式：=IF(E2<=5,"差",IF(E2>5,"良",""))，按回车键即可对员工的业绩进行考核，如图24-23所示。

F2 =IF(E2<=5,"差",IF(E2>5,"良",""))

销售员	计算机销售量	摄像头销售量	GPRS销售量	总销售量	业绩考核
王荣	2	1	0	3	差
吴磊	3	6	4	13	
周国菊	1	0	4	5	
韩涛利	6	8	4	18	
谢娟娟	3	5	1	9	

图24-23

2 将光标移到F2单元格的右下角，光标变成十字形状后，按住鼠标左键向下拖动进行公式填充，即可得出其他员工业绩考核结果，如图24-24所示。

销售员	计算机销售量	摄像头销售量	GPRS销售量	总销售量	业绩考核
王荣	2	1	0	3	差
吴磊	3	6	4	13	良
周国菊	1	0	4	5	差
韩涛利	6	8	4	18	良
谢娟娟	3	5	1	9	良

图24-24

函数50　统计前5名员工的平均成绩（LARGE、AVERAGE函数）

数据表中统计了员工的考核成绩，现在要计算前5名的平均成绩，可以使用LARGE函数配合AVERAGE函数来实现。

选中F4单元格，在公式编辑栏中输入公式：=AVERAGE(LARGE(C2:C10,{1,2,3,4,5}))，按回车键，即可统计出C2:C10单元格区域中排名前5位数据的平均值，如图24-25所示。

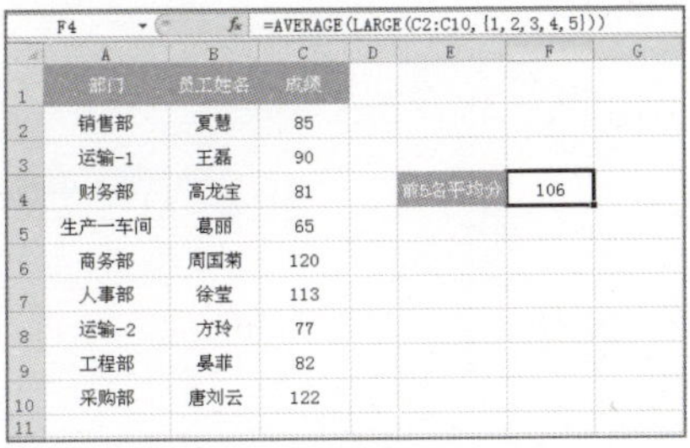
F4 =AVERAGE(LARGE(C2:C10,{1,2,3,4,5}))

	A	B	C	D	E	F	G
1	部门	员工姓名	成绩				
2	销售部	夏慧	85				
3	运输-1	王磊	90				
4	财务部	高龙宝	81		前5名平均分	106	
5	生产一车间	葛丽	65				
6	商务部	周国菊	120				
7	人事部	徐莹	113				
8	运输-2	方玲	77				
9	工程部	晏菲	82				
10	采购部	唐刘云	122				
11							

图24-25

函数51　根据业绩计算需要发放多少奖金（SUM、IF函数）

公司规定业务成绩大于100000元者给奖金2000元，否则给奖金1000元。现统计8个业务员总共需要多发放多少奖金。

选中D2单元格，在公式编辑栏中输入公式：=SUM(IF(B2:B9>100000,2000,1000))，按“Ctrl+Shift+Enter"组合键即可计算出需要发放多少奖金，如图24-26所示。

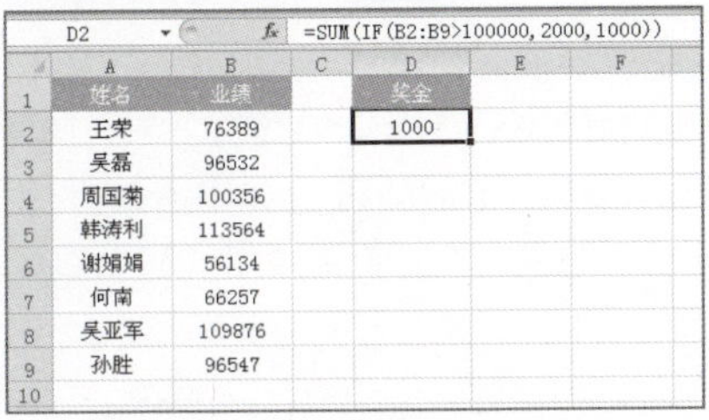
D2 =SUM(IF(B2:B9>100000,2000,1000))

	A	B	C	D	E	F
1	姓名	业绩		奖金		
2	王荣	76389		1000		
3	吴磊	96532				
4	周国菊	100356				
5	韩涛利	113564				
6	谢娟娟	56134				
7	何南	66257				
8	吴亚军	109876				
9	孙胜	96547				
10						

图24-26

函数52　统计出指定部门获取奖金的人数（SUMPRODUCT函数）

若要统计出指定部门获取奖金的人数，可以使用SUMPRODUCT函数来实现（去除空值）。

1 选中F5单元格，在公式编辑栏中输入公式：=SUMPRODUCT(($B$2:$B$12=E5)*(C$2:C$12<>""))，按回车键即可统计出所属部门为“业务部"获取奖金的人数，如图24-27所示。

2 将光标移到F5单元格的右下角，光标变成十字形状后，按住鼠标左键向下拖动进行公式填充，即可快速统计出指定部门获取奖金的人数，如图24-28所示。

F5 =SUMPRODUCT(($B$2:$B$12=E5)*(C$2:C$12<>""))

	A	B	C	D	E	F
1	员工姓名	所属部门	奖金			
2	葛丽	业务部	800			
3	周国菊	业务部	500			
4	蓝心桥	财务部			所属部门	获取奖金人数
5	徐莹	业务部	300		业务部	4
6	杨荣伟	财务部	200		财务部	
7	陶丽	业务部	100		办公室	
8	唐敏	财务部	300			
9	唐刘云	办公室	500			
10	钱丽丽	业务部				
11	李姗姗	办公室	100			
12	汪豪	办公室	100			
13						

图24-27

F5 =SUMPRODUCT(($B$2:$B$12=E5)*(C$2:C$12<>""))

	A	B	C	D	E	F
1	员工姓名	所属部门	奖金			
2	葛丽	业务部	800			
3	周国菊	业务部	500			
4	蓝心桥	财务部			所属部门	获取奖金人数
5	徐莹	业务部	300		业务部	4
6	杨荣伟	财务部	200		财务部	2
7	陶丽	业务部	100		办公室	3
8	唐敏	财务部	300			
9	唐刘云	办公室	500			
10	钱丽丽	业务部				
11	李姗姗	办公室	100			
12	汪豪	办公室	100			
13						

图24-28

函数53 统计出指定部门奖金大于固定值的人数（SUMPRODUCT函数）

若要统计出指定部门获取奖金的人数，可以使用SUMPRODUCT函数来实现。

1 选中F5单元格，在公式编辑栏中输入公式：=SUMPRODUCT((B$2:B$12=E5)*(C$2:C$12>1000))，按回车键即可统计出所属部门为“业务部"奖金额大于1000的人数，如图24 29所示。

2 将光标移到F5单元格的右下角，光标变成十字形状后，按住鼠标左键向下拖动进行公式填充，即可快速统计出指定部门奖金额大于1000的人数，如图24-30所示。

F5 =SUMPRODUCT((B$2:B$12=E5)*(C$2:C$12>1000))

	A	B	C	D	E	F
1	员工姓名	所属部门	奖金			
2	葛丽	业务部	1800			
3	周国菊	业务部	500		所属部门	奖金额大于200的人数
4	蓝心桥	财务部	300			
5	徐莹	业务部	1300		业务部	3
6	杨荣伟	财务部	2000		财务部	
7	陶丽	业务部	1000		办公室	
8	唐敏	财务部	1300			
9	唐刘云	办公室	150			
10	钱丽丽	业务部	2600			
11	李姗姗	办公室	100			
12	汪豪	办公室	200			
13						
14						

图24-29

	A	B	C	D	E	F
1	员工姓名	所属部门	奖金			
2	葛丽	业务部	1800			
3	周国菊	业务部	500		所属部门	奖金额大于200的人数
4	蓝心桥	财务部	300			
5	徐莹	业务部	1300		业务部	3
6	杨荣伟	财务部	2000		财务部	2
7	陶丽	业务部	1000		办公室	0
8	唐敏	财务部	1300			
9	唐刘云	办公室	150			
10	钱丽丽	业务部	2600			
11	李姗姗	办公室	100			
12	汪豪	办公室	200			
13						
14						
15						

图24-30

函数54 计算周末奖金补贴（SUMPRODUCT、ROW、INDIRECT函数）

某公司以前星期六和星期日常常加班，且未按加班方式计算工资，从2010年10月开始，对所有人进行补贴。现在要求对工作表中所有离职人员的补贴进行计算。从进公司开始到离职日结束，每个星期六和星期日补贴10元。

1 选中D2单元格，在公式编辑栏中输入公式：=SUMPRODUCT(N(WEEKDAY(ROW(INDIRECT(B2&":"&C2))-1,2)>5))*10，按回车键即可返回第一个员工的补贴额，如图24-31所示。

D2　=SUMPRODUCT(N(WEEKDAY(ROW(INDIRECT(B2&":"&C2))-1,2)>5))*10

员工姓名	进公司日期	离职日期	奖金补贴额
葛丽	2008-1-1	2008-9-10	720
周国菊	2007-3-18	2008-10-2	
蓝心桥	1998-6-28	2008-10-3	
徐莹	2005-8-23	2010-5-18	
杨荣伟	2010-6-28	2012-8-1	
陶丽	2011-9-12	2012-9-15	
唐敏	2006-8-18	2008-6-11	
唐刘云	1999-9-16	2011-10-2	
钱丽丽	2001-4-16	2011-12-15	
李姗姗	1992-9-23	2009-12-3	

图24－31

2 将光标移到D2单元格的右下角，光标变成十字形状后，按住鼠标左键向下拖动进行公式填充，即可快速返回其他员工的补贴额，如图24-32所示。

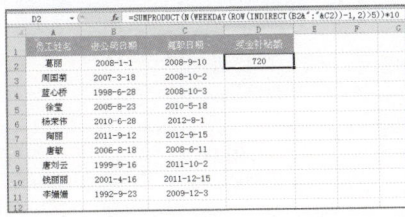

员工姓名	进公司日期	离职日期	奖金补贴额
葛丽	2008-1-1	2008-9-10	720
周国菊	2007-3-18	2008-10-2	1620
蓝心桥	1998-6-28	2008-10-3	10720
徐莹	2005-8-23	2010-5-18	4940
杨荣伟	2010-6-28	2012-8-1	2190
陶丽	2011-9-12	2012-9-15	1050
唐敏	2006-8-18	2008-6-11	1900
唐刘云	1999-9-16	2011-10-2	12570
钱丽丽	2001-4-16	2011-12-15	11130
李姗姗	1992-9-23	2009-12-3	17940

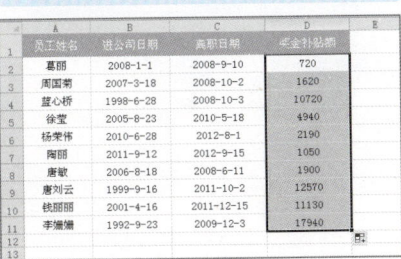

图24－32

函数55 汇总行政部员工获奖次数（SUMPRODUCT函数）

公司举办年终抽奖活动，现在需要汇总行政部员工获奖次数。

选中E2单元格，在公式编辑栏中输入公式：=SUMPRODUCT((B2:B12="行政部")*C2:C12)，按回车键，即可返回行政部人员获奖次数，如图24-33所示。

E2　=SUMPRODUCT((B2:B12="行政部")*C2:C12)

员工	部门	获奖次数		生产部人数
葛丽	销售部	6		13
王磊	行政部	2		
夏慧	财务部	1		
周国菊	生产一车间	5		
徐莹	商务部	1		
蓝心桥	人事部	1		
高龙宝	行政部	3		
陶丽	工程部	1		
孙永	采购部	2		
唐刘云	生产二车间	5		
徐军	行政部	8		

图24－33

函数56 计算员工年终奖（TEXT函数）

公司规定工作时间长于3年者年终奖为1500元，长于1年者年终奖为1000元，1年及以下者为500元。现在需要求所有员工的年终奖。

1 选中C2单元格，在公式编辑栏中输入公式：=TEXT(B2,"[>3]15!0!0;[>1]1!0!0!0;5!0!0;")，按回车键即可计算出第一个员工的年终奖，如图24-34所示。

C2　=TEXT(B2,"[>3]15!0!0;[>1]1!0!0!0;5!0!0;")

	A	B	C
1	员工	工作时间	年终奖
2	葛丽	6	1500
3	王磊	2	
4	夏慧	1	
5	周国菊	5	
6	徐莹	1	
7	蓝心桥	停薪留职	
8	高龙宝	3	
9	陶丽	1	
10	孙永	2	
11	唐刘云	5	
12	徐军	停薪留职	

图24-34

2 将光标移到C2单元格的右下角，光标变成十字形状后，按住鼠标左键向下拖动进行公式填充，即可快速返回其他员工的年终奖，如图24-35所示。

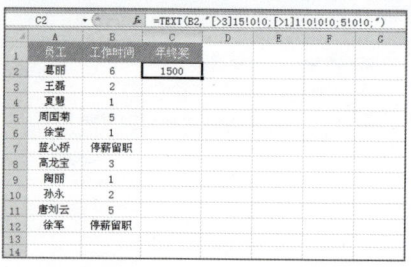

	A	B	C
1	员工	工作时间	年终奖
2	葛丽	6	1500
3	王磊	2	1000
4	夏慧	1	500
5	周国菊	5	1500
6	徐莹	1	500
7	蓝心桥	停薪留职	
8	高龙宝	3	1000
9	陶丽	1	500
10	孙永	2	1000
11	唐刘云	5	1500
12	徐军	停薪留职	

图24-35

函数57 根据达标率计算员工奖金（TEXT函数）

公司规定，达标率小于80%，奖金只有200元，达标率在80%到90%之间奖金有250元，在90%到100%之间奖金有300元，在100%到105%之间奖金有450元，高于105%则有奖金550元。现在需要计算每个员工的奖金。

1 选中C2单元格，在公式编辑栏中输入公式：=MAX((B2>{0,0.8,0.9,1,1.05})*{200,250,300,450,550})，按回车键即可计算出第一个员工的奖金，如图24-36所示。

C2　=MAX((B2>{0,0.8,0.9,1,1.05})*{200,250,300,450,550})

	A	B	C
1	员工	达标率	奖金
2	葛丽	58%	200
3	王磊	92.80%	
4	夏慧	68.20%	
5	周国菊	73.50%	
6	徐莹	56.23%	
7	蓝心桥	108.12%	
8	高龙宝	98.23%	
9	陶丽	78.65%	
10	孙永	80.23%	
11	唐刘云	95.98%	
12	徐军	58.68%	

图24-36

2 将光标移到C2单元格的右下角，光标变成十字形状后，按住鼠标左键向下拖动进行公式填充，即可快速返回其他员工的奖金，如图24-37所示。

员工	达标率	奖金
葛丽	58%	200
王磊	92.80%	300
夏慧	68.20%	200
周国菊	73.50%	200
徐莹	56.23%	200
蓝心桥	108.12%	550
高龙宝	98.23%	300
陶丽	78.65%	200
孙永	80.23%	250
唐刘云	95.98%	300
徐军	58.68%	200

图24-37

函数58　计算生产部所有人员的平均获奖率（TEXT函数）

计算生产部所有人员的平均获奖率，结果以百分比显示，保留两位小数。

选中C11单元格，在公式编辑栏中输入公式：=TEXT(AVERAGEA(IF(LEFT(A2:A9,3)="生产部",B2:B9/C2:C9)),"0.00%")，按回车键即可计算出生产部所有人员的平均获奖率，如图24-38所示。

C11　{=TEXT(AVERAGEA(IF(LEFT(A2:A9,3)="生产部",B2:B9/C2:C9)),"0.00%")}

部门	获奖人数	总人数
行政部	2	4
人事部	1	4
财务部	1	3
商务部	1	3
采购部	2	8
销售部	2	10
生产部一车间	2	23
生产部二车间	4	32
生产部获奖率		10.60%

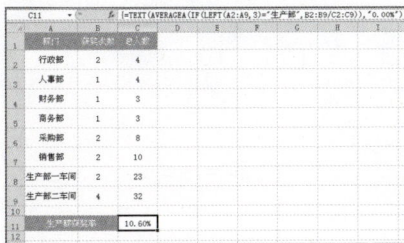

图24-38

函数59　计算超产奖（TEXT函数）

公司规定产量标准是700，如果高于700，每超产80就给奖金50元，不足80则四舍五入，即超产39忽略，超产40则进位，按超产80计算，反之产量小于700时也可以以同样方式扣奖金。现在需要计算1日至10日中需要奖还是惩，金额是多少。

选中D2单元格，在公式编辑栏中输入公式：=SUM(MROUND(B2:B11-700,80*IF(B2:B11>=700,1,-1)))/80*50，按回车键即可返回奖惩金额，如图24-39所示。

D2　{=SUM(MROUND(B2:B11-700,80*IF(B2:B11>=700,1,-1)))/80*50}

时间	产量		奖惩金额
9月1日	862		750
9月2日	725		
9月3日	650		
9月4日	888		
9月5日	758		
9月6日	820		
9月7日	450		
9月8日	782		
9月9日	1268		
9月10日	980		

图24-39

函数60 根据工程的难度系数计算奖金（MIN函数）

公司规定，每个人的工程难度系数不同，按照难度系数发放奖金。如果难度系数大于等于1，奖金按500元计算，如果难度系数小于1，则用500元乘以该难度系数得到奖金数。

1 选中B2单元格，在公式编辑栏中输入公式：=MIN(A2*500,500)，按回车键即可返回第一个职工的奖金，如图24-40所示。

2 将光标移到B2单元格的右下角，光标变成十字形状后，按住鼠标左键向下拖动进行公式填充，即可快速返回其他员工的奖金，如图24-41所示。

B2 =MIN(A2*500,500)

	A	B	C	D	E
1	难度系数	奖金			
2	0.6	300			
3	1.21				
4	1.38				
5	0.8				
6	0.55				
7	1.28				
8	0.55				
9	1.16				
10	0.8				

图24-40

	A	B	C	D	E
1	难度系数	奖金			
2	0.6	300			
3	1.21	500			
4	1.38	500			
5	0.8	400			
6	0.55	275			
7	1.28	500			
8	0.55	275			
9	1.16	500			
10	0.8	400			
11					

图24-41

第25章

函数在员工考勤和工资统计中的应用

函数61 判断员工是否已签到(IF、ISNONTEXT函数)

判断员工是否已签到。

① 选中D2单元格,在公式编辑栏中输入公式:=IF(ISNONTEXT(C2),"未签到","已签到"),按回车键,即可判断第一位员工已签到,如图25-1所示。

② 将光标移到D2单元格的右下角,光标变成十字形状后,按住鼠标左键向下拖动进行公式填充,即可判断其他员工是否已签到,如图25-2所示。

图25-1　　　　　　　图25-2

函数62 自动返回考勤表标题(MONTH、TODAY函数)

利用公式根据当前年份与月份自动返回日期数。

选中A1单元格,在公式编辑栏中输入公式:=MONTH(TODAY())&"月份考勤表",按回车键,即可返回考勤表标题,如图25-3所示。

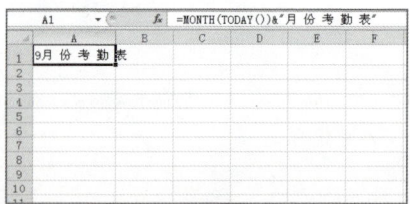

图25-3

函数63 根据当前日期数返回对应的考勤星期数(CHOOSE、WEEKDAY函数)

利用公式实现自动根据当前月份的日期数返回对应的星期数。

第25章 函数在员工考勤和工资统计中的应用

1 选中D3单元格，在公式编辑栏中输入公式：=CHOOSE(WEEKDAY(D2,2),"一","二","三","四","五","六","日")，按回车键，返回当月第1天对应的星期数，如图25-4所示。

2 将光标移到D3单元格的右下角，光标变成十字形状后，按住鼠标左键向下拖动进行公式填充，即可返回所有日期对应的星期数，如图25-5所示。

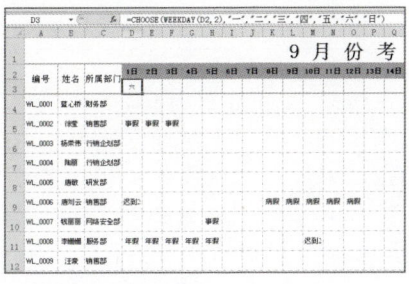

图25-4

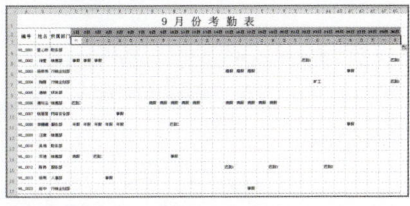

图25-5

函数64 从卡机数据提取员工打卡时间（MID函数）

B列是出勤表中提取的数据，其编号规则是：前5位是持卡人编号，之后10位数是年月日小时分钟，最后3位数表示部门编号，如果打卡时间以8:30为准，计算哪些人迟到。

1 选中C2单元格，在公式编辑栏中输入公式：=830>--MID(B2,14,4)，按回车键，即可判断第一个员工是否迟到，如图25-6所示。

2 将光标移到C2单元格的右下角，光标变成十字形状后，按住鼠标左键向下拖动进行公式填充，即可判断其他员工是否迟到，如图25-7所示。

图25-6

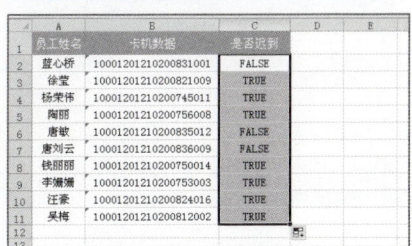

图25-7

函数65 根据卡机数据判断员工部门（CHOOSE、MATCH、RIGHT函数）

卡机数据的编码规则与前面的实例是一致的，其中最后三个编号001是生产部，038为业务部，014为总务部，011为人事部，008为食堂，021为保卫部，043为采购部，009为送货部，028为财务部。要求根据打卡机的实际判断员工的所属部门。

1 选中C2单元格，在公式编辑栏中输入公式：=CHOOSE(MATCH(--RIGHT(B2,3),{1,38,14,11,8,21,43,9,28},0),"生产部","业务部","总务部","人事部","食堂","保卫部","采购部","送货部","财务部")，按回车键，即可判断第一个员工的所在部门，如图25-8所示。

C2　=CHOOSE(MATCH(--RIGHT(B2,3),{1,38,14,11,8,21,43,9,28},0),"生产部","业务部","总务部","人事部","食堂","保卫部","采购部","送货部","财务部")

	A	B	C	D	E	F
1	员工姓名	卡机数据	员工部门			
2	蓝心桥	10001201210200831001	生产部			
3	徐莹	10001201210200821011				
4	杨荣伟	10001201210200745011				
5	陶丽	10001201210200756038				
6	唐敏	10001201210200835014				
7	唐刘云	10001201210200836008				
8	钱丽丽	10001201210200750014				
9	李姗姗	10001201210200753043				
10	汪豪	10001201210200824029				
11	吴梅	10001201210200812009				

图25-8

2 将光标移到C2单元格的右下角，光标变成十字形状后，按住鼠标左键向下拖动进行公式填充，即可判断其他员工所在部门，如图25-9所示。

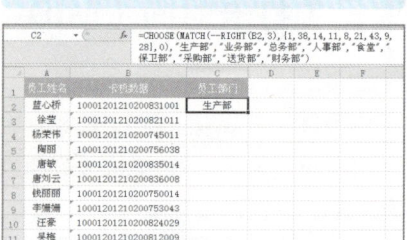

	A	B	C	D	E
1	员工姓名	卡机数据	员工部门		
2	蓝心桥	10001201210200831001	生产部		
3	徐莹	10001201210200821011	人事部		
4	杨荣伟	10001201210200745011	人事部		
5	陶丽	10001201210200756038	业务部		
6	唐敏	10001201210200835014	总务部		
7	唐刘云	10001201210200836008	食堂		
8	钱丽丽	10001201210200750014	总务部		
9	李姗姗	10001201210200753043	采购部		
10	汪豪	10001201210200824028	财务部		
11	吴梅	10001201210200812009	送货部		
12					
13					

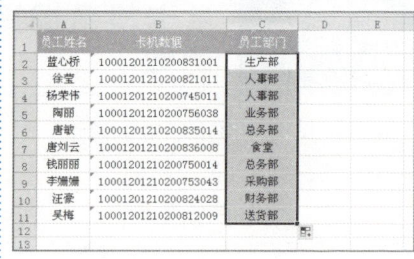

图25-9

函数66 计算员工的总加班时间（SUM函数）

根据员工加班记录表来计算员工的总加班时间。

1 选中F2单元格，在公式编辑栏中输入：=SUM(C2:E2)，按回车键，F4单元格中就会显示该员工的总加班时间，如图25-10所示。

F2　=SUM(C2:E2)

	A	B	C	D	E	F
1	员工编号	员工姓名	工作日加班(小时)	双休日加班(小时)	节假日加班(小时)	总加班时间(小时)
2	NL001	葛丽	10	8		18
3	NL002	周国菊	6			
4	NL003	蓝心桥			4	
5	NL004	徐莹	4			
6	NL005	杨荣伟	20			
7	NL006	陶丽		4		
8	NL007	唐敏				
9	NL008	唐刘云	4		8	
10	NL009	钱丽丽	6			
11	NL010	李姗姗	5		1	

图25-10

第25章 函数在员工考勤和工资统计中的应用

❷ 将光标移到F2单元格的右下角，光标变成十字形状后，按住鼠标左键向下拖动进行公式填充，即可将计算出其他员工的总加班时间，如图25-11所示。

图25-11

函数67　返回值班安排表中日期对应的星期数（WEEKDAY函数）

计算值班安排中日期对应的星期数，可以使用WEEKDAY函数来实现。

❶ 选中C2单元格，在公式编辑栏中输入公式：="星期"&WEEKDAY(B2,2)，按回车键，返回第一个值班日期对应的星期数，如图25-12所示。

❷ 将光标移到C2单元格的右下角，光标变成十字形状后，按住鼠标左键向下拖动进行公式填充，即可快速返回其他值班日期对应的星期数，如图25-13所示。

图25-12　　　　　　　图25-13

函数68　罗列值班日期（MIN、IF、WEEKDAY、DATE、ROW函数）

某员工每个月的第一个星期日值班，现在需要罗列出2012年度该员工的所有值班日期。

❶ 选中B2单元格，在公式编辑栏中输入公式：=MIN(IF(WEEKDAY(DATE(2012,ROW(),ROW($1:$31)),2)=7,DATE(2012,ROW(),ROW($1:$3

1))))，按【Ctrl+Shift+Enter】组合键，返回第一个值班日期的序列值，再将单元格设置为日期格式，如图25-14所示。

B2 fx {=MIN(IF(WEEKDAY(DATE(2012,ROW(),ROW($1:$31)),2)=7,DATE(2012,ROW(),ROW($1:$31))))}

次数	日期
第1次	2012-2-5
第2次	
第3次	
第4次	
第5次	
第6次	
第7次	
第8次	
第9次	
第10次	
第11次	
第12次	

图25-14

2 将光标移到B2单元格的右下角，光标变成十字形状后，按住鼠标左键向下拖动进行公式填充，即可快速返回其他值班日期对应的序列值，如图25-15所示。

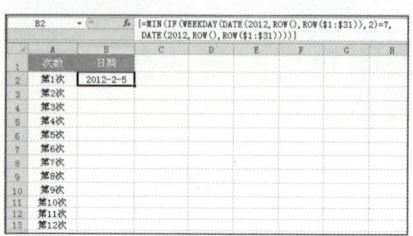

次数	日期
第1次	2012-2-5
第2次	2012-3-4
第3次	2012-4-1
第4次	2012-5-6
第5次	2012-6-3
第6次	2012-7-1
第7次	2012-8-5
第8次	2012-9-2
第9次	2012-10-7
第10次	2012-11-4
第11次	2012-12-2
第12次	2013-1-6

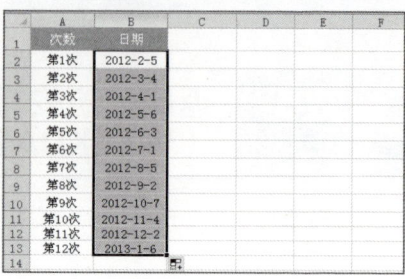

图25-15

函数69 累积员工每日得分（N、IF函数）

公司10月份开始对职工的产量计算得分，作为年终奖的依凭。每个员工底分为5分，然后逐日加上每天的得分。如果当日有扣分，则从底分中扣除改分，如果当日扣分，则累加0.1分。现需要计算某员工每日得分。

1 选中C2单元格，在公式编辑栏中输入公式：=(N(C1)=0)*5+N(C1)+IF(B2>0,-B2,0.1)，按回车键，即可计算出第一天的得分，如图25-16所示。

C2 fx =(N(C1)=0)*5+N(C1)+IF(B2>0,-B2,0.1)

日期	扣分	得分
10月1日		5.1
10月2日	0.2	
10月3日		
10月4日		
10月5日	0.1	
10月6日		
10月7日	0.2	
10月8日		
10月9日		

图25-16

2 将光标移到B2单元格的右下角，光标变成十字形状后，按住鼠标左键向下拖动进行公式填充，即可计算出其他天的得分，如图25-17所示。

日期	扣分	得分
10月1日		5.1
10月2日	0.2	4.9
10月3日		5
10月4日		5.1
10月5日	0.1	5
10月6日		5.1
10月7日	0.2	4.9
10月8日		5
10月9日		5.1

图25-17

函数70 自动追加工龄工资（DATEDIF、TODAY函数）

在计算工龄工资时通常是以其工作年限来计算，如本例中实现根据入职年龄，每满一年，工龄工资自动增加100元。

1 选中C2单元格，在公式编辑栏中输入公式：=DATEDIF(B2,TODAY(),"y")*100,"按回车键返回日期值，按住鼠标左键向下拖动进行公式填充，如图25-18所示。

2 选中"工种工龄"列函数返回的日期值，重新设置其单元格格式为"常规"即可以根据入职时间自动显示工龄工资，如图25-19所示。

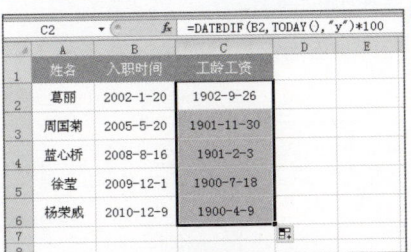

图25-18

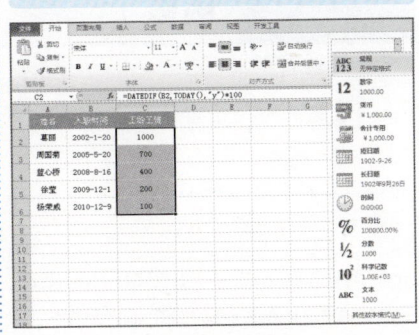

图25-19

函数71 根据工作时间计算12月工资（SUM、IF函数）

公司规定工作时间1年以下者给200元年终奖，1到3年者600元，3到5年者1000元，5到10年者1400元。现需统计年终月份每人工资加年终奖的合计。

1 选中D2单元格，在公式编辑栏中输入公式：=C2+SUM(IF(B2>{0,1,3,5,10},{200,400,400,400,400}))，按回车键即可计算出第一个人员12月的工资，如图25-20所示。

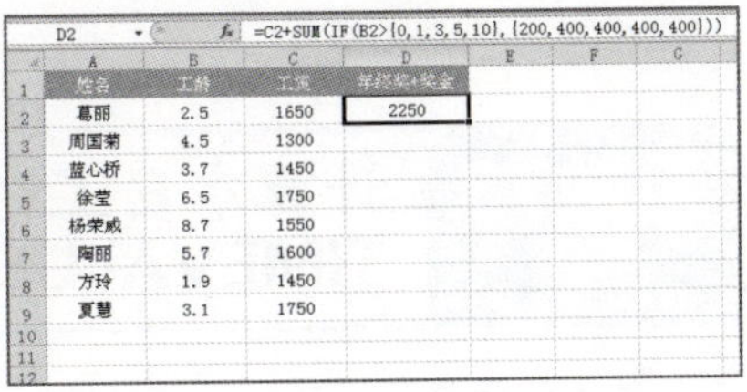

图25-20

②将光标移到D2单元格的右下角，光标变成十字形状后，按住鼠标左键向下拖动进行公式填充，即可快速计算出其他人员12月的工资，如图25-21所示。

	A	B	C	D	E
1	姓名	工龄	工资	年终奖+奖金	
2	葛丽	2.5	1650	2250	
3	周国菊	4.5	1300	2300	
4	蓝心桥	3.7	1450	2450	
5	徐莹	6.5	1750	3150	
6	杨荣威	8.7	1550	2950	
7	陶丽	5.7	1600	3000	
8	方玲	1.9	1450	2050	
9	夏慧	3.1	1750	2750	
10					
11					
12					

图25-21

函数72 计算每日工时工资（IF、WEEKDAY函数）

员工上星期一至星期五正班8小时的工时工资是5元/小时。8小时以外则按1.5倍计算，星期六上班的话每个小时按1.5倍计算，现需计算某职工每日的工时工资。

①选中C2单元格，在公式编辑栏中输入公式：=8*5*IF(WEEKDAY(A2,2)<6,1,1.5)+(B2-8)*5*1.5，按回车键，即可返回1日的工时工资，如图25-22所示。

C2 =8*5*IF(WEEKDAY(A2,2)<6,1,1.5)+(B2-8)*5*1.5

	A	B	C	D	E	F	G
1	日期	工时	本日计时工资				
2	9月1日	8	40				
3	9月2日	9					
4	9月3日	8.5					
5	9月4日	10					
6	9月5日	8					
7	9月6日	9					
8	9月7日	9					
9	9月9日	9.5					
10	9月9日	12					
11	9月10日	10					

图25-22

②将光标移到C2单元格的右下角，光标变成十字形状后，按住鼠标左键向下拖动进行公式填充，即可快速返回其他日期的工时工资，如图25-23所示。

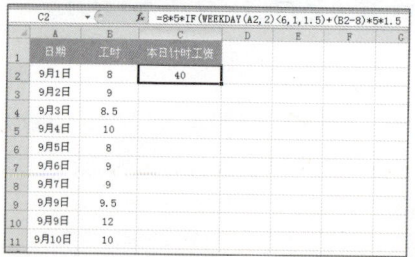

	A	B	C	D	E	F
1	日期	工时	本日计时工资			
2	9月1日	8	40			
3	9月2日	9	47.5			
4	9月3日	8.5	63.75			
5	9月4日	10	75			
6	9月5日	8	40			
7	9月6日	9	47.5			
8	9月7日	9	47.5			
9	9月9日	9.5	51.25			
10	9月9日	12	70			
11	9月10日	10	75			
12						

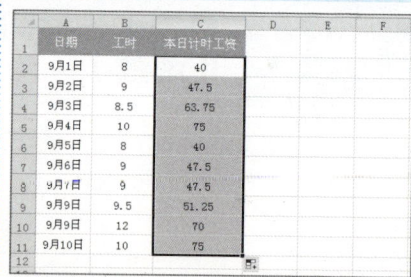

图25-23

函数73 计算本日工时工资（HOUR SUM、TIMEVALUE、ROUNDUP函数）

学生放假来公司实习，实习期间公司计算工资是计时工资。即每天8点上班，17点下班，去除午餐1小时，每日8小时，每小时6元工资。如果早上迟到，不足1小时扣6元，不足2小时扣12元。下午如果工作完成，可以提前下班，对于提前下班的时间，按实际分钟扣除工资。

1 选中D2单元格，在公式编辑栏中输入公式：=(HOUR(C2-TIMEVALUE(“8:00"))-1-ROUNDUP(B2-TIMEVALUE (“8:00"),0))*6，按回车键即可获取第一位学生的本日工资，如图25-24所示。

D2　=(HOUR(C2-TIMEVALUE("8:00"))-1-ROUNDUP(B2-TIMEVALUE("8:00"),0))*6

姓名	上班时间	下班时间	工资
葛丽	8:00	17:00	48
周国菊	8:00	18:00	
蓝心桥	8:00	17:00	
徐莹	8:30	17:00	
杨荣伟	8:00	17:00	
陶丽	9:00	15:00	
唐敏	8:00	17:00	
唐刘云	9:00	17:00	
钱丽丽	8:00	17:00	

图25−24

2 将光标移到D2单元格的右下角，光标变成十字形状后，按住鼠标左键向下拖动进行公式填充，即可获取其他学生本日工资，如图25-25所示。

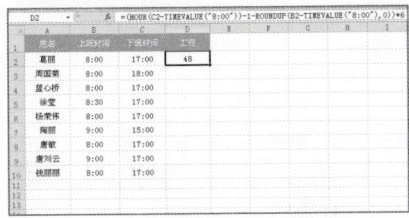

姓名	上班时间	下班时间	工资
葛丽	8:00	17:00	48
周国菊	8:00	18:00	54
蓝心桥	8:00	17:00	54
徐莹	8:30	17:00	42
杨荣伟	8:00	17:00	54
陶丽	9:00	15:00	30
唐敏	8:00	17:00	54
唐刘云	9:00	17:00	42
钱丽丽	8:00	17:00	54

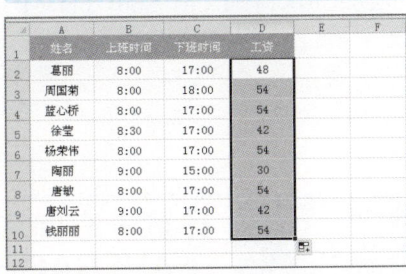

图25−25

函数74 统计各部门工资总额（SUMIF函数）

如果要按照部门统计工资总额，可以使用SUMIF函数来实现。

1 选中C10单元格，在公式编辑栏中输入公式：=SUMIF(B2:B8,"业务部",C2:C8)，按回车键即可统计出“业务部"的工资总额，如图25-26所示。

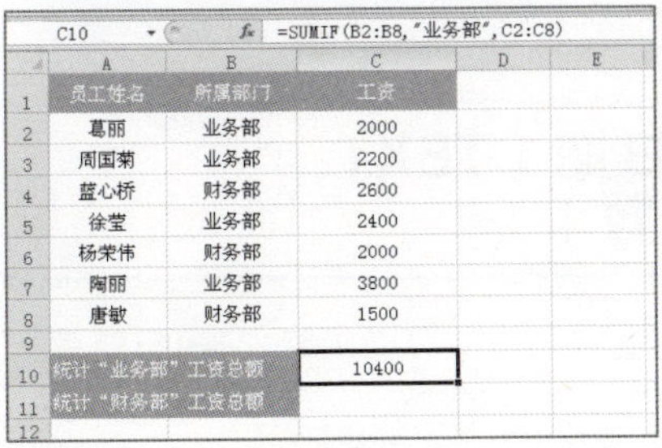

C10　=SUMIF(B2:B8,"业务部",C2:C8)

员工姓名	所属部门	工资
葛丽	业务部	2000
周国菊	业务部	2200
蓝心桥	财务部	2600
徐莹	业务部	2400
杨荣伟	财务部	2000
陶丽	业务部	3800
唐敏	财务部	1500
统计“业务部”工资总额		10400
统计“财务部”工资总额		

图25−26

2 选中C11单元格，在公式编辑栏中输入公式：=SUMIF(B3:B9,"财务部",C3:C9)，按回车键即可统计出“财务部"的工资总额，如图25-27所示。

C11　=SUMIF(B3:B9,"财务部",C3:C9)

员工姓名	所属部门	工资
葛丽	业务部	2000
周国菊	业务部	2200
蓝心桥	财务部	2600
徐莹	业务部	2400
杨荣伟	财务部	2000
陶丽	业务部	3800
唐敏	财务部	1500
统计“业务部”工资总额		10400
统计“财务部”工资总额		6100

图25−27

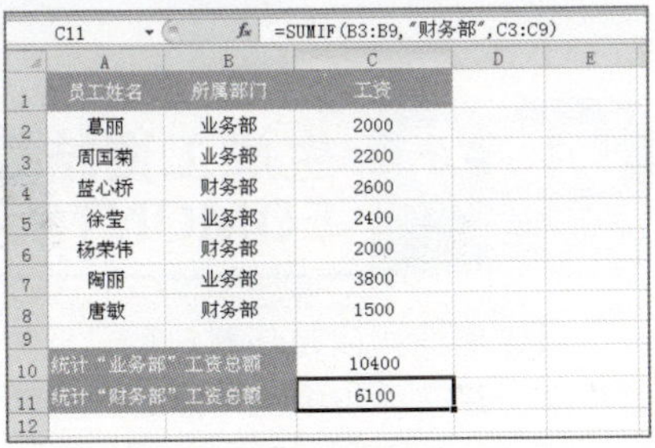

函数75 计算一车间女职工的平均工资（AVERAGE、IF函数）

工作表中有三个部门的工资，现要求统计一车间女职工的平均工资。

选中C11单元格，在公式编辑栏中输入公式：=AVERAGE(IF((B2:B9="一车间")*(C2:C9="女"),D2:D9))，按【Ctrl+Shift+Enter】组合键，即可计算出一车间女职工的平均工资，如图25-28所示。

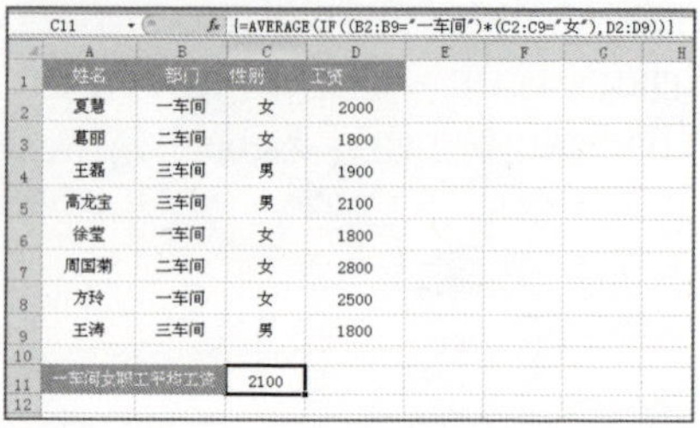
C11 {=AVERAGE(IF((B2:B9="一车间")*(C2:C9="女"),D2:D9))}

姓名	部门	性别	工资
夏慧	一车间	女	2000
葛丽	二车间	女	1800
王磊	三车间	男	1900
高龙宝	三车间	男	2100
徐莹	一车间	女	1800
周国菊	二车间	女	2800
方玲	一车间	女	2500
王涛	三车间	男	1800
一车间女职工平均工资		2100	

图25-28

函数76 计算一车间和三车间女职工的平均工资（AVERAGE、IF函数）

工作表中有三个部门的工资，现要求统计一车间和三车间女职工的平均工资。

选中D11单元格，在公式编辑栏中输入公式：=AVERAGE(IF((B2:B9="一车间")+(B2:B9="三车间")*(C2:C9="女"),D2:D9))，按【Ctrl+Shift+Enter】组合键，即可计算出一车间和三车间女职工的平均工资，如图25-29所示。

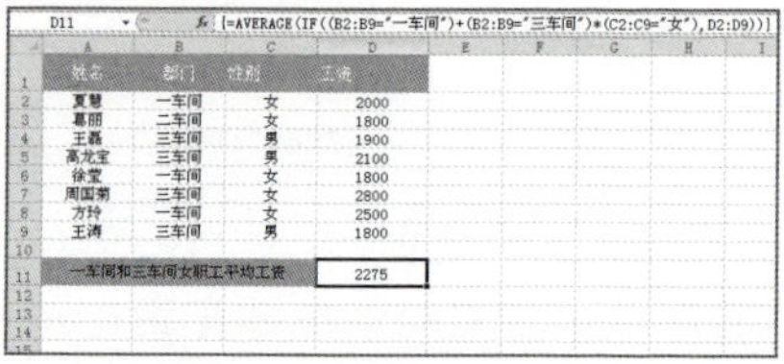
D11 {=AVERAGE(IF((B2:B9="一车间")+(B2:B9="三车间")*(C2:C9="女"),D2:D9))}

姓名	部门	性别	工资
夏慧	一车间	女	2000
葛丽	二车间	女	1800
王磊	三车间	男	1900
高龙宝	三车间	男	2100
徐莹	一车间	女	1800
周国菊	三车间	女	2800
方玲	一车间	女	2500
王涛	三车间	男	1800
一车间和三车间女职工平均工资			2275

图25-29

函数77 生成工资结算日期（TEXT、EOMONTH函数）

员工离职可以是任意日期，但公司规定工资结算必须等次月1日结算，现需要计算工作表中每个离职员工的工资结算日期。

1 选中C2单元格，在公式编辑栏中输入公式：=TEXT(EOMONTH(B2,0)+1,"e年M月D日")，按回车键，即可返回员工工资结算日期，如图25-30所示。

C2　=TEXT(EOMONTH(B2,0)+1,"e年M月D日")

员工姓名	离职生效日	工资结算日
葛丽	2012-7-1	2012年8月1日
周国菊	2012-3-18	
蓝心桥	2012-6-28	
徐莹	2012-8-23	
杨荣伟	2012-6-28	
陶丽	2012-9-12	
唐敏	2012-8-18	
唐刘云	2012-9-16	
钱丽丽	2012-4-16	
李姗姗	2012-9-23	

图25-30

2 将光标移到C2单元格的右下角，光标变成十字形状后，按住鼠标左键向下拖动进行公式填充，即可返回其他员工工资结算日期，如图25-31所示。

员工姓名	离职生效日	工资结算日
葛丽	2012-7-1	2012年8月1日
周国菊	2012-3-18	2012年4月1日
蓝心桥	2012-6-28	2012年7月1日
徐莹	2012-8-23	2012年9月1日
杨荣伟	2012-6-28	2012年7月1日
陶丽	2012-9-12	2012年10月1日
唐敏	2012-8-18	2012年9月1日
唐刘云	2012-9-16	2012年10月1日
钱丽丽	2012-4-16	2012年5月1日
李姗姗	2012-9-23	2012年10月1日

图25-31

函数78　计算员工年资（MIN、DATEDIF、TODAY函数）

公司规定：员工进入公司日期满1年者享有10元工龄工资，每增加一年工龄工资加10元，累积超过150元后，每年加5元，现需要计算每个员工的年资。

1 选中C2单元格，在公式编辑栏中输入公式：=10*MIN(DATEDIF(B2,TODAY(),"y"),15)+MAX(DATEDIF(B2,TODAY(),"y")-15,0)*5，按回车键，即可计算员工的年资，如图25-32所示。

C2　=10*MIN(DATEDIF(B2,TODAY(),"y"),15)+MAX(DATEDIF(B2,TODAY(),"y")-15,0)*5

员工姓名	进公司日期	年资
葛丽	2008-7-1	40
周国菊	2007-3-18	
蓝心桥	1998-6-28	
徐莹	2005-8-23	
杨荣伟	2010-6-28	
陶丽	2011-9-12	
唐敏	2006-8-18	
唐刘云	1999-9-16	
钱丽丽	2001-4-16	
李姗姗	1992-9-23	

图25-32

2 将光标移到C2单元格的右下角，光标变成十字形状后，按住鼠标左键向下拖动进行公式填充，即可返回其他计算员工的年资，如图25-33所示。

员工姓名	进公司日期	年资
葛丽	2008-7-1	40
周国菊	2007-3-18	50
蓝心桥	1998-6-28	140
徐莹	2005-8-23	70
杨荣伟	2010-6-28	20
陶丽	2011-9-12	0
唐敏	2006-8-18	60
唐刘云	1999-9-16	120
钱丽丽	2001-4-16	110
李姗姗	1992-9-23	170

图25-33

函数79 计算所有员工的基本工资合计额（SUM函数）

利用公式计算员工的基本工资合计额。

①选中F2单元格，在公式编辑栏中输入公式：=SUM(D2:E2)，按回车键，即可计算第一位员工的基本工资合计额，如图25-34所示。

F2 =SUM(D2:E2)

编号	姓名	部门	基本工资（元）	岗位工资（元）	工资合计（元）
WL_0001	蓝心桥	办公室	2000	1000	3000
WL_0002	徐莹	办公室	1500	800	
WL_0003	杨崇伟	销售部	1200	800	
WL_0004	陶丽	销售部	1400	800	
WL_0005	唐敏	销售部	1300	800	
WL_0006	唐刘云	后勤部	1700	800	
WL_0007	钱丽丽	后勤部	1000	600	
WL_0008	李姗姗	制造部	1300	1000	
WL_0009	汪泰	制造部	1600	1000	
WL_0010	吴梅	制造部	1500	600	
WL_0011	王雪峰	制造部	1300	600	

图25-34

②将光标移到F2单元格的右下角，光标变成十字形状后，按住鼠标左键向下拖动进行公式填充，即可返回其他计算员工的基本工资合计额，如图25-35所示。

编号	姓名	部门	基本工资（元）	岗位工资（元）	工资合计（元）
WL_0001	蓝心桥	办公室	2000	1000	3000
WL_0002	徐莹	办公室	1500	800	2300
WL_0003	杨崇伟	销售部	1200	800	2000
WL_0004	陶丽	销售部	1400	800	2200
WL_0005	唐敏	销售部	1300	800	2100
WL_0006	唐刘云	后勤部	1700	800	2500
WL_0007	钱丽丽	后勤部	1000	600	1600
WL_0008	李姗姗	制造部	1300	1000	2300
WL_0009	汪泰	制造部	1600	1000	2600
WL_0010	吴梅	制造部	1500	600	2100
WL_0011	王雪峰	制造部	1300	600	1900

图25-35

函数80 对销售部男性员工的工资求和（SUM函数）

利用公式对销售部男性员工的工资求和。

选中F2单元格，在公式编辑栏中输入公式：=SUM((B2:B12="销售部")*(C2:C12="男")*D2.D12)，按【Ctrl+Shift+Enter】组合键，即可显示计算结果，如图25-36所示。

F2 {=SUM((B2:B12="销售部")*(C2:C12="男")*D2:D12)}

员工	部门	性别	工资		销售部男员工工资总和
葛丽	销售部	女	6000		8000
王磊	销售部	男	1200		
夏慧	财务部	女	1800		
周国菊	生产一车间	女	2500		
徐莹	商务部	女	1800		
蓝心桥	人事部	男	1500		
高龙宝	销售部	男	3000		
陶丽	工程部	女	4580		
孙永	采购部	男	2000		
唐刘云	生产二车间	女	3500		
徐军	销售部	男	3800		

图25-36

函数81 对2000到3000之间的工资求和（SUM、SUMIF函数）

在工资统计表中，利用公式对2000到3000之间的工资求和。

选中F2单元格,在公式编辑栏中输入公式:=SUM(SUMIF(D2:D12,"<="&{2000,3000})*{-1,1}),按【Ctrl+Shift+Enter】组合键,即可返回工资数在2000到3000之间的总和,如图25-37所示。

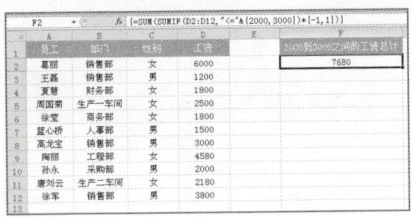

图25-37

函数82 求前三名和后三名的工资之和（LARGE、SMALL、SUMIF函数）

本例中使用SUMIF函数设置公式,求前三名和后三名的工资之和。

选中F2单元格,在公式编辑栏中输入公式:=SUMIF(D2:D12,">"&LARGE(D2:D12,4))+SUMIF(D2:D12,"<"&SMALL(D2:D12,4)),按回车键,即可返回前三名和后三名的工资之和,如图25-38所示。

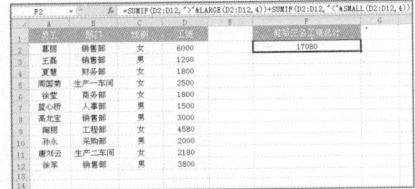

图25-38

函数83 对所有车间员工的工资求和（SUMIF函数）

设置公式,对所有车间员工的工资进行求和。

选中F2单元格,在公式编辑栏中输入公式:=SUMIF(B2:B12,"???车间",D2),按回车键,即可对所有车间员工的工资求和,如图25-39所示。

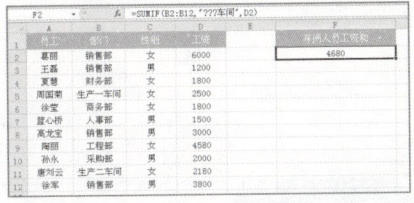

图25-39

函数84 计算平均工资（ROUND、AVERAGEA函数）

计算所有员工的平均工资,请假、工伤等无薪人员也计算在内,平均工资保留两位小数,第三位四舍五入。

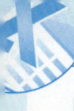

选中F2单元格，在公式编辑栏中输入公式：=ROUND(AVERAGEA(D2:D12),2)，按回车键，即可返回员工的平均工资，如图25-40所示。

F2　=ROUND(AVERAGEA(D2:D12),2)

员工	部门	性别	工资		平均工资
葛丽	销售部	女	6000		2514.55
王磊	销售部	男	工伤		
夏慧	财务部	女	1800		
周国菊	生产一车间	女	2500		
徐莹	商务部	女	1800		
蓝心桥	人事部	男	请假		
高龙宝	销售部	男	3000		
陶丽	工程部	女	4580		
孙永	采购部	男	2000		
唐刘云	生产二车间	女	2180		
徐军	销售部	男	3800		

图25-40

函数85 根据员工工龄计算年资（CEILING、INT函数）

公司规定，员工工作时间不满一年则没有年资，超过一年时按每年30元年资计算，对于整年以外不足一年的年资也都按30元计算。

1 选中D2单元格，在公式编辑栏中输入公式：=+C2+CEILING(B2*30,30)*(INT(B2)>0)，按回车键，即可计算第一位员工的实发工资，如图25-41所示。

D2　=+C2+CEILING(B2*30,30)*(INT(B2)>0)

员工姓名	工龄	基本工资	实发工资
葛丽	5.8	1800	1980
周国菊	2.2	2500	
蓝心桥	4.8	2500	
徐莹	5.5	1800	
杨荣伟	0.6	2500	
陶丽	2.8	2500	
唐敏	0.2	1800	
唐刘云	3.2	2500	
钱丽丽	0.8	1800	
李姗姗	1.9	2500	

图25-41

2 将光标移到D2单元格的右下角，光标变成十字形状后，按住鼠标左键向下拖动进行公式填充，即可返回其他员工的实发工资，如图25-42所示。

员工姓名	工龄	基本工资	实发工资
葛丽	5.8	1800	1980
周国菊	2.2	2500	2590
蓝心桥	4.8	2500	2650
徐莹	5.5	1800	1980
杨荣伟	0.6	2500	2500
陶丽	2.8	2500	2590
唐敏	0.2	1800	1800
唐刘云	3.2	2500	2620
钱丽丽	0.8	1800	1800
李姗姗	1.9	2500	2560

图25-42

函数86 统计两倍工资的加班小时数（SUMPRODUCT、TEXT、ROW、INDIRECT、EOMONTH函数）

工作表中全是本月新员工资料，公司中因进度问题，每周六必须加班8小时，但工资以两倍计算，现在需要所有新员工本月的加班时间是多少。

第25章 函数在员工考勤和工资统计中的应用

① 选中C2单元格，在公式编辑栏中输入公式：=SUMPRODUCT(--(TEXT(ROW(INDIRECT(B2&":"&EOMONTH(B2,0))),"AAA")="六"))*8，按回车键，即可返回加班时间，单位为小时，如图25-43所示。

② 将光标移到D2单元格的右下角，光标变成十字形状后，按住鼠标左键向下拖动进行公式填充，即可返回其他员工的加班时间，如图25-44所示。

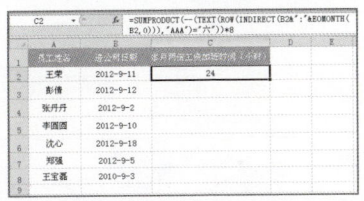

图25-43

图25-44

函数87 计算个人所得税（IF、SUM函数）

根据员工的工资利用函数设置公式计算员工的个人所得税。

① 选中G2单元格，在公式编辑栏中输入公式：=IF(SUM(C2:E2)-F2-3500<1500,(SUM(C2:E2)-F2)*0.03,IF(SUM(C2:E2)-F2<4500,(SUM(C2:E2)-F2)*0.1+105,IF(SUM(C2:E2)-F2<9000,(SUM(C2:E2)-F2)*0.2+555,IF(SUM(C2:E2)-F2<35000,(SUM(C2:E2)-F2)*0.25+1005,IF(SUM(C2:E2)-F2<55000,(SUM(C2:E2)-F2)*0.3+2755,IF(SUM(C2:E2)-F2<80000,(SUM(C2:E2)-F2)*0.35+5505,(SUM(C2:E2)-F2)*0.45+13505))))))，按回车键，即可计算出第一位员工的个人所得税，如图25-45所示。

② 将光标移到G2单元格的右下角，光标变成十字形状后，按住鼠标左键向下拖动进行公式填充，即可返回其他员工的个人所得税，如图25-46所示。

图25-45

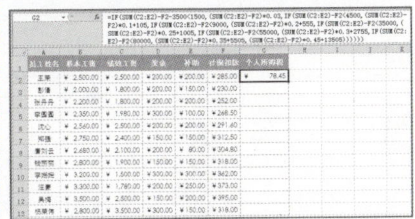

图25-46

读书笔记

第26章

函数在客户资料管理中的应用

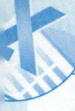

函数88 设置客户类型（IF函数）

在这里客户类型将按照该公司的注册资金来划分，假设注册资金在200万以上的将它定义为“大客户"，注册资金在50万以上200万以下的将它定义为“中客户"，注册资金在50万以下的为“小客户"。

1 选中H2单元格，在公式编辑栏中输入公式：=IF(G2>=200,"大客户",IF(G2>=50,"中客户","小客户"))，按回车键，即可计算出当前客户的客户类型为“大客户"，如图26-1所示。

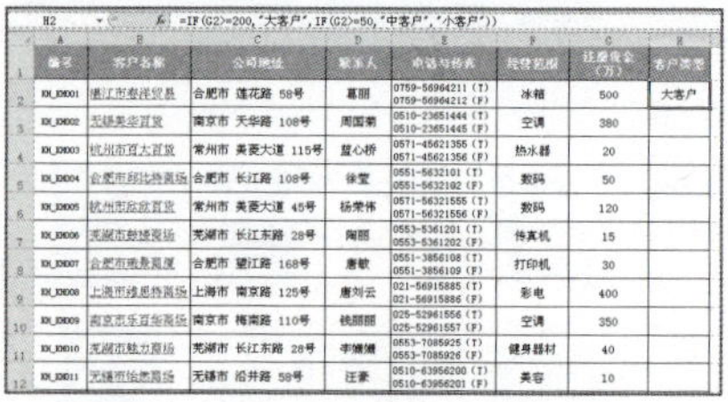
H2 =IF(G2>=200,"大客户",IF(G2>=50,"中客户","小客户"))

编号	客户名称	公司地址	联系人	电话与传真	经营范围	注册资金（万）	客户类型
KH_KH001	湛江市泰洋贸易	合肥市 莲花路 58号	葛丽	0759-56964211（T） 0759-56964212（F）	冰箱	500	大客户
KH_KH002	无锡美华百货	南京市 天华路 108号	周国菊	0510-23651444（T） 0510-23651445（F）	空调	380	
KH_KH003	杭州市百大百货	常州市 美菱大道 115号	盛心桥	0571-45621355（T） 0571-45621356（F）	热水器	20	
KH_KH004	合肥市邦比特商场	合肥市 长江路 108号	徐莹	0551-5632101（T） 0551-5632102（F）	数码	50	
KH_KH005	杭州市欣欣百货	常州市 美菱大道 45号	杨荣伟	0571-56321555（T） 0571-56321556（F）	数码	120	
KH_KH006	芜湖市新绿商场	芜湖市 长江东路 28号	陶丽	0553-5361201（T） 0553-5361202（F）	传真机	15	
KH_KH007	合肥市鸿景商厦	合肥市 望江路 168号	唐敏	0551-3856108（T） 0551-3856109（F）	打印机	30	
KH_KH008	上海市锦思特商场	上海市 南京路 125号	唐刘云	021-56915885（T） 021-56915886（F）	彩电	400	
KH_KH009	南京市乐百华商场	南京市 梅南路 110号	姚丽丽	025-52961556（T） 025-52961557（F）	空调	350	
KH_KH010	芜湖市魅力商场	芜湖市 长江东路 28号	李媛媛	0553-7085925（T） 0553-7085926（F）	健身器材	40	
KH_KH011	无锡市怡然商场	无锡市 沿井路 58号	汪豪	0510-63956200（T） 0510-63956201（F）	美容	10	

图26-1

2 将光标移到H2单元格的右下角，光标变成十字形状后，按住鼠标左键向下拖动进行公式填充，即可计算出其他客户的客户类型，如图26-2所示。

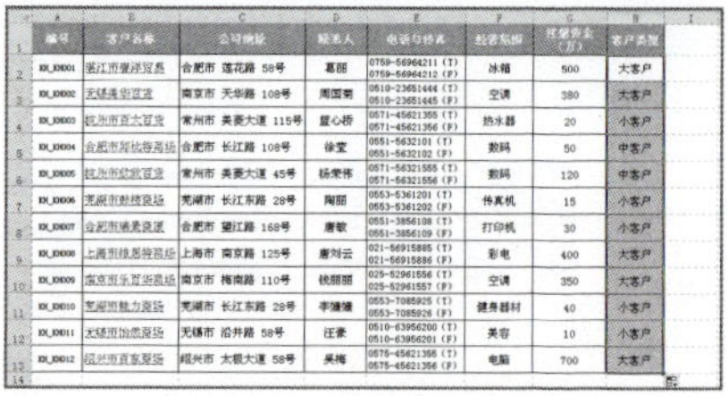

编号	客户名称	公司地址	联系人	电话与传真	经营范围	注册资金（万）	客户类型
KH_KH001	湛江市泰洋贸易	合肥市 莲花路 58号	葛丽	0759-56964211（T） 0759-56964212（F）	冰箱	500	大客户
KH_KH002	无锡美华百货	南京市 天华路 108号	周国菊	0510-23651444（T） 0510-23651445（F）	空调	380	大客户
KH_KH003	杭州市百大百货	常州市 美菱大道 115号	盛心桥	0571-45621355（T） 0571-45621356（F）	热水器	20	小客户
KH_KH004	合肥市邦比特商场	合肥市 长江路 108号	徐莹	0551-5632101（T） 0551-5632102（F）	数码	50	中客户
KH_KH005	杭州市欣欣百货	常州市 美菱大道 45号	杨荣伟	0571-56321555（T） 0571-56321556（F）	数码	120	中客户
KH_KH006	芜湖市新绿商场	芜湖市 长江东路 28号	陶丽	0553-5361201（T） 0553-5361202（F）	传真机	15	小客户
KH_KH007	合肥市鸿景商厦	合肥市 望江路 168号	唐敏	0551-3856108（T） 0551-3856109（F）	打印机	30	小客户
KH_KH008	上海市锦思特商场	上海市 南京路 125号	唐刘云	021-56915885（T） 021-56915886（F）	彩电	400	大客户
KH_KH009	南京市乐百华商场	南京市 梅南路 110号	姚丽丽	025-52961556（T） 025-52961557（F）	空调	350	大客户
KH_KH010	芜湖市魅力商场	芜湖市 长江东路 28号	李媛媛	0553-7085925（T） 0553-7085926（F）	健身器材	40	小客户
KH_KH011	无锡市怡然商场	无锡市 沿井路 58号	汪豪	0510-63956200（T） 0510-63956201（F）	美容	10	小客户
KH_KH012	绍兴市百家聚商场	绍兴市 太极大道 58号	吴梅	0575-45621355（T） 0575-45621356（F）	电脑	700	大客户

图26-2

函数89 划分客户受信等级（IF 函数）

按照客户的大、中、小类型再将客户的受信等级依次分为“1级"、“2级"、“3级"。

1 选中I2单元格，在公式编辑栏中输入公式：=IF(H2="大客户","1级",IF(H2="中客户","2级","3级"))，按回车键，即可计算出当前客户的受信等级为“1级"，如图26-3所示。

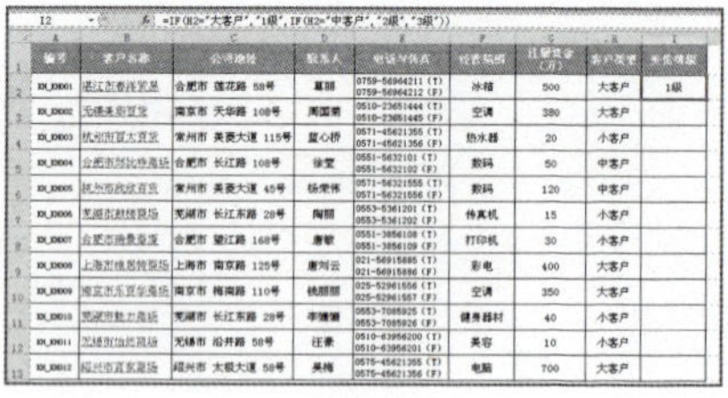
I2 =IF(H2="大客户","1级",IF(H2="中客户","2级","3级"))

编号	客户名称	公司地址	联系人	电话与传真	经营范围	注册资金（万）	客户类型	受信等级
KH_KH001	湛江市泰洋贸易	合肥市 莲花路 58号	葛丽	0759-56964211（T） 0759-56964212（F）	冰箱	500	大客户	1级
KH_KH002	无锡美华百货	南京市 天华路 108号	周国菊	0510-23651444（T） 0510-23651445（F）	空调	380	大客户	
KH_KH003	杭州市百大百货	常州市 美菱大道 115号	盛心桥	0571-45621355（T） 0571-45621356（F）	热水器	20	小客户	
KH_KH004	合肥市邦比特商场	合肥市 长江路 108号	徐莹	0551-5632101（T） 0551-5632102（F）	数码	50	中客户	
KH_KH005	杭州市欣欣百货	常州市 美菱大道 45号	杨荣伟	0571-56321555（T） 0571-56321556（F）	数码	120	中客户	
KH_KH006	芜湖市新绿商场	芜湖市 长江东路 28号	陶丽	0553-5361201（T） 0553-5361202（F）	传真机	15	小客户	
KH_KH007	合肥市鸿景商厦	合肥市 望江路 168号	唐敏	0551-3856108（T） 0551-3856109（F）	打印机	30	小客户	
KH_KH008	上海市锦思特商场	上海市 南京路 125号	唐刘云	021-56915885（T） 021-56915886（F）	彩电	400	大客户	
KH_KH009	南京市乐百华商场	南京市 梅南路 110号	姚丽丽	025-52961556（T） 025-52961557（F）	空调	350	大客户	
KH_KH010	芜湖市魅力商场	芜湖市 长江东路 28号	李媛媛	0553-7085925（T） 0553-7085926（F）	健身器材	40	小客户	
KH_KH011	无锡市怡然商场	无锡市 沿井路 58号	汪豪	0510-63956200（T） 0510-63956201（F）	美容	10	小客户	
KH_KH012	绍兴市百家聚商场	绍兴市 太极大道 58号	吴梅	0575-45621355（T） 0575-45621356（F）	电脑	700	大客户	

图26-3

第26章 函数在客户资料管理中的应用

② 将光标移到I2单元格的右下角,光标变成十字形状后,按住鼠标左键向下拖动进行公式填充,即可计算出其他客户的受信等级,如图26-4所示。

图26-4

函数90 自动生成客户称呼(LEFT 函数)

在企业客户信息管理报表中,根据客户姓名和性别自动生成其称呼。

① 选中D2单元格,在公式编辑栏中输入公式:=C2&LEFT(A2,1)&IF(B2="男","先生","女士"),按回车键自动生成第一位客户的称呼,如图26-5所示。

② 将光标移到D2单元格的右下角,光标变成十字形状后,按住鼠标左键向下拖动进行公式填充,即可快速生成其他客户的称呼,如图26-6所示。

图26-5

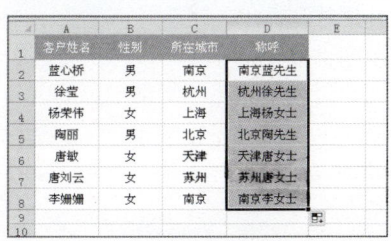

图26-6

函数91 更改客户公司名称(SUBSTITUTE 函数)

在企业大客户统计报表中,将公司名称前面所在省(或地区)字符去掉,并且将公司名称结尾的"有限公司"替换为"(有)"。如:将公司名称"合肥市新科贸易有限公司"转换为"新科贸易(有)"。

① 选中B2单元格,在公式编辑栏中输入公式:=SUBSTITUTE(SUBSTITUTE(SUBSTITUTE(A2,"上海市",""),"上海",""),"有限公司","(有)"),按回车键根据设定的条件返回替换后的公司名称,如图26-7所示。

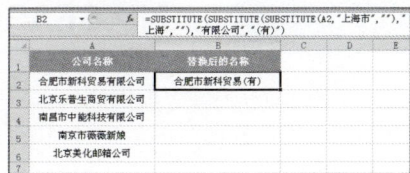

图26-7

② 将光标移到B2单元格的右下角，光标变成十字形状后，按住鼠标左键向下拖动进行公式填充，即可快速生成其他公司的称呼，如图26-8所示。

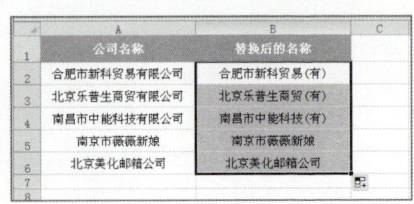

图26-8

函数92　区分客户联系区号与号码（RIGHT函数）

在企业客户联系号码信息报表中，分离出区号与号码两部分。

① 选中B2单元格，在公式编辑栏中输入公式：=IF(LEN(A2)=12,LEFT(A2,3),LEFT(A2,4))，按回车键先判断电话号码是否为12位。如果是12位，则提取A2单元格中的电话号码的前3位区号；反之，提取电话号码的前4位。向下复制公式，即可提取其他电话号码的区号部分，如图26-9所示。

② 选中C2单元格，在公式编辑栏中输入公式：=RIGHT(A2,8)，按回车键提取A2单元格中的电话号码右起8个字符，即号码部分。向下复制公式，即可提取其他电话号码的号码部分，如图26-10所示。

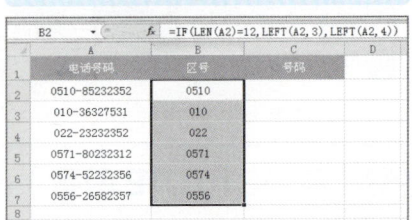

图26-9

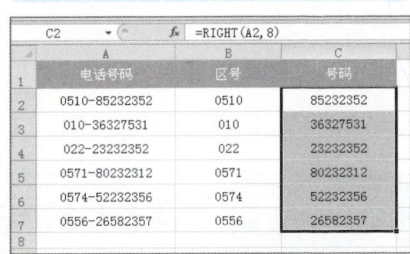

图26-10

函数93　从客户编码中提取合同号（RIGHT、LEN、SEARCH函数）

本例工作表A列中的编码包含合同号，合同号以A开头，长度不等，此时想从编码中提取合同号，可以配合使用RIGHT、LEN、SEARCH几个函数来设置公式。

1 选中B2单元格，在公式编辑栏中输入公式：=RIGHT(A2,LEN(A2)-SEARCH("B",A2,8)+1)，按回车键可以提取A2单元格内编码中的合同号，如图26-11所示。

B2 fx =RIGHT(A2,LEN(A2)-SEARCH("B",A2,8)+1)

	A	B	C	D	E
1	编码	合同号			
2	AQR***客户B001	B001			
3	AQR***客户B002				
4	PIR***客户B0332				
5	TIR***客户B03				
6					
7					

图26-11

2 选中B2单元格的右下角，光标变成十字形状后，按住鼠标左键向下拖动进行公式填充，即可快速从其他编码中提取合同号，且在合同号位数不同时也能准确提取，如图26-12所示。

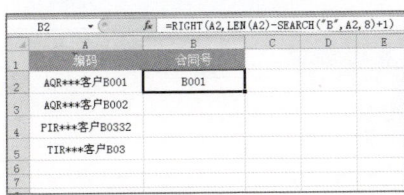

	A	B	C
1	编码	合同号	
2	AQR***客户B001	B001	
3	AQR***客户B002	B002	
4	PIR***客户B0332	B0332	
5	TIR***客户B03	B03	
6			

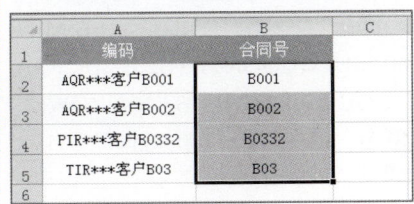

图26-12

函数94 返回客户订单编号（N 函数）

在客户销售订单报表中，将产品的签订日期对应的序号再加上特定编码来作为客户订单编码。

1 选中B2单元格，在编辑栏中输入公式：=N(C2)&CELL("row",B2)，按回车键即可将C列中的签单日期转换为序列号再加上行号（从B1单元格的行号开始）成为本次产品单订编码，如图26-13所示。

B2 fx =N(C2)&CELL("row",B2)

	A	B	C	D	E
1	客户名称	订单编码	签单日期	数量	总金额
2	佳美集团	411542	2012-9-2	150	478500
3	中能科技		2012-9-3	1180	1200000
4	叶氏商贸		2012-9-10	100	115500
5	北大集团		2012-9-15	200	496000
6	函行科技		2012-9-21	50	612500
7					

图26-13

2 选中B2单元格的右下角，光标变成十字形状后，按住鼠标左键向下拖动进行公式填充，即可根据其他签单日期得到对应的签单编码，如图26-14所示。

	A	B	C	D	E
1	客户名称	订单编码	签单日期	数量	总金额
2	佳美集团	411542	2012-9-2	150	478500
3	中能科技	411553	2012-9-3	1180	1200000
4	叶氏商贸	411624	2012-9-10	100	115500
5	北大集团	411675	2012-9-15	200	496000
6	函行科技	411736	2012-9-21	50	612500
7					
8					

图26-14

函数95 找出消费次数最多的客户（MAX、COUNTIF函数）

根据客户的记录表，现在需要找出消费次数最多的客户。

选中D2单元格，在公式编辑栏中输入公式：=INDEX(B:B,MIN(IF(MAX(COUNTIF(B2:B8,B2:B8))=COUNTIF(B2:B8,B2:B8),ROW(2:8))))，按"Ctrl+Shift+Enter"组合键即可计算出消费次数最多的客户是"王荣"，如图26-15所示。

图26-15

函数96 统计客户会员卡到期的人数（TODAY函数）

计算客户会员卡到期的人数，其中试用期为1年，即365天。

选中E2单元格，在公式编辑栏中输入公式：=COUNTIF(B2:B10,"<"&TODAY()-365)，按回车键即可统计客户会员卡到期的人数，如图26-16所示。

图26-16

函数97 统计来访公司或部门代表的总人数（DCOUNTA函数）

若要统计某一来访公司中所有部门的人数或统计所有来访公司中同一部门的人数，可以使用DCOUNTA函数来实现。

1️⃣ 在D1:D2单元格区域中设置条件，即公司与部门以"百大"开头，因此使用了"百大"条件。

2 选中E2单元格，在公式编辑栏中输入公式：=DCOUNTA(A1:B12,2,D1:D2)，按回车键即可统计出“万达"公司来访代表的总人数，如图26-17所示。

E2　=DCOUNTA(A1:B12,2,D1:D2)

	A	B	C	D	E
1	来访者姓名	来访公司与部门		来访公司与部门	来访人数
2	葛丽	万达_销售部		万达*	5
3	周国菊	万达_研发部			
4	蓝心桥	万达_人事部			
5	徐莹	万达_销售部		来访公司与部门	来访人数
6	杨荣伟	万达_人事部		*销售部	
7	陶丽	鹏飞_销售部			
8	唐敏	鹏飞_研发部			
9	唐刘云	鹏飞_人事部			
10	钱丽丽	鹏飞_销售部			
11	李姗姗	兴旺_销售部			
12	汪豪	兴旺_研发部			

图26-17

3 在D5:D6单元格区域中设置条件，即公司与部门以“销售部"结尾，因此使用了“销售部"条件。

4 选中E6单元格，在公式编辑栏中输入公式：=DCOUNTA(A1:B12,2,D5:D6)，按回车键即可统计出来访人员是各公司“销售部"代表的总人数，如图26-18所示。

E6　=DCOUNTA(A1:B12,2,D5:D6)

	A	B	C	D	E
1	来访者姓名	来访公司与部门		来访公司与部门	来访人数
2	葛丽	万达_销售部		万达*	5
3	周国菊	万达_研发部			
4	蓝心桥	万达_人事部			
5	徐莹	万达_销售部		来访公司与部门	来访人数
6	杨荣伟	万达_人事部		*销售部	5
7	陶丽	鹏飞_销售部			
8	唐敏	鹏飞_研发部			
9	唐刘云	鹏飞_人事部			
10	钱丽丽	鹏飞_销售部			
11	李姗姗	兴旺_销售部			
12	汪豪	兴旺_研发部			

图26-18

函数98　给金卡和银卡客户按消费额派发赠品（IF函数）

某商场元旦促销活动的规则为：凡当月消费满2888、3888、8888元，金卡会员可获赠电饭煲、电磁炉、微波炉，银卡会员可获赠雨伞、夜间灯、摄像头。如何设置公式使其根据销售记录派发赠品。

1 选中D2单元格，在公式编辑栏中输入公式：=IF(OR(B2="",C2<2888),"",IF(B2="金卡",IF(C2<2888,"电饭煲",IF(C2<3888,"电磁炉","微波炉")),IF(C2<2888,"雨伞",IF(C2<3888,"夜间灯","摄像头"))))，按回车键即可得出第一个人员派发的赠品为“电磁炉"，如图26-19所示。

D2　=IF(OR(B2="",C2<2888),"",IF(B2="金卡",IF(C2<2888,"电饭煲",IF(C2<3888,"电磁炉","微波炉")),IF(C2<2888,"雨伞",IF(C2<3888,"夜间灯","摄像头"))))

	A	B	C	D	E	F	G	H
1	用户ID	持卡种类	消费额	派发赠品				
2	00800166	金卡	2987	电磁炉				
3	00800266	银卡	3965					
4	00800368		687					
5	00800469	银卡	3697					
6	00800566	金卡	4056					
7	00800666		2078					
8	00800766	银卡	3037					
9								

图26-19

2 选中D2单元格的右下角，光标变成十字形状后，按住鼠标左键向下拖动进行公式填充，即可快速得出其他客户派发的赠品，如图26-20所示。

用户ID	持卡种类	消费额	派发奖品
00800166	金卡	2987	电磁炉
00800266	银卡	3965	摄像头
00800368		687	
00800469	银卡	3697	夜间灯
00800566	金卡	4056	微波炉
00800666		2078	
00800766	银卡	3037	夜间灯

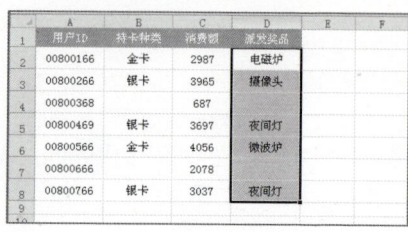

图26-20

函数99 对客户销售额进行排名（RANK函数）

本例中统计每位客户的总销售额，现在需要对他们的销售额进行排名，可以使用RANK函数来实现。

1 选中C2单元格，在公式编辑栏中输入公式：=RANK(B2,$B$2:$B$7,0)，按回车键，即可返回B2:B7单元格区域中的排名，如图26-21所示。

C2 =RANK(B2,$B$2:$B$7,0)

客户	总销售额（万元）	名次
万达科技	485	4
函行集团	458.2	
鹏飞集团	460	
生源贸易	785	
锦华外贸	772	
美洁科技	554.5	

图26-21

2 选中C2单元格的右下角，光标变成十字形状后，按住鼠标左键向下拖动进行公式填充，即可快速求出其他客户的总销售额在B2:B7单元格区域的排名，如图26-22所示。

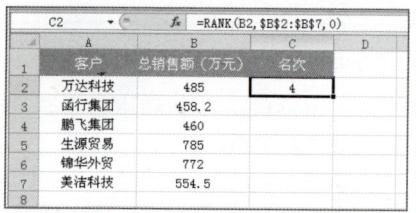

C2 =RANK(B2,$B$2:$B$7,0)

客户	总销售额（万元）	名次
万达科技	485	4
函行集团	458.2	6
鹏飞集团	460	5
生源贸易	785	1
锦华外贸	772	2
美洁科技	554.5	3

图26-22

函数100 创建客户E-Mail电子邮件链接地址（HYPERLINK函数）

在企业客户信息管理表格中，创建客户的E-Mail电子邮件链接地址。

1 选中D2单元格，在公式编辑栏中输入公式：=HYPERLINK("mailto:zhangdm@guohua.com？ subject=Hello","发送E-Mail")，按回车

键，即可为第一位客户创建"发送E-Mail"超链接，如图26-23所示。

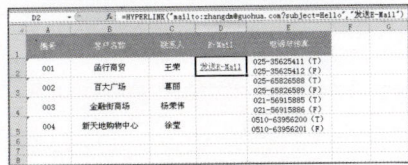

图26-23

2 接着在D4、D5和D6单元格中，分别输入公式为：=HYPERLINK("mailto:liwf@xindadi.com?subject=Hello","发送E-Mail")、=HYPERLINK

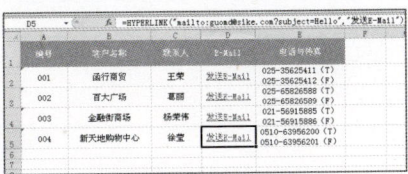

图26-24

读书笔记

第27章

函数在日常办公和费用管理中的应用

函数101 提取办公物品采购月份（MONTH函数）

根据办公物品的采购日期提取物品采购月份。

1 选中D2单元格，在公式编辑栏中输入公式：=MONTH(C2)&"月份"，按回车键即可根据产品采购日期提取产品采购月份，如图27-1所示。

D2 =MONTH(C2)&"月份"

	A	B	C	D
1	采购物品	产品型号	采购日期	采购月份
2	三星一体机	IG_001	2012-8-1	8月份
3	联想打印机	D1_45	2012-9-5	
4	点钞机	DE_J1	2012-10-25	
5				
6				

图27-1

2 将光标移到D2右下角，光标变成黑色十字形时，按住鼠标左键向下拖动进行公式填充，松开鼠标左键即可根据其他产品采购日期提取产品采购月份，如图27-2所示。

	A	B	C	D
1	采购物品	产品型号	采购日期	采购月份
2	三星一体机	IG_001	2012-8-1	8月份
3	联想打印机	D1_45	2012-9-5	9月份
4	点钞机	DE_J1	2012-10-25	10月份
5				
6				
7				

图27-2

函数102 返回请购设备的应到日期（IF函数）

当企业办公设备请购表创建完成后，可以根据请购设备的“请购日期"、“时限"、“已到日期"，返回请购设备的“应到日期"。

1 根据请购设备的“请购日期"和“时限"，返回请购设备“应到日期"：在工作表中选中I2单元格，在公式编辑栏中输入公式：=IF(G2="","",G2+H2)，即可返回对应的办公请购设备“应到日期"，如图27-3所示。

I2 =IF(G2="","",G2+H2)

	B	C	D	E	F	G	H	I
1	请购设备	规格型号	单位	数量	用途	请购日期	时限	应到日期
2	档案柜	SP_2DF	组	2	存储	2012-8-5	10	2012-8-15
3	办公桌	CT_1	张	3	办公	2012-8-11	10	
4	办公椅	JF7	把	3	办公	2012-8-11	10	
5	办公电脑	联想P4	台	20	开发	2012-8-16	20	
6	电话机	123-44-26	部	10	改进	2012-8-27	12	
7	打印机	HP_D2468	台	2	办公	2012-9-1	15	
8	打印纸	A4	包	10	办公	2012-9-1	15	
9	传真机	优达770P	台	1	办公	2012-9-12	15	
10								

图27-3

2 将光标移到I2右下角，光标变成黑色十字形时，按住鼠标左键向下拖动进行公式填充，松开鼠标左键即可返回其他请购设备“应到日期"，如图27-4所示。

	B	C	D	E	F	G	H	I
1	请购设备	规格型号	单位	数量	用途	请购日期	时限	应到日期
2	档案柜	SP_2DF	组	2	存储	2012-8-5	10	2012-8-15
3	办公桌	CT_1	张	3	办公	2012-8-11	10	2012-8-21
4	办公椅	JF7	把	3	办公	2012-8-11	10	2012-8-21
5	办公电脑	联想P4	台	20	开发	2012-8-16	20	2012-9-5
6	电话机	123-44-26	部	10	改进	2012-8-27	12	2012-9-8
7	打印机	HP_D2468	台	2	办公	2012-9-1	15	2012-9-16
8	打印纸	A4	包	10	办公	2012-9-1	15	2012-9-16
9	传真机	优达770P	台	1	办公	2012-9-12	15	2012-9-27
10								

图27-4

第27章　函数在日常办公和费用管理中的应用

函数103　计算公司借阅资料是否到期（IF、TODAY函数）

为保障企业内部文档资料、书籍需要有序的管理，借阅后及时归还，利用Excel 2010中的函数设置公式，可以返回借阅资料是否到期。

1 选中H2单元格，在公式编辑栏中输入公式：=IF(G2="已还","",IF(F2>TODAY(),"未到期","到期"))，即可返回对应的借阅资料是否到期，如图27-5所示。

2 将光标移到H2右下角，光标变成黑色十字形时，按住鼠标左键向下拖动进行公式填充，松开鼠标左键即可返回其他借阅资料是否到期，如图27-6所示。

图27-5

图27-6

函数104　计算公司借阅资料过期天数（IF、TODAY函数）

为保障企业内部文档资料、书籍需要有序的管理，借阅后及时归还，利用Excel 2010中的函数设置公式，可以计算公司借阅资料过期天数。

1 选中I2单元格，在公式编辑栏中输入公式：=IF(IF(G2="已还","",TODAY()-F2)<0,"",IF(G2="已还","",TODAY()-F2))，即可返回对应的借阅资料过期天数。如图27-7所示。

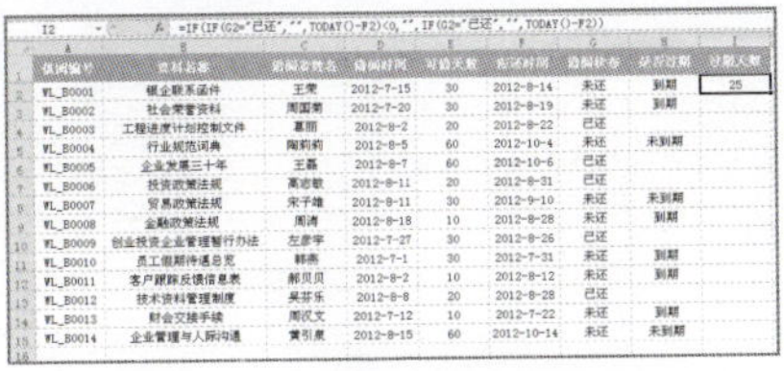

2 将光标移到I2右下角，光标变成黑色十字形时，按住鼠标左键向下拖动进行公式填充，松开鼠标左键即可返回其他借阅资料过期天数，如图27-8所示。

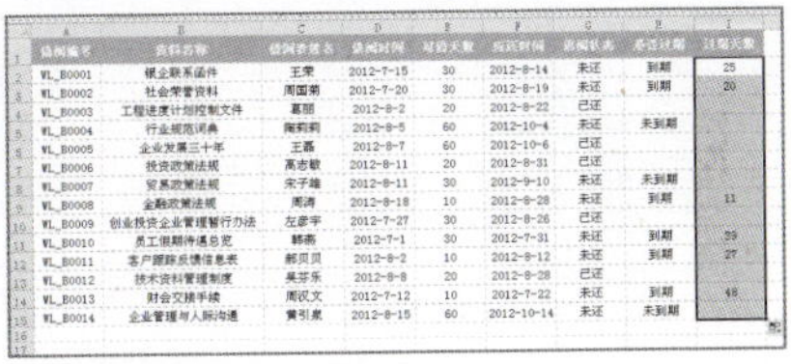

图27-7

图27-8

435

函数105 统计所有办公物品的采购金额（SUMPRODUCT函数）

在办公物品采购统计报表中，统计出办公物品总采购金额。

选中B8单元格，在编辑栏中输入公式：=SUMPRODUCT(B2:B7,C2:C6)，按回车键即可统计算出所有采购产品的总金额，如图27-9所示。

B8　=SUMPRODUCT(B2:B6,C2:C6)

	A	B	C	D
1	办公物品	采购数量	采购单价	
2	电话	1	200	
3	手机	3	1370	
4	冰箱	1	2320	
5	空调	2	4150	
6	显示器	5	470	
7				
8	总采购金额	17280		
9				

图27-9

函数106 判断领用物品是否到期（IF、NOW函数）

使用公式根据领用物品的使用期限判断该领用物品是否到期。

1 选中G2单元格，在公式编辑栏中输入公式：=IF(F2="","",IF(F2>NOW(),"未到期","到期"))，如按回车键，即可根据使用期限和当前日期来判断用品是否到期。如果使用期限大于当前日期，则显示为“未到期"；反之，显示为“到期"，如图27-10所示。

G2　=IF(F2="","",IF(F2>NOW(),"未到期","到期"))

	A	B	C	D	E	F	G	H
1	领用日期	所在部门	物品名称	数量	领用事由	使用期限	是否到期	
2	2012-9-1	设计部	资料袋	2	办公需求	2012-9-25	未到期	
3	2012-9-1	开发部	调试机	1	软件测试			
4	2012-9-2	行政部	打印纸	2	办公需求			
5	2012-9-3	设计部	IC卡	10	程序设计			
6	2012-9-5	采购部	塑胶密封袋	5	设备保存			
7	2012-9-5	市场部	激光扫描器	1	客户查看	2012-9-6		
8	2012-9-8	市场部	纸茶杯	2	办公需求			
9	2012-9-9	设计部	加压器	1	设备设计	2012-9-26		
10	2012-9-9	财务部	明细账本	1	财务记账			
11	2012-9-11	财务部	三联单据	10	财务记账			
12	2012-9-11	行政部	数码相机	1	会议拍摄	2012-9-19		
13								

图27-10

2 将光标移到G2右下角，光标变成黑色十字形时，按住鼠标左键向下拖动进行公式填充，松开鼠标左键即可判断其他领用物品是否到期，如图27-11所示。

	A	B	C	D	E	F	G	H
1	领用日期	所在部门	物品名称	数量	领用事由	使用期限	是否到期	
2	2012-9-1	设计部	资料袋	2	办公需求	2012-9-25	未到期	
3	2012-9-1	开发部	调试机	1	软件测试			
4	2012-9-2	行政部	打印纸	2	办公需求			
5	2012-9-3	设计部	IC卡	10	程序设计			
6	2012-9-5	采购部	塑胶密封袋	5	设备保存			
7	2012-9-5	市场部	激光扫描器	1	客户查看	2012-9-6	到期	
8	2012-9-8	市场部	纸茶杯	2	办公需求			
9	2012-9-9	设计部	加压器	1	设备设计	2012-9-26	未到期	
10	2012-9-9	财务部	明细账本	1	财务记账			
11	2012-9-11	财务部	三联单据	10	财务记账			
12	2012-9-11	行政部	数码相机	1	会议拍摄	2012-9-19	未到期	
13								
14								

图27-11

函数107　计算员工报销费用总额（SUM函数）

根据员工出差情况和出差补贴计算出报销总额。

1 选中J2单元格，在公式编辑栏中输入公式：=SUM(E2:I2)，按回车键，即可计算出该员工的出差报销总额，如图27-12所示。

J2　=SUM(E2:I2)

员工姓名	所属部门	职务	出差天数	交通费	住宿费	餐饮费	电话费	出差补贴	总计
陈南	销售部	员工	6	302	720	304	100	300	1726
孙文胜	销售部	员工	2	151	280	84	50	100	
马梅	销售部	部门经理	2	160	210	100	50	100	
唐虎	销售部	员工	3	137	386	185	50	150	
钟华	销售部	员工	2	182	240	80	50	100	
张兴	销售部	员工	1	189	0	130	50	50	
徐磊	行政部	经理助理	5	206	680	280	100	250	
刘平	行政部	员工	3	258	385	180	50	150	
汪任	销售部	员工	4	260	556	260	50	200	
赵青军	研发部	员工	5	545	680	303	100	250	
孙丽萍	研发部	员工	8	632	1055	559	300	400	
韩学平	销售部	员工	1	83	0	55	50	50	

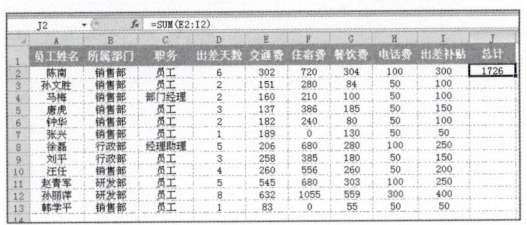

图27-12

2 将光标移到J2单元格的右下角，光标变成十字形状后，按住鼠标左键向下拖动进行公式填充，即可计算出其他该员工的出差报销总额，如图27-13所示。

员工姓名	所属部门	职务	出差天数	交通费	住宿费	餐饮费	电话费	出差补贴	总计
陈南	销售部	员工	6	302	720	304	100	300	1726
孙文胜	销售部	员工	2	151	280	84	50	100	665
马梅	销售部	部门经理	2	160	210	100	50	100	620
唐虎	销售部	员工	3	137	386	185	50	150	908
钟华	销售部	员工	2	182	240	80	50	100	652
张兴	销售部	员工	1	189	0	130	50	50	419
徐磊	行政部	经理助理	5	206	680	280	100	250	1516
刘平	行政部	员工	3	258	385	180	50	150	1023
汪任	销售部	员工	4	260	556	260	50	200	1326
赵青军	研发部	员工	5	545	680	303	100	250	1878
孙丽萍	研发部	员工	8	632	1055	559	300	400	2946
韩学平	销售部	员工	1	83	0	55	50	50	238

图27-13

函数108　求每季度办公费用支出金额（AVERAGE函数）

工作表中有每季度的办公费用支出金额，现在要求计算平均支出金额。

选中C7单元格，在编辑栏中输入公式：=AVERAGE(B2:B5)，按回车键即可统计算出每季度办公费用支出金额，如图27-14所示。

C7　=AVERAGE(B2:B5)

季度	支出金额	
一季度	1600	
二季度	890	
三季度	1200	
四季度	3500	
每季度平均支出		1797.5

图27-14

读书笔记